本书由中国劳动保障科学研究院资助出版

合理调整工资收入分配关系

苏海南　等著

中国劳动社会保障出版社

图书在版编目(CIP)数据

合理调整工资收入分配关系/苏海南等著. —北京：中国劳动社会保障出版社，2013

ISBN 978-7-5167-0427-1

Ⅰ.①合… Ⅱ.①苏… Ⅲ.①工资-分配关系-研究-中国 Ⅳ.①F249.24

中国版本图书馆 CIP 数据核字(2013)第 198853 号

中国劳动社会保障出版社出版发行

（北京市惠新东街 1 号　邮政编码：100029）

出 版 人：张梦欣

*

中国铁道出版社印刷厂印刷装订　新华书店经销

787 毫米×1092 毫米　16 开本　23 印张　313 千字

2013 年 8 月第 1 版　　2013 年 8 月第 1 次印刷

定价：68.00 元

读者服务部电话：（010）64929211/64921644/84643933

发行部电话：（010）64961894

出版社网址：http://www.class.com.cn

序

收入分配制度关系人民群众切身利益，是经济社会发展中一项带有根本性、基础性的制度安排，是社会主义市场经济体制的基石。深化收入分配制度改革，合理调整收入分配关系，对促进经济发展、扩大内需、提高人民生活水平、实现社会公平正义等具有重要作用。

改革开放以来，党和政府高度重视分配问题。我国收入分配制度改革不断推进，与基本国情、发展阶段相适应的收入分配制度基本建立。但也应该看到，收入分配领域仍存在一些亟待解决的突出问题，城乡区域发展差距和居民收入分配差距依然较大，收入分配秩序不规范，隐性收入、非法收入问题比较突出，宏观收入分配格局有待优化。党的十八大报告提出到2020年我国将全面建成小康社会，国内生产总值和城乡居民人均收入比2010年翻一番的总体目标。在这一伟大事业进程中，收入分配制度改革承担着重要使命。

深化收入分配制度改革是一项十分艰巨复杂的系统工程，需要全社会各方面的努力和配合。研究机构作为政策制定的参谋和智囊，有着广阔的舞台和空间，应发挥出积极的作用。我们欣喜地看到，由中国劳动社会保障出版社出版的《合理调整工资收入分配关系》一书已正式与广大读者见面了。在我国收入分配制度改革进入攻坚克难时期，本书的出版是一件非常有价值、非常有意义的事，我在此表示热烈的祝贺！

本书是中国劳动保障科学研究院2012年度重大课题“深化我国工资收入分配制度改革若干重大问题研究”的总结性成果。全书共计30万字，包括导论、以合理调整工资分配关系为主线深化工资收入分配制度改革、合理调整若干重大工资收入分配关系三部分。书中既有我国工资收入分配制度改革的现状分析，又有国外工资收入分配改革的经验借鉴，更有利用互联网等多种媒体所做的大量数据调查作为第一手研究资料。全书着眼于工资收入分配制度改革全局，以合理调整工资收入分配关系为主线，重点从以下几个方面进行了较深入的研究。一是对工资收入分配基本问题的理论思考，包括工资收入分配及其改革的理论分析，合理的工资收入分配关系的理论分析，工资收入分配中政府和市场关系的理论分析。二是对社会各界高度关注的工资收入分配关系进行研究分析，包括不同行业之间、不同地区公共部门之间、企业高管和其他工薪劳动者之间、劳务派遣与劳动合同等用工形式劳动者之间的工资分配关系。三是通过纵横比较结果定性判断、建立数学关系模型测量两种方式，探索提出四方面合理的比例关系。四是以合理的工资收入分配量化比例关系为参考和引导，紧紧围绕导致工资收入分配关系不合理的相关因素，提出了理顺工资收入分配关系的对策建议。

本书作为工资收入分配领域的一项新的研究成果，凝聚了中国劳动保障科学研究院、劳动工资研究所等单位广大科研人员的心血和汗水。在课题研究团队中，既有我国收入分配领域的知名专家、国务院政府特殊津贴获得者，又有中青年科研骨干以及科研战线的生力军。其中大部分科研人员都具有丰富的行政管理经验、较深厚的理论研究功底以及企事业单位工资收入分配改革实践经历，这无疑有利于增强本书的科学性、指导性和实用性。

当前，我国正处于全面建成小康社会的重要历史时期。要在不到八年的时间里，深化工资收入分配制度改革，合理调整工资收入分配关系，实现十八大报告提出的收入分配目标，我们面临的任务十分繁重而艰巨。我希望本书的出版能有助于政府部门、理论学术界和企事业单位广大实际工作者更加关注工资收入分配制度改革，加强并深化工资收入分配领域重大问题的研究，破解改革难题。更希望本书在政策制定和企事业单位改革实践方面提供参考和借鉴，为理顺工资收入分配关系，规范工资收入分配秩序，进一步调动广大职工群众的积极性和创造性，促进劳动关系和谐稳定，实现经济社会健康发展做出积极贡献。

人力资源和社会保障部副部长

邱小平

2013 年 7 月 29 日

内容提要

呈现在读者面前的这本著作，是中国劳动保障科学研究院重大课题《深化我国工资收入分配制度改革若干重大问题研究——以合理调整工资收入分配关系为主线》的总结性成果。本课题着眼于工资收入分配制度全局，以合理调整工资收入分配关系为主线，聚焦于与此相关的行业之间、不同地区公共部门之间、企业高管与其他工薪劳动者之间、不同身份劳动者之间的工资收入分配关系这四个重大问题展开深入研究分析，探索提出四方面合理工资收入分配关系的量化比例目标，并就此明确具体改革路径，提出具有理论基础和内在联系的系统政策建议，为推动工资收入分配制度改革取得新的进展提供政策参考。

本书在对相关理论问题进行思考以及对四方面工资收入分配关系存在问题及其原因展开分析的基础上，界定了合理的工资收入分配关系的内涵。在将工资收入分配量化比例关系定位为民意性、变动性、指导性，不具有强制性的前提下，本书采取纵横比较结果定性判断、建立数学关系模型测量两种方式，结合网易财经问卷调查数据，探索提出当前四方面合理的比例关系：按行业门类划分的合理的行业薪酬倍数为 3.8 倍，不同地区之间公共部门合理的薪酬倍数为 2.3 倍，国有大中型企业高管与本企业职工合理的薪酬倍数为 10 倍，农民工、劳务派遣工、编制外人员与城镇非私营单位在岗职工平均工资之间宏观跟踪监测比例分别为0.65～0.7∶1、0.7～0.8∶1、0.8～0.85∶1。

在此基础上，本书以合理的薪酬分配量化比例关系为参考和引导，紧紧围绕导致工资收入分配关系不合理的相关因素，提出理顺工资收入分配关系的六项对策：一是抓紧出台深化工资收入分配制度改革的指导意见，并就指导意见的主要内容分为八个方面进行了阐述；二是调控行业之间不合理的工资分配差距，特别是对劳动密集型低工资行业员工工资增长提出了有针对性的可操作措施；三是协调平衡地区之间公共部门工资分配关系，特别就提升公共部门工资收入支出的财政统筹层次等财政配套改革措施提出了建议；四是就调控部分企业高管与其他员工的不合理工资收入差距，特别是就形成公开透明的国企高管工资收入形成机制提出了建议；五是就合理调整不同身份工薪劳动者薪酬差距，特别是就健全有利于同工同酬的制度设计提出了建议；六是对工资收入分配制度改革的相关外部配套措施进行了简要研究。

课题组成员

课题总负责人： 苏海南

课 题 负 责 人： 胡宗万

课 题 组 成 员： 苏海南　常风林　胡宗万　肖婷婷
贾东岚　钱　诚

目　　录

第一部分　导　论

第二部分　以合理调整工资分配关系为主线深化工资收入分配制度改革

第三部分　合理调整若干重大工资收入分配关系

第一部分

导　论

工资收入分配事关亿万劳动者的切身利益。值此十八大胜利闭幕和“十二五”规划实施进入关键时期，收入分配体系包括工资收入分配制度改革进入到攻坚阶段，就深化我国工资收入分配制度改革的若干重大问题展开研究，为正在并将全面深入推进的收入分配改革建言献策，具有重要的意义。

一、问题的提出

改革开放三十多年来，随着经济体制改革的开展和推进，我国工资收入分配制度相应进行过三次大改革，各有关方面围绕工资制度改革也先后展开了长期持续的研究，所做研究课题数量繁多，所出版的著述汗牛充栋。国内学者如宋晓梧、李实、迟福林、徐滇庆、杨宜勇、蔡昉、陈宗胜和王小鲁等对此问题都有深入研究。在此背景下，当前就我国工资收入分配重大问题展开研究，如何在继承的基础上发展和创新，以什么作为研究的主线和重点，以期更符合当前形势发展和深化收入分配改革的需要，就成为本课题立项和开题首先要回答的问题。经过深入思考和反复讨论，我们认为，应选择以合理调整工资收入分配关系为主线，围绕相关几个重大问题进行研究。

实现合理工资收入分配关系前提下的“收入倍增”是贯彻落实党的十八大精神的应有之义。党的十八大报告从战略和全局的高度，做出了全面建成小康社会奋斗目标的新部署，为做好包括工资收入分配在内的各项工作指明了方向。十八大报告提出到2020年，实现国内生产总值和城乡居民人均收入比2010年翻一番的总目标，这一目标体现了加快经济发展方式转变和经济结构调整，把保障和改善民生作为经济发展的出发点和落脚点的指导思想。同时，十八大报告在描画2020年社会建设奋斗目标时明确要求：“收入分配差距缩小”，并鲜明地指出：“共同富裕是中国特色社会主义的根本原则。要坚持社会主义基本经济制度和分配制度，调整国民收入分配格局，加大再分配调节力度，着力解决收入分配差距较大问题，使发展成果更多更公平惠及全体人民，朝共同富裕方向稳步前进。”当前，共同富裕面临的突出矛盾即是收入分配差距日益扩大，具体到工资收入分配领域就是合理的工资收入分配关系尚未形成。如果在现有工资收入分配关系不改变的条件下实现“收入倍增”，最终的结果很可能是差距更大。从这个意义上说，实现合理的工资收入分配关系下的“收入倍增”是贯彻落实十八大精神的应有之义。

以合理调整工资收入分配关系为主线展开工资收入分配制度改革研究是开展顶层设计、明确改革目标的客观要求。当前，包括工资收入分配在内的收入分配制度改革正处于攻坚阶段，各方利益分化较为明显，在如何调整工资收入分配关系上达成共识较为困难。在这种形势下，深入研究和推进顶层设计，在错综复杂的矛盾中抓住主要的、重大的矛盾，统筹考虑各类群体和各相关因素，追根溯源，统揽全局，将决定改革思路正确与否。而合理的工资收入分配关系即是进行工资收入分配制度改革顶层设计中必须回答的重大问题，事关社会公平正义，事关社会和谐稳定。同时，以合理调整工资收入分配关系为主线，有利于进一步明确工资收入分配制度改革的目标。“十二五”规划第三十二章以“合理调整收入分配关系”为标题，通过四节内容阐述了合理调整收入分配关系的基本要求。但是，何为合理的收入分配关系，如何达到合理的收入分配关系等重大问题尚需进一步回答，只有统筹影响工资收入分配关系的种种因素，在顶层设计的基础上明确具体目标，才能更好引导工资收入分配制度改革的推进，保证改革不偏离既定目标。

以合理调整工资收入分配关系为主线展开工资收入分配制度改革研究，是满足人民群众对更公平工资收入分配新期待的必要举措。社会公平正义是社会和谐发展的基本要求和目标，也是一个文明社会进步的标志。实现社会公平对工资制度的公平性提出了新的要求。当前，新生代劳动者受教育程度普遍提高，劳动力市场议价能力逐步增强，劳动者维权意识和平等意识不断提升，广大劳动者在要求自身工资更快增长的同时，更加关注工资收入分配的公平性，更加关注地区之间、行业之间、高管与普通劳动者之间、劳务派遣工与正式工之间工资收入分配关系的合理性。同时，不同人员对于工资收入分配公平正义的理解也大不相同。有人认为，市场经济讲竞争，工资收入存在差距是必然的，也是公正的；也有人认为，有差距是正常的，但要具体分析工资收入差距产生的原因是什么；还有人认为，工资收入存在一定的差距是正常的，但超过一定限度就难说公正了。在此背景下，对合理的工资收入分配关系的界定正好契合了广大人民群众对更公平工资收入分配的新期待。

以合理调整工资收入分配关系为主线展开工资收入分配制度改革研究，是解决当前问题的现实要求。在看到我国收入分配体制改革取得重大成绩的同时，也要看到当前我国收入分配领域还存在不少问题。从分配结果上看，主要是收入分配关系不合理，突出表现为“两个比重”持续下降，城乡、地区、行业、群体之间的收入分配差距持续扩大。具体到工资收入分配领域，近年来，我国劳动报酬占比持续下降；不同行业之间、不同地区公共部门之间、高管和普通劳动者之间、不同身份劳动者之间不合理的工资收入差距整体上也呈拉大趋势，这种不合理已成为制约经济发展方式转变和社会和谐稳定的突出障碍。实现发展成果由人民共享，必须深化工资收入分配制度改革，通过不断完善工资收入分配体制，构建合理的工资收入分配关系，使之既成为经济较快增长的推动力，也成为社会和谐稳定的重要基石。可以说，抓住了合理调整工资收入分配关系这一主线，就抓住了当前工资收入分配制度改革的重点，找到了解决当前问题的切入点。

总而言之，对合理调整收入分配关系，加快解决工资收入分配问题，中央高度重视，群众热切期盼，但社会、学界甚至政府部门认识分歧仍较多，对于不同行业之间、不同地区公共部门之间、高管与普通劳动者之间、不同身份劳动者之间合理的工资收入分配关系的目标以及如何达成等一些老大难问题破题不够，为此，需要就其进一步展开深入研究。

当然，本研究聚焦于不同行业之间、不同地区公共部门之间、高管与普通劳动者之间、劳务派遣等不同身份劳动者之间四个方面的合理的工资收入分配关系，并不是“两个比重”、不同所有制之间、不同地区之间、不同职位之间等其他工资收入分配关系不重要，而是在秉承本课题兼顾定性和定量分析的原则下，很难也不可能做到面面俱到，本课题研究的重点是搭建相关合理比例关系框架，尝试探索部分领域合理比例关系的量化标准，为下一步继续充实完善奠定基础，为深化工资收入分配制度改革提供引导和借鉴。

二、国内外研究概况

关于工资收入分配，国内外研究成果很多。国外关于工资收入分配的研究，在理论上，就工资如何决定进行了大量研究，边际生产率工资理论（劳动的边际生产率决定了长期的工资水平）、均衡价格工资理论（工资是由劳动需求的价格和供给价格相均衡时的价格决定的）、集体谈判工资理论（在一个短时期内，工资不再完全取决于劳动边际生产率和劳动力供求均衡这两个前提条件，在一定程度上取决于雇主和雇佣劳动者之间的力量对比）等是其中的主要代表。此外，就衡量工资收入差别的标准，提出了洛伦茨曲线和基尼系数，并就产业、行业、职业、地区、群体之间的工资差别进行了较为详尽的理论和实证研究。国际劳工组织等机构也组织人员对此进行了有关系统研究，形成了许多研究报告。

国内研究方面，在理论上探讨了按劳分配与按生产要素贡献分配在社会主义市场经济中的有效结合，从效率优先、兼顾公平转向初次分配和再分配都要处理好效率和公平问题，明确从“两低于”转向“两同步”等，就收入分配重要理论问题进行了较深入探讨，实现了相关分配原则的重大转变；在实践研究中，针对社会主义市场经济条件下，如何完善健全国家宏观工资分配调控体系，使现代企业薪酬制度与现代企业产权制度、法人治理结构之间的匹配适应，机关事业单位工资与企业薪酬水平的协调，行业、地区工资分配关系和农民工等弱势群体的工资分配调节，劳动报酬下降、工资收入差距扩大、工资分配秩序乱等工资分配问题，以及工资正常增长机制建立，最低工资及工资支付等工资保障制度建立等进行了全方位的研究，从多个角度分析了工资收入分配问题产生的根源，提出了一些政策建议。如黄孟复的《中国中小企业职工工资状况调查》总结了我国中小企业职工工资现状和问题。复旦大学的张军在《中国的工资：经济学分析》一书中，对改革以来中国工资的决定机制、演变路径及其宏观影响进行了多方面的深入解读。中国人民大学的杨瑞龙在《工资形成机制变革下的经济结构调整：契机、路径与政策》中，论证了工资形成机制的变革与经济结构变化的关系。王湘红等人的《工资制度、劳动关系及收入：基于行为理论的研究》从行为经济学视角出发，探讨工资集体谈判和最低工资制度对劳动关系和工资水平的影响。丁守海的《劳动剩余与工资上涨条件下的工业化》分析了隐蔽性失业的大量存在与工资的强劲上涨压力相交织对经济的影响，等等。

从总体上看，国外的相关理论研究成果可以为我们提供有益参考，但难以有效解释我国工资分配中存在的问题，也难以有效回答和解决我国面临的实际问题。国内学术界的研究成果虽然比较多，单纯从某一个问题的阐述看有一定合理性，但放到整个收入分配大系统中去时，有些研究则存在一定的局限性，尤其是对合理调整工资收入分配关系尚未作出系统、全面、深入的回答，相关政策的操作性及协调性较弱。特别是自党的十七大十八大和国家“十二五”规划系统阐述了合理调整收入分配关系大政方针以来，结合新的形势做进一步创新性研究的成果还不多。因此，当前急需站在全局和系统的角度，结合近两年来关于工资分配的多方面探讨和不同认识，以更高的视野来对几个重大的工资收入分配关系进行有针对性的深入研究。

三、研究对象界定

(一) 工资收入

本课题所指工资收入是指工薪劳动者的全部劳动报酬。

此处所指工薪劳动者包括城市和乡镇各类企业（含雇工的个体工商户)、各类事业单位（含社会团体等）和各级党政机关（含工会、青年团、妇联以及民主党派）的劳动者。根据国家统计局、人力资源和社会保障部等部门有关数据统计，当前我国全部工薪劳动者约有 4.1 亿人①。

此处所指工薪劳动者全部劳动报酬包括工薪劳动者从本单位所领取的基本工资、奖金、津贴补贴以及其他工资性收入（含制度外的工资性收入），与薪酬概念的内涵和外延基本相同②。根据国家统计局、人力资源和社会保障部等部门有关数据统计，2011 年全国工薪劳动者的全部劳动报酬约为 11.92 万亿元③，是城镇居民劳动收入的主要组成部分（国家统计局 2009 年数据，工资性收入占城镇居民总收入的 66.1%），与经营性收入、财产性收入、转移性收入等共同组成城镇居民总收入，是居民财富的主要来源。

（二）工资收入分配制度

本课题所指工资收入分配制度覆盖上述用人单位和工薪劳动者及其全部劳动报酬，包括各类企业的薪酬分配制度、事业单位收入分配制度和党政机关工资分配制度。

这一工资收入分配制度是我国收入分配体系的重要组成部分，涉及初次分配、二次分配，与广义收入分配体系其他方面包括社会保险制度、社会福利制度、财政税收制度等相互联系、相互作用。比如，工资

---

① 根据人力资源和社会保障事业发展统计公报、人力资源和社会保障部统计摘要、国家工商行政管理总局数据分析，2011 年年末全国就业人员 7.6 亿人，扣除不属于劳动关系调整范围的从事农业生产的农民 2.5 亿人，个体户数 3 757 万户（以一户 1 人计算），私营企业投资者 0.2 亿人，其他自由职业者 0.4 亿人，则得出 2011 年度工薪劳动者约为 4.1 亿人，其中，城镇约 3 亿人（分别剔除个体户 0.25 亿户、投资者数 0.15 亿人），农村约 1.1 亿人（分别剔除个体户 0.15 亿户、投资者数 0.05 亿人）。按用人单位分类，大中小各类企业工薪劳动者约 3.7 亿人，机关事业单位工薪劳动者 0.4 亿多人。

② 如无特别说明，本文工资收入、薪酬两个概念基本相同。

③ 根据剔除个体工商户（以一户 1 人计算）和企业投资者人数后城镇从业人数为 3 亿人，则可通过国家统计局公布的数据估算为城镇就业人员劳动报酬总额＝3×［42 452×（城镇非私营单位就业人员/城镇就业人员×100%）＋24 556×（1－城镇非私营单位就业人员/城镇就业人员×100%）］＝9.5 万亿元。其中，估算中假设城镇个体户中从业人员平均工资为城镇私营单位人员平均工资；乡村就业人员估算平均工资为 22 000 元，劳动报酬总额约为 2.4 万亿元，则全国工薪劳动者劳动报酬总额为 11.92 万亿元。

收入分配制度决定的工薪劳动者工资水平直接决定着多项社会保险缴费水平，也对社会福利水平形成影响；同时，社会保险标准、社会福利标准水平的高低也影响着工资收入水平的变动。又如，企业税收负担的轻重，对于企业工资水平及其增减具有重大影响；同时，企业工资水平增长的快慢也对企业缴纳企业所得税等的多少具有反作用；而财政支出用于公共部门工资分配份额的大小，直接决定着公共部门劳动者工资水平的高低；同时，公共部门劳动者工资水平增长的快慢，反过来又影响财政支出用于其他方面份额的多少。再如，个人所得税以及个人社会保险缴费水平直接决定着工薪劳动者实际拿到手的工资收入的多少；同时，工资水平的高低又决定着个人所得税征收量和社会保险基金的多少。可见，工资收入分配制度在收入分配体系中具有重大影响和作用。在市场经济体系完善、分配秩序规范的基础上，工资收入分配在整个居民收入分配中发挥着主导和标杆作用。

（三）合理的工资收入分配关系

从理论上讲，合理的工资收入分配关系是在公平处理资本与劳动利益分配关系的前提下，以劳动力、管理、技术等劳动要素分别获得自身应得劳动报酬为基础进行比较的结果。

从量化关系上讲，合理的工资收入分配量化比例关系，是对现实中社会主流认识判断不合理的薪酬分配量化比例关系剔除其中非市场、非劳动因素，同时参考现实中存在的人们价值判断比较合理的薪酬分配量化比例关系，综合这两方面情况得出的量化分析结果。

四、研究思路、方法和可能创新点

（一）研究思路

本研究首先以国民收入分配大体系以及整个经济社会体制、经济结构等为大背景，着眼于工资收入分配全局，对工资收入分配地位、工资收入分配中政府与市场的作用、何为合理的工资收入分配关系等进行理论分析；其次，以合理调整工资收入分配关系为主线，聚焦于行业之间、部分公共部门之间、企业高层管理人员与其他工薪劳动者之间、不同身份工薪劳动者之间工资分配关系等四个重大问题展开深入研究分析，在分析四个重大工资分配关系存在问题及其原因的基础上，采用横向纵向比较结果和建立数学模型两种方法提出上述四个重大问题合理的工资分配关系的量化建议；最后，针对影响四个重大问题合理工资分配关系的因素以及宏观经济社会结构因素，提出有针对性的对策建议。

（二）研究方法

本研究坚持运用理论研究与实证研究相结合的研究方法。具体采用文献阅研法、系统研究方法、专家头脑风暴法、实证分析法等方法，将理论研究与实际分析结合起来，将定性判断与定量分析结合起来，将问题及原因分析与政策建议研究结合起来。特别是在实证研究方面，利用有关国别数据、专题网上调查以及近几年开展抽样调查等方式取得的大量数据，进行量化分析。

在坚持理论研究与实证研究相结合方法的同时，课题研究过程中采取了“开门研究”的方式。在研究过程中，课题组先后召开多次专家研讨会，积极参考借鉴不同部门（财政、税务等）、不同领域（经济学、财税学、管理学、政治学、社会学等）专家学者的意见建议，同时采取网上专题调研、典型企业调研等多种听取意见建议的方式，为形成课题研究结论奠定基础。

（三）可能创新点

一是构建合理的工资收入分配比例量化关系框架体系并提出四个方面的合理薪酬分配量化比例，由于目前暂无人做过，有可能为合理调整我国工资收入分配关系提供重要参考和方向引导；二是通过系统性的顶层设计，提供了改进和完善工资收入分配工作的指导意见的内容建议，有可能为加快形成工资收入改革整体方案提供系统的思路方法借鉴；三是就调整四方面薪酬分配关系提出了具体政策建议，其中有的具体思路和可操作性措施可能为政府部门决策提供参考。

五、结构安排

本书共设三个部分。第一部分是导论，致力于阐明本研究之所以以合理的工资收入分配关系为切入点研究工资收入分配的理由，以及本研究的研究思路、方法和主要创新以及文章的结构安排。

第二部分是以合理调整工资分配关系为主线深化工资收入分配制度改革。共分为五章，其中第一章是关于工资收入分配三个基本问题的理论思考。一是对工资收入分配及其改革在整个收入分配及其改革、宏观经济社会中的定位进行分析；二是对工资收入分配的合理差距和不合理差距进行界定；三是对工资收入分配调节中政府与市场的功能定位及其边界进行分析。上述理论思考为本研究提供了理论分析支撑。第二章是对当前工资收入分配存在的问题及其原因进行再分析。包括对当前有关工资收入分配的不同认识进行再分析；重点就行业之间、部分公共部门之间、企业高层管理人员与其他工薪劳动者之间、不同身份工薪劳动者之间的工资收入分配不合理问题及其原因进行再分析，对工资收入分配关系的状况进行再判断。第三章是探索构建合理的工资收入分配关系。包括对构建合理工资收入分配关系的必要性和可能性进行分析；研究构建合理的工资分配比例关系框架模型，其中包括对相关工资收入分配比例关系进行研究；提出行业之间、不同地区公共部门之间、企业高层管理人员与其他工薪劳动者之间、劳务派遣工与正式工等不同身份劳动者之间合理薪酬分配关系的量化比例等。第四章是对构建合理的工资收入分配关系的基本思路和原则进行梳理和明确。第五章是对合理调整工资收入分配关系的对策措施进行研究。包括就出台深化工资收入分配改革的指导意见进行研究，就“提低”特别是对劳动密集型中小企业员工工资增长的有针对性的可操作措施进行研究，就“调高”特别是调整工资收入过高行业和高管人员工资收入的相关措施进行研究，对协调地区之间机关事业单位工资收入水平问题进行研究，对逐步解决不同身份劳动者同工不同酬问题进行研究，对工资收入分配制度改革的相关外部配套措施进行简要研究。

第三部分是合理调整若干重大工资收入分配关系。共分为五章，其中第六章是探索构建工资收入分配若干比例关系框架；第七章是逐步提高低收入工薪劳动者工资水平；第八章是垄断行业及高工资收入群体工资收入调控；第九章是我国公共部门地区间不合理工资差距调控；第十章是实现同工同酬的难点及对策。

第二部分

以合理调整工资分配关系为主线深化工资收入分配制度改革

第一章　关于工资收入分配基本问题的理论思考

要进一步深入研究工资收入分配改革问题，首先需要就其重大问题做出理论思考和回答。当前，主要有工资收入分配及其改革定位、合理的工资收入分配关系界定、政府和市场在工资收入分配中的作用及其关系等三大问题亟须研究回答。

一、关于工资收入分配及其改革定位的理论分析

（一）基本定位

工资收入分配制度与收入分配体系一样，依附于相应的经济社会体制以及经济结构，受其制约和影响。当前，我国的企业薪酬制度以现行企业制度为直接基础，现行各类企业的产权制度、法人治理结构及其内部制衡机制、经营管理制度和管理方法等方面的长处和弊端，都将决定和影响薪酬制度的科学合理程度及其运行状况。比如有的企业产权不清晰、法人治理结构及其内部制衡机制不健全，经营管理制度不完善，就容易出现薪酬分配制度制定不公平，执行不严肃认真等问题；反之，如果企业产权制度、法人治理结构等方面的弊端能够得到较好清除，其薪

酬分配就会有较好基础，其分配过程就会比较规范。事业单位的收入分配制度以现行事业单位体制为直接基础，被该体制的优缺点所决定和制约。比如有些事业单位的公共资源配置不当，机构岗位设置不合理，人事制度改革不到位，其收入分配制度就无法科学建立并贯彻执行；反之，深化人事制度改革、合理设置机构岗位等，其收入分配工作就好做，效果就会较好。党政机关工资制度以公务员制度及其相关制度为直接基础并受其决定和影响。比如有的机关职能定位不准，内部机构设置不合理，公务员编制和人员配置不科学，绩效考核未实行，其工资分配就难以搞好；反之，其工资分配的基础就较扎实，其工资分配就容易达成较好效果。同时，上述企业、事业单位和党政机关的直接基础则受当前我国的经济社会体制所决定和制约，比如，我国经济社会体制中的各种弊端诸如各类要素市场很不健全，城乡分割的管理体制，资源配置制度不够公平合理，部分地方存在的对非公有经济发展的歧视和限制，打破垄断措施不落实，对第三产业发展支持不足；又如，政府部门职能转变不到位，对微观经济领域行政干预过多，对宏观经济领域存在问题的有效调控不力，中央、地方政府事权、财权不对等，政府财政收支及其预算不够透明，以及社会主义精神文明建设不够得力，社会缺少诚信现象较多见，等等，都对上述直接基础造成许多负面影响，都制约着上述直接基础的健全，间接影响着工资收入分配制度的完善；反之，如果经济社会体制的弊端通过改革得到较好清除，则能从根基上促进上述直接基础的健全，进而促进工资收入分配制度的完善。除此之外，我国经济结构和发展方式也对上述直接基础乃至工资收入分配形成重要影响和制约，比如依靠低成本生产要素高强度投入的粗放型生产方式，在很大程度上影响了城乡、行业、地区、群体之间分配关系的总体协调平衡；三次产业结构不合理，我国第一产业就业比重过高，第二产业中高新技术行业比重小，低附加值行业比重大，就制约着第二产业职工工资的合理增长；第三产业产值和就业比重明显偏小，既加大了第二产业的就业压力，也不利于第三产业职工的工资增长；我国劳动力结构明显不合理，上尖下大呈金字塔形，劳动力总量中低端劳动力数量过多、比重过大，导致这部分人员供过于求，高端劳动力比重过小则导致这些人员供不应求，既不利于劳动生产率的提高，也制约着工薪劳动者群体内部合理的工资收入分配关系的形成，如此等等；反之，我国经济结构的合理调整和经济发展方式的逐步转变，则将会有力促进工资收入分配制度及其分配结果朝着合理方向发展。

为此，按照马克思主义关于生产方式决定分配方式、生产水平决定分配水平、生产关系决定分配关系的观点，分析和认识我国的工资收入分配制度，特别是研究和解决我国的工资收入分配问题，必须既深入分析薪酬分配及其制度的问题，又要剖析其直接基础存在的问题，同时还要深入分析我国经济社会体制以及经济结构、经济发展方式的制约和影响因素，才能看清问题，找准原因，以利于正确确立解决问题的基本思路。

（二）观点辨析

近期以来，有一种观点认为：我国收入分配存在的问题主要是财富和收入存量的分配不公。比如前几年一些煤老板低价占有煤矿资源获取暴利，垄断行业无偿占有矿产资源或通过行政定价权等获取暴利并将其转化为部分人员的收入等，这些都是全民财富——各种自然资源的分配不公；某些股市大鳄通过操纵股市获取暴利，一些政府部门低价征用农民土地转手高价卖出，或随意决定财政支出用于大建豪华楼堂馆所以及“三公”开支，很少向农村居民提供公共服务等，这些则是对收入存量的分配不公。这些方面造成的贫富差距很大，分配不公十分严重[①]。而收入分配流量尤其是工资收入分配虽然存在一些问题，但问题不大，与收入存量和财富的分配不公相比，几乎可以忽略不计，不必作为改革的重点。这一观点虽有一定道理，但同时具有较大片面性。如前所述，工资收入分配（包括制度内外工资收入分配）涉及4亿多工薪劳动者和约12万亿元的分配量，是城镇居民总收入的主要组成部分，加上收入分配流量的其他部分——经营性收入分配、财产性收入分配等，其分配是否公平合理，直接影响到所有劳动者以及广大居民的切身利益和积极性的发挥，也影响到财富和收入存量差距是否继续扩大，并直接影响到我国生产经营和社会管理、公共服务的正常运行[②]，是一项关系经济、社会甚至政治领域，涉及面极广的意义深远的工作。可以说，不解决工资收入分配和其他收入流量中存在的问题，整个收入和财富分配包括财富和收入存量分配中存在的问题也就无法根本解决；反之，如只安排解决财富和收入存量分配不合理的问题，则存在诸多难点。首先是财富和收入存量的底数难以摸清，既缺乏全面有效的调查手段，也缺少相关调查人员队伍；其次是即便摸清了底数也难以处理，如强行调整居民财富和收入存量，可能给人以再次“打土豪分田地”的感觉，如通过财产税、遗产税来调整，也将是一个缓慢的过程；处理不当还可能影响社会稳

---

① 参见国家信息中心经济预测部《专题一 2004年和2005年收入分配中非正常成分的价值估算》第二章“我国国民收入分配中非正常成分的构成”、第三章“2004年国民收入分配中非正常成分的价值估算”、第四章“2005年我国收入分配中非正常成分的估算”、第六章“不正常收入对总收入差别的贡献度”等。见：宋晓梧，李实，石小敏，赖德胜主编. 中国收入分配：探究与争论［M］. 北京：中国经济出版社，2011. 91－93，99－103，104－116，117－128，131－137。该专题揭示了通过商品价差、利率差、地价差、农民工劳动力价格差、社会医疗保障欠账、垄断行业的垄断租金、国有资产流失、国有企业应缴未缴利润、教育租金、腐败租金、违规使用财政资金、公款消费、政府机构灰色收入等途径获取的非正常收入，2004年、2005年分别达5.1万亿元、5.89万亿元，分别占同年GDP的31.98%和31.85%。但这些非正常收入真正流入个人口袋的有多少尚不清楚。按第六章“不正常收入对总收入差别的贡献度”计算，非正常收入对居民收入差别的影响，2004年、2005年分别为18.35%和18.20%。据此推算，有接近40%的非正常收入流入个人。但对居民收入差距影响大的仍然是正常收入分配，占80%多。

② 据北京师范大学金融研究中心教授钟伟分析，当前我国收入存量和财富约有275万亿元。见：新浪财经“北师大教授：我国城镇居民人均财富约23万元”，http://finance.sina.com.cn/china/hgjj/20100607/13018072902.shtml.

定。而同时如果不对收入分配流量进行调节，则不合理的收入分配流量将继续扩大不合理的收入存量和财富分布。正因为如此，党的十七大报告和国家“十二五”规划纲要都对工资收入分配及其改革作了重要阐述，而没有单纯就收入分配存量和财富分布如何调整做出专门论述。国家“十二五”规划纲要第三十二章专门将“深化工资制度改革”列为第一节，将其作为重大改革任务之一排在首位进行部署。同时，将“健全资本、技术、管理等要素参与分配制度”列为第二节，明确要求“完善公开、公平、公正的公共资源出让制度，建立国有土地、海域、森林、矿产等公共资源出让收益全民共享机制，出让收益主要用于公共服务支出。扩大国有资本收益上交范围，提高上交比例，统一纳入公共财政”，以逐步解决财富分配中的资源配置不公问题。再设立第三节“加快完善再分配调节机制”，要求“调整财政支出结构，提高公共服务支出比重，加大社会保障投入”等，以调整对收入存量的分配，逐步将更多的财政支出份额用于民生，以此调节初次分配中的不合理分配差距。最后设立第四节“整顿和规范收入分配秩序”，把工资外、制度外，各种灰色、黑色收入均纳入清理整顿打击的范围，逐步控制、减少并取消灰色、黑色收入。这样一种摆布，既重视工资收入分配及其改革，将其摆在重要位置且排序为第一，又重视财富和收入存量分配及其调节，还重视对分配秩序的整顿规范等，是符合我国收入分配及其改革实际情况的。将这几方面有机结合起来统筹考虑，再加上继续深化我国经济社会体制改革，转变经济发展方式并调整经济结构，逐步消除那些导致收入存量和财富分配不公的弊端，才是全面解决我国收入和财富分配问题的正确途径。

综合以上，工资收入分配及其改革的基本定位是：把工资收入分配及其改革作为一个系统，理清并把握其与收入分配体系其他方面以及财富分配的联系和相互作用，分析其直接基础的状况及其制约和影响，同时剖析经济社会体制以及经济结构和经济发展方式的制约，既立足本系统，又着眼大体系，联系深层次，抓主要矛盾，从全局性、系统性、针对性、衔接性角度来认识、把握和推进工资收入分配改革，使其与收入分配体系改革、财富分配调整和经济社会体制改革等方面有机联系起来，以既防止单就工资收入分配系统自身来研究部署工资收入分配改革，又防止脱离该系统只研究部署收入分配体系、财富分配调整乃至经济社会体制等方面改革这两种偏向。

二、关于合理的工资收入分配关系的理论分析

《国民经济和社会发展第十二个五年规划纲要》“第三十二章”的标题就是“合理调整收入分配关系”，其中包含了合理调整工资收入分配关系。要完成此任务，首先需要回答什么是合理的工资收入分配关系（以下简称为“薪酬分配关系”[①]）。一般而言，合理的薪酬分配关系是合理的薪酬分配活动的结果，它离不开公平的薪酬分配起点和分配过程，还与良好的薪酬分配基础条件和环境相关。因此，首先需要在理论上对合理的薪酬分配结果进行定性和定量分析，同时剖析薪酬分配起点和分配过程也即该分配结果的实现路径，并结合分析薪酬分配的基础条件和环境，将此三方面分析结合起来，才能最终得出客观可靠的结论。

（一）合理的薪酬分配结果的定性、定量分析

薪酬分配关系涉及地区之间、部门之间、行业之间、用人单位之间以及工薪劳动者内部等多种薪酬分配比例关系。从定性角度分析，合理的薪酬分配关系是在一定时期内由大多数工薪劳动者和社会主流认识所认可、与当时当地经济社会发展进程和积极的相关社会文化相适应的一种主观价值判断，它是一种符合普世价值观——公正公平观念、建立在公平分配基础上的、为社会大多数人所追求和认可的分配结果。从理论上讲，它是在公平处理资本与劳动利益分配关系的前提下，以劳动力、管理、技术等劳动要素分别获得自身应得劳动报酬为基础进行比较的结

---

① 薪酬是指劳动者基于劳动关系在提供劳动后从用人单位所领取的各种劳动报酬，其本质是各种工资性收入的总和。因此，本段将其简称为薪酬，其范围覆盖了各类企业、党政机关和各种事业单位及其工薪劳动者。

果。这里有两个层面，第一个层面是前提要保证，即资本与劳动利益分配关系要合理或基本合理，如前提不合理，第二个层面各种劳动要素之间的分配关系的合理性就会受到制约和限制。如果前提得到保证，劳动力、管理、技术等劳动要素由于自身禀赋、所受教育程度等不同，在人力资源市场上因供求关系不同而所处地位不同，所工作的岗位不同，所承担责任和所作贡献等不同，因此其所获得的劳动报酬也必然有高有低。这一基于劳动力、管理、技术等要素差别所获得的劳动报酬，再加上地区物价等因素所形成的地区之间、部门之间、行业之间、用人单位之间以及工薪劳动者内部的差距就是合理的薪酬差距，但薪酬中超出以上要素由不合理的非市场因素和非劳动因素所获得的报酬即为不合理差距，且大多数人对此反映意见大，即应予以调节。

从定量角度分析，薪酬分配关系是否合理需以相关时段大多数工薪劳动者和社会主流认识的基本判断为引导，以资本与劳动利益分配关系合理或基本合理为前提，以各种劳动要素投入产出比例关系分析为基础，同时以现行以及历史上国内、国外各种劳动要素通过市场交换所形成的分配比例关系为参考依据，通过纵向和横向比较以确定其量化区间。这里的定量分析也涉及两个层面，第一层面是工薪劳动者薪酬总量是否合理，资本以及政府与企业的分配关系是否存在需调整的环节；第二层面是各劳动要素之间分配量是否合理，这一层面的关键问题是，如何剔除不合理的非市场因素和非劳动因素形成的不合理报酬。比如我们在分析行业之间薪酬差距较大的原因时，就需要剖析劳动生产率较高同时薪酬也高的行业薪酬水平中有多少是由于垄断等不合理的非市场因素、非劳动因素形成的，而低劳动生产率同时低薪酬的行业其“两低”有无受客观不公平因素的影响，从而将这两方面的不合理的非市场因素、非劳动因素影响剔除，以客观正确地比较双方的合理薪酬差距。又如，我们在分析企业高层经营管理人员薪酬与普通劳动者薪酬水平差距较大的原因时，就需要分析企业高管薪酬中哪些部分与其人力资本、所承担责任和所作经营管理贡献相关，哪些部分无关；同时分析普通劳动者薪酬是否低于其劳动贡献，从而客观正确地比较双方的薪酬差距。再如，我们在分析不同地区公共部门工作人员之间工资差距是否偏大时，就需要分析这些差距是由什么因素所形成，其中哪些与不同地区物价差别相关，哪些与地区财政收入水平高低等相关，将那些与公共部门工作人员工作贡献和物价等无关的部分剔除，以客观正确地比较双方的薪酬差距。据此，在绝大多数工薪劳动者和社会主流认识普遍认为我国现行薪酬分配关系不合理，而对某个时段的相关薪酬分配关系基本认可或接受时，我们即可对现行以及相关时段的薪酬投入产出比例关系进行分析，通过适当方式方法剔除其中不合理的非市场和非劳动因素的影响，得出一个薪酬分配的量化比较关系；同时，收集与我国经济发展阶段相同、相近时期的其他国家或地区（人均 GDP 水平与我国相同、相近国家或地区）的薪酬分配量化比例关系做参考进行横向比较，从中找出符合人们价值判断的薪酬分配量化比例关系，也即相关方面薪酬水平的倍数关系，从而确定合理的薪酬分配量化比例关系区间，作为我们努力调整薪酬分配关系的目标。简言之，合理的薪酬分配量化比例关系，是对现实中社会主流认识判断不合理的薪酬分配量化比例关系作非市场、非劳动因素剔除，同时参考现实中存在的人们价值判断比较合理的薪酬分配量化比例关系，综合这两方面情况得出的量化分析结果。

（二）公平的薪酬分配起点和分配过程的分析

合理的薪酬分配结果由公平的薪酬分配起点和分配过程所决定，这一薪酬分配起点和分配过程即科学、规范的薪酬决定、形成机制。

从公平的薪酬分配起点看，主要是应保证各种生产要素拥有者其中重点是工薪劳动者拥有薪酬分配的知情权、参与权、表决权、分享权、保障权等权利。（1）工薪劳动者应有权知晓薪酬分配情况，特别是与自身利益分配相关的情况；（2）应有权参与涉及自身利益的薪酬分配政策、制度、办法等的制定，由有关方面听取工薪劳动者的意见，或由劳动者发表意见；（3）工薪劳动者还应对此拥有表决权，表达赞同、反对或弃权的意见，以决定这些薪酬分配政策、制度、办法等能否通过；（4）工薪劳动者应拥有分享企业经济效益增长和经济社会发展成果的权利，作为与其他生产要素共同创造物质精神财富的各类劳动者，当然应该与其他生产要素拥有者一样共同分享多方面合作创造的社会财富；(5) 工薪劳动者依法获得的劳动报酬以及上述各项权利都应得到保障。在此过程中，与工薪劳动者相结合共同创造财富的其他生产要素拥有者或提供者包括国有资产和非国有资产所有者等也同时拥有此五方面权利。从直观的角度讲，只有通过约定俗成和制度规范等形式基本确立了工薪劳动者在薪酬分配中的知情权、参与权、表决权、分享权和保障权并明确其权利边界，同时划清了其他生产要素在薪酬分配中的相关权利及其边界，工薪劳动者的合法劳动报酬权益才不会在分配起点就被其他生产要素或外部力量所随意侵占，同时工薪劳动者也不会多占其他生产要素或国有资产等方面的合法报酬权益。其中，尤其要注意确立普通工薪劳动者或弱势工薪劳动者在提供劳动的前提下拥有按照同类劳动者薪酬决定依据和分配制度确定薪酬的权利①，同时也应努力使各类工薪劳动者特别是高中层工薪劳动者的薪酬标准与其所负责任和所作贡献等相匹配，防止其侵占其他生产要素包括各类股东和国有资产所有者的报酬权益。上述工薪劳动者与其他相关生产要素拥有者五方面权利的平等应作为原则，在微观领域和宏观领域都应遵循。比如，在初次分配中，在政府的税收安排合理或税法的制定、修订经过人民代表大会审议通过的前提下，一些企业的劳动者能够知晓与自身利益分配有关的事项，能够参与薪酬分配决策，通过职工代表大会或工会审议同意或否决薪酬分配方案；农民工、临时工只要在相同岗位工作就可按照同岗位劳动者薪酬制度执行并获得相应的劳动报酬，这些即是薪酬分配起点公平的体现；同时，一些国有企业在制定提高职工薪酬水平方案时，确保不占用应上缴国家的税费和利润，也是薪酬分配起点公平的体现。反之，政府的某些税收安排不够合理或税法的制定、修订未经过人民代表大会审议通

---

① 有的学者将享有平等教育权、不受歧视就业权等作为分配公平的起点，这一分析有其道理，也是通行的说法。但客观讲，这些不光是分配公平的起点，也是劳动者职业生涯发展、实现个人价值的公平起点。因此，本研究不将此作为分配公平的起点，而从分配领域自身寻找起点。我们认为，合理的薪酬分配起点主要是劳动者参与分配的各种权利和拥有按照同类劳动者薪酬决定依据和分配制度确定薪酬的权利。

过，同时不少企业的劳动者不了解本单位的薪酬分配制度、办法，无权就薪酬分配发表意见，或因为拥有农民工、劳务派遣工身份，在相同车间、岗位工作却执行不同薪酬制度，特别是薪酬标准明显低于正式工；或者有的国有企业随意高定高层经营管理人员的薪酬标准，违反规定多提工资总额或其他工资性收入，而国有资产管理者缺位或失位造成监管缺失，都是薪酬分配起点不公平的反映。在二次分配中，从当前我国实际情况看，公共部门及其工作人员①是由政府有关主管部门代表其制定相关工资收入分配制度和政策②，参照企业相当人员薪酬水平及其变动，相应安排调整公务员以及公益性事业单位工作人员的工资水平，在此制度规范下，公共部门工作人员参与薪酬分配权利的表现形式不同于初次分配中各类企业的劳动者，不是由工作人员个人或群体与其所工作的党政机关或事业单位平等协商，但其权利是受到切实保障的；按照政府有关主管部门制定的工资收入分配制度、标准和政策执行，绝大多数公共部门工作人员拥有按照同类劳动者薪酬决定依据确定薪酬的权利，这是公共部门薪酬分配起点公平的体现。但在某些公共部门，其编制外聘用的工作人员不能享受同工同酬权利，则是薪酬分配起点不公平在二次分配中的具体体现；或者有的事业单位在制定本单位薪酬分配方案时，占用国有资金等，也是薪酬分配起点不公平的体现。还有，一些地方公共部门在当地财政支出中超出国家有关规定多提资金给公务员和公益性事业单位工作人员多发津贴补贴，另一些地区情况则由于当地财政收入少无力为本地区公务员和公益性事业单位工作人员按照国家规定标准发放津贴补贴，这两种情况也都是薪酬分配起点不公平的体现。

从公平的薪酬分配过程看，就是在坚持合理的薪酬分配起点的前提

---

①　公共部门及其工作人员是指各类党政机关、工会、共青团、妇联、民主党派等机构的由财政供养的公务员、参公人员和公益性事业单位的由财政全额或差额拨款支付工资的正式工作人员。

②　这里将公共部门工作人员的薪酬分配纳入二次分配范畴，是基于公共部门工作人员薪酬分配使用资金来自于财政支出，不同于企业薪酬分配使用资金来自于企业自身经济效益。在计算初次分配中劳动报酬比重时，基于公共部门工作人员也与企业工薪劳动者一样属于劳动要素在人力资源市场上按照劳动要素使用权让渡确定薪酬水平，因此，将公共部门工作人员薪酬总额纳入初次分配劳动报酬中计算。

下，主要通过明确工薪劳动者对薪酬分配知情权、参与权、表决权、分享权和保障权的实现途径、规则、程序等，使薪酬分配的程序规范、分配环节严谨、分配过程公正公开，等等[①]，来切实保证这些权利得到充分体现。比如，在初次分配中，各类企业（包含自收自支事业单位，下同）的劳动力、管理、技术等劳动要素先要按人力资源市场供求关系形成的各种劳动要素使用权让渡价格确定其基本收入，然后各劳动要素以本企业经济效益为基础，根据自身实际所作贡献获得实得劳动报酬；其形成机制主要是通过劳资平等协商来实现（非竞争性国有企业主要通过工资总额预算管理办法等来实现）。在此过程中，就应该制定并执行体现工薪劳动者知情权、参与权、表决权、分享权、保障权的相关规则和程序。凡按此做的，其薪酬分配过程就公平；反之，其薪酬分配过程就不公平。而且，由于各类企业工薪劳动者薪酬确定与政府和企业、企业和劳动者之间的分配同步进行，因此，政府对企业税费的征收和企业与劳动者分配关系的调整等都对劳动者薪酬水平确定及其调整具有重大影响，据此，政府征收企业税费，企业确定和提留税后利润等环节和程序，均应体现工薪劳动者的五项权利。如果上述这些程序规范，节点环环相扣，执行严格到位，其薪酬分配过程就公平合理，就能够实现合理的分配结果；反之，如果程序不规范，节点缺失，不执行已制定的薪酬分配制度，不依法实行劳资平等协商，或者某些地方政府未执行税法规定的税收征收程序，企业不依法上缴税费或过分追求利润，其薪酬分配过程就不公平合理，当然也不可能实现薪酬分配结果的合理公正。

在二次分配中，公共部门工作人员首先也要按人力资源市场供求关系形成的同类劳动要素使用权让渡价格确定其基本收入，然后根据个人在制造、提供公共产品中所起作用和所作贡献相应确定个人实发薪酬[②]；其形成机制是党政机关公务员以企业相当人员的薪酬水平作参考

---

① 这里同时也应明确其他生产要素拥有者的五项权利并相应明确其实施的制度和程序。由于现实中工薪劳动者这五项权利明确得少，因此，主要强调明确工薪劳动者的五项权利并相应明确其实施的制度和程序。

② 这里所提“公共产品”包括社会管理、公共服务的法规政策制度以及各种公益性服务等。

决定各层级公务员的平均工资水平，公益性事业单位不同层级的工作人员参考相应层级公务员工资水平决定其平均工资水平，然后根据所在地区经济发展情况、居民收入和物价等水平，以公共部门制造、提供公共产品的数量、质量为依据，按照有关规则由有关机构审议，合理确定公共部门薪酬总量，再由财政部门拨款支付工作人员薪酬①。如果上述这些程序规范、执行严格，公共部门的绩效考核到位、财政拨款按时足额且不超额，其薪酬分配的过程就公平合理，就能够实现合理的薪酬分配结果；反之，如果上述这些程序不规范、执行不严格，实施中不清楚企业相当人员的薪酬水平，不考核公共部门的绩效，特别是财政拨款由于地区财政收入的不平衡而偏多偏少，其薪酬分配过程就不公平合理，当然也就无法在公共部门与企业之间和公共部门内部达成合理的薪酬分配结果。

（三）良好的薪酬分配基础条件和环境的分析

如前所述，工资收入分配与用人单位体制、人力资源市场乃至经济社会体制、经济结构等方面紧密联系，受后者制约和影响。因此，公平的薪酬分配起点和分配过程离不开用人单位体制的健全、人力资源市场的完善以及经济社会体制改革和经济结构调整的逐步到位。比如，企业产权关系清晰、法人治理结构和内部制衡机制健全、经营管理制度完善和管理方法科学，其薪酬分配的基础条件就好，相应地，其薪酬分配的起点和分配过程就容易达到公平的程度；反之，企业产权关系不清晰、法人治理结构和内部制衡机制不健全，加之经营管理制度缺陷多，其薪酬分配的基础条件就差，相应地，其薪酬分配的起点和过程就难以实现公平；如果再加上企业生产经营的外部环境不好，税费负担偏重或在市场竞争中受到不公正对待，其薪酬分配起点和分配过程就会进一步被扭

① 在市场经济发达国家，公共部门工作人员的薪酬总水平及其调整需经过议会代表纳税人，根据有关法律法规和方法审议批准。在我国，按照理想的程序，公共部门工作人员的薪酬总水平及其调整，应经由人民代表大会或人大根据有关规则审议批准后，再由财政部门拨款。通过这些程序来体现公共部门工作人员与纳税人、财政收入监管机构等相互之间知情权、参与权、表决权、分享权、保障权的平等。

曲，最终导致薪酬分配结果的不合理。又如，事业单位体制改革比较到位，党政机关公务员制度比较成熟，各种公共部门用人单位的机构和岗位设置比较科学合理，人员能进能出、岗位能上能下的用人制度、干部制度逐步健全，绩效考核普遍推开，其薪酬分配的基础条件就好，相应地，其薪酬分配的起点和分配过程就容易达到公平合理的程度；反之，其薪酬分配的基础条件就差，相应地，其薪酬分配的起点和分配过程就难以实现公平合理；如果再加上当地财政收入水平偏低或很高，当地政府在确定公共部门薪酬总量时缺乏人民代表大会代表当地全体纳税人进行监督，其薪酬分配起点和分配过程就会进一步被扭曲，最终导致薪酬分配结果的不合理。

综合以上，要正确把握合理的薪酬分配量化比例关系，需要从薪酬分配结果与薪酬分配起点、分配过程以及薪酬分配基础条件和环境三个方面、多个维度来分析判断并得出客观结论，以此指导合理调整薪酬分配关系，遏制和扭转薪酬分配差距扩大的趋势。

三、关于工资收入分配中政府与市场关系的理论分析

要合理调整工资收入分配关系，就必须协调处理好政府与市场的关系，分别正确确定其各自的定位并明确其在工资收入分配中所应发挥的作用及其边界。

在现代市场经济体系中，市场调节与政府干预，自由竞争与宏观调控，是紧密相连、相互交织、缺一不可的重要组成部分。但由于我国的市场经济是在政府逐步放松管制条件下才发育成长起来的，而市场经济发达国家以及其他发展中国家都是先有市场的充分发育成长和问题暴露，后有政府的插手干预。在这一点上我国与外国差别很大，也由此可能出现两种趋向和结果，一是我国容易出现政府对市场过度干预，二是我国可以借鉴其他市场经济国家的有益经验通过政府合理干预以弥补市场的不足。因此，在明确并处理好政府与市场在工资收入分配中的关系时，我们应该努力避免前者，同时发扬光大后者。

（一）政府与市场的基本关系

政府与市场在工资收入分配中的基本关系涉及三方面，即有形市场是各种生产要素流动配置、创造财富、进行工资收入分配等活动的场所；市场主体——各类用人单位和广大工薪劳动者是市场上工资收入分配活动的运动员；政府是裁判员①。在工资收入分配中应充分发挥市场机制的基础性作用和人力资源市场主体的主导、主动作用，通过薪酬激励功能引导有效配置人力资源并促进提高效率做大“蛋糕”，同时自行协商分配“蛋糕”；政府在工资收入分配中则弥补市场的不足，将市场主体协商达成但遵守得不够好的行为规范提炼成明文规则，或对市场主体无序竞争且无法达成共识的方面代为制定明文规则，发挥调控作用，追求公平合理分配好“蛋糕”。运动员按照自行平等协商达成的规则和政府补充规定的规则比赛，裁判员就不得干预；如不按规则比赛或在比赛中一方欺压另一方，裁判员就要进行干预。这就是政府与市场在工资收入分配中的基本关系。

（二）政府的功能作用

首先，要正确界定政府在合理调整工资收入分配关系中的功能作用。一方面，政府在初次分配中的功能作用是制定必要的工资收入分配的规则，营造有利于正常进行工资收入分配活动的环境，规范工资收入分配秩序和依法查处违法违规行为，这是政府的职责所在，也是维护市场正常运行的客观需要。其中，制定必要的工资收入分配规则②，包括制定劳资平等协商决定和调整薪酬的规则、按时足额支付薪酬的规则、

① 政府的基本定位是裁判员，展开说是规则提炼和制定者、市场监管者，同时还是工资收入分配的参与者，即政府作为国有资产代管者需负责管理国有企业薪酬分配（随着国有企业改革其涉及的工薪劳动者数量将逐渐减少），特别是作为用人单位需负责对招聘使用的公共部门工作人员进行薪酬分配。但整体上政府可简称为工资收入分配中的裁判员。

② 所谓必要的工资收入分配规则是指在市场主体自己难以或无法达成共识且经常发生侵权现象的领域制定规则，以规范市场主体的行为，维护薪酬分配的公平正义；如市场主体能够自行协商处理的薪酬分配问题，可由市场主体按照约定俗成行事或自行制定规则，政府无须越俎代庖制定规则。

最低工资规则、国有企业薪酬分配监管规则等。营造有利于正常进行工资收入分配的环境，包括发布工资指导线、劳动力市场工资价位等信息，引导促进劳资双方组织的建设并提高双方平等协商的能力，健全人力资源市场并引导各层次劳动力合理有序流动；规范公共资源的配置，减少和消除不公平的资源配置；改善中小企业生产经营环境，为其提供多方面的公共服务，打破垄断，促进各类企业平等竞争，特别是着力减轻劳动密集型中小企业税费负担；等等。规范工资收入分配秩序和依法查处违法违规分配行为，包括督促用人单位建立健全薪酬制度并按时足额支付薪酬，引导劳资双方依法开展平等协商，纠正和处罚违法违规的工资分配行为、案件，维护工薪劳动者劳动报酬权益以及维护国有资产以及其他资产所有者合法权益，等等。另一方面，政府在二次分配中的功能作用主要是制定公共部门工资收入分配方案和规则，调控公共部门内部及其与社会其他部门单位的工资收入分配关系，通过个人所得税等调节高工资收入，调节初次分配中出现的过大分配差距，并通过社会保障制度等解决居民和劳动者的养老、医疗、失业、工伤等后顾之忧，让广大工薪劳动者以及居民更好地共享经济社会发展成果，维护社会公平。

其次，要明确政府在初次分配和二次分配中的调控手段及其联系和区别。在初次分配中，政府的定位是必要的薪酬分配规则制定者、市场薪酬分配活动监管者、提供相关基本公共服务的服务者以及国有企业薪酬分配的参与管理者；其调控手段包括法律、经济、信息以及必要的行政手段。其中，法律手段包括制定必要的薪酬分配法规、政策以及其他相关法律法规并执法，如制定最低工资制度、工资集体协商制度、工资支付保障制度，以及上市公司薪酬分配内部制衡规则等，还有营造促进各类企业公平竞争环境等法律法规，为各类用人单位依法进行薪酬分配、改善中小企业生产经营环境等提供法规政策依据；同时监督用人单位执行这些法规政策和制度，对违法违规的用人单位进行查处，依法规范薪酬分配秩序，为各类企业构建良好的市场运行环境。经济手段包括完善企业资源占用税、营业税、增值税、所得税以及国有企业利润上缴等项制度，同时合理调整相关税率、国有企业利润上缴比例，对某些高科技或特定企业及其产品给予研发经费支持，对部分外贸产品实施出口退税等，使各类企业薪酬水平与经济效益挂钩浮动，通过上述经济手段直接或间接调节用人单位的薪酬水平及其分配关系。信息手段包括工资指导线、劳动力市场工资价位、人工成本信息发布、薪酬调查和信息发布等项信息制度，以此引导劳资双方理性协商确定薪酬水平及其调整，或为调整公共部门工作人员薪酬水平提供量化参考依据。行政手段包括国有企业（含自收自支国有事业单位）薪酬总额监管制度、国有企业高级经营管理人员薪酬监管制度、国有企业工资内外收入监督检查制度等，通过这些制度直接管控国有企业薪酬总额和高管薪酬水平，防止国有企业薪酬分配出现偏差并进而对其他用人单位薪酬分配造成负面影响。以上四种手段中，法律手段是基本手段，从长远看其作用将越来越大，是主要抓手；经济手段直接影响薪酬分配关系的合理调整，在当前和今后一个时期内作用很大，效果也最明显，特别需要多个政府部门共同配合以有效发挥其作用；信息手段作用较弱但不可或缺，属于公共服务范畴，需继续完善并持续抓好用好；行政手段是过渡性手段，随着国有企业深化改革，越来越多的国有企业改制为上市公司成为混合所有制经济组织，国有独资或控股企业逐渐减少，此类手段使用的范围将日渐缩小。

在二次分配中，政府的定位是必要的薪酬分配规则制定者和分配行为监管者兼公共部门薪酬分配主体，其调控手段也包括法律政策手段、经济手段、行政手段以及信息手段。其中，法律政策手段是制定机关事业单位工资收入分配制度和政策，制定财政转移支付制度和政策、社会保障制度和政策、个人所得税制度和政策等，并监督下级政府、机关事业单位以及有关方面贯彻执行，对违反相关分配制度、政策的组织、个人及其行为进行纠正和查处；经济手段主要是通过财政转移支付的对象、额度等的调整以及个人所得税的征收，来协调平衡城乡、地区、公共部门内部及其与社会其他部门之间的二次分配关系和公共部门工作人员之间的收入分配关系，其中重点是协调平衡对公共部门内部各单位的财政支付额度；行政手段是各级政府作为公共部门薪酬分配主体，经报告各级人民代表大会审议批准，分别确定中央以及地方公共部门薪酬增长总量，直接组织操作二次分配领域财政收入总量中用于民生特别是用于社会保障支出和公共部门薪酬增长额度的分配，并组织抓好贯彻落实；信息手段是通过薪酬调查和信息发布制度，了解掌握企业相当人员的薪酬水平，作为确定和调整公务员以及公益性事业单位工作人员薪酬水平的量化依据。以上四种手段中，法律政策手段和行政手段是基本手段并经常使用，其他两种手段是辅助手段。可见，政府在一次分配和二次分配中都使用上述四种手段，但两次分配中四种手段使用的对象范围不同，特别是手段使用的侧重点和政府扮演的角色不尽相同。其中，政府在二次分配中承担分配主体且主要使用法律政策和行政手段，是与初次分配中政府定位和使用手段的基本区别。

（三）政府与市场的作用边界

这里的关键问题是如何界定政府与市场在工资收入分配中功能作用的边界，其核心是如何确保政府的干预不超越边界影响市场的正常运转，防止“政府失灵”（government failure），特别是防止政府机构谋求内部私利而非公共利益的所谓“内在效应”（interalities）发生[①]。对此主要应把握三条。第一，各级政府部门要以科学发展观为统领，牢固树立正确的对工资收入分配实施社会管理和公共服务的观念。政府部门干预工资收入分配的出发点和立足点，只能是为了公平正义和合理分配，是在市场主体自己难以或无法合理分配的前提下，基于切实保障各种劳动要素获得自己应得劳动报酬或公共部门以及国有企业薪酬分配不损害公共利益才进行干预，而不是为了其他目的。第二，明确管控对象范围，确定管控边界。首先，政府部门要管控的工资收入分配对象范围应是市场主体自己难以或无法合理分配的事项，其中一类是资方可能出现的对工薪劳动者薪酬侵权事项，比如用人单位支付的薪酬低于最低工资

① 所谓“内在效应”是指政府部门某些人员以维护公共利益之名，行谋取私利之实，比如通过对市场监管包括薪酬监管做权钱交易等。

标准，或不按时足额支付薪酬，拒与工薪劳动者平等协商合理增加劳动者薪酬等；另一类是基于国有资产所有权或财政收入使用权需要监管的事项，比如国有企业薪酬总额、国企高层经营管理人员薪酬水平和公共部门薪酬制度、标准及其分配额度等，政府部门作为国有资产和财政收入的管理者有权对其进行监管。这些事项都事关公平正义，且与政府部门自身利益无关或通过此方面监管难以获取自身利益，因此应该可以实行监管①。其次，非国有用人单位的薪酬总额确定、内部薪酬分配等微观活动，只要不违法违规即不能干预。实际工作中应注意防止两种倾向。一种倾向是，近年来有的地方强制要求企业给员工涨工资，或不按照国家关于最低工资标准调整依据和程序的规定，由政府首长直接指令提高本地最低工资标准等，都属于管控“越位、错位”，应予改正；另一种倾向是，有的地方政府部门没有对国有企业特别是国有金融企业高管薪酬进行监管，出现国企高管自定薪酬现象，或对企业拖欠克扣劳动者工资不闻不问，还有对本地区公共部门工作人员津贴补贴标准高定多发等，则属于“失位、缺位”，也应予以改正。第三，加强有关公共服务，营造薪酬分配的有利环境。政府部门在做好必要的工资收入分配管控的同时，要加强薪酬分配的公共服务，即通过健全工资指导线、劳动力市场工资价位、人工成本信息发布、薪酬调查和信息发布等多项制度，为劳资双方平等协商合理确定薪酬标准和薪酬水平提供量化参考依据；进一步完善人力资源市场及其公共服务体系，促进劳动者合理有序流动，逐步形成市场均衡工资价位，同时指导用人单位深化劳动用工、用人制度改革，促进夯实用人单位薪酬改革和管理的基础；规范公共资源配置，逐步消除某些垄断行业以及个别群体无偿或低价占有使用公共资源的现象；打破垄断，营造各类企业平等竞争的环境，大力改善中小企业尤其是劳动密集型中小企业的生产经营条件；深化户籍制度改革，

① 此类监管中，维护工薪劳动者薪酬权益因工薪劳动者是弱者、非富人，一般不可能出现权钱交易问题；但对国有企业薪酬监管因其是有钱单位或人员，是可能出现权钱交易问题的，比如本应下调国企薪酬总额或控制国企高管薪酬增长，但收受对方好处就放宽政策或不按政策执行；还有在制定或执行机关事业单位工资改革方案过程中，故意提高工资标准等。对这些问题，只能通过党风政纪监察和法律查处等来纠正。

健全农民工融入城市的措施，强化农村教育、公共卫生等公共服务均等化建设；深化财税体制改革、调整税收结构，调整城乡结构、产业结构、所有制结构，等等。通过上述多方面措施为健全合理的薪酬分配制度并合理调整薪酬分配关系创造有利环境和条件。换言之，政府部门应转变职能，对工资收入分配由直接管控向间接管控转变，由单一实施社会管理向社会管理和公共服务并重转变，把更多的精力、人力、物力逐步转移到做好相关公共服务，营造各类企业平等竞争及生产经营和薪酬分配的良好环境上来，以从根本上推动工资收入分配向公平合理的方向发展。

第二章　对当前工资收入分配存在问题和原因的再分析

自改革开放以来，党中央、国务院一贯高度重视收入分配及其改革问题，在研究部署经济体制改革的同时，相应研究部署并推进收入分配包括工资分配制度改革，于20世纪80年代和90年代分别部署实施了两次重大的工资收入分配制度改革，对于打破平均主义大锅饭、适应企业转变经营机制和机关事业单位推进改革发挥了积极作用。2002—2012年，党中央以科学发展观为指导，高度关注民生，全面建设小康社会，把改革收入分配制度放在越来越重要的位置，对收入分配制度改革作出了一系列新部署，取得了新进展和新成果。一是理论突破，确立了劳动、资本、技术和管理等生产要素按贡献参与分配的原则，将改革开放初中期的“效率优先、兼顾公平”原则适时调整为“初次分配和再分配都要处理好效率和公平的关系，再分配更加注重公平”，并确定了“居民收入增长和经济发展同步、劳动报酬增长和劳动生产率提高同步”的“两同步”原则，明确了收入分配改革的基本目标，提出了“提低、扩中、调高”的调整收入分配关系的基本思路；二是部署推进工资收入分配制度改革，在企业引导健全薪酬管理制度并推进建立现代企业薪酬分配制度，于2006年部署了改革开放以来第三次全国公共部门工资收入分配制度改革；三是体制机制逐步建立健全，我国“市场机制调节、企业自主分配、平等协商确定、政府监督指导”的企业工资分配体制机制逐步形成，机关事业单位工资分配管理体制逐步健全，工资收入分配宏观调控体系初步建立；四是经济增长、收入提高，工资分配制度改革有力地促进了经济增长和职工工资收入水平的提高。2002—2011年，城镇单位在岗职工平均工资水平年平均增长14.63%①，城镇居民人均工资性收入水平年平均增长11.6%，农村居民人均工薪收入水平年平均增长15.03%，均高于我国社会主义建设及改革开放后的其他时期。

但由于受多方面因素影响，当前我国工资收入分配方面存在的问题也很突出，要深化改革就必须进一步剖析存在问题的基本表现及其原因，澄清有关误解，抓住主要矛盾，为理清深化改革的思路并明确对策打下坚实基础。

一、关于工资收入分配主要问题和原因诸多结论的分析

按照前述工资收入分配及其改革“立足本系统、着眼大体系，联系深层次，抓主要矛盾”的定位，要透彻分析工资收入分配中的问题必须结合分析收入分配大体系存在的问题。近几年来，关于我国收入分配中存在问题的研究讨论很多，得出了诸多结论，引发了许多争议，形成了不少相同相近或不同甚至对立的认识，可以从问题外在表现和产生原因两方面概要归纳分析。

（一）关于收入分配问题和原因诸种结论的分析

从问题外在表现看，迄今讨论的主要结论有三项。一是“两个比重”偏低、国民收入分配格局不大合理，即在我国的国民收入分配中，

---

① 城镇在岗职工2011年平均工资为42 452元。我国私营企业员工工资统计从2007年才开始，因此没有2002—2007年的统计数据。根据国家统计局数据，2008—2011年，我国私营企业员工平均工资年平均增长12.9%，2011年私营企业员工平均工资为24 556元。

居民收入比重偏低；初次分配中，劳动报酬比重偏低。但也有部分人认为“两个比重”与世界上大多数国家相比并不低，特别是与同为“金砖国家”的巴西、印度、南非、俄罗斯等国相比还高一些或高较多，政府收入比重与世界多数国家相比不高甚至还稍偏低①。还有个别人认为“两个比重”偏低是误判②。二是收入分配和财富分布不合理，城乡之间、地区之间、行业之间、部门之间、居民和劳动者群体内部收入分配和财富分布差距拉大，基尼系数已经超过 0.4 的国际警戒线，讨论中各方面对此基本没有不同意见。三是分配秩序比较混乱，侵占各生产要素特别是劳动者合法报酬权益行为时有发生，灰色、黑色收入比重大；但在灰色收入总额和比重上存在不同看法。如中国经济改革研究基金会国民经济研究所王小鲁博士测算判断，2008 年我国灰色收入为 9.3 万亿元，约占当年国民总收入的 15％③，而多数人则判断灰色收入总量没有那么大、比重没有那么高④。

从收入分配问题产生原因看，主要结论有两种。一种结论认为原因涉及多方面、多层次，直接原因是收入分配体制不健全，包括宏观分配政策、财政税收制度、工资收入分配制度、其他要素分配制度、收入分配宏观调控体系等均不健全；深层次原因是经济社会体制的诸多弊端强化了分配不公，有些成为社会分配不公的源头；经济发展方式和经济结构不合理，扩大了由于生产力不平衡、自然环境不同造成的收入差距。以上两方面原因都起作用，单一强调某一方面原因不全面⑤。另一种结

---

① 详见：贾康，韩晓明，刘微. 我国劳动者报酬占比处于中等偏上水平［N］. 中国证券报，2010－05－11.

② 详见：华生. 收入分配的七大流行认识误区［N］. 第一财经日报，2011－02－17.

③ 王小鲁. 灰色收入与国民收入分配.“第六章　结论”［M］. 见：中国收入分配：探究与争论. 北京：中国经济出版社，2011. 182－184.

④ 王有捐. 也谈城镇居民收入的统计与调查方法——与王小鲁博士及其课题组关于调查推算方法的商榷；施发启. 也评王小鲁博士的“灰色收入与国民收入分配”；罗楚亮，岳希明，李实. 对王小鲁的灰色收入估算的质疑. 分别载于：宋晓梧，李实，石小敏，赖德胜主编. 中国收入分配：探究与争论. 北京：中国经济出版社，2011 年. 275－280，281－282，292－304.

⑤ 苏海南. 关于我国收入分配现状、问题及原因分析与对策措施建议. 见：全国人大财经委专题调研组编. 国民收入分配若干问题研究. 北京：中国财政经济出版社，2010. 28－65.

论认为，主要是由于政府插手微观经济活动过多造成了社会分配不公问题，各种分配不公问题是由各种形式垄断，包括行政、权力、资源和市场等垄断所造成的[①]。

通过上述概要分析可以看到，关于收入分配存在问题外在表现的三个结论中，完全达成共识的是收入分配和财富分布不合理，各方面收入分配和财富分布差距大；而关于“两个比重”和灰色收入等则未完全达成共识，可以继续测算以求得出更准确的结论；关于原因分析的两个结论虽然表面看不同，但后一种结论与前一种结论其实并不矛盾，后者所说各种形式垄断等原因属于经济社会体制弊端原因，这些原因即包含在前一种结论所说的深层次原因之中，因此二者可以相互融合。这些共识或认识对分析工资收入分配问题具有重要的参考和借鉴意义。

（二）关于工资收入分配问题外在表现及原因诸种认识的分析

在对收入分配存在问题及其原因概要分析的基础上，我们再来分析工资收入分配存在问题的外在表现和原因。从问题的外在表现看，近些年来，有关研究分析也很多。其中，已经纳入党的十六大以来几次全国党代会报告和国家“十一五”“十二五”规划纲要的主要有：初次分配中劳动报酬比重偏低，行业之间、工薪劳动者群体内部等不合理工资分配差距拉大，部分工薪劳动者工资收入低，工资分配秩序不规范，国有企业和机关事业单位工资外收入、非货币性福利有待清理整顿等。这些外在表现可以概括为“比重低，差距大，水平低，秩序乱”，以下做简要分析。关于初次分配中劳动报酬比重偏低，至今有多种测算结果，主要采用的测算方法有资金流量表数据法、GDP 收入法和生产函数法。由于计算方法不同、采用的基础数据不同，甚至对于数据口径理解不同，三种测算方法的结果差别较大。相对而言，资金流量表数据法测算的结果缺陷较少，因而越来越多的学者采用此种方法测算。我们也采用此种方法对 1992—2009 年我国初次分配中劳动报酬比重进行了测算，

① 参见：华生. 收入分配的七大流行认识误区［N］. 第一财经日报，2011－02－17.

详见表2—1。

表2—1　　GDP中政府、企业、居民劳动报酬所占比重
（来自资金流量表数据）

年份	劳动报酬（亿元）	生产税净额（亿元）	固定资产折旧及营业盈余（亿元）	增加值（亿元）	劳动报酬占比（%）	政府所得占比（%）	折旧及营业盈余占比（%）
1992	14 696.7	3 907.1	8 319.7	26 923.5	54.6	14.5	30.9
1993	18 173.4	5 519	11 641.5	35 333.9	51.4	15.6	32.9
1994	25 206	7 493.8	15 498.1	48 197.9	52.3	15.5	32.2
1995	32 087.4	8 501.3	20 205	60 793.7	52.8	14.0	33.2
1996	37 085.8	10 697.6	23 393.2	71 176.6	52.1	15.0	32.9
1997	41 870.4	12 308.1	24 794.5	78 973	53.0	15.6	31.4
1998	44 320.4	13 848.3	26 233.6	84 402.3	52.5	16.4	31.1
1999	47 134.6	14 599.7	27 942.8	89 677.1	52.6	16.3	31.2
2000	50 019.6	16 181.3	33 013.7	99 214.6	50.4	16.3	33.3
2001	54 374.3	18 482.1	36 798.8	109 655.2	49.6	16.9	33.6
2002	60 732	20 674.1	38 926.6	120 332.7	50.5	17.2	32.3
2003	66 832.2	23 472.9	45 517.7	135 822.8	49.2	17.3	33.5
2004	80 950.8	24 597.2	54 330.3	159 878.3	50.6	15.4	34.0
2005	93 148.0	28 968.7	62 820.71	184 937.4	50.4	15.7	34.0
2006	106 369.0	34 689.4	75 256.001 04	216 314.4	49.2	16.0	34.8
2007	127 918.9	43 512.9	94 378.486 77	265 810.3	48.1	16.4	35.5
2008	150 511.7	50 609.5	112 924.180 9	314 045.4	47.9	16.1	36.0
2009	166 957.9	41 962.8	131 982.155	340 902.81	48.98	12.31	38.72

而有的学者的测算结果则表明劳动报酬比重不但长期呈现下降趋势，且下降幅度很大①。对下降幅度到底有多大，目前暂无达成共识的结论，今后还可继续测算；但说劳动报酬比重呈现下降趋势，绝大多数

① 如蔡继明《我国当前分配不公的成因和对策》一文（载于《中共中央党校学报》2010年06月13日）中指出："我国劳动收入在GDP中的比重逐年下降。1997—2007年，政府财政收入在GDP中的比重从10.95%上升到20.57%，企业盈余从21.23%升至31.29%，劳动者报酬却从53.4%降至39.74%。"

人基本没有异议。特别是1992年，我国劳动报酬比重在国民总收入中曾经达到54.6%，在当前全面建设小康社会、我国已经进入中等收入国家行列的今天，逐步恢复到历史上达到过的比重应该是合理的，也是广大劳动者所期盼的。

关于行业之间、工薪劳动者群体内部不合理工资分配差距拉大，表现在最高收入行业与最低收入行业之间薪酬差距持续呈现扩大趋势。根据国家统计局《中国统计年鉴》数据分析整理，我国行业①（按门类划分）工资极值差由1978年的458元上升到2011年的70 953元，扩大了153.919倍，行业工资极值比也由1978年的2.17倍扩大到2011年的4.48倍②，这一差距明显大于国际上公认的行业间收入差距。如2006—2007年，世界主要市场经济发达国家最高与最低行业工资差距，日本、英国、法国为1.6～2倍，德国、加拿大、美国、韩国在2.3～3倍之间③。对此，相关国家各方面都无异议或异议很小。而关于工薪劳动者群体内部不合理薪酬差距拉大，则涉及多方面。比如部分企业高层经营管理人员与其他员工的薪酬差距大，又如相同部门内部职工之间、不同所有制单位员工之间薪酬差距偏大，还有不同身份员工之间如农民工、临时工、劳务派遣工与城镇户籍职工、正式工之间的薪酬差距大等。这些方面不合理的薪酬差距现象相当多，是广大工薪劳动者不满、同时为社会各界所诟病的热点之一。

---

① 这里所称行业是按照2011年4月，国家质检总局和国家标准化委员会批准的由国家统计局修订的国家标准《国民经济行业分类》（GB/T 4754—2011）划分，该标准对GB/T 4754—2002部分的行业大类、中类、小类的条目、名称和范围作了调整，涉及变化的行业门类有：农、林、牧、渔业；制造业；信息传输、软件和信息技术服务业；科学研究和技术服务业；居民服务、修理和其他服务业；卫生和社会工作；公共管理、社会保障和社会组织。最新标准的20个门类如下：A 农、林、牧、渔业，B 采矿业，C 制造业，D 电力、燃气及水的生产和供应业，E 建筑业，F 批发和零售业，G 交通运输、仓储和邮政业，H 住宿和餐饮业，I 信息传输、软件和信息技术服务业，J 金融业，K 房地产业，L 租赁和商务服务业，M 科学研究和技术服务业，N 水利、环境和公共设施管理业，O 居民服务、修理和其他服务业，P 教育，Q 卫生和社会工作，R 文化、体育和娱乐业，S 公共管理、社会保障和社会组织，T 国际组织。

② 根据国家统计局《中国统计年鉴－2010》和“国家统计局发布报告称农、林、牧、渔业年平均工资最低”有关统计数据（《新华社》2012年5月30日发布）计算。

③ 根据人力资源和社会保障部国际劳动保障研究所提供的资料。

关于部分工薪劳动者工资收入低，工资分配秩序不规范的问题，前者主要表现在私营企业员工、农民工、临时工、劳务派遣工等平均工资低。据国家统计局2012年5月30日发布的数据，2011年我国私营企业员工平均工资虽较上年增速有较大幅度提高，但其平均工资水平也只相当于城镇非私营企业职工平均工资的57.84%；同年外出农民工月均收入首次突破2 000元大关，达到2 049元，全年平均为24 588元，也只相当于城镇非私营企业职工平均工资的57.9%；临时工、劳务派遣工的薪酬水平总体上也偏低。上述这些薪酬水平低的外在表现也可纳入到上述不合理的薪酬分配关系之中分析。后者主要表现在部分用人单位拖欠、克扣工薪劳动者工资的情况仍时有发生。部分用人单位同工不同酬现象较常见，只要是农民工、临时工等，其工资都明显低于老概念的所谓“正式职工”①；不少用人单位在支付加班工资、婚丧假和病假工资以及试用期、见习期、实习期等工资时，不按规定标准随意定薪，普遍压低特殊情况下的应付工资；许多事业单位、某些政府机关和有些国有企业工资制度外发放的各种收入多，其名目繁杂、渠道混乱、标准和水平参差不齐；不少垄断行业企业和部分事业单位超出国家规定标准乱定乱发住房公积金等福利待遇。据典型调查分析，制度外收入占职工全部工资收入的30%多，有的单位制度外收入占全部工资收入的100%以上。

从问题产生原因分析看，研究发表的结论也很多。主要有两种，一种是集中在工资收入分配制度本身寻找原因，即由于工资收入分配制度不健全、有缺陷，工资收入分配宏观调控体系不健全、有漏洞，思想观念不适应等，引发了工资收入分配各种问题的外在表现；另一种是既看到工资收入分配制度不健全、工资收入分配宏观调控体系不完善、工资收入分配基础工作不扎实、思想观念不适应等直接原因，又看到收入分配大体系特别是财税体制、社会保障制度等对工资收入分配的影响，还

① 这里所谓正式职工是指拥有城镇户口，在计划经济时期或尚未普遍推行劳动合同制之前就在国有、集体所有制用人单位工作的人员，或在本单位长期工作的其他城镇职工，即原来约定俗成被称为“固定工”的那些职工。

看到经济社会体制存在弊端对工资收入分配的影响，将这些深层次原因与直接原因结合在一起进行分析。后一种结论既包含了前一结论的内容，又扩大了分析的广度和深度。无疑，后一种结论比前一种结论更为全面和正确。

(三) 关于收入分配改革重点区域观点的分析

这里，有一种与原因分析相关的认识需讨论并澄清，即解决不合理的收入和薪酬分配差距应主要在初次分配还是二次分配上下工夫？一种观点认为主要或只宜在二次分配上下工夫，另一种观点则认为应同时在初次分配和二次分配上下工夫，而且当前要以初次分配为重点。前一种观点的理由是，我国初次分配收入差距造成的基尼系数与大多数发达国家相比差别不大；而成功遏制收入差距扩大的国际经验表明，建立健全具有调整收入分配关系作用的再分配制度是缩小收入差距的关键①；且如果强调在初次分配上下功夫，政府干预市场的概率又将大幅度提高，从而可能造成新的收入分配不公问题。后一种观点的理由是，我国收入分配和财富分布不公平主要来源于初次分配领域，其中，土地、矿产、资本等生产要素配置的不公平使有的行业、企业、个人获取暴利，导致行业、企业收益差别很大；行政垄断、资源垄断等的存在，进一步加剧了行业、企业之间的不平等竞争，加大了部分行业、中小企业的压力，使其生存发展和合理提高劳动者工资极为困难；人力资源市场和其他生产要素的不健全、收入分配制度的不完善，使劳动力、管理、技术、资本等生产要素参与分配存在诸多不合理等。这些问题都出在初次分配领域，必须在初次分配领域内通过深化多方面改革、健全人力资源和其他生产要素市场等加以解决。而且，初次分配中出现的收入、财富以及薪酬的差距，如果加上灰色收入、黑色收入等，据此计算的基尼系数远超

① 参见张车伟，程杰，赵文. 再分配调节不足：收入差距拉大的主因 [N]. 中国社会科学报，2012-05-22.

出现在根据国家统计局公布的居民家计调查数据所计算的基尼系数[①]，处于0.5左右的高位。至于二次分配中存在的问题，大部分都来自于初次分配或基本与其相关联，因此对初次分配和二次分配存在的问题都需要采取改革措施加以解决，并应重点在初次分配领域下工夫。这里需要特别强调的是，将初次分配作为改革的重点，绝不是单一地强化政府对初次分配的干预，而是要采取多方面措施，包括深化改革，健全市场体系，转变政府职能，划清政府与市场的界限，切实解决初次分配中存在的行政垄断、权力垄断、市场垄断等问题，让市场机制在初次分配中更好地发挥基础性作用，同时逐步完善收入分配制度包括财政税收制度、薪酬分配制度，以及由立法部门健全初次分配领域有关分配法规规章，由政府有关部门依法查处并纠正初次分配领域的违法违规分配行为等，以解决初次分配中分配起点、分配过程不公平以及分配结果不合理问题，把初次分配领域的各方面收入分配关系，其中包括工资收入分配关系逐步理顺，这将大大缓解二次分配再调节的压力。与此同时，再加大二次分配的调节力度，进一步缓解初次分配中分配结果差距偏大问题，从而有利于全面解决收入分配和财富分布不公平问题。显而易见，光抓二次分配只能调节初次分配的分配结果，但无法解决初次分配中分配起点、分配过程的不公平问题，更无法解决初次分配领域中市场机制扭曲、资源配置不公平等引发的收入分配不公等源头性问题。而且，二次分配要缓解初次分配收入差距偏大的问题还需要一定条件，如全面掌握居民的全部收入水平、财富分布的真实情况，而这恰恰是我国目前不具备的。也就是说，当前光抓二次分配，既难以全面调节不合理的收入分配关系和财富分布差距，更无法解决初次分配领域的分配不公问题。因此，上述两种观点，毫无疑问后一种更为全面、客观和正确。

综合以上分析可以看到，工资收入分配存在问题的外在表现与前面分析的收入分配问题的三大外在表现具有很强的关联性和相似性。即

---

① 国家统计局自2000年公布全国基尼系数为0.412之后，中断了10年左右时间。根据李实、罗楚亮的测算，我国2007年收入基尼系数已经达到0.5。参见：我国居民收入差距的短期变动与长期趋势［J］. 经济社会体制比较，2012（4），总第162期.

“两个比重”之一劳动报酬比重偏低问题似不如原来判断得那么严重，且共识尚未完全达成；薪酬分配关系不合理（含部分工薪劳动者群体薪酬水平偏低）与收入分配关系不合理一样，都是社会各界具有高度共识的基本价值判断；薪酬分配秩序不规范虽有基本共识，但对制度外收入额度尚难以做出清晰的量化分析，与收入分配秩序比较紊乱、关于灰色收入数量大小未达成共识情况相似；同时，薪酬分配问题的原因分析也与收入分配问题原因分析两种结论相似。据此，按照国家“十二五”规划纲要关于“合理调整收入分配关系”的战略部署，根据抓主要矛盾和以共识为基础的思路，紧紧围绕薪酬分配关系不合理这条主线，本课题将针对广大工薪劳动者和社会各界所关注的行业薪酬分配关系不合理、部分公共部门之间工资分配关系不合理、部分企业高层经营管理人员与其他工薪劳动者薪酬分配关系不合理以及不同身份工薪劳动者之间薪酬分配关系不合理这四个重点热点问题进行剖析，并就此研究提出解决问题的基本思路和对策。

二、行业薪酬分配关系不合理及其原因分析

（一）行业薪酬分配关系不合理的外在表现

行业之间由于所从事的产业、产品或服务不同，人力资源素质构成不同，投入产出不同，其薪酬水平必然会存在差距，但这一差距如果超出一定范围也即其中含有非市场因素、非劳动因素的收入就不合理了。当前，我国行业薪酬分配关系不合理主要表现在部分垄断行业与劳动密集型行业员工平均薪酬水平的不合理差距拉大。由于改革开放以来我国关于行业划分的标准曾经做过几次调整，《中国统计年鉴》关于行业工资水平统计的口径前后不尽一致，有些行业划分没有进行工资水平的统

计，因此，我们只能按行业门类和行业大类划分①，分别按年份分段进行行业薪酬差距的比较。具体比较时可以从薪酬分配定性和定量结果、薪酬分配起点、分配过程分别进行分析。

首先，从薪酬分配结果的定性分析看，一个时期以来，关于行业薪酬分配差距偏大一直是社会各界高度关注的焦点之一。早在 1997 年党的十五大报告中就指出“对凭借行业垄断和某些特殊条件获得个人额外收入的，必须纠正”；党的十五届四中全会《中共中央关于国有企业改革和发展若干重大问题的决定》进一步指出“要采取切实措施，解决目前某些垄断行业个人收入过高的问题”；2002 年党的十六大报告更明确要求“合理调节少数垄断性行业的过高收入”。与此同时，社会各界对此也高度关注，批评颇多。截至今天，除了垄断高收入行业人员以及极个别学者外，人们对此均无异议。可以说，行业之间不合理的薪酬差距大已成为社会的主流认识。

其次，从薪酬分配结果定量分析看，可以得出四点结论。一是我国行业薪酬差距曲线多年来一直呈现整体较快上扬的趋势。国家统计局的数据显示，从改革开放特别是 1997 年以来，我国行业薪酬差距曲线整体上呈现上扬态势（见图 2—1、表 2—2），尽管近年来稍有下降，但 30 多年来其总趋势一直是扩大的，且近年来的稍微下降还不能判断其是否具备稳定性。根据对日本、韩国及我国台湾地区 2001—2009 年行业之间工资水平差距曲线的分析②，这两个国家和一个地区的曲线大体呈现先上扬后下降的趋势，其上扬的角度比较小，其上扬时间长度也比较短，且在不太长的时间后曲线即开始下降。二是我国行业薪酬差距倍数整体上也呈现扩大的态势。按行业门类划分，由 1985 年最高收入行业与最低收入行业之比的 1.81 倍，扩大到 2011 年的 4.48 倍；如按照 96

① 我国的行业划分标准经历了两次较大的修订，即 1994 年第一次修订形成了《国民经济行业分类与代码》（GB/T 4754—1994），2002 年第二次修订形成了《国民经济行业分类》（GB/T 4754—2002）。两次修订均遵循国际标准产业分类（ISIC /R ev3），将行业类别由粗到细分为门类、大类、中类和小类四个层次。其中，行业门类是最粗的行业划分，一共划分为 20 个行业门类；行业大类是次粗的行业划分，一共划分为 96 个行业大类。

② 根据中华劳动与就业关系协会、国际劳工组织有关数据资料整理。

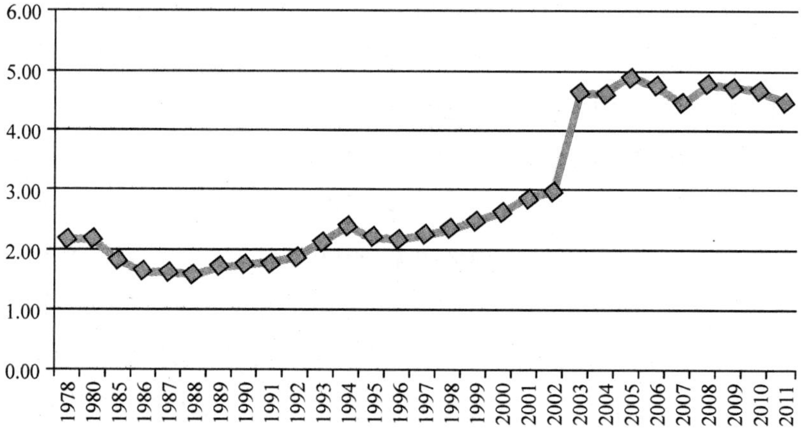

图 2—1　1978—2011 年我国行业（行业门类）工资差距曲线

注：1978—2002 年数据来自《中国劳动统计年鉴 2009》表 1—37“分行业职工平均工资”，2003—2008 年数据来自表 1—43“分行业职工平均工资”，2009—2011 年数据来自国家统计局官方网站。

个行业大类进行比较，1995—2010 年，最高工资收入行业（证券业）与最低工资收入行业（畜牧业）的平均薪酬水平的差距由 3.87 倍扩大到 11.86 倍（见图 2—2、表 2—3）。国际上按行业门类划分的行业薪酬差距一般为 3 倍左右[①]，而我国目前的行业薪酬差距明显高于一些国家或地区的行业薪酬差距倍数。三是行业薪酬差距极值也一直呈现扩大趋势。按行业门类和行业大类划分，1985 年，我国行业薪酬差距极值为 629 元（行业门类），1997 年分别扩大为 5 423 元和 13 498 元，2009 年再分别扩大为 55 345 元和 154 068 元，到 2011 年按行业门类划分，扩大为 70 971 元（见表 2—2、表 2—3）。这一差距极值（行业大类）的增长速度，1997—2009 年年平均增长幅度为 20.99%，远高于同期职工平均工资增长 12.96%的幅度。四是最高收入行业与最低收入行业的分布多年来相对比较稳定。按行业门类划分，1997—2011 年的 15 年，除 2000 年、2001 年工资最高行业为科学研究和综合技术服务业以及

① 引自：蔡继明. 合理调整分配关系 共享经济发展成果 [J]. 中共中央党校学报，2012 (3).

表 2—2　　1978—2011 年行业薪酬差距（行业门类）

年份	行业最高工资（元/年）	行业最低工资（元/年）	行业差距（最高/最低）	工资最高行业	工资最低行业
1978	850	392	2.17	电力、煤气及水的生产和供应业	社会服务业
1980	1 035	475	2.18	电力、煤气及水的生产和供应业	社会服务业
1985	1 406	777	1.81	地质勘查业、水利管理业	社会服务业
1986	1 604	980	1.64	地质勘查业、水利管理业	社会服务业
1987	1 768	1 085	1.63	地质勘查业、水利管理业	社会服务业
1988	2 025	1 280	1.58	地质勘查业、水利管理业	农、林、牧、渔业
1989	2 378	1 389	1.71	采掘业	农、林、牧、渔业
1990	2 718	1 541	1.76	采掘业	农、林、牧、渔业
1991	2 942	1 652	1.78	采掘业	农、林、牧、渔业
1992	3 392	1 828	1.86	电力、煤气及水的生产和供应业	农、林、牧、渔业
1993	4 320	2 042	2.12	房地产业	农、林、牧、渔业
1994	6 712	2 819	2.38	金融、保险业	农、林、牧、渔业
1995	7 843	3 522	2.23	电力、煤气及水的生产和供应业	农、林、牧、渔业
1996	8 816	4 050	2.18	电力、煤气及水的生产和供应业	农、林、牧、渔业
1997	9 734	4 311	2.26	金融、保险业	农、林、牧、渔业
1998	10 633	4 528	2.35	金融、保险业	农、林、牧、渔业
1999	12 046	4 832	2.49	金融、保险业	农、林、牧、渔业
2000	13 620	5 184	2.63	科学研究和综合技术服务业	农、林、牧、渔业
2001	16 437	5 741	2.86	科学研究和综合技术服务业	农、林、牧、渔业
2002	19 135	6 398	2.99	金融、保险业	农、林、牧、渔业
2003	32 244	6 969	4.63	信息传输、计算机服务和软件业	农、林、牧、渔业
2004	34 988	7 611	4.60	信息传输、计算机服务和软件业	农、林、牧、渔业
2005	40 558	8 309	4.88	信息传输、计算机服务和软件业	农、林、牧、渔业
2006	44 763	9 430	4.75	信息传输、计算机服务和软件业	农、林、牧、渔业
2007	49 435	11 086	4.46	金融业	农、林、牧、渔业
2008	61 841	12 958	4.77	金融业	农、林、牧、渔业
2009	70 265	14 911	4.71	金融业	农、林、牧、渔业
2010	80 772	17 345	4.66	金融业	农、林、牧、渔业
2011	91 364	20 393	4.48	金融业	农、林、牧、渔业

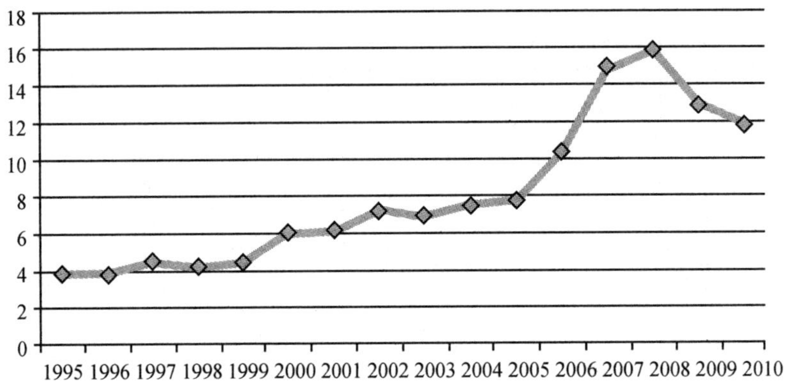

图 2—2　1995—2010 年我国行业（行业大类）工资差距曲线

表 2—3　　　1995—2010 年行业薪酬差距（行业大类）

年份	行业最高工资（元/年）	行业最低工资（元/年）	行业差距（最高/最低）	工资最高行业	工资最低行业
1995	12 686	3 277	3.87	航空运输业	农业
1996	14 378	3 837	3.75	航空运输业	畜牧业
1997	17 416	3 918	4.45	计算机应用服务业	林业
1998	17 395	4 132	4.21	航空运输业	林业
1999	19 150	4 383	4.37	计算机应用服务业	农业
2000	28 333	4 665	6.07	计算机应用服务业	农业
2001	30 146	4 919	6.13	计算机应用服务业	农业
2002	38 810	5 383	7.21	计算机应用服务业	农业
2003	42 582	6 139	6.94	证券业	林业
2004	50 529	6 718	7.52	证券业	林业
2005	56 418	7 250	7.78	证券业	林业
2006	85 522	8 254	10.36	证券业	林业
2007	142 979	9 521	15.02	证券业	畜牧业
2008	172 123	10 803	15.93	证券业	畜牧业
2009	166 985	12 917	12.93	证券业	林业
2010	168 116	14 175	11.86	证券业	畜牧业

注：（1）除特殊说明外，数据均来源于《中国统计年鉴》和《中国劳动统计年鉴》；

（2）2009 年、2010 年使用城镇非私营单位就业人员平均工资计算，分行业工资水平与在岗职工平均工资在口径、范围和数额上略有差异。

2003—2006 年为信息传输、计算机服务和软件业外，其余 9 年工资最高行业均为金融业，特别是 2007—2011 年，工资最高收入行业一直为金融行业。但是，长年来低收入行业基本没有变化（1988 年至今，工资最低行业一直是农、林、牧、渔业），高收入行业却只有部分变化，这进一步加剧了行业薪酬差距的不合理。当然，以上行业薪酬差距扩大，有其一定的客观原因，如行业劳动生产率水平不同，员工队伍的人力资源结构不同，但通过对行业薪酬差距的量化分析发现，即便考虑这些因素，也远不应达到如此大的差距。

最后，从行业薪酬分配的起点和过程看，最高收入行业与最低收入行业的薪酬决定基础和决定依据以及薪酬形成过程差别较大，相互之间不平衡。从最高收入行业这一端看，近些年来最高收入的金融行业的薪酬决定基础是不完全的人力资源市场或存在壁垒的金融行业人力资源市场在发挥作用，金融人才整体上比较短缺，因而金融行业从业人员①相对于其他工薪劳动者明显处于优势地位，其就自身薪酬分配事项表达意见的机会和途径明显多于其他工薪劳动者，他们实际拥有比较充分的参与薪酬分配决定的权利；同时，由于金融行业中占主体的是国有金融企业，在产权单一、法人治理结构和内部制衡机制远未健全的基础上，其经营管理人员与其他职工的利益具有趋同性。据《京华时报》记者统计，2010 年，五大商业银行中，交通银行员工平均年薪为 17.12 万元，位列五大行之首；农业银行平均年薪为 13.78 万元；工商银行、中国银行、建设银行员工平均年薪分别为 15.62 万元、15.83 万元、15.32 万元②，呈现一种金融行业企业高层经营管理人员薪酬明显高于其他企业

---

① 这里特指金融行业的正式员工，不包括那些未建立劳动关系人员和临时工作人员。

② 引自：银行业薪酬水平调查：工资和福利均让人羡慕［N］. 京华时报，2011－05－11。该文还分析了股份制商业银行薪酬水平情况：“在股份制商业银行中，浦发银行以 35.47 万元再次摘取银行员工平均薪酬第一名（该行 2010 年就以 36 万元的平均薪酬位列首位）。虽然浦发银行夺得平均薪酬第一，但是其他股份制银行的平均薪酬也没低多少，第二名的华夏银行达到 35.35 万元，第三名民生银行也有 34.25 万元。此外，北京银行、光大银行、招商银行 2010 年员工平均薪酬分别为 33.92 万元、32.98 万元和 31.63 万元。员工平均薪酬相对较低的是兴业银行、深发展和中信银行，其中兴业银行最低，为 21.42 万元，深发展次之，为 23.8 万元，中信银行为 27.3 万元。”

高管薪酬，金融行业员工平均薪酬水平也明显高于其他行业员工薪酬，金融行业内部薪酬差距小于部分行业内部薪酬差距的态势。因此，在一定程度上，金融行业国有企业的从业人员还可能在薪酬分配起点侵占国有资产等方面的收益权。以某金融上市公司为例，据调查，该金融公司2011年[①]净利润下降46.45%，但同期支付给职工的现金报酬却增长了27.8%。不仅是金融行业，部分非金融行业也存在利润下降、工资猛涨的怪现象。以电子产品生产商长城开发为例，该公司2011年净利润下降35%，营业收入也下降了10%，但是公司管理层领取的薪酬却不降反升，合计超过2 600万元，同比增长近4倍。其中，该公司董事长2010年年薪811万元，同比增长7.5倍，总经理年薪759万元，同比增长8.5倍；与此类似，上市公司方大化工2011年利润下降九成，管理层薪酬增长2.7倍[②]。特别是从其薪酬分配过程看，国有金融企业的薪酬总量决定、高中层经营管理人员薪酬决定、职工住房公积金等福利待遇确定等方面，均存在分配程序不够规范、分配环节不够严谨、分配过程外部甚至监管部门都不够了解等情况，国有资产拥有者和其他有关股东、银行储户等未能全面掌握并行使应有的知情权、参与权、表决权（决策权）等权利，表明其薪酬分配起点和分配过程存在不公平、不规范之处。而从最低收入行业这一端看，近30年来一直处于行业收入最底端的农、林、牧、渔行业的薪酬决定基础、决定依据和决定程序都存在诸多不公平。比如，农、林、牧、渔行业作为产业链的低端行业，其工薪劳动者以从事低技术含量的体力劳动者为主体，低文化程度的劳动者占大多数，这些工薪劳动者在劳动力市场上处于明显弱势地位，基本上很难拥有薪酬分配决策的参与权；而且，他们就近就地就业，相对于制造业等异地打工的农民工，他们“以脚投票”的可能性也低一些，因

---

① 数据来源：国金证券2011年年报，第5页、第70页。

② 引自中国网（http://www.china.com.cn）2012年3月30日“利润下降工资猛涨 上市公司高管薪酬怪象”，详见 http://finance.china.com.cn/stock/special/2011nianbao/20120330/629779.shtml. 又如，受证券市场持续低迷的影响，2011年我国证券业利润大幅下滑，18家上市证券公司中，有12家利润降幅同比超过40%，业绩跌入五年来的最低点，然而，就是在这种情况下，证券业的人均年薪仍高达20万元以上。

此，他们在薪酬分配起点上就处于不公平境地。又如，农、林、牧、渔行业作为低端行业，其单位构成比较复杂，既有少数国有企业、集体企业，又有私营企业等，还有大量由农户组建的农民专业合作社，包括股份合作制、股份制企业等，整个行业的管理水平相对也较低，相应地其薪酬分配管理的环节、程序等也难以周全、严谨，劳动者在薪酬分配过程中吃亏的概率也明显高于其他行业特别是金融行业。这种高低收入两端的行业在薪酬分配起点、分配过程的不公平，进一步加剧了行业之间薪酬分配结果的不公平。

（二）原因分析

造成我国行业之间薪酬不合理差距扩大的原因涉及多方面，可以从以下两方面来分析。

一方面是直接的制度性原因，即行业之间薪酬分配和相关收入分配制度不够公平合理引发了行业之间薪酬不合理差距的扩大。

首先，最高收入行业与最低收入行业的薪酬分配制度都不够公平合理且缺少必要的监督调节机制。从最高收入金融行业看，国有金融企业的薪酬决定制度基本执行的仍然是20世纪80年代中期即开始实行的工资总额与经济效益挂钩办法，其中对国有银行曾经同时实行了工资计划管理办法，虽然近些年来做了一些改进，但总体上仍是按经济效益增长而相应安排工资总额增长，尚未像非金融国有企业那样于近几年试行工资总额预算管理办法。由于工效挂钩办法很难剔除金融行业经济效益中的非劳动因素，因此，在国有银行现行存贷差大于国际上通行的存贷差等政策的支撑下，其工资总额就可以按经济效益主要是金融企业上缴税收和利润的快速增长而较快增长；国有证券公司、保险公司情况也类似。再加上金融市场的外资金融企业、民营金融企业以高薪挖国有金融企业的人才，也对国有金融企业薪酬监管造成了很大冲击，而一个时期以来，国有金融行业的工资总额管理实际上处于相对缺少监管的状况[①]，有关部门未对其职工收入进行全口径调控，未认真落实工资总额、工资水平双重调控政策，这些问题造成了金融行业薪酬分配起点、过程的不公平合理，直接助长了其薪酬总额和薪酬水平的不合理增长，加剧了行业薪酬分配结果的不够公平和不合理。从最低收入农、林、牧、渔行业看，其薪酬决定制度分两种情况，其中少数是国有企业和国有事业单位，由地方政府决定工资；其余部分是其他所有制企业和农民专业合作社，其工资由资方或由合作社经营管理负责人决定。由于农、林、牧、渔行业一般分布在经济不发达地区或以农林牧业为主体的地区，这些地方的政府往往财政收入少甚至比较困难，需要中央财政转移支付，因此对那些国有农林企业等只能支付低水平的工资；而另外那些其他所有制和农民专业合作社性质的农、林、牧、渔企业，其劳动者基本没有薪酬分配的知情权、参与权和表决权、分享权和保障权，同时普遍都没有建立工资集体协商制度，因此，这一行业的薪酬分配起点显然不公平，与金融行业有很大的落差。与此同时，这一行业的日常薪酬管理制度特别是薪酬支付制度等也不健全，难以形成员工工资正常增长及支付保障的机制，使薪酬分配过程也不公平合理。这直接阻碍和制约着这一行业薪酬总额和水平的合理正常增长，也加剧了行业之间薪酬分配结果的不公平和不合理。

其次，最高收入金融行业与最低收入农、林、牧、渔行业的企业收益分配制度都不够公平合理，是影响薪酬分配制度不公平合理的源头性因素。从金融行业看，按照人民银行规定的存贷差政策，一般情况下贷款利率高于存款利率约 2 个百分点，各类商业银行可以轻易获得很好的企业收益。根据银监会 2012 年 2 月 17 日发布的数据显示，2011 年我国

① 国有金融行业的工资总额原来曾分别由政府人事部门管工资计划、劳动保障部门管工资总额。进入 21 世纪后，国有企业的工资改由国资委分管，但国资委只管非金融国有企业；国有金融行业在一段时间实际上基本处于无人监管的状况。后来才划归财政部门监管，但财政部门由于日常财政工作繁忙，也未充分履行监管职能，特别是地方财政部门对地方国有金融企业的监管就更弱一些。至于银监会、证监会、保监会均不直接监管金融行业的薪酬总额、水平，只是提出一些薪酬分配指导意见，不具有实质性薪酬分配监管能力。

商业银行净利润超过万亿元大关，达到 10 412 亿元，创历史新高，比 2011 年同期的 7 637 亿元增长 36.3%。按此计算，商业银行 2011 年平均每天约赚 28.5 亿元。借用民生银行负责人的话说："银行业利润太高了，我们都不好意思公布。"[①] 证券公司、保险公司的企业收益分配制度情况也类似。与此同时，政府对国有金融企业的利润收缴得也不多，致使金融行业的许多非劳动收益能够留存在企业内部，成为其职工高薪酬福利的资金来源。从农、林、牧、渔行业看，其中的国有企业事业单位由于地方政府拿不出多少财政收入来支付和提高其员工的工资，使这些用人单位薪酬分配缺少必要的资金来源；其中的其他所有制企业和农民专业合作社由于劳动生产率低，企业收益差，而税收负担却与其他行业一样或只稍低一点，缴完税费后基本没有多少剩余，致使这些企业无力提高员工的工资。这样两种不同的薪酬分配和企业收益制度，必然会直接推动这两种行业薪酬差距的扩大。

另一方面是深层次的体制性原因，即两种行业的薪酬决定、形成的外部环境和条件不平等。这一原因虽不直接影响行业薪酬水平及其相互之间差距的变动，却从根本上决定着行业薪酬分配和企业收益制度的不合理，进而决定着行业薪酬分配结果的不合理。体制性弊端造成了行业之间的外部环境和条件的不平等，主要表现在不同行业的市场地位不同、获取各种资源的能力不同、面临的市场压力不同、所处的社会生产链条位置不同、其员工在人力资源市场上的处境不同等多方面。比如，国有金融企业在市场上处于垄断地位[②]，都是特大型、大型国有企业。据有关统计显示，至 2011 年五大国有商业银行贷款余额仍然占据超过

---

① 引自：2011 年商业银行利润超万亿 平均每天净利 28.5 亿 [N]. 新京报，2012—02—20.

② 虽然我国有五大商业银行及若干国有证券、保险公司，但都是国有或国有控股金融企业，本质上是国有金融企业的内部竞争，且在金融市场上占据绝大部分份额，因此，可以明确具有垄断地位。正如温家宝总理 2012 年 4 月 1—3 日在广西、福建等地调研时明确指出的："关于融资成本，其实我这里坦率地讲，我说我们银行获得利润太容易了。为什么呢？就是少数几家大银行处于垄断地位，只能到它那儿贷款才贷得来，别的地方很困难。我们现在所以解决民营资本进入金融，根本来讲，还是要打破垄断。中央已经统一了这个思想，你也看到了在温州进行试点。我想，温州的试点，有些成功的，要在全国推广，有些立即可以在全国进行。"

国内银行市场50%的市场份额[①]，其资产规模、营业收入、企业覆盖范围、员工队伍组成等都既大又强，且能够获得政府的强力支持；而农、林、牧、渔行业的企业则在市场上处于极为弱势的地位，且其中大多数都属于中小型企业，很少得到政府部门的强力支持。由于双方在市场上地位的差别，金融行业国企可以通过政策规定的存贷差轻易获取高收益，农、林、牧、渔行业的企业则由于得不到或很少得到政府的有力扶持而导致企业生产经营环境差、收益低。又如，金融行业国企位于社会经济链条的高端，虽然也面临少数外资和民营金融企业的市场竞争，但由于整体上仍处于垄断地位，特别是有政府的大力支持，1999 年以来其高达 2 万亿元的不良资产[②]得到免除，基本上消除了国有商业银行的压力；而农、林、牧、渔行业位居社会生产经营链条的底端，劳动生产率低下，面临市场的激烈竞争，处于风雨飘摇、半停产甚至破产的境地。再如，金融行业的人力资源结构中大专及以上学历者占 68.35%以上，且要进入金融行业除了人力资本素质要求高以外，还有比较复杂的人际关系，其行业人力资源市场的进入门槛高，实际上存有壁垒，一般人员很难进入；而农、林、牧、渔行业的劳动者结构中高中及以下学历者约占 86.91%[③]，其劳动力市场属于完全竞争型市场，这种劳动者供过于求，天然处于弱势地位；如此等等。以上这些由于体制性弊端形成的行业之间基础条件和外部环境的不平等，从深层次决定了金融行业与农、林、牧、渔行业薪酬分配起点、分配过程的不公平以及分配结果的

---

① 根据中国工商银行、中国银行、中国建设银行、中国农业银行、交通银行 2011 年年报计算。其中，上述五家银行 2011 年年底的贷款余额分别为 77 888.97 亿元、60 963.96 亿元、61 089.83 亿元、53 345.57 亿元、25 053.85 亿元，合计约 278 342.18 亿元。根据中国银行业协会 2012 年 6 月 19 日发布的《2011 年度中国银行业社会责任报告》，2011 年我国银行业金融机构各项贷款余额 54.8 万亿元，四大商业银行约占 50.79%。

② 引自：张敏，沈洪溥. 中国处置银行系统不良资产的状况和经验 [J]. 中国金融，2012 (3). 1999 年工、农、中、建等四大国有银行不良资产 14 322 亿元，以账面价值进行政策性接收；2004—2005 年，工商银行、中国银行、建设银行和交通银行共计剥离 7 791 亿元可疑类不良资产。

③ 资料来源：全国第二次经济普查“按行业（大类）、学历分组的法人单位从业人员数”. 国家统计局网站，网址：http://www.stats.gov.cn/tjsj/pcsj/jjpc/2jp/html/zh/1－13.htm，2012－07－23.

不合理。

三、部分公共部门之间工资分配关系不够合理及其原因分析

（一）部分公共部门内部工资分配关系不合理的外在表现

一般而言，由于地区不同、经济发展水平和物价水平等不同，以及由于人力资源素质结构的差别等，不同地区、不同城市之间公务员的平均工资必然是有一定差距的；同行业公益性事业单位之间由于人力资源素质整体水平以及公益性服务质量数量的差别，其收入水平也是应该有所不同的。但如果这些差距超出一定范围就有问题了。当前，我国部分公共部门内部工资分配关系不合理主要是指不同地区（省、自治区、直辖市，下同）之间以及同地区内不同城市之间或同地区不同部门党政机关公务员之间工资差距偏大，部分同行业公益性事业单位工作人员收入差距偏大。下面也从工资收入分配定性和定量结果、工资分配起点、分配过程分别进行分析。

首先，从工资分配结果的定性分析看，整个社会对公共部门内部工资分配关系不合理的关注度虽然不是很高，但在公共部门内可以说已经基本达成了共识。一方面，国务院和有关主管部门确认了公共部门工资分配存在突出问题。2006 年《国务院关于改革公务员工资制度的通知》（国发［2006］22 号）即明确指出“努力解决当前公务员收入分配领域存在的突出矛盾，逐步缩小地区间收入差距”；同时，原国家人事部、人力资源和社会保障部也通过调查研究确认了某些不同地区公务员之间和同一地区不同部门公务员之间工资差距偏大；事业单位内部也存在工资收入差距偏大的问题。另一方面，公共部门工作人员内部对此反映也比较强烈，比如，已有一些地方的公务员发出了“我们要当中华人民共

和国的公务员，不当某穷省穷市县的公务员”的呼声①；在公益性事业单位内部，某些事业单位工作人员通过来信来访或在网络上“晒工资单”等向上级主管部门或新闻媒体以及社会各界反映工资水平低和与同类事业单位工作人员工资差距大等问题②，有些省份，事业单位的各种津补贴累计在 250～300 项之间，发到每个人的津补贴也有十几二十项③。这说明，判断公共部门内部工资差距偏大、分配秩序比较混乱等，已成为相关范围内的主流认识。

其次，从工资分配差距定量分析看，可以得出如下基本结论或判断：一是部分公共部门内部平均工资差距倍数偏大。一方面表现在不同地区公务员之间平均工资差距倍数偏大，或同地区不同城市之间或同地区不同部门公务员之间平均工资差距偏大。前者根据国家统计局有关数据显示，1995—2005 年，不同地区公务员之间平均工资水平最高与最低之间差距的倍数，由 2.0∶1 扩大到 3.4∶1；2006 年后通过公务员工资制度改革有所缩小，但近年来某些地区之间的公务员平均工资差距倍数又有所扩大；同时，同级别的公务员工资水平差距倍数相应也偏大。根据 2008 年对部分省市公务员收入情况调查看，以处级公务员为例，浙江省处级公务员收入是内蒙古的 1.8 倍，其中津贴补贴多 2.5 倍。根据统计资料显示，广东省内发达城市广州市与经济发展落后城市肇庆市公务员之间，2007 年平均工资差距即达 2.5 倍④；而同城市不同部门公务员之间的工资差距也偏大，如某些省会城市，省级机关的公务员工资就低于市级机关同级别的公务员，好在此问题 2006 年工资制度改革后有所好转。而根据我们对日本、韩国、法国不同地区公务员之间最高平

---

① 汕头公务员之间的工资差距太大了！汕头第一网，http://club.st001.com/thread－1447－13831231.html.

② 广东教师真实工资，贫富差距如此大的广东教师工资．天涯论坛，http://bbs.city.tianya.cn/new/tianyacity/Content.asp? idItem＝307&idArticle＝14754.

③ 事业单位绩效新政应以公益性为导向．燕赵都市报，2011－06－11.

④ 广州统计年鉴 2008 数据显示，2007 年广州市机关单位在岗职工平均工资为 66 343 元；肇庆统计年鉴 2008 数据显示，2007 年肇庆市机关单位在岗职工平均工资为 27 060 元。

均工资与最低平均工资差距数据的收集分析①，2011年，日本大体保持在1.6∶1；韩国约为1，法国公务员工资更是统一，如果同一职务的公务员在不同地区得到的报酬不同，就会被认为是歧视，是违反宪法的。这些国家的公务员地区工资差距均大大小于我国公务员之间的工资差距倍数。另一方面表现在同行业公益性事业单位工作人员平均工资差距偏大，如同为义务教育教师，有的地方的教师平均工资可高于另一地方教师平均工资的2～3倍甚至更多；同为大学教授，有的市场热门系教授的收入可高于冷门系教授收入的5～6倍甚至10多倍。这方面没有权威统计数据，只有典型调查分析案例；而外国则没有事业单位这一概念，只有非营利组织，也难以收集有关数据，因此不好直接比较。但据了解，外国的非营利性组织之间的平均工资或同类人员的工资是不可能出现好几倍的差距的，因为那必然引发人员的流动，在人力资源市场供求关系作用下，偏大的工资差距很快就会被抹平。

二是部分公共部门工作人员之间工资差距极值扩大。从公务员工资差距极值分析，1995年时，工资最高地区公务员的工资水平与最低地区公务员工资差距极值只有3 812元，2000年扩大为15 129元，2005年再扩大为34 871元，其后，工资差距极值有所缩小，但仍然高达34 076元。事业单位可参考数据不多，但从事业单位较为集中的部分行业工资水平可以看出，1978年收入最高的是地质勘查业，平均工资为708元，收入最低的为社会服务业，平均工资为392元，二者绝对差额316元；1996年，收入最高的是科学研究和技术服务事业，平均工资6 846元，收入最低的是农、林、牧、渔业，平均工资3 522元，二者相差3 324元；2011年，收入最高的是科学研究、技术服务和地质勘查业，平均工资64 252元，收入最低的是农、林、牧、渔业，平均工资19 469元，二者相差44 783元。

最后，从公共部门的工资分配起点和过程看，工资水平偏高公共部门与低工资水平公共部门的工资决定基础和决定依据以及工资形成过程

---

① 根据ILO专家李相宪提供的2011年有关数据整理分析。

差别较大，相互之间不平衡。从工资水平偏高地区公共部门看，其公务员的职务工资、级别工资按照国家规定的标准执行，但其津贴补贴的水平则以当地财政收入的高水平为决定基础；其决定依据包括当地物价水平、城镇在岗职工平均工资水平、经济发展程度、财政收入水平等多个因素，但最重要的实际上是当地财政收入水平；其工资形成过程一般经过当地政府首长指示、当地政府主管部门提出草案、财政部门做出相应资金安排、各党政机关执行等程序，或者是经过首长指示、财政部门做出相应资金安排、各党政机关执行的简单程序。实际上，与财政收入分配有关的其他部门和其他公民缺少知情权、参与权和表决权，缺少相关制度、程序对此进行规范，这种工资分配的起点和过程也是不够公平的。换句话说，是这些地区的公共部门工作人员的相关参与权、表决权、分享权过大了，在一定程度上侵占了其他部门和其他公民的相关参与权、表决权和分享权。

（二）原因分析

造成我国部分公共部门之间工资不合理差距偏大的原因也涉及多方面，可以从以下两方面来分析。

第一，直接的制度性原因。一是公共部门现行工资收入分配制度不健全不完善。首先，现行公务员工资制度存在若干问题。从制度本身看，主要是工资结构不合理，国家统一规定的公务员职务工资、级别工资单元的比重明显偏低，而津贴补贴单元等的比重明显过大，既不利于发挥基本工资的应有功能，也不利于使津贴补贴名副其实，还不利于对不同津贴补贴进行调控和监管，成为造成不同地区公务员之间工资收入水平差距的主要制度性来源；从执行情况的监管看，由于监管制度不健全，且监管又不得力，致使各地区的津贴补贴水平参差不齐。其次，现行公益性事业单位收入分配制度存在若干问题，从制度本身看，也是工资结构不合理，国家统一规定的岗位工资、薪级工资单元比重也明显偏小，而现行津贴补贴单元尚未调整为绩效工资，该单元的各项津贴补贴名目繁多，比重也明显偏大，特别是制度外收入多、比重大，成为事业单位之间收入水平差距拉开的制度性原因；从执行监管看，事业单位津贴补贴的资金来源不完全是财政资金，其名目更加繁杂，其标准确定更加缺乏规则，因而其水平更加参差不齐，监管也更加难以到位。

二是公共部门现行财政拨款制度或收益分配制度不健全不完善。首先，各类党政机关和公益性一类事业单位的财政拨款制度存在若干问题。其中，财政拨款制度对公务员的职位工资、级别工资按照国家规定标准和公务员人数核拨，但对津贴补贴部分则由各地区在国务院有关主管部门的调控范围内根据本地财政支付能力自行确定拨款额度，因此各地公务员的津贴补贴额度差距大、不平衡；对公益性一类事业单位一般按照“人头费”核拨，此“人头费”往往只能满足国家规定的事业单位岗位工资、薪级工资和部分绩效工资或津贴补贴的支付额度，迫使公益性一类事业单位自行创收，用创收收入来弥补财政拨款的不足；而公益性一类事业单位创收途径、收益来源各不相同，有的轻而易举，有的难上加难。据典型调查，一些地方的公益性事业单位创收收益高低差距很大，成为这些事业单位工作人员收入水平差距扩大的直接源头。其次，现行公益性二类事业单位的财政差额拨款和创收制度都存在若干问题。其中，财政差额拨款的依据是根据事业单位公益性服务质量、数量的差别还是根据人员编制均不够明确，针对性也不够强，容易形成拨款松紧不一、苦乐不均的结果；同时，创收制度缺乏规范，均由各单位自行决定，其收益的分配使用更缺乏宏观性的规范，成为公益性二类事业单位工作人员收入水平差距扩大的源头。

第二是深层次体制性原因。一是现行财政体制缺陷的制约。目前我国各级公共部门实行的实际是“分灶吃饭”的体制，即中央财政管中央公共部门的开支，各级地方财政分别管相应级别公共部门的开支，这是由我国幅员辽阔、各地经济社会发展阶段和程度不平衡的现实情况所决定的。但正因为此，加之目前没有设计出科学的均衡中央财政与地方财政收支、省财政与下辖市县财政收支的可操作性办法，这一“分灶吃饭”体制就成为各地公共部门经费来源和额度差别大的财政制度性原因。二是现行行政管理体制改革不到位的影响。比如政府职能转换不到位，致使事权揽得过多，中央与地方政府事权划分不够清晰，导致中央与地方政府的事权和财力匹配不够均衡；又如政府机构改革不到位，加之普遍未开展梳理社会管理、公共服务业务流程和工作分析等工作，使党政机关机构和岗位设置不够科学，公务员编制数量不准确，导致难以科学合理地核定各党政机关的人事经费；又如依法行政和制度建设不到位，没有全面坚持用制度管权、管事、管人，健全监督机制，强化责任追究，致使一些公共部门及有关人员不严格执行国家规定的工资制度和财政拨款制度却未受到应有惩处，加剧了部分公共部门工资分配秩序的混乱等。三是事业单位体制改革不到位，其单位的公益性服务定位不明确，公益性资源配置不合理，财政拨款和创收制度等如何改革不清晰，人事制度改革不扎实，等等，致使切实规范公益性事业单位收入分配缺乏必要的基础。

四、部分企业高层经营管理人员与其他工薪劳动者之间薪酬分配关系不合理及其原因分析

（一）部分企业高层经营管理人员与其他工薪劳动者之间薪酬分配关系不合理的外在表现

企业高层经营管理人员薪酬是其人力资本价值及其管理要素贡献的具体体现，对于满足企业高管人力资本的可持续发展及其家庭成员体面生活的需要，调动企业高管积极性、主动性和创造性，促进企业增强核心竞争力和提高经营业绩具有极为重要的意义。毫无疑问，企业高管薪酬水平应该高于其他工薪劳动者，但如果过高于其人力资本和所作贡献，则既不能有效调动其积极性、创造性，又会给其他劳动者乃至社会带来负面影响。当前，我国部分企业高管薪酬与其他工薪劳动者薪酬水平差距偏大或过大，已成为企业不同层级工薪劳动者之间薪酬分配关系不合理的突出问题。具体表现在：部分国有企业主要是国有金融企业高管薪酬水平与其他工薪劳动者平均薪酬水平差距偏大，少数企业

高管薪酬水平与其他工薪劳动者平均薪酬差距过大；少数上市公司高层经营管理人员薪酬水平与城镇在岗职工平均工资水平差距过大，某些高层经营管理人员薪酬水平与城镇在岗职工平均工资差距极大。下面也从薪酬分配定性和定量结果、薪酬分配起点、分配过程分别进行分析。

首先，从我国企业高层经营管理人员薪酬分配结果的定性分析看。一个基本判断是：我国企业高管的薪酬水平在2001年以前整体上并不高，其中部分国有企业高管的薪酬水平还偏低（这并不否定当时也有个别或少数薪酬水平很高的企业高管）；但其后，我国企业高管薪酬水平开始进入快速提高阶段，在短短几年内就拉开了与其他工薪劳动者薪酬的差距，并迅速呈现过快增长及不合理增长的态势，引发了社会各方面的非议。近几年来，社会各界对部分企业高管薪酬水平偏高和过高基本达成了共识。特别是2008年，中央领导在看到反映某些国有企业和国有控股、参股企业高管薪酬水平偏高或过高的情况通报后，责成人力资源和社会保障部牵头，财政部、国家税务总局、国务院国资委、银监会、证监会、保监会等部门参加，组织开展对中央企业高层经营管理人员薪酬分配情况进行调查研究，并在2009年由人力资源和社会保障部、中组部、监察部、国家审计署、财政部、国务院国资委联名出台了《关于进一步规范中央企业负责人薪酬管理的指导意见》，就是最好的证明。从全球范围看，2009年美国华尔街金融企业次贷危机引发全球金融危机以来，许多市场经济发达国家包括美国、法国、德国、英国等的政界要人和广大老百姓都对全球性上市公司高层经营管理人员的天价薪酬表示了强烈反感。一时间，企业高管的过高薪酬几乎成为众矢之的，甚至成为引发美国“占领华尔街”运动的导火索之一。2012年7月26日，法国财政部发布了《国家限制国有企业高管薪酬》的第2012－915号法令，立法限制国有企业高管薪酬，最高不得超过45万欧元。可以说，加强对企业高管特别是国有企业高管高薪的监管已经成为一种全球性的呼吁，也是我国社会的主流认识。

其次，从我国企业高层经营管理人员薪酬分配结果的定量分析看，可以得出如下4个基本结论：

一是企业高管薪酬与其他劳动者薪酬差距曲线近十年来呈现整体上扬的趋势。国务院国资委管理的非金融中央企业高管平均薪酬与央企其他职工平均薪酬以及全国城镇职工平均薪酬差距曲线，2002—2010年呈现整体上扬趋势，其中，2009年后曲线相对平稳[①]（见图2—3、图2—4）；中央金融企业高管薪酬与城镇在岗职工平均工资差距曲线，2004—2010年也呈现整体上扬趋势，且上扬幅度快于非金融中央企业（见图2—5）。地方国有企业高管薪酬与当地城镇在岗职工平均工资差距曲线，因收集不到全国数据，只能以个别省区或某个城市的数据为例分析。如上海市，其国有企业高管薪酬与当地城镇在岗职工平均工资差

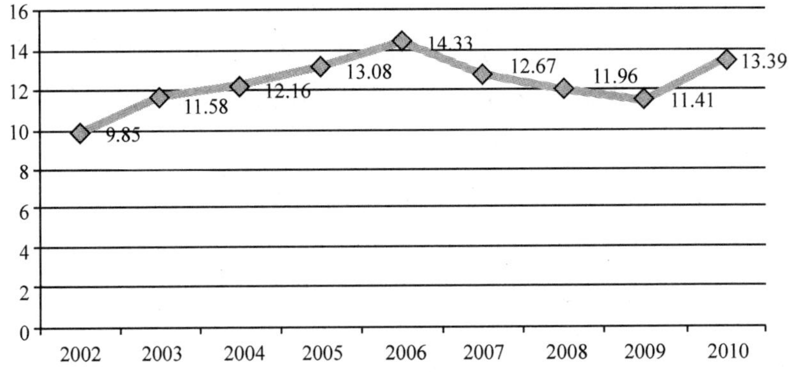

图2—3　2002—2010年中央非金融企业高管年薪平均值与央企职工平均工资差距（倍数）

① 2010年1月9日上午，时任国务院国资委主任李荣融在出席第十一届北京大学光华新年论坛时表示：2002年，我国开始推行国企高管年薪制，规定高管年薪不得超过职工平均工资的12倍。2004—2007年，国务院国资委监管的央企高管的平均年薪分别为35万元、43万元和47.8万元、55万元，年增长14%左右。国务院国资委统计数据显示，2006年直属于国资委的149户中央企业主要负责人平均薪酬为53.1万元。2008年、2009年央企高管年薪平均约为58万元、61.6万元。2010年中央非金融企业高管年薪接近70万元。2004年、2005年中央非金融企业职工平均工资分别为28 009元、32 211元（2004年12月13日《工人日报》，“国企老总薪酬将受职工监督”，指出2002年企业主要负责人实际平均薪酬与全部企业职工平均工资相比为12倍，2003年就扩大到13.6倍），2006—2008年中央非金融企业职工平均工资分别为37 043元、43 419元、48 500元。2009年、2010年分别为5.4万元（2010年8月20日《21世纪经济报道》“李荣融：央企在岗职工平均工资5.4万”）、60 096元。

距曲线，2002—2010 年，整体呈现快速上扬趋势①（见图 2—6）。我国上市公司高管最高年薪平均值与城镇在岗职工平均工资差距曲线，根据课题组收集的上市公司年报披露的信息分析，从 2000 年以来一直呈现整体波动并较快上扬态势（见图 2—7、表 2—4）。如考虑到上市公司高管通过股权激励获得的收益，该曲线上扬的幅度应该会更快一些。

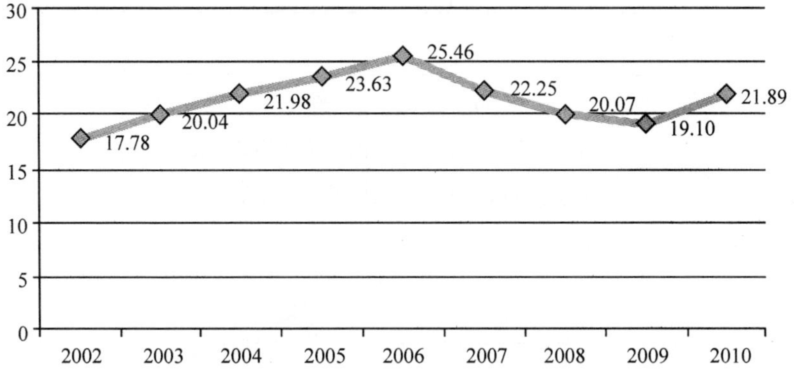

图 2—4　2002—2010 年中央非金融企业高管年薪平均值与城镇职工平均工资差距（倍数）

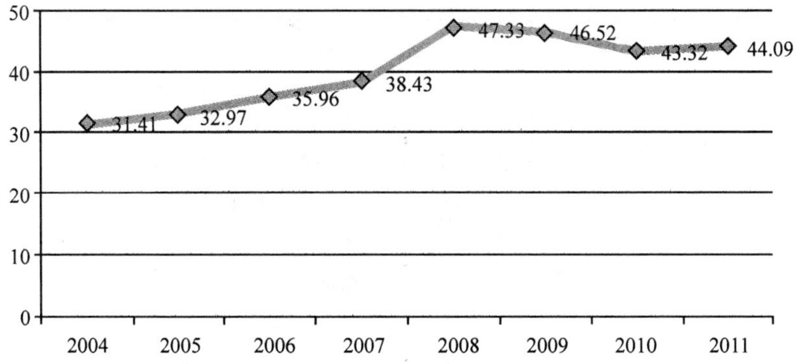

图 2—5　2004—2011 年中央金融企业高管年薪平均值与央企职工平均工资差距（倍数）

① 数据来源："Wages at SOEs may go public"，shanghaidaily. com，2011－04－20。2008 年、2009 年上海 75 家国有企业高管年薪平均为 697 535 元、696 100 元。2002 年，上海国有企业高管年薪为 12 万元左右；2010 年，上海国有企业高管年薪为 77 万元左右。

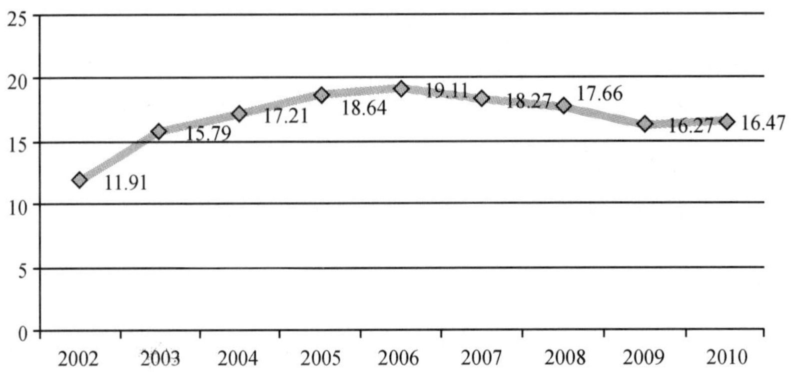

图 2—6　2002—2010 年上海市国有企业高管年薪平均值与上海市职工平均工资差距（倍数）

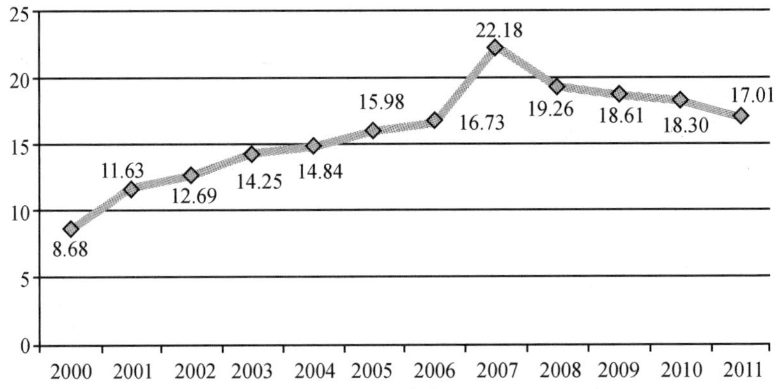

图 2—7　2000—2011 年上市公司高管最高年薪平均值与城镇在岗职工平均工资差距（倍数）

表 2—4　2000—2011 年上市公司高管平均年薪与城镇在岗职工平均工资差距

年份	上市公司高管最高年薪平均值（万元）	城镇在岗职工平均工资（元/年）	薪酬差距倍数（高管/职工）	薪酬差距绝对值（元）
2000	8.1	9 333	8.68	71 667
2001	12.6	10 834	11.63	115 166
2002	15.7	12 373	12.69	144 627
2003	19.9	13 969	14.25	185 031
2004	23.63	15 920	14.84	220 380

续表

年份	上市公司高管最高年薪平均值（万元）	城镇在岗职工平均工资（元/年）	薪酬差距倍数（高管/职工）	薪酬差距绝对值（元）
2005	29.08	18 200	15.98	272 600
2006	34.89	20 856	16.73	328 044
2007	54.83	24 721	22.18	523 579
2008	55.65	28 898	19.26	527 602
2009	60	32 244	18.61	567 756
2010	66.85	36 539	18.30	631 961
2011	72.2	42 452	17.01	679 548

注：各年度上市公司样本数不一致，因此，年度之间上市公司高管年薪绝对值不具有完全可比性。2010 年、2011 年数据（指 A 股上市公司高管最高薪酬均值）来自德勤《2011—2012 年中国上市公司高管薪酬调研报告》，其余数据来自上海荣正投资咨询公司。城镇在岗职工平均工资来自《中国统计年鉴 2011》表 4—12，p. 123。

二是企业高管薪酬与其他劳动者薪酬差距倍数整体上也呈现扩大的态势。从国务院国资委管辖的中央非金融企业看，2002 年时，中央企业高管平均年薪与央企职工平均工资的倍数仅为 9.85 倍，但到 2010 年则扩大到 13.39 倍，差距扩大速度较快①（见图 2—3）；如将其与同年城镇在岗职工平均工资比，2002 年时差距倍数仅为 17.78 倍，而到 2010 年，则扩大到 21.89 倍（见图 2—4）。从国有金融企业看，差距倍数扩大的情况更突出。2003 年时，中央金融企业高管平均年薪与城镇在岗职工平均工资差距倍数大约是 21 倍，而到 2011 年，该倍数扩大到 43 倍②（见图 2—5）。如从典型案例看，国有金融企业高管最高年薪与

① 熊志军：《当前我国收入分配问题与国有企业分配制度改革》。其中，中央企业人均年收入 2003 年 24 179 元，2004 年 28 778 元，2005 年 32 883 元，比 2001 年（16 988 元）增长 93.6%。

② 引自《银行家》2012 年 5 月号，郦锡文《银行员工高收入透析——以四大行为例》。四大银行员工平均收入约是当年城镇单位在岗职工平均工资的 4 倍。2008 年为人均 136.76 万元，是同期四大银行员工平均收入的 10.34 倍；2010 年四大银行高管人均收入为 160.93 万元，是同年四大银行员工平均收入的 9.93 倍；2011 年四大银行高管人均收入为 187.18 万元，是同年四大银行员工平均收入（19.1 万元）的 9.8 倍。尽管 2010 年、2011 年四大银行高管成员收入对四大银行员工平均收入的倍数已降低到 10 倍以下，但由于 2011 年高管收入增长为 16%，只比城镇职工收入增长水平低一个多百分点，其与全国城镇在岗职工平均工资水平的差距仍接近 43 倍。

城镇在岗职工平均工资差距倍数，2003 年时大约为 36 倍，而到 2011 年却扩大到 211 倍①。从上市公司看，根据上市公司年报披露的信息分析，2000 年时，上市公司高管平均年薪与城镇在岗职工平均工资差距倍数大约为 8.68 倍（加上股权激励收益则还要高一些）；到 2011 年，此倍数进一步扩大到 17.01 倍（加上股权激励收益，其差距倍数将更大一些）（见图 2—7、表 2—4）。如从典型案例看，上市公司高管最高年薪与城镇在岗职工平均工资的差距倍数，2002 年时大约为 129 倍②，而到 2011 年，以媒体披露的信息为例，此时的倍数则高达 377 倍③。据了解，我国的近邻日本、韩国的企业高管薪酬与城镇职工平均工资差距倍数，目前分别为 20 倍、10～16 倍④；据日本劳务行政研究所资料显示⑤，2001 年，世界各国销售额 5 亿美元以上企业 CEO 的薪酬与生产工人的工资水平差距较大的国家是墨西哥，为 53.7 倍（其中 CEO 平均薪酬为 86.68 万美元，生产工人的平均工资为 1.61 万美元）；美国为 41.3 倍（其中 CEO 为 193 万美元，工人为 4.68 万美元）；英、法、德分别为 25.4 倍、16 倍和 13.2 倍。收入差距较小的是瑞士为 9.5 倍、日本为 11.6 倍、韩国为 12.5 倍，中国台湾为 14.7 倍（见图 2—8）。横向比较，我国国有企业高管和上市公司高管薪酬与城镇在岗职工平均工资差距倍数明显高于我国近邻日本、韩国和我国台湾地区，也高于法国、

① 2011 年国有金融企业高管最高年薪为中国银行的信贷风险总监 895.70 万元。2003 年国有金融企业高管年薪最高约为 50 万元。

② 引自“2002 年中国上市公司高管身价排行榜”，《上海证券报资本周刊》2003 年。该排名是从 1 221 个有效样本数量中统计出来的，最高年薪是科龙电器 160 万元。2002 年我国城镇在岗职工年平均工资 12 373 元。

③ 根据上海荣正咨询统计，在 2 300 家可统计的 A 股上市公司中，中信证券副董事长殷可以 1 600 万元的税前年薪位居榜首，2011 年我国城镇非私营单位职工平均工资为 42 452 元。

④ 引自“国企高管薪酬问题及对策研究”（中国民主促进会上海市委员会 2010 年重点课题）。据韩国企划财政部公布的 2006 年国有企业董事长、监事薪酬情况显示，韩国产业银行、韩国投资公司、韩国住宅金融公司等 15 家大型国有企业的董事长（总经理）的薪酬从 2.91 亿韩元到 7.42 亿韩元，平均为 4.45 亿韩元；企业监事薪酬从 2.11 亿韩元到 5.44 亿韩元，平均为 3.02 亿韩元；企业员工年均工资从 6 936 万韩元到 8 758.3 万韩元，平均为 7 475.6 万韩元。这 15 家企业董事长（总经理）、监事的平均年薪分别为其员工年工资的 5.95 倍和 4.03 倍，分别为韩国当年平均工资 2 780 万韩元的 16 倍和 10.8 倍。

⑤ 引自“国企高管薪酬问题及对策研究”（中国民主促进会上海市委员会 2010 年重点课题）。

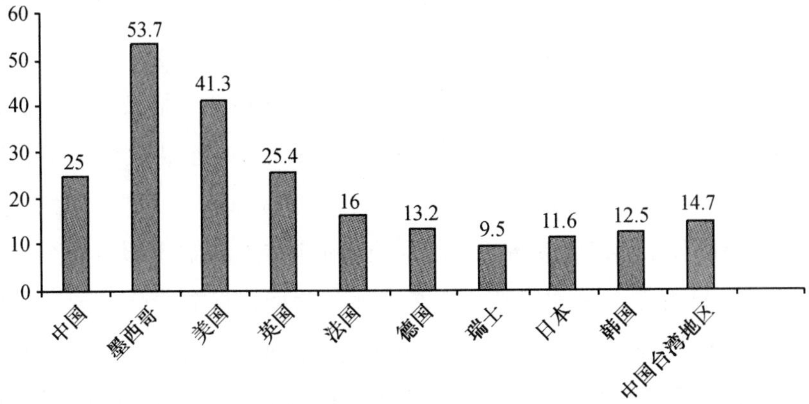

图 2—8　企业高管薪酬倍数国际比较

德国等西方主要国家，只低于美国等少数发达国家。

三是企业高管薪酬与其他劳动者薪酬差距极值也一直呈现扩大趋势。根据课题组掌握的资料①，2000 年时，各省（自治区、直辖市）属国有企业高管的平均年薪与职工平均工资的差距绝对额为 14 万元；到 2005 年，扩大为 33 万元；到 2010 年更扩大到 56 万元左右。根据郦锡文等的研究，国有金融企业高管平均薪酬与城镇在岗职工平均工资差距的绝对额，2000 年时为 18 万元，2005 年时扩大到 58 万元，2010 年再扩大到 157 万元。根据上市公司年报披露的信息分析，2000 年，上市公司高管最高年薪平均值与城镇在岗职工平均工资差距的绝对额为 71 667 元，到 2005 年扩大到 272 600 元，到 2011 年再扩大到 679 548 元（见表 2—4）。若将私营企业职工平均工资纳入求出社会从业人员平均工资，其差距绝对额还要高出更多。根据德勤中国高管薪酬研究中心 2012 年 6 月发布的《2011—2012 年中国上市公司高管薪酬调研报告》所载，2011 年 A 股上市公司薪酬最高的高管是中信证券副董事长，他的年薪达 1 601 万元（税前），是同年城镇在岗职工平均工资 42 452 元的 377 倍。这一年薪水平还比 2010 年排行第一的中国银行高管年薪

① 各省国资委所属国有企业高管薪酬略低于中央企业，2000 年、2005 年、2010 年高管薪酬约为 15 万元、35 万元、60 万元。上海、北京、深圳所属国有企业高管年薪相对较高。

1 101.9 万元高出近 500 万元。上述绝对额差距，以 2000—2010 年期间的上市公司高管平均年薪与城镇在岗职工平均工资相比为例，10 年来其绝对额扩大的速度，快于同期城镇在岗职工平均工资增长幅度与居民消费品价格上涨幅度之和，这种差距绝对额扩大的速度显然是不合理的。

四是部分企业高管薪酬水平的增长与企业经济效益不同步甚至成反比。以 2011 年上市公司证券行业高管薪酬为例，根据德勤中国高管薪酬研究中心 2012 年发布的《2011—2012 年中国上市公司高管薪酬调研报告》显示，截至 2011 年 11 月，全国 109 家证券公司实现净利润 343 亿元，仅相当于 2010 年全行业净利润的 44.2%，尽管当年业绩遭遇重创，但 2011 年券商最高薪酬整体平均水平仍相比 2010 年的 314 万元增长了 32%，达到 414 万元。

最后，从企业高管薪酬分配起点和分配过程看，不公平、不合理的问题也较多。比如，一些地方国有企业高管拥有过多的薪酬分配决策权、分享权，而国有资产所有者、小股东、职工却只有少量或没有相应的薪酬分配知情权、参与权、表决权等，同时，其薪酬分配过程基本不公开或有意隐瞒，就是薪酬分配起点、分配过程不公平的现实例子。

（二）原因分析

造成我国部分企业高管薪酬水平偏高或过高，与其他工薪劳动者薪酬差距偏大或过大的原因涉及许多方面，归纳起来主要有 3 点。

第一，企业高管薪酬水平主观定位存在偏差。针对 2001 年前我国企业高管薪酬水平整体不高、有些还偏低以及国有企业中平均主义观念仍有较大影响的状况，同时，面对经济全球化条件下外资企业与我国内资企业争夺经营管理人才、非公有制企业与国有企业争夺人才的巨大压力，我国开始大量引入美国等西方国家关于企业高管薪酬分配理念，以突破原有旧观念，强化对企业高管的激励力度，这使各方面对企业特别是国有企业高管薪酬管理的观念发生了很大转变。这本来是件好事，但随后的发展开始出现偏差。一是过多宣传介绍了美国的有关理念和美国企业高管薪酬高水平、大差距的分配方式方法，而忽略了宣传介绍诸如日本、韩国以及我国台湾等东方国家或地区企业高管中等薪酬水平和适当差距的相关理念和方法，误以为外国企业高管薪酬水平都像美国那些大公司高管天价薪酬一样高，与其他工薪劳动者的薪酬差距都像美国那样大。二是片面强调管理要素作用和高管薪酬的外部竞争性，开始忽略劳动要素作用和企业内部公平以及与外部其他工薪劳动者薪酬水平的平衡，使呼吁我国企业高管薪酬水平向市场高价位接轨，甚至向发达国家企业高管薪酬水平看齐的认识逐渐占据主导地位。在这种观念指导和推动下，我国企业高管薪酬水平出现了前述的偏快和不合理增长。这种观念和认识偏差，成为造成我国部分企业高管薪酬水平偏高或过高，与其他工薪劳动者薪酬差距偏大或过大的思想认识根源。

第二，有关管理制度和机制存在欠缺。一是资产所有者监管失位或缺位，这是管理制度的最突出问题。主要表现在企业出资人监管失位或缺位，企业内部制衡和外部监管约束乏力。曾出现部分国有企业（主要是金融企业）高管薪酬由谁监管不够明确，一些地方国有企业高管薪酬无人监管，实际上存在部分国有企业高管自定薪酬的现象；同时，混合所有制企业包括国有控股公司、参股企业，国有控股、参股上市公司法人治理结构不完善，内部制衡机制缺乏，特别是中小股东实际上没有表决权，也是由企业高管自定薪酬。迄今为止，上市公司高管薪酬确定的现实例子是，由董事会的薪酬委员会提出本公司高管的薪酬调整方案，报董事会批准，提交股东会审议通过。表面上看，其薪酬确定完全符合《公司法》规定的程序，但实际上是董事长授意薪酬委员会或薪酬委员会奉命提出符合董事长要求的高管薪酬方案，报董事长批准，再提交股东大会；而股东大会参会的中小股东代表人数很少或基本无人出席，实际上是由少数大股东代表表决；这些代表往往碍于面子或其他原因一般不会否决或完全否决董事长已批准提交讨论的高管薪酬方案。因此，整个过程走下来完全符合法定程序，其实质仍是董事长等高管自定薪酬。二是现行企业高管薪酬的制度不健全。目前虽然出台了规范中央企业高管薪酬管理的指导意见，但没有全国性的规范国企高管薪酬的制度及规定，因此各地对国有企业高管薪酬监管宽严不一，苦乐不均，引发许多矛盾；现有国企高管薪酬分配等制度关于职务消费的规定不够具体，不便于操作，也是引发问题的原因之一。上市公司虽然公布年报，但由于规定不细致，导致年报上披露的企业高管薪酬口径不统一，有的是税后薪酬，有的只披露年薪，不披露其他收入，不便于有关部门和所有股东全面掌握高管薪酬情况和客观比较上市公司高管之间的薪酬关系。三是企业高管绩效考核制度不健全，难以科学确认企业高管对企业经济效益所作出的真正贡献，特别是难以剔除政策、垄断等非管理要素对国有企业业绩带来的影响，难以保证绩效考核的科学性和客观合理性；同时，也未正确确定过国企领导班子内各成员的绩效差别，难以正确合理区分各位高管的绩效年薪。此外，股权激励制度不完善，上市公司高管兑现股权激励收益时，与上市公司的实际经营业绩和公司管理水平联系不紧或无联系，导致不少上市公司高管在未把公司经营管理好的情况下成批离职，只按股票市值变化套现股票期权收益，结果富了个人，亏了公司、股东以及职工。

第三，体制有关方面改革不到位、市场体系不健全。主要是国有企业改革方向仍有待进一步明确并推进，国企高管选拔任用制度改革不到位，公司制企业的产权关系有待进一步清晰，法人治理结构有待进一步健全，上市公司内部制衡机制需要大力强化，职业经理人、金融等要素市场有待进一步健全等。在国企改革上，由于尚未明确国有企业是否划分为公益性和竞争性两类，国企的薪酬管理就难以正确定位，国企高管的选拔任用制度也难以与其相匹配，而这正是目前国企高管薪酬到底是按市场竞争型企业还是按公益型企业监管定位不清的基础性原因；公司制企业产权划分不清晰，法人治理结构不健全，特别是上市公司内部制衡机制不健全，这正是资产所有者缺位和失位的根本性原因；而职业经理人市场远未完善，是企业高管薪酬难以形成市场均价水平并时常虚高的基础性原因。至于金融等生产要素市场的不健全，则是难以正确判断企业真实经济效益，特别是使上市公司股票价格畸高畸低，致使企业高管薪酬水平尤其是股权激励收益无法正确发挥激励作用的根基性原因。

五、不同身份工薪劳动者之间薪酬分配关系不合理及其原因分析

（一）不同身份工薪劳动者之间薪酬分配关系不合理的外在表现

改革开放以来，随着国民经济和社会发展以及经济体制改革包括收入分配制度改革的推进，我国各类工薪劳动者的薪酬水平和城乡居民的收入水平纵向比都有大幅度的提高，生活都有了明显改善，但横向比仍存在一些问题，其中突出的一点是不同身份工薪劳动者之间薪酬分配关系不合理。主要表现在两方面，一方面是农民工与城镇户口在岗职工同工不同酬，劳务派遣人员与劳动合同制职工同工不同酬，部分用人单位编制外人员与编制内职工同工不同酬；另一方面是农民工、劳务派遣工和编制外人员与城镇户口在岗职工、劳动合同制职工、编制内职工虽然不在同一部门和岗位工作，但作为同一用人单位内的劳动者，双方薪酬福利水平落差很大，前三类人员显然在执行与正式工不同的薪酬福利制度时受到明显歧视。对此可以从薪酬分配定性和定量结果、薪酬分配起点、薪酬分配过程分别进行分析。

首先，从这三组人员薪酬分配结果的定性分析看，自 20 世纪末以来，农民工、劳务派遣工以及编制外人员同工不同酬以及薪酬福利待遇明显偏低问题就是社会关注的热点之一。从党政立法高层看，全国人大常委会、国务院、全国总工会、人力资源和社会保障部等对农民工、劳务派遣工等人员合法权益包括其中比较突出的劳动报酬权益受侵害问题高度重视，曾就此展开过几次专题调查研究，可以说正是在对其存在问题分析的基础上，我国于 2007 年颁布了《劳动合同法》以及《劳动合同法实施条例》，其中特别在第十一条、第二十八条、第六十三条就“实行同工同酬”“参照本单位相同或相近岗位劳动者的劳动报酬确定”

等做出了法律规定。2012 年 7 月，全国人大专题研究修改完善《劳动合同法》，由全国人大财政经济委员会所做的《劳动合同法修正案（草案）说明》明确指出：劳务派遣工的“合法权益得不到有效保障，同工不同酬、不同保障待遇的问题比较突出”；人力资源和社会保障部部长尹蔚民于 2012 年 6 月也明确向新闻媒体表示，劳务派遣“最突出的问题是同工不同酬的问题和劳务派遣用工不规范的问题”。从社会各界看，新闻媒体多年来就同工不同酬曝光的案例不胜枚举，而民间关于“农民工干、正式工看”或“劳务派遣工干、单位职工看”以及“两个编外人员工资抵不上一个编内人员”等说法或议论时有耳闻。可以说，积极采取措施逐步解决上述三方面劳动者同工不同酬问题，已经成为社会的主流认识。

其次，从这三组人员薪酬分配结果的定量分析看，可以得出以下整体判断和四个基本结论。整体判断是：自 2007 年《劳动合同法》颁布实施以来，农民工、劳务派遣工、编制外人员的同工不同酬以及分配中受歧视问题较以前有所好转，但整体看问题仍然突出，必须高度重视。四个基本结论如下：

一是同工不同酬的现象仍然相当普遍。2011 年全国总工会报告显示①，全国劳务派遣人员主要集中在公有制企业和机关事业单位，部分中央企业甚至有超过 2/3 的员工都属于劳务派遣工。国务院国资委的数据显示，截至 2009 年年底，89％的中央企业使用劳务派遣工，劳务派遣工占中央企业职工总数的 16％。其中，中央企业劳务派遣工主要分布在石油石化、通信、电力、建筑施工和军工企业，仅石油石化和通信两大行业的劳务派遣工就占中央企业全部劳务派遣工的 53％。据人力资源和社会保障部劳动科学研究所 2012 年《中国（劳务用工）行业就业指数报告》显示，越来越多的中小企业开始采用劳务用工形式，其中代理用工比重上升、派遣用工比重下降。但不论何种形式，都存在着较为严重的同工不同酬现象。企业劳务用工的成本仅相当于正式用工成本

① 引自：全国总工会. 国内劳务派遣调研报告. 2011 年上报至全国人大法工委。

的60%～70%，现实中存在较严重的同工不同酬和性别歧视问题。另据2012年北京市政协社会和法治委员会调研报告显示[①]，劳务派遣工工资收入水平低于行业平均工资水平，其中金融业差距较大，劳务派遣工工资收入比合同制员工少40%（其中中国民生银行劳务派遣工的月工资水平仅为正式工的51.6%），而且很多企业按照最低工资标准为劳务派遣工缴纳社会保险费，同时，福利待遇严重不平等，部分劳务派遣工无相关福利待遇。据课题组成员曾经对企业进行薪酬改革调研时了解的情况，有的企业甚至公开规定，在同一个分厂工作的城镇职工，其计件单价为10元，而劳务派遣工的计件单价则为5元，在此分厂同工不同酬比例达到100%。与此同时，在不少事业单位中，编制外人员虽然承担了本单位的重要工作，但在同一个办公室里却执行不同的工资制度和工资标准，明显低于编制内人员，其同工不同酬比例也相当高。因同工不同酬现象引发的劳动争议数量相当多。比如2011年1月，云南省驰宏锌锗有限公司（云南冶金集团下属公司）大批农民工静坐省政府和省工会门前上访，抗议劳动关系的改变引起同工不同酬；又如2008年河北大唐发电厂75名员工因14年同工不同酬问题集体诉讼该厂要求劳动仲裁；再如2010年4月中南大学湘雅一医院近300名合同制护士在住院部楼前聚集，打出“同工同酬，还我青春”的横幅，要求医院实行与编制护士相同的薪资福利待遇。

二是农民工、劳务派遣工等薪酬水平长期低于从事相同工作的城镇职工或正式职工。这与农民工、劳务派遣工和编制外人员与正式工同工不同酬和执行不同薪酬制度受歧视直接相关。据国家统计局的统计数据，2008年，农民工平均工资只相当于城镇职工平均工资的54.6%，2009年相当于51.9%，2010年相当于54.6%，2011年相当于57.9%，虽然比例有所提高，但差距仍然偏大。由于农民工主要从事中低端岗位，其工资水平低于人员构成和岗位层级构成不同的城镇在岗职工是有客观理由的，但只相当于城镇非私营单位在岗职工的一半多一点应该是

---

① 引自：关于规范劳务派遣用工促进劳动关系和谐的调研报告．北京市政协社会和法治委员会，2012年．

不合理的。这可从城镇非私营单位与私营单位在岗人员平均工资的差距和农民工与人员构成交叉且相近的城镇私营企业职工群体的平均工资水平两方面来推算印证（见表 2—5）。城镇非私营单位与私营单位的行业、产品构成有较大相似相近性，后者平均工资低于前者，其重要原因之一是后者的从业人员中有更多的农民工；农民工与私营单位职工平均工资比还低一些，也说明农民工在私营单位内工资仍然低。只有 2011 年农民工与私营单位平均工资比稍高了一点。

表 2—5　　2008—2011 年外出农民工与城镇非私营单位在岗职工平均工资比较　　单位：元

年份	城镇非私营单位在岗职工平均工资	城镇私营单位职工平均工资	外出农民工年收入	农民工与非私营单位职工工资差距	农民工平均工资占城镇非私营单位职工平均工资比例（%）	农民工与私营单位职工工资差距（%）	农民工平均工资占城镇私营单位职工平均工资比例（%）
2008	29 229	17 071	15 960	13 269	54.60	1 111	93.49
2009	32 736	18 199	17 004	15 732	51.90	1 195	93.43
2010	37 147	20 759	20 280	16 867	54.60	479	97.69
2011	42 452	24 556	24 588	17 864	57.90	−32	100.13

据新华经参仕邦人力资源研究院统计数据显示，15 个城市、4 个行业劳务派遣工 2011 年的分行业月平均劳务报酬为 3 167 元（含社保），按一般企业缴纳社会保险费比例 31.8%估算得出月平均工资为 2 403 元，只相当于同年城镇在岗职工平均工资的 68%。此外，根据选定城市劳务派遣人员劳动报酬占所在城市社平工资数据显示，很多城市占比维持在 55%～60%，甚至在有的城市只占到不到 40%（见表 2—6）。

表 2—6　　　　选定地区 2011 年劳务派遣用工人员

劳动报酬与社平工资比较　　　　单位：元

地区	城市	月平均劳动报酬	城镇就业人员平均工资	差距	劳务派遣用工人员劳动报酬占社平工资比（%）
东部地区	北京	2 699	3 483	784	77.48
	广州	2 619	4 789	2 170	54.68
	南京	2 352	4 559	2 207	51.58
	深圳	2 912	4 595	1 683	63.38
	无锡	2 536	4 293	1 757	59.08
中部地区	武汉	2 228	3 803	1 575	58.58
	郑州	1 340	2 961	1 621	45.26
西部地区	成都	1 461	2 834	1 373	51.56
	重庆	1 272	3 336	2 064	38.13

注：1. 除北京市数据采用国家统计年鉴数据，其余城市均采用该市 2011 年统计公报数据。

2. 劳务派遣员工劳动报酬数据采用新华经参仕邦人力资源研究院调查统计数据剔除企业缴纳社保部分（其中养老保险占 20%，失业保险占 1.5%，医疗保险占 9%，工伤保险占 0.5%，生育保险占 0.8%）后数据。

三是农民工、劳务派遣工、编制外人员与正式工等的薪酬差距绝对额在不少用人单位仍呈现扩大趋势。按国家统计局公布的数据，2008 年，农民工与城镇在岗职工的平均工资相差 13 269 元，到 2011 年，双方平均工资相差达 17 864 元。根据典型案例调查，一些用人单位的编制外人员与编制内人员的工资差距，由 2008 年时相差不到 1 倍，到 2011 年扩大到相差超过 1 倍。

四是农民工、劳务派遣工、编制外人员与正式工等人员的保险福利待遇差别更大。据全国总工会的典型调查数据推算，用人单位给农民工上 5 项社会保险的大约只有 20%，上 3 项社会保险的大约只有 50%，上 1～2 项社会保险的大约有 70%。也就是说，仍有 30%左右的农民工基本没有建立社会保险。在已经上了社会保险的农民工中，其社会保险基数一般只有正式工基数的 60%或还低一些。国家统计局数据显示，建筑业农民工的养老保险、失业保险及生育保险参保率均不足 5%（见

表2—7)。据新华经参仕邦人力资源研究院调查统计的数据，劳务派遣工的社会保险基数，大约相当于城镇在岗职工基数的70%，在一些小型劳务派遣公司和不规范的劳务派遣公司里，仍有相当部分劳务派遣工没有建立社会保险。一些用人单位的编制外人员，迄今仍未上社会保险。这三类人员的其他福利，如城镇正式工一般都有的带薪年休假、交通补贴、住房公积金等，则基本上没有。把上述社会保险福利等项待遇与工资加起来，合计的农民工、劳务派遣工、编制外人员的全部收入，与城镇正式职工等相比，双方全部收入的差距则更大。

表2—7　2011年不同行业外出农民工参加社会保障的比例　%

行业	养老保险	工伤保险	医疗保险	失业保险	生育保险
制造业	14.1	28.0	17.8	7.5	4.8
建筑业	4.3	14.1	6.4	2.2	1.6
交通运输、仓储和邮政业	24.4	32.6	27.7	15.1	10.4
批发和零售业	15.1	17.7	16.3	9.6	7.7
住宿和餐饮业	7.3	11.8	9.0	3.8	2.5
居民服务和其他服务业	12.4	16.4	13.7	6.4	4.5

最后，从这三组人员薪酬分配起点、分配过程看，不公平、不合理的问题很多。一是农民工、劳务派遣工以及相当部分编制外人员没有或很少有薪酬分配的知情权、参与权、表决权、分享权和保障权。许多用人单位在制定涉及农民工、劳务派遣工以及编制外人员的薪酬分配制度、标准、方案时，很少甚至根本不告知这些劳动者，不听取他们的意见和建议，更没有考虑让他们对有关制度、标准、方案投票表决；至于分享本单位发展和经济效益增长的成果，一般都是在妥善解决好正式职工分享成果后，如有剩余才会考虑农民工、劳务派遣工以及编制外人员；在有的用人单位里，农民工、编制外人员工资支付的保障权落实得还不到位，出现拖欠工资等问题。可以说，在薪酬分配的起点，农民工、劳务派遣工、编制外人员就处于一种明显弱势的地位。二是薪酬分配过程的不公平更多见。由于农民工、劳务派遣工以及编制外人员薪酬分配起点五项权利的缺失，相应地在薪酬分配环节、程序等方面就更没

有相关制度进行规范。比如，很少有用人单位专门向本单位农民工、劳务派遣工或编制外人员公布涉及他们的薪酬分配制度、标准、方案，在就薪酬分配问题听取劳动者意见时，也只安排听取正式工意见的环节，不设置听取农民工、劳务派遣工或编制外人员意见的环节，更极少见安排农民工等作为职工代表就本单位薪酬分配方案表决的情况；甚至在有的用人单位，对农民工、编制外人员的薪酬支付都缺少明文制度规定，等等。正是由于薪酬分配起点、分配过程的不公平，致使农民工、劳务派遣工、编制外人员的薪酬分配结果不合理。

（二）原因分析

上述问题的产生和延续，其原因涉及多方面。归纳起来主要有四点。

第一，歧视农民工、劳务派遣工、编制外人员的错误思想认识。一些地区、部分用人单位的管理人员存在着歧视农民工、劳务派遣工以及编制外人员的错误观念，把这些劳动者视为外人或低正式职工一等的下等劳动者，认为这些劳动者文化程度低、素质不高，干的主要是粗活、重活、苦活、累活，社会上同类人员又很多，供过于求，可以“召之即来，挥之则去”。因此，随意给他们定一下薪酬即可，根本不想也不愿征求、听取他们的意见，在薪酬分配的起点就有意无意剥夺或削弱了他们的薪酬分配知情权、参与权、表决权、分享权和保障权。这是农民工、劳务派遣工、编制外人员同工不同酬问题产生的思想认识根源。

第二，现行有关法律法规不够健全，缺乏强制力。一是现有法律对同工同酬规定较少，且模糊。目前，只有《宪法》第四十八条、《劳动法》第四十六条分别提到“实行男女同工同酬”和“在按劳分配原则下实行同工同酬”，以及《劳动合同法》第十一条、第十八条和第六十三条规定的 3 个条款有所涉及，其中第六十三条要求对劳务派遣用工实行同工同酬。此外，根据《劳动部关于劳动法若干条文的说明》（劳办发［1994］289 号）的解释，同工同酬是指用人单位对于从事相同工作，付出等量劳动且取得相同劳动业绩的劳动者，支付同等的劳动报酬。除此以外，没有任何法律细致解释同工同酬，以及对该原则的普遍适用范围均没有严格的界定。另外，鉴于当前人力资源市场多元化、复杂化的发展现象，1994年的立法背景与法律解释已经不再适应近20年以后的社会现实。二是现行法律体现司法补充性，不具有首选性，且缺乏可操作性。《劳动合同法》条款中规定，在“约定不明确”“集体合同没有规定”情况下实施同工同酬原则，表明“约定标准”是首选，而“法定标准”是后选，即法律并不排除双方约定的报酬与其他同岗位的劳动者之间存在差异，同工同酬只是补充性标准。另外有关违反同工同酬的罚则也没有明确规定，在劳动监察中造成一定的难度。三是对劳务派遣用工的三性岗位设定不清晰，且有法律漏洞。《劳动合同法》第六十六条规定“劳务派遣一般在临时性、辅助性或者替代性的工作岗位上实施”只是原则性的授权条款，没有具体的行业范围指导，因此实践中很难把握，留下较大漏洞；此外，对编制外人员实行同工同酬也没有法律法规规定。以上情况使落实同工同酬原则缺乏法律法规的有力支撑。

第三，用人、用工制度改革不到位，薪酬分配制度有缺陷。在许多公有制用人单位，由于用人制度、用工制度改革不到位，往往形成一种用人、用工的双轨制，实行所谓“老人老制度，新人新办法”，将实行《劳动法》以前参加工作的职工定位为所谓的正式职工，实行一套劳动条件、劳动报酬等明显优于后来者的制度，或者将有城镇户口的劳动者与农民工区分开来，或将编制内人员与编制外人员区分开来，对前者实行一套各项劳动权益优于后者的制度，而对后者则实行另一套劳动管理和劳动权益制度。这两套制度无形中把同单位的劳动者划分为两个等级，为同工不同酬提供了重要基础。与此同时，上述用人单位根据两种身份劳动者的划分，相应制定不同的薪酬分配制度，不论农民工、劳务派遣工以及编制外人员是否与正式职工等在同一车间、部门和岗位工作，对他们制定明显低于正式职工等人员的薪酬标准，从而将同工不同酬制度化。这是公有制用人单位产生同工不同酬问题的制度性根源。

第四，城乡及其内部二元经济体制和城乡及其各自内部的分割管理体制弊端。以上所述歧视农民工、劳务派遣工、编制外人员的错误观念，法律法规的不健全，用人、用工制度和薪酬分配制度的缺陷等，均来源于我国目前仍存在的二元经济体制和分割管理体制弊端。这种二元经济体制和分割管理体制，不但表现在城乡之间，同时也表现在城市内部和农村内部。城乡之间的二元经济体制及其分割管理体制已经延续几十年了，虽然改革开放以来对此进行了改革，并取得了明显成绩，但迄今为止此种二元体制尚未被根本打破，其结果实质上是把城镇劳动者与农村劳动者包括农民工划分为两种身份、两个等级的公民；同时，在城镇和农村内部，则将公有制的劳动者与其他所有制特别是私营单位的劳动者划分为两种身份、两个等级的群体。正是在此体制基础上，派生出上述的错误观念和难以健全有关法律法规，以及用人、用工制度和薪酬分配制度的缺陷。可以说，要从根本上扭转错误观念，健全有关法律法规，全面改革用人、用工制度和薪酬分配制度，必须根本改变目前这种二元经济体制及其分割管理体制。

第三章　探索构建合理的薪酬分配量化比例关系分析框架

要解决上述工资收入分配关系不合理的四方面问题，逐步理顺薪酬分配关系，需确立合理的薪酬分配量化比例关系来引导，同时由有关方面分工合作并分类有针对性地采取措施才能取得成效。为此，构建合理的薪酬分配量化比例关系分析框架就成为一项重要任务。

一、合理的薪酬分配量化比例关系的定位

这里所称合理的薪酬分配量化比例关系，是指一系列合理的薪酬分配量化比例的集合，它涉及初次分配中工薪劳动者劳动报酬在各种生产要素报酬总量中所占比重，不同行业之间薪酬分配量化比例，不同所有制之间薪酬分配量化比例，不同部门类别之间薪酬分配量化比例，不同类型企业之间薪酬分配量化比例，不同社会职业之间薪酬分配量化比例，不同层级工薪劳动者之间薪酬分配量化比例，不同地区之间工薪劳动者薪酬分配量化比例，不同身份工薪劳动者之间薪酬分配量化比例，以及用人单位内部各部门之间、各类人员之间薪酬分配量化比例等。这

里所称薪酬分配量化比例分析框架，是指上述各种薪酬分配量化比例关系中主要的量化比例及其相互之间的内在有机联系和形成路径等的系统组合。

合理的薪酬分配量化比例关系，是以一定时期大多数工薪劳动者和社会主流认识所认可的合理薪酬分配关系定性判断为引导，以各种劳动要素投入产出比例关系或有关因素分析为基础，同时以现行以及历史上国内国外各种劳动要素通过市场交换所形成的分配比例关系为参考依据，通过纵向和横向比较所确定的一系列量化分析的结果。它不是人为主观预测计算设定的结果，而是对现实中已经发生或可望发生的、被社会主流认识所认可的若干或某种合理的薪酬分配量化比例的归纳和提炼。例如，改革开放以来某个时段的某方面薪酬分配量化比例，当时大多数工薪劳动者和社会主流认识对其没有意见或比较认可，或世界上多数国家或地区已经存在的且所在国家或地区大多数工薪劳动者和社会主流认识对其无反感或比较认可[①]的薪酬分配量化比例，就是我们所要认可或以此为依据结合现行实际情况稍加调整认可的合理的薪酬分配量化比例。这些合理的薪酬分配量化比例具有民意性、变动性、指导性，不具有强制性。首先，它是一种大多数工薪劳动者和社会主流认识认可的薪酬分配量化比例，具有民意性特点，只有大多数工薪劳动者和社会主流认识认可才算，广大群众反感和社会舆论大加挞伐的不能算；其次，它是与不同时期的经济发展水平、工薪劳动者薪酬水平相适应并为其时社会主流认识所认可或所接受的薪酬分配量化比例，具有变动性特点，不同时期经济发展水平、工薪劳动者薪酬水平不同，人们对社会分配公平公正的追求和价值判断不同，其时的薪酬分配量化比例就不同；再次，它是由研究机构发布或由知名专家学者提出，被社会主流认识所认可，政府主管部门所肯定和提倡的薪酬分配量化比例，其作用是引导宏

① 这里所称“大多数工薪劳动者和社会主流认识对其无反感或比较认可”一般可从两个角度判断，一是社会舆论是否对某方面薪酬分配量化比例关系提出异议或对其进行抨击，没有即可判断其基本合理，对于历史上已发生的情况只能采取此一角度判断；二是组织民意调查和专家访问，多数人没有否定意见即可判断其基本合理。

观、中观、微观领域中不合理的薪酬分配量化比例关系向合理的薪酬分配量化比例关系发展，具有指导性特点；最后，它不是政府发布的政策、命令，更不是政府下达的薪酬分配指令性计划或指令性比例，只是一种劝导性意见和建议，因而不具有强制性[①]。此四性就是合理的薪酬分配量化比例的定位。

二、构建合理的薪酬分配量化比例关系分析框架的必要性和可行性

构建合理的薪酬分配量化比例关系分析框架，既具有必要性，也具有可行性。

从必要性看，构建合理的薪酬分配量化比例关系分析框架是弥补我国人力资源市场均衡价格及其信号缺失的基本需要。由于目前我国人力资源市场不健全，各层级劳动力供求很不均衡，一些人力资源市场壁垒依然存在，难以形成均衡市场价格，客观需要模拟均衡价格所形成的合理薪酬分配量化比例关系来引导。进一步展开分析，有如下四方面现实需要。

一是正确判断薪酬分配关系的需要。当前，我国薪酬分配关系不合理问题突出，人们对其中某些方面的不合理薪酬分配比例关系意见很大，反映强烈，大多数工薪劳动者和社会主流认识都对薪酬分配关系不合理作出了定性判断，但是，对不合理的薪酬分配关系的定量分析判断却没有达成共识，人们对各种反映强烈的薪酬分配不合理量化比例的看法各不相同，有多种不同的量化分析判断。比如，行业不合理的薪酬差距是严重还是比较严重？国有企业高管薪酬与职工平均工资差距是过大、偏大还是稍大？不同地区公务员工资收入差距是否偏大？等等，都需要通过构建合理的薪酬分配量化比例关系框架作出参考性回答，以利

---

① 其中，如果涉及国有企业薪酬分配量化比例转换成政策规定，比如国有企业高管薪酬与职工平均薪酬倍数被纳入政策文件做出规定，在这时，该量化比例就具有了强制性。但这类情况会较少出现。

于引导社会各界正确分析判断薪酬分配关系状况，在对薪酬分配关系现状作出正确的定性分析的同时，相应作出正确的定量分析，促进达成对薪酬分配关系分析判断的共识。

二是引导合理调整薪酬分配关系的需要。当前，社会各界对薪酬分配关系不合理已经达成共识，但对合理的薪酬分配量化比例应该是多少不清楚，对合理调整收入分配关系包括合理调整薪酬分配关系没有量化比例的参考和指导，比如，初次分配中工薪劳动者劳动报酬比重在各种生产要素报酬总量中大体应占多少比重？行业薪酬差距应调整控制在多少倍数之内或左右？地区公务员之间工资收入差距应该调整控制在多少比例之间或左右？等等。这些量化比例不清楚，既不利于对薪酬分配不合理程度作出正确判断，也不利于明确合理调整薪酬分配关系的方向和程度；而确定合理的薪酬分配量化比例关系框架，就能够对合理调整薪酬分配关系提供量化分析依据，是促进此项工作顺利进行的必要措施。

三是贯彻落实中央关于合理确定国有企业高管与职工工资分配比例和合理调整收入分配关系的需要。早在 2004 年，党的十六届六中全会《中共中央关于构建社会主义和谐社会若干重大问题的决定》即明确要求，“规范国有企业经营管理者收入，确定管理者与职工收入合理比例”。此项要求自提出迄今已经过去了八年多，早应该就此进行研究并作出回答，这既是贯彻落实中央有关要求的需要，也是合理安排国有企业管理者与职工薪酬分配关系的现实需要。目前，国家“十二五”规划纲要明确要求“合理调整收入分配关系”，其中包含了合理调整薪酬分配关系，这也迫切需要明确合理的收入分配量化比例关系，包括合理的薪酬分配量化比例关系。这已经成为政府主管部门和有关方面的应尽职责和应完成的任务。

四是回应社会各界期盼合理界定薪酬分配关系的需要。目前，社会各界高度关注收入分配和财富分布公平问题，其中包括薪酬分配公平问题，但关于收入和财富分配包括薪酬分配问题的严重程度判断则众说纷纭，莫衷一是；特别是对合理调整收入分配关系目标的界定更是说法各异。这与目前缺乏一个具有一定权威性的关于合理的收入和财富分配比例关系，其中包含合理的薪酬分配量化比例关系直接相关。为此，研究提出合理的薪酬分配量化比例关系分析框架，进而扩展为合理的收入和财富分配量化比例关系框架，无疑对逐步形成关于薪酬和收入分配及财富分布现状、问题及改革目标的共识，促进深化收入分配体制改革，逐步理顺薪酬和收入分配与财富分布关系，都具有重要的现实意义。

从可行性看，构建合理的薪酬分配量化比例关系分析框架具有如下四方面可行性。

一是在理论上具有可行性。现实生活中，人们基于自己在社会分配中所处地位会对收入分配和财富分布结果包括薪酬分配结果作出价值判断，大多数工薪劳动者和社会主流认识还对不合理的收入分配和财富分布结果包括薪酬分配结果作出批判性、否定性的定性价值判断，相应地也能够对不合理的收入分配和财富分布结果包括不合理的薪酬分配结果作出批判性、否定性的定量分析判断。此类定量分析工具已有不少，比较经常使用的有洛伦茨曲线及其变种形式分析法、基尼系数、泰尔指数、变异系数、工资对数方差等，这些工具能够对不合理的收入分配和财富分布以及不合理的薪酬分配关系作出量化分析并得出结果，在此基础上，借用这些工具并与其他方法相结合，就能够推导出合理的收入分配和财富分布量化分析结果包括合理的薪酬分配量化比例。

二是在路径上具有可行性。一方面，通过对薪酬分配结果（含收入分配和财富分布结果，下同）进行量化分析，包括纵向对我国经济体制转轨时期和社会主义市场经济体制初步建立后相关薪酬分配关系结果进行量化分析，横向对处于相同或相近发展阶段的其他国家或地区的相关分配关系结果进行量化分析，从中选择为相关时段大多数工薪劳动者和社会主流认识所认可的薪酬分配量化比例，即可得出何为比较合理的薪酬分配量化比例关系；另一方面，通过运用有关评估工具对不合理的薪酬分配量化比例关系的分析，在明确不合理量化比例区间后，从中也可推导出合理的薪酬分配量化比例关系的区间。其中，有的可直接得出合理的分配量化比例区间，如基尼系数，如量化分析得出我国基尼系数接近 0.5[①]，我们同时可知道 0.3～0.4 即为比较合理的区间，且 20 世纪 90 年代我国即处于这一区间。

三是已有的研究成果可供参考借鉴。近些年来，关于研究和测算收入分配和财富分布状况包括薪酬分配状况的课题日益增多，经社科期刊检索相关文章约有 10 946 篇，其中涉及收入分配和财富分布量化比例以及薪酬分配量化比例研究分析的约 1 591 篇[②]。这些文章中提出了许多种量化分析方法和量化比例结果，比如高连水（2012）、周云波（2010）、万广华（2008）、彭国华（2006）、董先安（2005）等人的文章中提出的关于地区收入差距测算方法及结果，金玉国（2010、2007、2005）、张原（2008）、魏军（2010）在文章中提出的关于行业薪酬差距测算方法及结果等[③]，都给本课题研究合理的薪酬分配量化比例关系及其测算方法提供了有益的参考和借鉴，也大大增加了构建合理的薪酬分配量化比例关系分析框架的现实可行性。

四是有先简后繁、先易后难原则的保障。构建合理的薪酬分配量化比例关系框架是一个探索的过程，既不追求完美周全，也不追求一蹴而就，而是本着先简后繁、先易后难的原则来构建。即先初步理清构建思路，从当前最急迫需要回答且也有能力作出回答的几个合理的薪酬分配量化比例着手研究，再逐步增加其他相关量化比例的研究，择机开展难

---

① 有学者分析我国基尼系数已经超过 0.5。参见：我国居民收入差距的短期变动与长期趋势 [J]. 经济社会体制比较，2012（4），总第 162 期。

② 通过在清华大学“中国期刊全文数据库”（CNKI）的检索，自 2003 年以来，按“收入分配”关键词检索共得到 4 811 篇论文，按“收入差距”关键词检索共得到 4 575 篇，按“贫富差距”检索得到 1 002 篇，按“工资分配”检索得到 359 篇，按“薪酬分配”检索得到 199 篇，粗略估算近年来关于收入分配方面的学术性文章在万篇以上，这其中还不包括以网络、报纸、著作出版和博士论文等形式公开的成果。

在收入分配和财富分布量化比例以及薪酬分配量化比例研究方面，经检索关于“地区收入差距”方面的测算成果约有 324 篇，“行业收入（或工资）差距”方面的比例关系文章约有 348 篇，关于“公务员工资（制度）比较”方面的论文约有 636 篇，关于“企事业单位内部薪酬公平性”方面的论文约有 283 篇。粗略估计，在工资收入分配比例关系方面的各类文章在 1 600 篇以上。

③ 在对中国行业收入差距的实证测度中，较多研究者兼用或专用了绝对指标，如金玉国和王晓红（2001）、金玉国等（2003）、钟春平（2004）、李晓宁和邱长溶（2007）、罗楚亮和李实（2007）等。

度更大的量化比例的研究，待具备条件时再逐步构建成为一个合理的薪酬分配量化比例关系框架，这一框架内的各种薪酬分配量化比例清晰，相互之间能够形成有机联系，并与收入分配和财富分布量化比例关系相互衔接。

综合以上，我们对构建合理的薪酬分配量化比例关系分析框架既有决心，也有信心。

三、构建合理的薪酬分配量化比例关系分析框架的基本内容和路径

构建合理的薪酬分配量化关系分析框架，需从如下四个角度着手研究。

第一，需从该分析框架整体及其相互联系以及经济社会基础着手研究。如前所述，合理的薪酬分配量化比例关系分析框架涉及工薪劳动者薪酬总量在各种生产要素报酬总量中的适当比重，不同地区之间，不同部门（企业、党政机关、各类事业单位）之间，不同行业之间、不同所有制之间、不同类型企业之间、不同用人单位之间、不同职业之间、不同层级工薪劳动者之间、不同工薪劳动者群体之间合理的薪酬分配量化比例关系，以及用人单位内部各机构之间，用人单位内部管理，技术、生产操作服务岗位之间，内部各类人员以及高、中、初层级人员之间合理的薪酬分配量化比例关系。同时，这些薪酬分配量化比例关系相互之间影响并形成一定程度的连带关系。比如，不同的地区、行业、所有制、企业类型、用人单位等之间薪酬分配量化比例关系比较合理，则工薪劳动者群体薪酬分配格局就可能呈现橄榄形状，相应地工薪劳动者薪酬总量在各种生产要素报酬总量中所占比重就可能较高；又如，跨行业、所有制、企业类型的不同层级工薪劳动者薪酬分配量化比例关系比较合理，则不同行业、所有制、企业类型之间的薪酬差距就可能不会过大；再如，不同职业之间、不同层级工薪劳动者之间、不同工薪劳动者群体之间薪酬差距偏大或过大，则工薪劳动者群体薪酬分配格局就会呈

现金字塔形或倒 T 形，相应地工薪劳动者薪酬总量在各种生产要素报酬总量中所占比重就可能低，或者，工薪劳动者薪酬总量占比低并持续下降，不同的地区、行业、所有制、企业类型等之间的薪酬分配量化比例关系就很难达到合理状态；还如，不同的地区、行业、所有制、企业类型、用人单位等之间薪酬差距偏大或过大，相应地不同层级工薪劳动者之间、多数用人单位内部各类人员之间薪酬分配量化比例关系就难以达成合理状态。而且，上述薪酬分配量化比例关系还与国民收入分配关系、居民收入分配关系相互之间影响并形成一定程度的连带关系。如果各种或大多数薪酬分配量化比例关系比较合理，工薪劳动者薪酬总量占比就可能高，则居民收入比重相应地也较高，国民收入分配中政府、企业、居民三者分配关系就可望比较合理。如果各种或大多数薪酬分配量化比例关系不合理，工薪劳动者薪酬总量占比就可能偏低，居民收入比重相应地也就较低；换言之，居民收入比重明显偏低，大多数薪酬分配量化比例关系就难以达成合理状态。再者，合理的薪酬分配量化比例关系是建立在比较健全的人力资源市场、比较成熟的市场经济体制和各种弊端较少的社会管理体制以及基本合理的经济结构等基础之上的；反过来，如果这个大基础存在许多问题，则薪酬分配量化比例关系也不可能合理。据此，我们可以勾画出一个合理的薪酬分配量化比例关系框架图（见图 3—1），以理清构建此框架的思路并指导分析和达成有关合理薪酬分配量化比例。

第二，在上述框架图指导下，从宏观角度就合理的全国工薪劳动者薪酬总量占比评估路径和评估工具着手研究。基本可以采取以下两种评估路径和方式：

一是以纵向和横向比较结果为参考设定。纵向即以国内历史上曾经有过且为大多数工薪劳动者和社会主流认识所认可或没有反感的占比区间为参考，横向以与我国经济发展程度相同或相近国家或地区曾经有过且为大多数工薪劳动者和社会主流认识所认可或没有反感的占比区间为参考，以此设定我国工薪劳动者薪酬总量占比的合理区间。可采取如下公式表示：

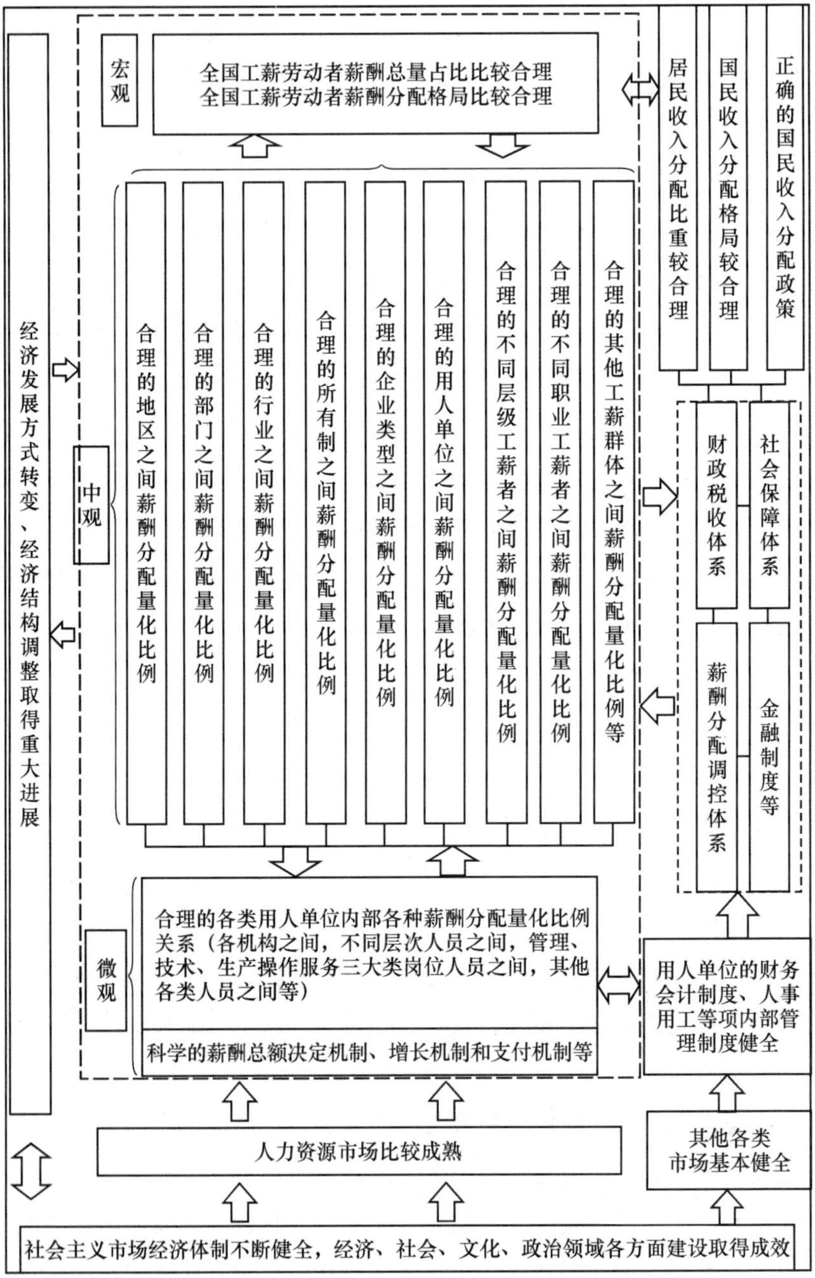

图 3—1 合理的薪酬分配量化比例关系框架

$$Y \approx X \text{ 或 } Z$$

式中，Y 即合理的全国工薪劳动者薪酬总量占比，X 为国内历史上曾经有过且为大多数工薪劳动者和社会主流认识所认可或没有反感的全国工薪劳动者薪酬总量占比区间，Z 为与我国经济发展程度相同或相近国家或地区曾经有过且为大多数工薪劳动者和社会主流认识所认可或没有反感的全国工薪劳动者薪酬总量占比区间。以此 X 或 Z 两项区间数据为参考依据，再根据实际情况作适当修正调整即可得出 Y 值。

二是建立全国工薪劳动者薪酬总量占比与其有高关联度的因素及其变化的数学关系。为此，首先要选择影响全国工薪劳动者薪酬总量占比的相关因素，归纳起来，与其具有高关联度的因素主要有以下几个，全国第二、第三产业工薪劳动者人数占全国从业人员总数的比例及其变化，社会平均工资水平及其变化，第二、第三产业劳动分配率或人事费用率及其变化，第二、第三产业总产值或增加值及其变化，企业税负轻重及其变化，财政支出中用于公共部门薪酬部分的增长率等。其次要建立这些因素与全国薪酬总量占比的数学模型或量变关系。可采取以下公式表示：

$$Y = f\ (A,\ B,\ C,\ D,\ E,\ I,\ \cdots)$$

式中，Y 即合理的全国工薪劳动者薪酬总量占比，其作为因变量分别是变量 A，B，C，D，E，I，…的函数，随这些变量的变化而变化。A 是全国第二、第三产业工薪劳动者人数占全国从业人员总数的比例及其增减率，B 为社会平均工资水平及其增减率，C 为第二、第三产业劳动分配率或人事费用率及其增减率，D 为第二、第三产业总产值或增加值及其增减率，E 为企业税费负担系数及其增减率，I 为财政支出中用于公共部门薪酬部分的增长率。要合理确定各相关自变量的权重。实际测算时，如能够收集齐全具有可比性国家或地区的上述相关数据，可将已知相关国家或地区合理的薪酬总量占比与上述自变量数据纳入上述公式中测算确认其函数关系，然后将我国有关数据代入函数之中，以求得我国薪酬总量占比，将其与相关国家或地区合理的薪酬总量占比进行对比并作必要修正。

以上两类评估路径和方式，前一种简单明了，但主要是一种基于主流民意的经验评估，缺少相关因素内在关系的分析；后一种相对复杂周全一些，但收集外国有关数据有难度。两种评估路径和方式所得占比值可以相互印证，并据此适当修正调整得出相关结论。

第三，在框架图指导下，从中观角度就合理的不同地区、部门、行业、所有制、企业类型等之间薪酬分配量化比例评估路径和评估工具着手研究。也可以采取以下两种评估路径和方式：

一是以纵向和横向比较结果为参考设定。纵向即以国内历史上曾经有过且为大多数工薪劳动者和社会主流认识所认可或没有反感的相关方面内部薪酬分配量化比例区间为参考，横向以与我国经济发展程度相同或相近国家或地区曾经有过且为大多数工薪劳动者和社会主流认识所认可或没有反感的相关方面之间薪酬分配量化比例区间为参考，以此设定不同地区、部门、行业、所有制、企业类型等方面内部合理的薪酬分配量化比例区间。可采取如下公式表示：

$$Q_N \approx q_1 \text{ 或 } q_2$$

式中，Q_N 即合理的地区之间薪酬分配量化比例（此因变量也可替换为部门之间、行业之间、所有制之间、企业类型之间，跨行业、所有制、企业类型的不同层级工薪劳动者之间的合理的薪酬分配量化比例等其他因变量），q_1 为国内历史上曾经有过且为大多数工薪劳动者和社会主流认识所认可或没有反感的相关方面薪酬分配量化比例区间，q_2 为与我国经济发展程度相同或相近国家或地区曾经有过且为大多数工薪劳动者和社会主流认识所认可或没有反感的相关方面薪酬分配量化比例区间。以此 q_1 或 q_2 两项数据值为参考依据，再根据实际情况作适当修正调整即可得出 Q 值。

二是建立某方面合理的薪酬分配量化比例与其具有高相关度因素及其变化的函数关系，或建立其他相关数学公式关系以及数学模型。为此，首先要针对不同量化比例关系分别选择具有高相关度的因素。比如，企业、机关、事业单位各大部门之间合理的薪酬分配量化比例，与建立健全企业相当人员薪酬调查制度并据此调整公务员工资有效程度、企业建立健全薪酬增长机制及其有效程度、各地财政支出用于公共部门薪酬额度及其合规平衡度、三大部门各自人力资源素质结构等因素具有高相关度；又如，不同所有制之间合理的薪酬分配量化比例与打破垄断的有效程度、各种所有制之间公平的资源配置制度建设程度、非国有用人单位薪酬增长制度建设有效度、国有用人单位薪酬总额调控制度有效度、不同所有制人力资源结构差异度等紧密相关；其他量化比例关系也要选择具有高相关度的因素，在此基础上再分别建立函数关系或数学模型。可采取以下公式表示：

$$Q_N = f\ (h_N,\ i_N,\ j_N,\ k_N,\ l_N,\ \cdots)$$

式中，Q_N 即合理的地区之间薪酬分配量化比例（此因变量也可替换为部门之间、行业之间、所有制之间、企业类型之间，跨行业、所有制、企业类型的不同层级工薪劳动者之间的合理的薪酬分配量化比例等其他因变量），其作为因变量分别是自变量 h_N，i_N，j_N，k_N，l_N，…的函数，随这些自变量的变化而变化；自变量 h_N，i_N，j_N，k_N、l_N等的具体含义随因变量具体含义的变化而各不相同。如 Q_N 是指部门之间合理的薪酬分配量化比例，则其自变量 h、i、j 等分别是指健全企业相当人员薪酬调查制度并据此研究调整公务员工资水平的有效程度，企业薪酬增长机制有效程度，各地财政支出用于公共部门薪酬额度的合规平衡度，三大部门各自人力资源素质结构等；如 Q_N 是指所有制之间合理的薪酬分配量化比例，则其自变量 h、i、j 等分别是指打破垄断的有效程度，各种所有制之间公平的资源配置制度建设程度，非国有制用人单位薪酬增长制度建设有效度，国有用人单位薪酬总额调控制度有效度，不同所有制人力资源结构差异度等。至于采用其他数学公式或建立数学模型来测算，这里暂不赘述。

以上两种评估路径和方法，前一种简单直观，但也主要是一种基于主流民意的经验评估，缺少相关因素内在关系的分析；后一种相对复杂周全一些，注意自变量与因变量关系，但收集外国有关数据有难度。如果能够同时使用两种评估路径和方式，则所得出的量化比例关系可以相互印证，并据此适当修正调整得出相关结论。

第四，从微观角度分析用人单位内部各种合理的薪酬分配量化比例，包括用人单位内部各机构之间，用人单位内部管理，技术、生产操作服务岗位人员之间以及高、中、初层级人员之间的薪酬分配量化比例关系等。也可以设置如下两种评估路径和评估工具：

一是以纵向和横向比较结果为参考评估设定。纵向即以国内历史上曾经有过且为大多数工薪劳动者和社会主流认识所认可或没有反感的用人单位内部薪酬分配量化比例为参考。横向以与我国经济发展程度相同或相近国家或地区曾经有过且为大多数工薪劳动者和社会主流认识所认可或没有反感的用人单位内部薪酬分配量化比例为参考。以此设定我国用人单位内部合理的薪酬分配量化比例（这里不细述如何区分企业、事业单位和党政机关，企业还需区分大型、中型、小型，事业单位也需区分不同类别）。

此种评估路径可以以下公式表示：

$$W_N \approx x_N \text{ 或 } z_N$$

式中，W_N 即合理的用人单位内部某种薪酬分配量化比例，x_N 为国内历史上曾经有过且为大多数工薪劳动者和社会主流认识所认可或没有反感的用人单位内部某种合理的薪酬分配量化比例，z_N 为与我国经济发展程度相同或相近国家或地区曾经有过且为大多数工薪劳动者和社会主流认识所认可或没有反感的用人单位内部某种合理的薪酬分配量化比例。以此 x_N 或 z_N 两项数据为参考依据，再根据实际情况作适当修正调整即可得出 W_N 值。

二是建立用人单位内部合理的薪酬分配量化比例与其相关因素的函数关系。这里首先也是要针对各有关量化比例关系选择与之具有高相关度的因素，比如用人单位内部合理的各机构之间薪酬分配量化比例及各机构与企业战略契合度、各机构人员构成差异度、各机构绩效考核科学性等紧密相关；又如合理的管理、技术、生产操作服务人员之间薪酬分配量化比例与各类人员岗位价值差异度、各类人员素质和构成差异度、各类人员绩效考核差异度等紧密相关，等等；在选择好相关因素后再建立有关数学公式或数学模型。

此种评估路径可以以下方式表示：

$$W_N = f\ (m_N,\ n_N,\ o_N,\ p_N,\ r_N,\ \cdots)$$

式中，W_N 即合理的用人单位内部某种薪酬分配量化比例。如 W_N 指用人单位内部合理的各机构之间薪酬分配量化比例，则 m_N，n_N，o_N，p_N 分别指各机构与企业战略契合度、各机构人员构成差异度、各机构绩效考核科学性等；如 W_N 指合理的管理、技术、生产操作服务人员之间薪酬分配量化比例，则 m_N，n_N，o_N，p_N 分别指各类人员岗位价值差异度、各类人员素质和构成差异度、各类人员绩效考核差异度等。

以上两类方式所得微观领域用人单位内部合理的各种薪酬分配量化比例，可以相互印证并据此适当修正调整。

以上只列举了若干宏观、中观、微观领域合理的薪酬分配量化比例关系评估路径和评估工具，且未展开细致分析。今后，需要逐步扩展到对所有薪酬分配量化比例关系的分析，作更细致分析和数据测算，并逐步理清其相互有机联系。经过一段时间努力，最终形成一个由多组公式（每个公式均涉及若干影响因素）构成的框架模型。此框图可以国际有关数据为参考，结合国内历史、现状和发展有关数据等设计，据此对各方面合理的薪酬分配量化比例关系做出基本价值判断，以此作为对某个时段内实际薪酬分配关系不合理程度进行量化分析的参考，同时以此引导各方面以及各类用人单位把握薪酬分配的合理比例关系，在合理调整薪酬分配关系时逐步朝有关目标迈进。

四、探索明确四方面合理的薪酬分配量化比例

针对当前工资收入分配中存在的主要问题，按照先简后繁、先易后难的构建原则，根据本研究所称当前亟待重点调整工资收入分配四方面不合理比例关系的需要，将聚焦上述中观层面的薪酬分配量化比例关系，将其中构建行业之间、不同地区公共部门人员之间、企业高层经营管理人员与其他工薪劳动者之间、不同身份工薪劳动者之间合理的薪酬

分配量化比例关系作为重点，先明确此四方面量化比例关系的分析评估路径和工具，并据此得出此四方面合理的薪酬分配量化比例。

(一) 关于行业之间合理的薪酬分配量化比例

行业之间合理的薪酬分配量化比例，是指最高收入行业与最低收入行业的合理薪酬差距，结合现实就是评估金融行业（证券业）与农、林、牧、渔行业（畜牧业）之间合理的薪酬分配量化比例应该是多少。按照以上提及的分析评估路径和工具，也可分为以下两类：

1. 以纵向和横向比较结果为参考设定

纵向以国内历史上曾经有过且为大多数工薪劳动者和社会主流认识所认可或没有反感的行业之间薪酬分配量化比例区间为参考，课题组收集整理了改革开放以来我国行业之间薪酬分配量化比例数据，从中选择了大多数工薪劳动者和社会主流认识意见较少[①]的 1992—2002 年数据作参考区间（详见表 3—1[②]），同时以课题组 2012 年 10 月通过网易财经所做网络调查（详见后附件）的有关多数投票者意见做参考来相互支撑。

表 3—1　1992—2002 年我国细分行业工资差距水平与差距

年份	行业最高工资（元/年）	行业最低工资（元/年）	行业差距（最高/最低）	工资最高行业	工资最低行业
1992	3 392	1 828	1.86	电力、煤气及水的生产和供应业	农、林、牧、渔业
1993	4 320	2 042	2.12	房地产业	农、林、牧、渔业
1994	6 712	2 819	2.38	金融、保险业	农、林、牧、渔业
1995	7 843	3 522	2.23	电力、煤气及水的生产和供应业	农、林、牧、渔业
1996	8 816	4 050	2.18	电力、煤气及水的生产和供应业	农、林、牧、渔业

① 这些年份的行业之间薪酬分配量化比例在当时基本没有引起社会主流媒体的关注，也没有形成比较广泛的民间义愤。虽然当时也有个别学者对此差距提出过意见，但没有引起连带反应。据此可判断此时形成的薪酬分配量化比例基本合理。

② 从 2003 年开始，行业薪酬差距就高升到 4 倍以上，社会舆论反映意见日益增多。

续表

年份	行业最高工资（元/年）	行业最低工资（元/年）	行业差距（最高/最低）	工资最高行业	工资最低行业
1997	9 734	4 311	2.26	金融、保险业	农、林、牧、渔业
1998	10 633	4 528	2.35	金融、保险业	农、林、牧、渔业
1999	12 046	4 832	2.49	金融、保险业	农、林、牧、渔业
2000	13 620	5 184	2.63	科学研究和综合技术服务业	农、林、牧、渔业
2001	16 437	5 741	2.86	科学研究和综合技术服务业	农、林、牧、渔业
2002	19 135	6 398	2.99	金融、保险业	农、林、牧、渔业

数据来源：根据历年《中国统计年鉴》整理。

横向以经济发展程度相同或相近的日本、韩国和我国台湾地区曾经有过且为大多数工薪劳动者和社会主流认识所认可或没有反感的相关方面之间薪酬分配量化比例区间为参考，课题组收集整理了该两国和台湾地区的有关数据，从中选择了大多数工薪劳动者和社会主流认识意见较少的 2000—2010 年数据作参考区间（详见表 3—2、图 3—2）。

表 3—2　韩国、日本和我国台湾地区行业工资绝对差距变化情况

国家（地区）/年份	韩国（货币单位 WON）		日本（货币单位 1000 JPY）		我国台湾（货币单位台币）
	多于 10 人	多于 5 人	多于 30 人	多于 5 人	
2000	1 238 572	1 351 571	422	433	65 745
2001	1 539 614	1 660 867	430	442	71 426
2002	2 290 213	2 226 109	443	447	67 779
2003	2 274 445	2 234 708	446	447	70 240
2004	2 312 466	2 254 433	439	446	69 712
2005	2 242 912	2 178 087	440	451	66 063
2006	2 132 893	2 090 706	448	449	72 270
2007	2 073 131	2 002 135	429	445	72 948
2008	1 872 465	1 829 469	417	433	62 549
2009			468	458	68 825
2010			460	452	

数据来源：国际劳工组织北京局提供。

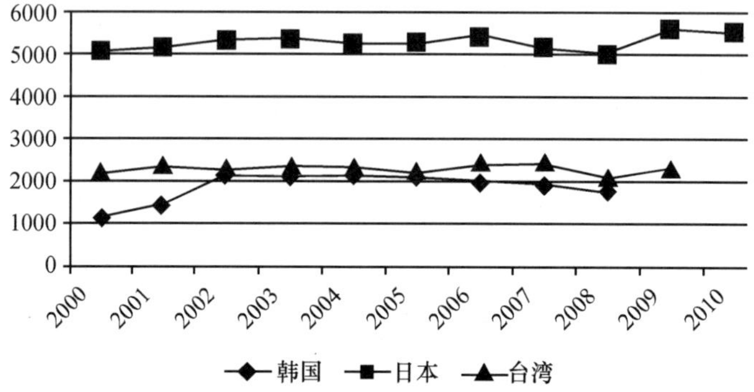

图 3—2　韩国、日本和我国台湾地区行业工资绝对差距变化情况

将两方面数据综合参考并适当修正，当前我国按行业门类划分的合理的行业薪酬分配量化比例（最高薪酬行业与最低薪酬行业的薪酬水平之比）可设置为 3.6∶1，即 3.6 倍；按行业大类划分的合理的行业薪酬分配量化比例可设置为 9∶1，即 9 倍。

2. 以构建相关数学公式或数学模型测算设定

即构建合理的行业薪酬分配量化比例与之具有高相关度因素之间的基本方程模型。为此需要分两步走。

第一步，选择高相关度因素。鉴于现实生活中难以或者说无法直接确定与合理的行业薪酬分配量化比例具有高相关度的因素，只能先选择与行业薪酬水平确定具有高相关度因素，再从中区分哪些因素或哪些因素的组成部分（以下简称因素）是形成不合理或合理薪酬水平的因素，将其中不合理因素（非劳动因素）剔除，所剩下的即为合理因素，据此形成的即为合理的薪酬水平。经过筛选，初步设定，与决定行业薪酬水平关联度高的主要有以下因素：一是行业人均劳动生产率（或人均销售收入、人均增加值等）；二是市场竞争程度（市场集中度），具有垄断地位的行业、竞争性行业双方生产经营环境条件不平等，前者得益于垄断或政府照顾可获取高收益，后者则由于得不到或很少得到政府的有力扶持而企业生产经营环境差、收益低；三是资本有机构成（投资率），资本越密集的行业劳动者的单位劳动投入对总产出的带动效应越大，对劳动者的激励支付所能带来的收益也就越大；四是人均税收负担（人均总税收），垄断行业与竞争行业企业双方的税费压力不够平等，前者税后利润基本不上缴或很少上缴，可以无偿或低偿占用各种自然资源，后者则税费压力大；五是人力资本投入（如本科以上学历员工占比）；六是劳动力进入障碍，劳动力市场的进入障碍、社会关系等非市场力量决定垄断行业高工资的形成并逐步强化。垄断行业基本处于劳动力市场封闭或半封闭状况，没有社会关系其他劳动者很难进入垄断行业，因此加剧或固化了其薪酬水平高的状况；竞争行业处于劳动力市场低端层面，低端劳动者供过于求，使其在劳资关系中更加处于弱势地位，难以维护自己的劳动报酬权益等。这些因素的影响力在金融行业（证券业）与农、林、牧、渔业（畜牧业）薪酬水平确定上都有比较鲜明的体现。

上述解释变量中，市场竞争度（或市场集中度）、人均产出税收负担（或人均资产税收负担）一般而言是导致薪酬分配不合理的主要因素。其中，市场竞争度低或市场集中度高（垄断程度高），其非劳动要素报酬就高，反之则低；人均产出税收负担（或人均资产税收负担）重，其劳动要素报酬就低，反之则高。人力资源结构（人力资本投入）是合理薪酬差距因素，行业和企业人力资源素质高，其薪酬水平就应该高，反之则低；资本投资率和人均增加值既有合理因素，也有不合理因素①。

第二步，据此建立一个组合基本方程如下：

（1）合理的行业薪酬水平测算公式

合理的行业薪酬水平＝α＋β_1 人均增加值＋β_2 市场竞争度＋β_3 人均产出税收负担＋β_4 人均资本投资率＋人力资源素质结构差异度

尽管上述合理的行业薪酬水平测算公式从理论分析角度成立，但由

① 除此之外，垄断行业、竞争行业双方的薪酬决定、形成机制也不合理，前者由于近些年有关部门未对其职工收入进行全口径调控，未认真落实工资总额、工资水平双重调控政策，致使其薪酬水平高、增长快；后者则由于上述一、二方面原因等远未建立工资集体协商机制和工资正常增长机制，支付保障机制也不够健全，致使员工薪酬水平低、增长慢。但这些因素缺乏数据支撑，因此难以进行量化分析。此外，从企业规模来看，一般而言，较大规模的企业往往要在组织管理的结构中引入更多的科层来保证组织的运行效率，但是每增加一个科层便意味着增加了一个“委托—代理”环节，从而用于激励的报酬支付也会相应增加。

于难以获取上述公式中的全部数据特别是市场竞争度等数据，因此，难以根据上述公式直接计算得出合理的行业薪酬水平。因此，我们采用下面（2）中的测算思路，即从现实行业薪酬水平中剔除掉不合理部分，所剩余的即为相对合理部分，以此来测算相对合理的行业薪酬分配比例关系。

（2）合理的行业薪酬分配量化比例测算公式

$$m=\frac{W_l\ (1-q_l)}{W_j\ (1-q_j)}$$

式中，m 指行业之间合理的薪酬分配量化比例，W_l、W_j 分别指垄断行业（薪酬最高行业）、竞争行业（薪酬最低行业）目前的职工平均工资，q_l、q_j 分别指垄断行业、竞争行业目前工资收入中的不合理部分所占的比重（q_j 由于缺乏数据，通常假设为 0）。

首先，根据项目组掌握的数据，W_l、W_j 分别取 2010 行业大类中工资最高的证券业 168 116 元、制造业 30 700 元（这里的是制造业门类数据，制造业属于竞争相对充分的行业）。

其次，关于 q_l 的取值，目前有四种研究结果（见表 3—3）。

表 3—3　　对应 q_l 的四种研究结果的 m 值

数据来源	q_l 的取值	m
岳希明、李实等	0.5	2.74
国家发改委宏观经济研究所课题组	0.33	3.65
武鹏等	0.25	4.11
课题组	0.28	3.95①

注：武鹏的研究结果见《行业垄断对中国行业收入差距的影响》。“我国行业间工资差距中，约 1/3 是政府垄断因素造成的”。详见：国家发展和改革委员会宏观经济研究院社会所课题组. 完善收入分配机制的政策建议 [J]. 宏观经济管理，2009（4）.

① 课题组研究结果详见分报告《垄断行业及高工资收入群体工资收入调控研究》。

3. 结论

两种方法评估比较并综合考虑，当前我国合理的行业薪酬量化比例区间可设置为 3.8∶1，即 3.8 倍以内。

(二) 关于不同地区公务员之间合理的薪酬比例关系

按照以上提及的分析评估路径和工具，也可采取以下两类方法评估不同地区公务员之间合理的薪酬比例关系。

1. 以纵向和横向比较结果为参考设定

从国内情况纵向比较，工资绝对数差距最大的是2010年，机关工资最高的上海与最低的宁夏之间，相差54 658元，相当于宁夏全区当年机关平均工资的2.0倍。倍数关系差距最大为改革开放以来第三次机关事业单位工资改革前的2005年，机关工资最高的北京与最低的河南之间，相差约3.56倍，当年地区购买力平价仅相差约1.43倍。2000年后特别是2005年前后以及近年来，多数公务员和社会主流认识对不同地区公务员工资差距扩大反映意见日渐增多，舆论抨击也明显增强。而2000年以前，公务员地区间工资差距基本都在3倍以下，当时大多数公务员和社会主流认识对不同地区公务员工资差距意见较少，社会反映也很少。为此，我们选择2000年前的公务员工资差距作为参考指标，摈弃2000年后被多数公务员和社会主流认识所否定的工资差距（详见表3—4、图3—3、图3—4）。

表3—4　　1991—2010年机关工资最高最低地区差距

年份	最高		最低		差距		在岗职工平均工资差距倍数
	省份	工资（元/年）	省份	工资（元/年）	绝对值（元）	倍数	
1991	西藏	3 433	江西	1 865	1 568	1.84	1.83
1993	广东	5 252	贵州	2 566	2 686	2.05	2.26
1994	西藏	7 960	陕西	3 918	4 042	2.03	2.19
1995	广东	8 598	贵州	4 203	4 395	2.05	2.24
1996	西藏	13 326	贵州	4 589	8 737	2.90	2.46
1997	上海	12 351	贵州	4 596	7 755	2.69	2.34
1998	上海	15 060	贵州	5 167	9 893	2.91	2.52
1999	上海	18 301	山西	6 083	12 218	3.01	2.74

续表

年份	最高		最低		差距		在岗职工平均工资差距倍数
	省份	工资（元/年）	省份	工资（元/年）	绝对值（元）	倍数	
2000	上海	22 244	贵州	7 102	15 142	3.13	2.68
2001	上海	25 238	河南	8 841	16 397	2.85	3.31
2002	上海	28 157	山西	10 220	17 937	2.76	2.70
2003	上海	31 835	河南	11 032	20 803	2.89	2.63
2004	北京	38 645	河南	11 722	26 923	3.30	2.54
2005	北京	48 480	河南	13 609	34 871	3.56	2.51
2006	北京	49 601	陕西	15 525	34 076	3.19	2.64
2007	北京	57 232	江西	19 977	37 255	2.86	2.68
2008	上海	66 940	江西	23 149	43 791	2.89	2.69
2009	上海	74 734	江西	26 668	48 066	2.80	2.57
2010	上海	81 815	宁夏	27 157	54 658	3.01	2.47

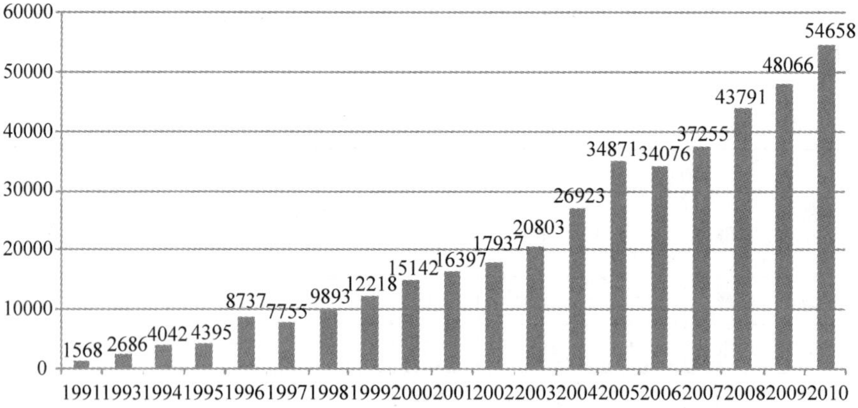

图 3—3　公务员工资最高最低地区差距绝对值

从国际情况横向比较看，美国、英国、日本、韩国等国家公共部门平均工资差距一般在 2 倍以内。法国、新加坡等国家更是严格地执行各地区公务员工资完全相同的政策。法国仅在公务员如果四年内的收入均低于当地消费指标时，才给予少量的物价补贴。详见表 3—5。

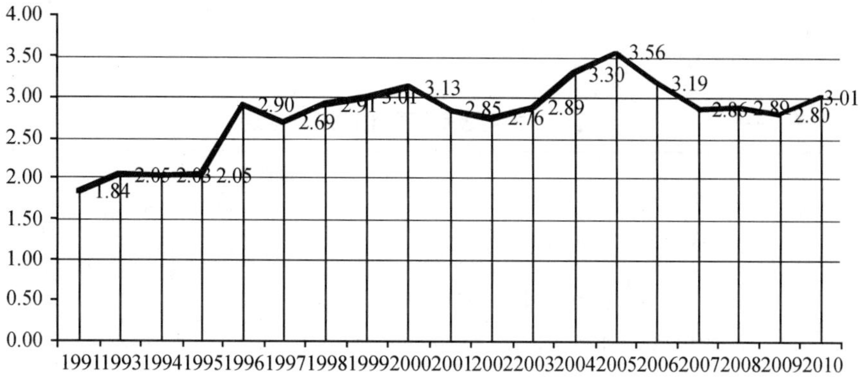

图 3—4 公务员工资最高最低地区差距倍数

表 3—5 2011 年美、英、日、法公共部门与社会平均工资、私营部门工资对比

国别	所有制类型	最高		最低		差距	
		地区	工资（元/年）	州	工资（元/年）	绝对值（元）	倍数
美国	全部	纽约	60 291	南达科他	34 331	25 960	1.76
	联邦政府	马里兰	88 914	北达科他	54 816	34 098	1.62
	州政府	新泽西	63 263	密苏里	37 515	25 748	1.69
	地方政府	新泽西	56 993	南达科他	29 731	27 262	1.92
	私营部门	纽约	61 548	蒙大拿	33 244	28 304	1.85
英国	全部	伦敦	43 189	威尔士	22 046	21 143	1.96
	公共部门	伦敦	35 487	西米德兰兹	23 993	11 494	1.48
	私营部门	伦敦	48 220	威尔士	20 381	27 839	2.37
日本	公务员	福岛县	378 000	大阪府	324 100	53 900	1.17
法国	全部	小巴黎	2 846	朗克多克一鲁西翁	2 037	809	1.40

数据来源：美国：劳工统计局 2011 年全国薪酬调查；英国：国家统计局 2011 年薪酬调查；日本：ILO 提供；法国：www.salairemoyen.com 网站。下同。

另外，国外不同地区之间公共部门工资差距倍数一般低于社会平均工资的差距，更低于私营部门内部平均工资的差距，而我国公共部门工资差距则高于在岗职工平均工资的差距。

美国和日本公务员同级别不同地区之间工资差距也不大，一般也在1.7倍以下。见表3—6。

表3—6　　美国、日本同级别不同地区工资差距

国别	公务员级别	最高		最低		差距	
		地区	工资（元/年）	州	工资（元/年）	绝对值（元）	倍数
美国	1级1档	圣何塞—旧金山—奥克兰	155 500	其他地区	147 857	7 643	1.05
	15级10档		24 061		20 324	3 737	1.18
日本	知事	神奈川县	1 450 000	熊本县	868 000	582 000	1.67
	副知事	东京都	1 219 000	山形县	788 400	430 600	1.55
	新入职本科生	东京都	181 200	北海道	159 285	21 915	1.14

将以上纵向、横向两方面数据综合比较考虑，初步考虑当前我国不同地区公共部门之间合理的工资差距比例可设定为2倍左右。

2. 以构建相关数学公式或数学模型测算设定

（1）思路一：因素决定法

第一步，从影响我国公共部门工资差距的主要因素入手分析，在人均GDP、人均一般财政预算收入、在岗职工平均工资、地区物价水平、本科以上学历占比这些因素中，分析哪些是主要因素，哪些是次要因素，各自应该占多大权重。

第二步，参照发达国家对于公共部门工资水平的定价原则，主要是参照企业相当人员工资进行比较并考虑物价补偿因素，来确定不同地区公共部门工资差距的合理区间。

首先，当地在岗职工平均工资是最主要因素。为了保持公共部门职位在当地人力资源市场上有一定的竞争力，公共部门人员工资理应与当地职工工资相适应。

其次，地区间物价水平差距是第二重要因素。为了维持公共部门工作人员的社会地位和体面生活，工资中考虑地区间物价差异是必要的。

再次，可选用战略指标作为第三大因素。例如：地区经济发展水平、小康社会建设程度、环保指标等作为次要因素，这与各地发展战略有关，当国家战略进行调整时，这一指标的构成、权重等可以进行相应调整。

最后，各地财政实力和人力资本差异等指标则不应该作为合理决定公共部门工资水平的主要因素。一是虽然在分税制改革下，地方财政实力直接制约着公共部门的工资支付，但国家应采取必要措施，对于财政收入较少地区予以适当支持，同时对财政收入高的地区予以调控，以保障全国公务员工资支付的公平性。二是如果工资中考虑了人力资本差异，那么必然造成公共部门大量招收高学历人才，这实际上是不必要的，同时，也可能引导高学历人才到收入高的地区公共部门就业，不利于落后地区社会管理水平的提高。

基于以上分析，我们将 2011 年在岗职工平均工资、购买力平价指数、人均 GDP 带入如下公式进行计算（此分析和计算请详见后述章节）：

$$Wn=(X_1\times X_2\times X_3)^{1/3}\times(1-a)$$

式中　Wn——地区公共部门年虚拟工资；

X_1——地区在岗职工平均工资；

X_2——地区购买力平价指数（PPP）；

X_3——地区人均 GDP；

a——万元地区生产总值能耗降低数。

由此，得出各地区之间公共部门工资差距为 2.37 倍。

（2）思路二：均衡理论法

按照 Niskanen（1975）的理论，公务员的效用主要由两部分构成，一部分是他的职位所获得的收入（现值），另一部分是由他的职位带来的非货币的额外收入的集合。效用函数形式为：

$$U=\alpha X^{\beta_1}Y^{\gamma_1}$$

其中：β_1，γ_1 分别为相应的弹性系数。

Niskanen（1975）认为：在效用函数 $U=\alpha Y^{\beta_1}P^{\gamma_1}$ 中，一个显著的特征是 $\beta_1>\gamma_1$。在 Gong 和 Zou（2000）的一篇论文中，他们所使用的效用函数的弹性系数值分别为 $\beta_1:\gamma_1:\gamma_2\approx0.75:0.15:0.1$。根据王

铮、薛俊波调研统计结果①，公务员对这 3 个部分的关注比例大约为 0.7∶0.2∶0.1。由此，得到了如下的效用函数：

$$U_i = (W_i/P^{index})^{0.7} (M_i/L_i)^{0.2} (M_i)^{0.1}$$

式中 U_i——i 省（市、自治区）的公务员的效用；

W_i——i 省（市、自治区）公务员的名义工资，这里用机关工资代替；

M_i——i 省（市、自治区）公务员非货币化收入，这里用与公务员福利密切相关的各省行政管理费代替；

P^{index}——i 省（市、自治区）的购买力平价指数；

L_i——i 省（市、自治区）的从业人员数。

以北京作为标准，把其他省（自治区、直辖市）和北京的水平进行比较分析。按照公平理论，各个省（市、自治区）公务员的效用应该和北京相同，即 $U_i = U_{bj}$，由此得到，最高 $\widetilde{W}i$ 与最低 $\widetilde{W}i$ 的比值是 1.86 倍。

3. 结论

综合以上两种方法，我们认为我国不同地区公共部门（以机关为例）合理的工资差距可设定在 2.3 倍左右。

（三）关于企业高层经营管理人员与其他职工之间合理的薪酬比例关系

需要纳入调控薪酬范围的我国企业高层经营管理人员分为两类，一是国有企业高管，二是上市公司高管②。关于企业高层经营管理人员与其他职工之间合理的薪酬比例关系也涉及两方面，一是企业高管平均薪酬或最高薪酬分别与社会平均工资的比例关系，属于中观层面量化比例；二是企业高管平均薪酬或最高薪酬分别与本企业职工平均工资的比例关系，属于微观层面量化比例。按照以上提及的分析评估路径和工

① 王铮，薛俊波．公务员工资的地区差异及其影响因素研究．经济前沿，2009（4）.

② 其他企业如外资企业、私营企业高管薪酬，只要其不侵占本企业劳动者薪酬权益，由资方决定并分配，那只涉及资方与高管双方的利益分配关系，就不在应调控的范围。

具，此两类企业四种量化比例也拟采取以下两种测算路径和方法，但两类企业的具体评估内容不同。

1. 以纵向和横向比较结果为参考设定

纵向以国内历史上曾经有过且为大多数工薪劳动者和社会主流认识所认可或没有反感的企业高管平均薪酬或最高薪酬与社会平均工资之间薪酬分配量化比例区间为参考。课题组收集整理了改革开放以来我国企业高管平均薪酬或最高薪酬与社会平均工资或同行业职工平均工资之间量化比例数据，从中选择了大多数工薪劳动者和社会主流认识意见较少①的1995—2003年期间的数据做参考区间，同时以课题组2012年10月通过网易财经所做网络调查（详见后附调查问卷）的有关多数投票者意见做参考来相互支撑，并以现行实际差距来控制。

根据2011年我国上市公司年报披露的数据分析（详见表3—7），上市公司不同行业高管平均薪酬与同行业职工平均薪酬之间的差距在3.88～18.25倍之间，其中竞争性行业如制造业、房地产业、批发和零售贸易等行业高管与职工之间薪酬差距在6～10倍之间。因此，课题组选择的上市公司合理的薪酬分配量化比例应控制在小于现行实际差距之内。

表3—7　2011年不同行业上市公司（2 032家）高管薪酬与同行业职工薪酬差距（倍数）

行业	数量（家）	高管平均薪酬水平（万元）	行业职工平均薪酬水平（万元）	高管薪酬与职工薪酬的差距（倍数）
农、林、牧、渔业	34	29.04	3.31	8.77
采掘业	50	55.33	10.25	5.40
制造业	1 231	38.87	6.40	6.07
水电煤气业	60	38.31	9.87	3.88
建筑业	44	48.27	9.26	5.21
交通运输、仓储业	70	46.72	8.41	5.56
信息技术业	151	44.79	10.38	4.32

① 这些年份的行业内企业高管平均薪酬与职工平均薪酬分配量化比例在当时基本没有引起社会主流媒体的关注，也没有形成比较广泛的民间义愤。虽然当时也有个别学者对此差距提出过意见，但没有引起连带反应。据此可判断此时形成的薪酬分配量化比例基本合理。

续表

行业	数量（家）	高管平均薪酬水平（万元）	行业职工平均薪酬水平（万元）	高管薪酬与职工薪酬的差距（倍数）
批发和零售贸易业	116	56.07	5.24	10.70
金融、保险业	42	195.84	10.73	18.25
房地产业	104	77.81	7.52	10.35
社会服务业	62	41.73	6.38	6.54
传播与文化产业	24	52.00	6.75	7.70
综合类	44	51.05	5.62	9.08
全部	2 032	47.10	8.20	5.74

资料来源：根据 2 032 家 A 股上市公司 2011 年年报统计整理。

横向以经济发展程度相同或相近的日本、韩国和我国台湾地区曾经有过且为大多数工薪劳动者和社会主流认识所认可或没有反感的相关方面之间薪酬分配量化比例区间为参考，课题组收集整理了两国和我国台湾地区的有关数据，从中选择了大多数工薪劳动者和社会主流认识意见较少的相关数据做参考①。

2. 以构建相关数学公式或数学模型测算设定

国内已有学者专家做过相关研究，如华夏基石提出的“高管理想薪酬法”等，构建了有关数学模型。本课题组根据自己的研究思路，构建合理的企业高管薪酬与职工薪酬分配量化比例与之具有高相关度因素之间的数学模型，为此也需要分两步走。

第一步，选择高相关度因素。

鉴于社会平均工资或行业平均工资是市场供求形成的，我们可假定其具有合理性，因此，评估企业高管薪酬与职工薪酬差距是否合理，主要是要测度高管薪酬水平的合理性。据此，我们选择高相关度因素就只需要选择决定企业高管薪酬的高相关度因素，从中分析哪些是合理的，

① 课题组原设想寻找日本、韩国和我国台湾地区人均 GDP 水平与我国现阶段人均 GDP 相近阶段的行业薪酬差距或企业高管与职工薪酬差距作对比，但多方寻找也没有找到有关数据特别是当时的社会主流评估意见，只有近期的薪酬差距数据和社会主流认识意见，所以只好选择这些数据做参考。

哪些是不合理的并相应赋予其权重。经过筛选，初步设定，与决定企业高管薪酬水平关联度高的主要有以下因素：一是企业高管人力资本因素，其构成有学历、职称、能力、经营管理企业的资历和业绩等，人力资本多，其薪酬水平就高，反之就低；二是经营管理责任因素，也即经营管理的企业规模大小，资产、营业收入、利润等总额的多少等，责任重其薪酬水平就高，反之就低；三是市场竞争度高低，竞争度高经营管理难度就大，其薪酬水平就应该高，反之就低，如实际情况相反，则应分别剔除其中的不合理影响；四是高管所在行业和企业，行业和企业生产经营状况好，员工薪酬水平高，高管薪酬水平也就高，反之就低；五是高管选拔任用机制，如系行政任命或准行政任命机制，其薪酬水平就应明显低于市场价，如是职业经理人，则可以按市场供求定价；六是企业高管薪酬决定和监管机制，决定和监管机制健全，其薪酬水平就会比较合理，反之企业高管薪酬水平就不合理。可见，上述 6 个因素中，第三、第五和第六个因素对合理的量化比例影响很大，应加大其权重。

第二步，据此建立数学公式如下：

合理的企业高管薪酬水平＝α＋β_1 人力资本水平＋β_2 经营管理责任轻重＋β_3 市场竞争度高低＋β_4 所在行业和企业薪酬水平高低＋β_5 企业高管选拔任用机制差异＋β_6 企业高管薪酬决定和监管机制强弱

上述合理的企业高管薪酬水平测算公式从理论分析角度是成立的，但由于难以获取上述公式中的全部数据特别是市场竞争度、企业高管选拔任用机制差异、企业高管薪酬决定和监管机制强弱等数据，因此，难以根据上述公式直接计算得出合理的企业高管薪酬水平。因此，我们采用行业对标法、高管理想薪酬模型法、二八原理法进行综合测算分析（详见后述章节）。

其中：

当前合理的国有企业高管薪酬与职工之间量化比例关系＝8～10 倍

当前合理的国有企业高管薪酬与社平工资之间量化比例关系＝10～12 倍

当前合理的上市公司高管薪酬与职工之间量化比例关系＝12～15倍

当前合理的上市公司高管薪酬与社平工资之间量化比例关系＝15～30倍

3. 结论

根据上述两种方法评估比较并结合问卷调查反映的主流意见①综合考虑，当前我国合理的国有大中型企业高管平均薪酬与社会平均工资量化比例可设置为12∶1，即12倍；合理的国有大中型企业高管平均薪酬与本企业职工平均工资量化比例可设置为10∶1，即10倍；合理的国有企业高管最高薪酬与本企业职工平均工资量化比例可设置为15∶1，即15倍。

合理的上市公司企业高管平均薪酬与社会平均工资量化比例可设置为18∶1，即18倍；合理的上市公司企业高管平均薪酬与本企业职工平均工资量化比例可设置为14∶1，即14倍。

需要强调的是，以上合理量化比例关系是随经济发展、工资水平提高以及社会主流认识对公平分配期盼的增强而相应变动，不是一成不变的。

（四）关于农民工、劳务派遣工等与正式工合理的薪酬分配比例关系

这个薪酬分配比例关系与前三个比例关系有所不同，具有一定特殊性。前三个薪酬分配关系是客观上应该有差距，但目前差距大、不合理，要引导其缩小，而农民工、劳务派遣工、编制外人员与本单位其他

---

① 课题组于2012年10月在网易财经开展的涉及1.5万多人问卷调查的主流意见反映，认为当前我国国有企业高管平均薪酬与社会平均工资的合理倍数关系为5倍以内的占65.8%，6～10倍的占18.6%，二者合计达84.4%；认为当前我国国有企业高管最高薪酬与社会平均工资的合理倍数关系为10倍以下的占74.1%，11～15倍的占9.5%，二者合计占83.6%；认为当前我国上市公司高管平均薪酬与社会平均工资的合理倍数关系为7倍以内的占60.6%，8～12倍的占20.4%，二者合计达80.8%；认为当前我国金融行业高管最高与社会平均工资的合理倍数比为15倍以内的占79.5%，16～20倍的占7.8%，二者合计占87.3%。

劳动者理应同工同酬，如因不同工执行不同薪酬福利制度可以有差别，但差别不应过大。现实情况是既普遍存在同工不同酬现象，又存在执行不同薪酬福利制度时水平落差过大的现象，且要消除此种不合理现象需要一个历史过程。为此，也要设置一组量化目标，引导用人单位逐步缩小农民工、劳务派遣工、编制外人员与正式工之间不合理的薪酬福利差距。在评估测算有关量化比例时，首先确立一个前提，然后沿用前三个量化比例的评估路径，但评估方法与前述三个比例关系有所不同，即只宜做初略评估，不便做精准评估。

1. 确立前提

根据同工同酬原则和实现有尊严、体面劳动的要求，要保障农民工、劳务派遣工、编制外人员享有其他劳动者同样的劳动报酬等项权利，从最终目标看，农民工、劳务派遣工、编制外人员个人在付出同样劳动的基础上，应获得与其他工薪劳动者个人一样水平的劳动报酬，如果两方面人员结构相同，则两方面人员从群体角度比较其薪酬水平也应该一样。据此，在上述两种情况下，这两方面人员之间的合理薪酬分配量化比例应该是 1∶1。

2. 以纵向比较结果为参考设定

由于国家对农民工、劳务派遣工薪酬数据进行调查统计的时间不长，编制外人员薪酬水平尚无统计，因此，只能对 2008 年以来的农民工、劳务派遣工薪酬统计数据进行分析（见表 3—8）。

表 3—8　　农民工、劳务派遣工薪酬统计数据

年份	城镇非私营单位在岗职工平均工资（元）	城镇私营单位在岗职工平均工资（元）	农民工年工资收入（元）	农民工平均工资占城镇非私营单位职工平均工资比例（%）	农民工平均工资占城镇私营单位职工平均工资比例（%）	劳务派遣工年工资收入（元）	劳务派遣工平均工资占城镇非私营单位职工平均工资比例（%）	劳务派遣工平均工资占城镇私营单位职工平均工资比例（%）
2008	29 229	17 071	15 960	54.60	93.49	—	—	—
2009	32 736	18 199	17 004	51.90	93.43	—	—	—

续表

年份	城镇非私营单位在岗职工平均工资（元）	城镇私营单位在岗职工平均工资（元）	农民工年工资收入（元）	农民工平均工资占城镇非私营单位职工平均工资比例（%）	农民工平均工资占城镇私营单位职工平均工资比例（%）	劳务派遣工年工资收入（元）	劳务派遣工平均工资占城镇非私营单位职工平均工资比例（%）	劳务派遣工平均工资占城镇私营单位职工平均工资比例（%）
2010	37 147	20 759	20 280	54.60	97.69	—	—	—
2011	42 452	24 556	24 588	57.90	100.13	23 592	55.57	95.95

注：此表根据国家统计局历年《国家统计年鉴》《农民工调查监测报告》和2012年《北京市劳务派遣用工状况调研报告》数据整理。其中，城镇非私营单位在岗职工工资水平不包含部分单位的制度外工资性收入，因此，农民工、劳务派遣工平均薪酬与城镇非私营单位在岗职工平均工资的比例，实际上应低于表中所反映的比例。

从表3—8可看到，纵向比较，农民工、劳务派遣工薪酬水平与城镇非私营单位、私营单位在岗职工平均工资的差距均呈现逐步缩小的趋势。从2008年至今，前2年缩小的幅度小、速度慢，但近2年来，其缩小的幅度在加大，缩小的时间在加快。这一变化与党和政府大力实施保障农民工、劳务派遣工合法的劳动报酬权益政策措施、劳动力供求变化以及偿还以往增资少慢的旧账紧密相关，从中我们也可推测农民工、劳务派遣工与城镇非私营单位、私营单位在岗职工平均工资差距缩小的区间。考虑到农民工与劳务派遣工之间有交叉，农民工、劳务派遣工与城镇非私营单位在岗职工、私营单位在岗职工也有交叉，只能在估算剔除交叉情况下大体推算。农民工、劳务派遣工与私营单位在岗职工平均工资应基本持平；与非私营单位在岗职工平均工资的比例应在70%～80%。据此，还可以推测编制外人员与编制内人员合理的薪酬量化比例。由于事业单位以及党政机关编制外人员中多数人从事的工作与编制内人员差不多，其岗位层级总体上要高于农民工、劳务派遣工，因此，其薪酬水平与非私营单位人员平均工资的比例，应高于农民工、劳务派遣工。可考虑将双方合理的薪酬分配量化比例设立为0.8～0.85∶1。

3. 参考横向比较结果设定

外国虽然没有农民工，但有劳务派遣工、临时工以及从其他国家或地区流入的务工人员，其身份与我国的农民工、劳务派遣工、编制外人员的身份实质上是一样的。国外处理劳务派遣工、临时工等与正式工薪酬分配关系的做法和经验可供我们参考借鉴。

目前国外在同工同酬立法上主要有以下三种基本概念：一是“同一经历同一待遇原则”（日本），二是“同一劳动同一待遇原则”（德国、法国），三是“禁止没有合理理由的不利待遇原则”（欧洲实际应用）。实际执行中实施的是禁止没有客观（合理）理由的不利待遇原则。大量研究数据表明，国外被派遣劳动者工资水平一般都低于正职员工，并且大多数国家的被派遣劳动者都不享有正职员工所享有的养老、医疗保险和带薪休假等福利。例如在日本，数据显示，2010 年，正式员工的月基本工资为 31.04 万日元，相当于非正式员工 19.46 万日元的 1.60 倍（见表 3—9）。

表 3—9　日本企业正式员工与非正式员工的年龄、工龄、工作时间与工资的比较

（2010 年 6 月 10 人以上企业统计）

	合计		男职工		女职工	
	正式员工	非正式员工	正式员工	非正式员工	正式员工	非正式员工
平均年龄（岁）	40.6	44.2	41.5	46.6	38.5	42.3
平均工龄（年）	12.2	6.4	13.4	7.1	9.4	5.8
月基本工资（百日元）	3 104	1 946	3 374	2 220	2 448	1 721

资料来源：日本厚生劳动省《賃金構造基本統計調査》，2011 年 2 月 22 日公布。

加上奖金，其正式员工与非正式员工全年工资收入的差距进一步拉大，两项合计，全年工资收入的差距为 1.81 倍，也即非正式工的薪酬相当于正式工的 55%，与我国同年农民工相当于城镇非私营单位在岗职工平均工资 54.6%基本一样。但考虑到我国城镇非私营单位在岗职工还有制度外的部分收入，因此，我国农民工、劳务派遣工与正式工的实际工资差距大于日本。

法国、德国则禁止没有合理理由的不公平待遇，而一些福利或者养老待遇等均没有明文规定，即允许存在差距。因此，这两国正式工与劳务派遣工的收入差距主要体现在福利待遇上。

比较这3个国家在正式工与非正式工薪酬差距方面的政策，日本实行年功制造就了终身雇佣制的现象，并且薪酬结构中固定比例较高一般在80%以上，奖金或浮动部分较少。所以，尽管全年奖金相差近5倍，但年工资总额相差1.81倍。欧盟国家则设定一些合理的薪酬差异化理由，禁止其他不合理的不利待遇。而在我国目前差距在2～3倍，甚至更高。因此，从横向比较看，尽管日本和欧洲国家均允许薪酬方面存在一定程度的差异，但是，对“同工同酬”方面有一定的法律规定，并且差距符合本国国情或符合客观、合理理由。国外这些数据可供我们设定合理的薪酬分配量化比例时参考。

4. **结论**

根据上述纵向横向比较的结果，并将此两方面相互印证，在努力加快全面实现同工同酬原则的前提下，从当前实际情况出发并从劳动者群体角度测算①，可考虑将农民工、劳务派遣工、编制外人员与城镇非私营单位在岗职工平均工资之间合理的薪酬分配量化比例分别设定为：0.65～0.7∶1，0.7～0.8∶1，0.8～0.85∶1。

从以上量化比例看，当前此三类人员的薪酬水平都有提高不少于7个百分点的空间。

（五）四方面薪酬分配量化比例关系

综合以上对行业之间、不同地区公共部门之间、企业高管与职工之间、不同身份工薪劳动者之间薪酬分配量化比例关系的分析、测算，可用表3—10汇总此四方面薪酬分配量化比例关系的现状及当前应达成的理想状况。

---

① 即不考虑农民工、劳务派遣工、编制外人员群体素质、岗位层级、类别结构与城镇非私营单位在岗职工素质、岗位结构的差异，如果按相同人员素质、岗位层级、类别结构，则前一方面人员与后一方面人员平均工资水平就应该相同。

表 3—10　　四方面薪酬分配量化比例关系[①]

类别	现状	纵横比较数据	课题组测算当前理想结果
行业	2011 年按行业门类划分的行业薪酬比为 4.48∶1，即 4.48 倍；2010 年按行业大类划分的行业薪酬分配量化比例为 11.86∶1，即 11.86 倍	1995—2010 年，最高薪酬行业（证券业）与最低薪酬行业（畜牧业）的平均薪酬水平的差距由 3.87 倍扩大到 11.86 倍 国际上按行业门类划分的行业薪酬差距一般为 3 倍左右	当前按行业门类划分的合理的行业薪酬比为 3.8∶1，即 3.8 倍左右
不同地区公务员	2011 年不同地区公务员之间平均工资水平最高的与最低的之间比例 3.4∶1	1991—2000 年，我国公务员地区间工资差距基本都在 3 倍以下 美国、英国、日本、韩国等国家公共部门平均工资差距一般在 2 倍以内。法国等国家更是严格地执行各地区公务员工资完全相同的政策，仅在公务员如果 4 年内的收入均低于当地消费指标时，才给予少量的物价补贴	当前不同地区公务员工资合理比例为 2.3 倍左右
高管与职工	2010 年中央企业高管平均年薪与央企职工平均工资的倍数为 13.39 倍	2002 年，中央企业高管平均年薪与央企职工平均工资的倍数为 9.85 倍 2011 年，上市公司不同行业高管平均薪酬与同行业职工平均薪酬之间的差距在 3.88～18.25 倍之间，其中竞争性行业如制造业、房地产业、批发和零售贸易等行业高管与职工之间薪酬差距在 6～10 倍之间	当前合理的国有大中型企业高管平均薪酬与社会平均薪酬比例为 12∶1，即 12 倍左右；合理的国有大中型企业高管平均薪酬与本企业职工平均薪酬量化比例可设置为 10∶1，即 10 倍左右；当前合理的上市公司高管与社会平均薪酬量化比例可为 18∶1，即 18 倍左右；合理的上市公司企业高管与本企业职工平均薪酬量化比例可设置为 14∶1，即 14 倍左右

续表

类别	现状	纵横比较数据	课题组测算当前理想结果
不同身份劳动者	2011年农民工、劳务派遣工、编制外人员与城镇非私营单位在岗职工平均工资之间薪酬分配量化比例分别约为：0.55∶1，0.56∶1，0.6∶1	日本正式工与非正式工全年工资收入的差距为1.81倍，也即非正式工的薪酬相当于正式工的55% 法国、德国则禁止没有合理理由的不公平待遇，而一些福利或者养老待遇等均没有明文规定，即允许存在差距	从最终目标看，应全面实现同工同酬。从宏观掌控渐进比例来看，农民工、劳务派遣工、编制外人员与城镇非私营单位在岗职工平均工资之间合理的薪酬分配量化比例分别设定为0.65～0.7∶1，0.7～0.8∶1，0.8～0.85∶1②

①“四方面薪酬分配量化比例关系”中的企业高管与职工薪酬分配量化比例关系测算结果，一是指国有大中型企业高管平均薪酬与社会平均薪酬、本企业职工平均薪酬的比例关系。二是指上市公司高管平均薪酬与社会平均薪酬、本企业职工平均薪酬的比例关系，以上两类企业高管最高薪酬可高于相关倍数关系。本研究其他章节所称企业高管与职工薪酬分配量化比例关系，均按此意理解。

②这只作为宏观层面评估不同身份工薪劳动者薪酬分配关系的量化比例，不作为微观层面实施量化比例。

第四章　合理调整工资收入分配关系的基本思路和原则

针对本研究前面所做的有关理论思考、问题及原因分析，特别是关于合理工资收入分配量化比例关系框架构建的探讨，现将当前及今后合理调整工资收入分配关系的指导思想、基本原则、组织领导和改革步骤阐述如下。

一、指导思想

合理调整工资收入分配关系的指导思想是：从当前我国经济社会体制及其结构的大背景出发，围绕中央确立的“收入分配差距缩小”目标，以合理的薪酬分配量化比例关系为参考和引导，针对导致工资收入分配关系不合理的相关因素，深化相关制度改革，在有效发挥市场机制基础性调节作用的同时，加强政府对工资分配的规范、指导、调控和监督，合理调整工资收入分配关系，努力遏制并逐步缩小行业之间、地区之间、高管与普通职工之间、不同身份劳动者之间等方面的工资收入差距，促进理顺工资收入分配关系，到 2020 年前实现合理分配关系基础上的工资收入“倍增”。

这一指导思想有三个方面需要强调。一是要把握好着眼点。工资收入分配虽然属于收入分配领域，但其从属于、制约于我国经济社会体制及其结构，经济社会体制及其城乡结构、产业结构、区域结构、人力资源结构等和经济发展方式状况的好差，决定着工资收入分配关系的合理与否。因此，要合理调整工资收入分配关系，必须从这一大背景出发，着眼于宏观经济社会全局特别是经济社会体制的改进及其结构的调整，才有可能找准理顺工资收入分配关系的正确路径。二是要把握好方向和目标值。党的十八大报告将“收入分配差距缩小”作为到 2020 年期间我国社会建设的五项奋斗目标之一，我们必须紧紧围绕这一奋斗目标而努力工作；与此同时，我们必须研究明确这一奋斗目标的目标值，即收入分配差距缩小的度，按照合理的收入分配量化比例包括合理的薪酬分配量化比例去调整分配关系，从而使改革和调整有的放矢，以把握合理调整工资收入分配关系的力度和程度，回应广大人民群众对于更公平合理工资收入分配关系的新期待。三是要把握好立足点。合理调整工资收入分配关系离不开政府的指导和制定的有关政策，但合理的工资收入分配关系的根本形成特别是初次分配中的工资分配关系，必须是由市场机制发挥基础性作用才能全面实现，才具有可持续性。因此，在合理调整工资收入分配关系过程中，要切实把握好工作的立足点，正确处理好市场与政府的关系，既不是简单地放任由目前尚不健全的市场决定工资，更不是单纯由政府“硬性调控”分配关系，而是要使两者有机统一起来，通过有效地发挥市场机制的基础性作用，逐步形成市场均衡工资；同时，通过政府的有效指导和调控，弥补市场失灵，促进合理工资收入分配关系的全面形成。

二、基本原则

一是坚持公平与效率相兼顾。合理调整工资分配关系要着力完善相关制度，确保分配起点公平和分配过程的公平，从而达到分配结果的合理，也即分配差距度的恰当，从而既有利于保证让全体劳动者共享经济社会发展的成果，又有利于激励各类人才多作贡献。

二是坚持群众性和科学性相协调。工资收入分配关系合理与否，要以大多数劳动者和社会主流认识的价值判断为基础，并与科学理性的社会分配文化理念相一致；同时，要在公平处理资本与劳动利益分配关系的前提下，切实保证劳动力、管理、技术等劳动要素分别获得其自身应得的劳动报酬。

三是坚持增量调整与存量调整相联系。合理调整工资收入分配关系必然要“提低”“调高”“扩中”，对原有不合理的利益关系进行变动，一般可采取增量调整的方式，但对某些明显不公平的分配关系，还需要对其存量进行调整才能缩小不合理的分配差距，为此，应将二者联系起来。

四是坚持工资关系调整与经济社会发展进程相适应。合理调整工资分配关系要切实建立在经济效益提高的基础之上，与经济发展方式转变和经济社会结构调整进程相适应，既要积极作为又要把握阶段性特征，适时微调目标值并把握好调整的力度，逐步形成合理的工资收入分配关系。

五是坚持工资分配关系调整与多项改革相配套。合理调整工资收入分配关系是一个系统工程，涉及经济发展方式、经济社会结构、国资管理体制、产业政策、社保政策、教育政策等相关方面，需要加强顶层设计，使得各项改革相互配套、相互促进。

六是坚持市场调节与政府调控相结合。在合理调整工资分配关系的过程中，要注重发挥市场的基础性调节作用，采用符合市场经济要求的做法和措施，同时加强政府的指导和宏观调控，使两方面相互补充。

三、组织领导

当前，在“十二五”规划和十八大精神的指引下，合理调整工资收入分配关系进入战略机遇期，同时也是困难凸显期。这就迫切需要我们立足当前，着眼长远，加强组织领导，按照顶层设计的要求，加强对破除导致工资收入分配关系不合理因素的研究，加强对重大体制机制改革问题的研究，进一步明确相关战略部署，组织推动合理调整工资收入分配关系的工作。

首先，要明确定位和任务。合理调整工资收入分配关系是合理调整收入分配关系的重要组成部分，要将其纳入整个收入分配制度改革全局之中，明确其相互联系及其位置，既不定位偏高，也不定位偏低；同时要在全面分析目前工资分配关系存在问题的基础上，抓住主要矛盾，针对突出问题进行调整。如前面所分析的，当前我国工资收入分配关系方面存在的突出问题主要是行业薪酬差距、不同地区公共部门工资差距、部分企业高管薪酬与社会平均工资和其他员工薪酬差距以及劳务派遣工等与正式工等不同身份工薪劳动者之间的薪酬差距，其他工资分配差距问题也不少，但相比较而言，以上四方面差距更为突出，更为社会各方面所关注。因此，应确定其为当前调整工资收入分配关系的主要任务，并明确到 2020 年拟完成的缩小工资收入差距的目标（见表 4—1），逐年朝此方向努力。

表 4—1　　2020 年合理的工资收入分配量化比例①

类别	到 2020 年应达成的合理的工资收入分配量化比例
行业门类薪酬分配量化比例	3.2 倍左右
不同地区公共部门工资分配量化比例	1.8 倍左右
企业高管平均薪酬与职工平均薪酬分配量化比例	国有大中型企业高管与本企业职工 8 倍左右 国有大中型企业高管与社会平均工资 10 倍左右 上市公司高管与本企业职工 10 倍左右 上市公司高管与社会平均工资 15 倍左右
不同身份工薪劳动者薪酬分配量化比例	农民工、劳务派遣工、编制外人员与城镇非私营单位在岗职工平均工资之间合理的薪酬分配量化比例分别设定为 0.8∶1，0.85∶1，0.9∶1
其他方面工资收入分配量化比例	朝合理的量化比例迈进

① 本表中所称行业门类薪酬分配量化比例关系，是指最高平均薪酬行业门类与最低平均薪酬行业门类的比例关系；不同地区公共部门工资分配量化比例关系是指平均工资最高地区公共部门与最低地区公共部门的比例关系；企业高管平均薪酬与职工平均薪酬量化比例关系的理解同表 3—10 注释；不同身份工薪劳动者薪酬分配量化比例关系是指从宏观角度掌控的平均薪酬之间的比例关系。

其次，要科学制定整体方案。合理调整工资收入分配关系要通过全面改革工资收入分配制度以及配套改革相关方面来实现，是一个复杂的系统工程，必须统筹规划、周密设计。目前，正值国家出台收入分配整体改革方案之际，我们应借此东风，以中央关于收入分配改革大政方针为指针，主动与收入分配改革整体方案相衔接，相应制定工资收入分配改革方案。由于工资收入分配关系几亿工薪劳动者的切身利益，且与多个部门以及利益集团相关，因此，在研究制定此方案过程中，既要广泛征求意见，以达成改革共识，并明确多个有关部门分工合作的职责权限，又要坚持原则，不受某些利益集团的掣肘，以保证总体方案的科学合理性和原则的严肃性。

再次，要健全并细化政策。不论是调控行业薪酬差距或不同地区公共部门工资收入差距，还是调控企业高管与其他员工薪酬差距或不同身份劳动者之间的薪酬差距，涉及的方面、环节都很多，而现有的政策不具备解决多方面问题的系统性，且一些政策的操作性也不强，为此，必须有针对性地进一步健全有关政策，即不但要完善相关工资分配及其调控政策，还要制定并逐步健全相关财政税收政策、财务管理审计监督政策以及产业政策、金融政策、物价调控政策等；与此同时，还要细化各有关政策，增强其操作性，从而为合理调整工资收入分配关系提供比较完备的政策支持。

最后，要多方合作、齐抓共管。合理调整工资收入分配关系涉及多个部门，必须在明确各自职责权限基础上加强合作，共同推进工作。人力资源社会保障部门主管工资收入分配，当然要承担主要工作并在合理调整工资收入分配关系工作中发挥牵头作用，发展改革委员会、财政税务部门、国有资产监督管理部门、审计部门、金融监管部门、信息统计等相关部门也要分别承担相关责任；各有关部门要在党中央、国务院有关精神和大政方针的指导下，克服“等靠要”思想和畏难情绪，结合分管领域的实际，转变观念，勇于创新，步调一致地切实推进合理调整工资收入分配关系的工作。工作中，各主管部门要结合实施过程中出现的新情况新问题及时指导，确保指导的针对性和实用性；要积极参与合理调整工资收入分配关系这一重大决策部署执行情况的监督检查，防止政策在基层走样变形，确保利民惠民政策落到实处；要围绕群众反映强烈的工资收入分配方面的突出问题加大监督检查力度，重树党和政府的良好形象，让人民群众共享经济社会改革发展成果。

四、改革步骤

因工资收入分配关系是经济社会和生产方式及生产关系的派生物，受经济社会和生产方式及生产关系的制约和影响，其改革调整需要经历一个较长过程，需分步推进。

第一步，到 2015 年，合理调整工资收入分配关系的基本目标是“明确目标、扭转趋势、控制差距”。其基本内涵是：“十二五”期间，要通过对导致当前工资收入分配关系现状的直接原因和深层次原因的分析，加强顶层设计，制定合理的工资收入分配关系的总体目标；要研判宏观经济社会形势，把握工资收入分配的全局，找准扭转不合理工资收入差距拉大这一趋势的切入点，抓住几个重点问题，着力推进；同时，要控制并适当缩小行业、地区等不合理的工资分配差距，落实对国有企业高管薪酬的监管，启动对非国有上市公司高管薪酬的监管，控制不合理差距拉大；此外，借劳动力市场供求关系的结构性变化，引导用人单位合理提高农民工、临时工、劳务派遣工等普通劳动者的工资水平。

第二步，到 2020 年，合理调整工资收入分配关系的基本目标是“建成基本定型的有利于形成合理工资收入分配关系的体制机制”。其基本内涵是：“十三五”时期，实施积极的工资收入分配政策，在解决导致不合理的工资收入分配关系存在的深层次问题方面取得重大进展，垄断企业改革、财权事权匹配、同工不同酬等主要的深层次体制矛盾初步得到解决，有利于形成合理工资收入分配关系的新体制、新制度、新机制基本成型，重要的工资收入分配关系得到较好调整和改善，中等工资收入者占比达到 40%以上，行业之间、地区之间、群体之间的工资收入分配关系开始向合理化、制度化、稳定化和可持续性方向发展。

第三步，到2020年及以后，合理调整工资收入分配关系的基本目标是“全面理顺工资收入分配关系，形成合理的工资收入分配格局”。其基本内涵是：市场在工资收入分配中的基础性作用得到充分发挥，政府引导调控更加稳健成熟，做大“蛋糕”与分好“蛋糕”的关系更加协调，效率与公平的关系得到更好兼顾，劳动力、资本、技术、管理等要素按贡献参与分配的制度更加健全，劳动报酬增长和劳动生产率的提高更加匹配，“两头小、中间大”橄榄形的工资收入分配格局全面形成，通过工资收入分配关系的调整不断促进整个收入分配关系趋于合理公平，让全体劳动者和居民更好地共享国家经济社会发展的成果，以内需消费主导国家经济的健康、可持续发展。

第五章　关于合理调整工资收入分配关系的主要措施

根据以上思路，针对各种收入分配存在的四方面重点问题及其产生原因，以合理的工资收入分配比例关系框架为引导，分别研究并采取以下标本兼治的6方面措施。

一、抓紧研究出台深化工资收入分配制度改革的指导意见

（一）出台指导意见的必要性和重要性

当前，抓紧研究出台深化工资收入分配制度改革的指导意见，至少具有四方面的必要性和重要性。第一，是贯彻落实党的十八大“收入倍增”和“收入分配差距缩小”精神的需要。十八大报告提出的到2020年实现城乡居民人均收入比2010年翻一番和缩小收入分配差距的目标，是我们今后八年要努力完成的战略性任务。在这一背景下，作为居民收入重要组成部分的工资收入如何着力解决不合理差距较大的问题，如何

使发展成果更公平惠及全体劳动者，理应研究制定并出台相关改革的指导意见，统筹安排，以支撑十八大相关目标的最终落实。第二，是落实国家收入分配制度改革总体方案战略部署的需要。国务院出台的收入分配制度改革总体方案，包括财税、就业、社保、扶贫、工资收入、财产性收入等多方面改革内容，但作为全国性的方案，对各方面部署不可能很细。这就要求包括工资收入等方面根据总体方案的战略部署，结合各自领域实际，相应制定并出台有关指导意见和政策、制度，将国家有关大政方针具体化，共同保障收入分配制度改革总体方案的全面落实。第三，是加强顶层设计、统筹规划工资收入分配制度改革的需要。工资收入分配及其改革是全国收入分配及其改革的重要组成部分，其自身也是一个系统工程，涉及面很宽，政策性很强，敏感度很高，必须加强顶层设计、统筹规划，就当前及今后若干年工资收入分配制度改革有关重大问题展开深入研究并作出部署，找准其主要问题及其相互关系，分析透彻产生的原因，理清解决问题的总体思路、基本原则和基本政策，这样才能总揽工资收入分配改革工作全局，为全面推进工作提供思路、政策支撑。第四，是统一思想认识、组织推动工资收入分配制度改革的需要。近些年来，由于就业、社会保障等工作在全国大局中的重要性、紧迫性持续突出，加之工资收入分配工作政策性强、敏感度高，许多问题暂时还看不清楚或暂不宜制定政策，一个时期以来，工资收入分配方面出台的全国性文件很少，相应地对全国的指导也有些欠缺，这有其客观必然性。在此背景下，各方面和各地区对工资收入分配及其改革的看法多种多样，认识很不统一，工作安排和步骤也参差不齐。为此，有必要出台深化工资收入分配制度改革的指导意见，以统一各方面和各地区主管及相关部门的思想认识，明确改革目标、任务、思路和步骤，同时，组织领导全国各级人力资源社会保障部门履行职责，全面推进工资收入分配制度改革工作。

（二）指导意见的定位和主要内容

制定出台深化工资收入分配制度改革的指导意见，需要研究回答以下三方面问题：

第一，关于指导意见的定位。根据党的十八大、十七大和国家“十二五”规划纲要的有关精神，结合当前收入分配制度改革整体形势以及各级政府人力资源管理部门所应履行的职责，建议这个指导意见定位于全局性与针对性相结合，指导性与政策性相兼顾，长远性与现实性相衔接，同时应把握好几个关系。所谓全局性与针对性相结合，是指这个指导意见是面对全国工资收入分配制度改革作出的整体规划，因此具有全局性，必须从宏观层面系统回答全国工资收入分配改革的基本思路、原则和整体部署；同时，这个指导意见必须具有针对性，结合当前我国工资收入分配存在的突出问题抓重点，回答应如何采取措施解决突出问题，把这两方面紧密结合起来，体现“虚实结合”。所谓指导性与政策性相兼顾，是指这个指导意见作为全国性文件，面对全国各地、各方面工资分配的差异性，只能就那些涉及全国的工资收入分配及其改革工作指示方向，提出原则要求，作出框架性安排，不宜作硬性规定；同时，又要针对某些能够摸清底数、有把握切实解决的突出问题明确有关政策，使指导意见中有“干货”，让人们感到改革确实是在实际推进。所谓长远性与现实性相衔接，是指这个指导意见要注意与十八大有关奋斗目标相呼应，着眼长远，提出到 2020 年工资收入分配制度改革的目标，以此指引改革方向；同时，要立足当前，针对工资分配现实中存在的突出问题作出相关工作部署，使当前的改革一步一步促进目标的实现。所谓要把握好几个关系，一是把握好目的与手段的关系。我们实行工资收入分配制度改革的目的是建立健全合理的工资收入分配制度，理顺分配关系，更好地调动全体工薪劳动者积极性，促进劳动效率的提高，从而进一步做大蛋糕以改善劳动者群体的生活；改革是根本手段，为推进改革而制定并实施的各项政策、措施等是具体手段，这些手段要服从目的的要求，围绕如何合理调整工资收入分配关系、形成新的激励机制等进行研究、制定并实施。其中，特别是要把如何有效缩小不合理的工资收入差距作为我们研究制定并实施政策的重点，因为这关系到十八大确立的有关目标能否实现，关系到广大工薪劳动者尤其是普通劳动者是否满意，关系到改革目的能否达成，而以往出台的政策在这一方面多少有一定偏差。这一次制定出台指导意见，应该切实把握好目的与手段的关系，紧紧围绕如何缩小不合理差距、建立新型激励机制下功夫。二是把握好工资改革与相关改革相配套的关系。工资收入分配及其改革虽然自成系统，但它与就业、社会保障、教育特别是财政税收体制、打破垄断、国有企业体制、各类用人单位机构和用人制度、产业政策、经济结构调整等方面工作和改革紧密相关，某些工资改革环节还制约于、决定于相关配套工作和改革。比如不同地区公务员工资水平协调平衡就取决于各地财政收支能否协调平衡，不同身份劳动者的工资差距就取决于用人制度改革能否完全打破身份界限，等等。为此，指导意见既要就工资改革作出政策回答，又要与有关配套改革相联系，一方面争取有关主管部门的理解和支持，双方达成共识作出相关安排；另一方面也要在与有关主管部门不能达成共识的情况下，就有关问题的处理作恰当表述，尽可能将两方面有机结合起来。三是把握好政府与市场的关系。指导意见必然要就政府在合理调整工资收入分配关系中的职责、任务等作出安排，但这里一定要把握好政府的定位和其与市场的边界。正如本研究前面分析过的，市场主体——各类用人单位和广大工薪劳动者是市场上工资收入分配活动的运动员，政府是裁判员。在调整工资收入分配关系过程中，政府责无旁贷要发挥重要作用，以纠正不健全市场上实际形成的不合理分配关系，但根本扭转不合理分配关系并形成合理的工资收入分配关系，主要需依靠市场机制的作用。为此，指导意见在部署深化改革、理顺分配关系各项工作时，一方面自然要就政府直接实施调整工资收入分配关系的工作作出安排；另一方面还必须将一定篇幅用于描述营造有利于市场正常运转环境，并使市场机制有效发挥基础性作用，在指导意见中充分体现政府不错位、不越位同时也不失位的原则。

第二，关于指导意见的整体框架和基本内容。根据以上定位和深化工资收入分配制度改革的目标、任务，建议指导意见的基本框架可考虑设八大部分。各部分可大体包含如下基本内容：

第一部分，可考虑定名为“总体目标和基本任务”。在简要回顾改革开放以来我国工资收入分配制度改革取得的成绩，并概括分析当前工资分配领域存在主要问题的基础上，着重阐述工资收入分配制度改革的总体目标和基本任务。总体目标与党的十八大阐述的奋斗目标相衔接，可考虑界定为合理的工资收入分配制度的逐步健全，工资收入差距缩小基础上的工薪劳动者薪酬倍增；其基本任务可考虑包括改革、完善工资分配制度，形成新机制，理顺工资分配关系，规范工资分配秩序，健全工资收入分配宏观调控体系以及抓有关配套改革等方面。

第二部分，可考虑定名为“指导思想和基本原则”。指导思想要以科学发展观为统领，以党的十八大、十七大、国家“十二五”规划纲要有关大政方针为指针，体现标本兼治，突出提高低工资、调控高薪酬、扩大中等工资收入群体、规范灰色收入、打击非法收入这一条主线等内容。基本原则可在继续重申现行有关原则的基础上，再针对当前某些缺失或突出问题，强调和补充一些基本原则，比如应进一步强调效率与公平兼顾的原则，工资增长与劳动生产率提高同步的原则，理顺工资分配关系也可考虑提出相关原则。与此同时，还可考虑在这些基本原则之下，研究明确哪些具体原则，以指导当前及今后的工资收入分配制度改革工作。比如，公务员工资制度的科学化、规范化和法制化原则，事业单位收入分配的分类规范、科学化原则，企业工资分配的市场化、规范化、合理化原则等。这些具体原则不需写入指导意见，但可作为今后工作中的参考。

第三部分，可考虑定名为“健全制度和机制”。此部分建议围绕企业、机关事业单位工资制度改革和完善来阐述，主要是工资支付保障制度和机制，工资决定、形成制度和机制，工资正常增长制度和机制。就企业而言，当前及今后在这方面应做如下工作：一是进一步建立健全各类企业薪酬管理制度，特别是那些没有完整的薪酬管理制度、薪酬支付制度，按行规分配的建筑、餐饮等行业企业，必须建立健全相关制度；二是改革国有企业薪酬决定、形成制度，废除现行工资总额与经济效益挂钩办法，全面实行工资总额或人工成本预算管理制度，对非公有制企业，仍是推行工资集体协商制度，在小微企业推行行业性、区域性工资集体协商制度；三是逐步健全工资正常增长制度和机制，通过工资指导线来引领，最低工资标准合理提高来推动，劳资双方博弈来达成。就机关事业单位而言，当前及今后在这方面应做如下工作：一是改进完善公务员工资制度，包括调整工资结构，提高基本工资比重，降低津贴补贴的比重；建立职务与职级并行的制度，改变现行只有“升官”才能提薪的状况，让虽没有“长”职务，但资历深、能力强、实际贡献大的普通公务员也能获得较高水平的工资报酬；同时，要加快建立地区附加津贴制度等。二是改革完善事业单位工资收入分配制度，应结合事业单位分类改革，改革现行所有事业单位统一的岗位绩效工资制度，根据不同行业事业单位的特点重新建立新的工资收入分配制度，使其具有针对性；同时要就公益性事业单位的创收进行制度规范，在“开前门”的同时“关后门”，在保证公益性事业单位各类人才获得合理工资收入水平的基础上，基本取消或大力规范创收及其收入的使用，根本改变当前不少公益性事业单位部分人员实际不干公益性工作、只顾个人创收的状况。三是建立公共部门工资正常增长制度和机制，即进一步健全企业薪酬调查和信息发布制度，参照企业相当人员薪酬水平及其变动相应调整公务员的工资水平，并相应调整公益性事业单位工作人员的工资水平。

第四部分，可考虑定名为“着力理顺工资分配关系”。此部分建议围绕“提低”和“控高”来阐述，以体现指导意见为实现十八大关于“收入分配差距缩小”奋斗目标作出专门部署。“提低”重点讲劳动密集型中小企业员工的工资如何保证按时足额支付，同时如何建立工资正常增长机制，并在促进其增速快于社会年度平均工资增长幅度方面作出合理安排和规范。在部署宏观层面“提低”时，还应考虑就微观层面如何理顺企业内部分配关系，提高生产一线普通员工工资水平提出一定要求，引导各类企业搞好内部分配。“控高”重点讲两方面，一方面是如何调控通过行政垄断、资源垄断等获取高收益的行业企业员工的偏高过高薪酬水平；另一方面是调控部分企业高管的偏高过高薪酬水平，包括各类国有企业高管的薪酬重点是国有金融企业高管的薪酬，再有就是调控部分上市公司高管的偏高过高薪酬。

第五部分，可考虑定名为“促进发挥市场机制基础性调节作用”。此部分建议阐述以下内容：首先明确指出合理的工资收入分配关系的整体形成，应由市场机制发挥基础性作用。其次，为达成此格局，一是要健全市场体系，让市场主体依法平等自由竞争，以保证各类用人单位有可能获取平均利润率；二是要健全人力资源市场，保证各类劳动力自由有序流动，以逐渐形成市场均衡工资率；三是要培育市场主体，加强企业和劳动者组织建设，促进双方的成熟，为劳资双方依法平等理性协商提供组织保障。

第六部分，可考虑定名为“健全工资收入分配宏观调控体系”。此部分建议围绕工资收入分配宏观调控的法律手段、经济手段、信息手段以及必要的行政手段作概要阐述。就法律手段而言，要进一步健全工资分配的法律法规，提升法律层次，抓一些解决当前突出问题的法律法规的制定，比如《工资支付保障条例》《最低工资条例》等，进一步健全“三金两制”工资支付保障制度，进一步健全最低工资标准制度，合理调整标准，国家引导平衡，探索建立行业最低工资标准；同时切实抓好法律法规的贯彻实施。就经济手段而言，要进一步发挥好税收、利润分配等制度调节工资分配的作用，通过增税或减免税和利润分配等调节各类企业、事业单位的收益，从而调节其员工的工资水平；通过个人所得税调节偏高、过高的工资收入。就信息手段而言，要进一步健全三项工资信息指导制度，包括工资指导线制度、劳动力市场价位制度、人工成本信息指导制度；进一步健全薪酬抽样调查和信息发布制度；大力提高相关信息的真实度，以客观反映人力资源市场薪酬分配的真实情况，以此引导市场主体理性协商达成兼顾劳资双方利益的薪酬水平，同时，为公务员参照企业相当人员薪酬水平及其变动相应调整工资提供数据分析支撑。就行政手段而言，要准确划定进行调节的对象、范围和边界，确保不错位、不越位，同时也不失位。要把收入分配纳入经济社会发展规划，加强政策指导，及时解决宏观和中观层面出现的重大收入分配问题。

第七部分，可考虑定名为“抓好配套改革”。此部分建议简要阐述如下内容：一是抓好中央关于“两个毫不动摇”方针的贯彻执行，打破垄断，促进各类企业平等竞争，从起点保证各类市场主体处境公平；二是抓好财政税收体制的改革，既为理顺不同行业、企业生产经营收益关系提供制度保证，又为协调平衡不同地区公共部门工资分配关系提供制度保证；三是抓好公共部门组织机构改革和其他用人单位组织机构的优化，抓好人事干部制度、用工制度改革，逐步从根本上打破工薪劳动者的身份界限，为工资收入分配制度改革提供必要支撑；四是抓好财务会计制度、审计制度、银行监管制度等的改进完善，为全面摸清工资收入分配情况、规范分配秩序夯实基础。

第八部分，可考虑定名为“加强组织领导”。此部分建议简要阐述如下内容：中央政府和地方各级政府要把促进职工工资增长、提高人民生活水平作为实践执政为民宗旨的切入点，列入政府议事日程，研究制定工资增长与经济发展相联系的考核指标，将合理调整工资收入分配关系纳入国民经济和社会发展计划，并精心组织实施。各级人力资源社会保障、发展改革、财政、税务、国资、审计、监察等部门和工会组织要各司其职，紧密配合，形成合力，为深化工资收入分配制度改革、促进工资正常增长、形成合理工资分配关系创造更加宽松的政策环境，做好各自的工作，共同推进工资收入分配制度改革。

第三，关于指导意见出台的时机和形式。建议选择在国家收入分配制度改革总体方案出台后适当时机出台，这样既有利于与国家总体方案的衔接，又有利于把握好工资收入分配改革的力度和进度。考虑到指导意见制定的复杂性、困难性，需要做两手准备，一是经过研究修改文件已经比较成熟，就可以“红头文件”的形式正式发布；二是鉴于多种因素的影响，文件尚不够成熟或与有关方面难以达成共识，也可以“征求意见稿”“白头文件”的形式下发，以既表明国务院人力资源主管部门紧跟中央精神推进改革的态度，同时给全国各地以方向性指导，又为下一步修改完善文件留下余地。

二、调控行业之间不合理的工资分配差距

（一）加大信息引导力度，发布行业之间合理的薪酬分配量化比例数据

在市场经济条件下，政府对工资收入分配的干预手段和方式具有多样性，既有经济手段和方式，也有行政手段和方式；既有间接的干预，又有直接的干预。相对而言，发布行业之间薪酬分配量化比例关系的现状，并且通过纵向和横向比较，进一步发布合理的行业之间薪酬分配量化比例的目标，是符合市场运行规律要求的间接干预措施，是政府充分运用信息手段进行工资分配关系调节的重要体现。

当前，发布合理的行业之间薪酬分配量化比例数据需要首先发布近些年的实际状况变化情况；同时发布国外可对比国家或者发达国家相类似阶段行业之间薪酬分配量化比例关系的状况；最后，发布当前合理的行业之间工资收入比例关系报告，当前合理的行业之间最高最低薪酬分配倍数关系应为3.8倍以内。发布合理的行业之间薪酬分配比例数据，可由人力资源社会保障部门委托有关机构或支持有关方面，每年定期发布行业之间合理的薪酬分配量化比例数据，配合统计部门发布的经济社会发展和工资收入数据，引导各有关方面合理调整行业薪酬分配关系。

（二）构建有利于低工资行业普通职工劳动报酬增长的综合调控体系

一是探索构建低工资行业税费减免与普通员工工资增长的联动机制。探索建立低工资行业企业税费减免与普通职工工资增长之间的联动机制，对于建立普通劳动者工资正常增长机制具有重要意义。初步考虑可将享受税收减免企业明确为劳动密集型行业的小微型企业。其微观操作程序可考虑按以下步骤进行：第一，由国家财政部门和税务部门确定劳动密集型微利行业的细分行业范围，首先确定哪些行业及其微利、困

难企业可以进行税费减免，其次对该行业中参加了区域性、行业性工资集体协商的所有小微企业先行进行税费减免，无须申请审批，将减免环节前置，减少行政执行成本。第二，由当地人力资源社会保障部门事后抽查认定其是否为普通职工更多增资。人力资源社会保障部门可审核认定企业用工人数和银行工资发放凭证等材料，确定是否实现了人均工资水平提升，即其实际安排工资增幅是否相当于或超过本企业劳动生产率增幅。第三，对于审核过程中没有达到增资要求的企业，由税务部门进行正常的税费补征，并予以适当处罚。当然，在起步阶段可在更小范围试行，采用税费返还，先征后返的方式，将减税环节后置。具体操作可按照国际金融危机时人力资源社会保障部门认定困难企业给予“五缓、四减、三免”待遇的方式，逐一审核认定给予减免税费的企业。采用减税环节后置的好处是能够保证低工资行业企业员工工资的增长，但是执行成本较大，操作也较为复杂，可能引发行政管理风险，且不利于市场机制发挥基础性作用。

二是创新完善工资集体协商形式，构建员工工资正常增长机制。第一，将强化工会力量作为完善工资集体协商机制的首要任务。建议可适当强化行业企业工会的职能，低工资行业中的小企业可参加行业区域性工会，行业区域性工会则可采取工人代表外部化方式与资方谈判，以解决劳方不敢谈、不会谈问题。第二，可尝试建立行业工会联合会，增强工会的影响力，由行业工会联合会推荐谈判代表和企业代表进行谈判协商。第三，在法规政策上可考虑设立劳方不依法按照一定程序进行工资集体协商不得采取停工等过激行动的条款，即劳方需经过提出协商要求、向上级工会报告情况、提出停工警告等程序后，资方仍不回应并继续损害劳方权益时，才可在企业内采取停工等行动。这一方面可规范并减少实际已发生的停工等行为，另一方面也可形成对资方不愿谈、拒绝谈的有力制约。第四，通过典型扶持，细化工资集体协商内容，完善落实已有运行机制。在工资集体协商过程中，重点是要协商出工资计算方法和工资增长机制。国家相关部门可以采取典型引导的方式，探索部分低工资行业工资增长的考虑因素（诸如企业历史工资水平、企业承受能力、上下游其他企业工资水平等），探索明确工资增长机制（诸如参考宏观经济增长指标、企业效益增长情况、物价因素等进行工资增长），探索优化内部工资分配细则（诸如内部工资等级制度、奖金分配办法、工资支付办法等）等，从而增强对于实际工资集体协商的针对性和指导性。

三是通过发布行业劳动定额和计件单价，保障劳动密集型行业普通员工劳动报酬权益。相当部分低工资行业采取计件工资的形式，搞好劳动定额和计件单价工作，对于促进普通员工工资增长具有重要意义。由于大多数劳动密集型行业属于无行业主管部门、无大型集团企业和开展劳动定额工作对本企业无明显效益的“三无”行业，更需要国家积极主导推动。当前，人力资源社会保障部门可以在个别劳动者权益被侵犯较为严重的“三无”行业（如家具、制衣、制鞋），采取国家政策经费部分支持，组织行业标准制定小组，制定行业劳动定额标准。同时，配合行业协会、工会等组织，采用多种方式推动行业标准的某一种（如最高定额等）作为集体协商的底线，将行业劳动定额标准通过集体谈判等方式转变为企业标准，维护职工合法权益。此外，有针对性地加大对于这些行业的劳动监察，重点查处随意提高劳动定额标准等情况的企业，力争收到杀一儆百的效果。通过对典型行业劳动定额标准工作多个相互关联环节的联动，发挥示范作用，探索新的各方定位的运行方式和运行体制，推进劳动定额标准工作的开展，维护普通职工劳动报酬权益。

四是通过综合扶持政策，形成大中小微企业良好生态链条，引导低工资行业企业加快发展。引导低工资行业加快发展，需要通过综合扶持措施，处理好政府与市场的关系，毫不动摇地鼓励、支持、引导非公有制经济发展，在财政、金融、公共服务等方面，保证低工资行业和高工资行业能够一道依法平等使用生产要素、公平参与市场竞争、同等受到法律保护，在有些方面，还应提供针对性的综合扶持措施。促进低工资行业中的劳动密集型小微企业健康发展，“做大蛋糕”，改善其工资增长的经济基础至关重要，是治本措施。鉴于低工资行业中的企业生产力水平低、经营环境差等状况的改变涉及诸多方面，因此，需要采取综合扶持政策。在财政支出和金融政策等方面要加大对低工资行业转型升级的支持力度。中央及地方预算内技术改造专项投资中，要安排低工资行业技术改造资金，加大投入力度。要加快建立扶持低工资行业技术创新的服务平台，推进低工资行业企业服务体系建设。要大力推进金融制度改革和创新，加快发展专门为低工资行业小微企业服务的中小型金融机构，促进金融领域竞争，缓解低工资行业企业融资难矛盾。要加强低工资行业企业经营者和管理、技术人员的培训，加大财政资金的投入力度，研究设立专项培训资金。在工商管理、卫生检疫等其他企业管理方面，要改善公共服务和管理的质量，方便小微企业接受相关管理。还要改进完善低工资行业小微企业原料、燃料等的供应渠道和产成品销售渠道，借鉴日本的有益经验，探索建立小企业与大中型企业专业对接机制，以大带小，促进提升小企业技术水平和经济效益，促进同行业大中小型企业的共同发展和壮大。通过上述措施，促进中小企业可持续发展，在做大“蛋糕”的基础上分好“蛋糕”，及时合理提高劳动者的工资水平[①]。

（三）构建有利于高工资行业合理劳动报酬水平的体制机制

高工资行业由于自身在充分竞争中的管理、技术等方面因素带来的高利润、高工资是合理的。目前关键问题是部分国有企业，通过行政垄断、资源垄断或凭借自身垄断地位，妨碍公平竞争市场环境，获取暴利或高收益，从而实现员工的高工资，对这类高工资收入是应该调控的。

一是通过产权制度改革尝试打破垄断，从根本上控高。要从根本上解决垄断行业工资收入过高的问题，就必须引入竞争机制。在全球化竞争的背景下，简单拆分具有垄断地位的大企业不一定是可行办法，对此除了减少民间资本进入行业的限制之外，对于现有国家控制的国有垄断行业，可积极推动产权制度改革，通过一系列产权制度安排和产权结构设计，让民资、外资等各类资本投资入股，共同参与企业的管理和发

① 有关政策措施建议详见相关章节。

展，构造相互制约的多元投资主体，形成企业所有者、经营者和生产者三方利益制衡的机制。

二是通过加强定价管理和加大资源税征收及税后利润上缴力度，从收益源头上控高。垄断行业超额利润不合理的一个很重要来源即是行政垄断，应该加强对于垄断行业涉及民生领域产品服务价格定价权的监督，保证其不因行政垄断、价格垄断将成本压力转嫁给消费者和社会。这方面关键是要促使垄断型企业成本利润公开化、透明化，调价程序标准化、规范化。通过公开透明和公共参与程序，使得价格调整合理公正。同时，加大征收资源税，逐步上调国有企业税后上缴利润比例，如于2015年前将上缴比例逐步提高到10%、15%、20%，并认真执行，切实改变上缴利润系统内循环的状况，将真正作为全民资源的要素收益归全民所有，从这些企业高收益的源头上控制其高工资福利的来源。

三是通过全口径人工成本的双重调控，改变利润与工资之间的不合理关联，从机制上控高。对于垄断行业而言，由于很难剔除或者计算出其不合理利润的额度，除了常用的工资总额增长和效益增长相匹配管控之外，更需要关注人均工资水平与社会平均工资水平之间关系的调控，改变不合理的超额利润和工资分配之间的关联；在关注工资总额和工资水平调控的基础上，更需要关注人工成本总额和人均人工成本的调控，走出“按下葫芦浮起瓢”的怪圈。需要注意的是，人工成本的水平调控不仅仅应该把握传统意义上的促使企业生产率水平与人工成本支出水平相协调相匹配这一原则，还需要把握人均人工成本与相近行业人均人工成本、全社会企业人均人工成本绝对水平之间的关系合理的原则。取消实行了二十多年的工资总额与经济效益挂钩办法，普遍推行工资总额或人工成本预算管理办法，主要根据国有企业劳动分配率、人事费用率与同行业以及相近行业平均劳动分配率、人事费用率比较，来合理确定国有企业工资总额和人工成本总额以及人均工资和人均人工成本水平。

四是通过纳入考核体系、加强监督检查，从制度上控高。对员工工资水平偏高、增速过快的垄断行业企业，将劳动报酬纳入对经营者的升迁考核体系，并予以问责，通过对领导干部的绩效考核制度来引导内部工资分配。同时，建议在引导企业自查基础上，恢复前些年实施但近些年没有继续的工资收入检查，将检查制度化、规范化。由人力资源社会保障、国资监管、财政局、税务等部门对部分企业进行工资专项审计，重点对增速过快、收入过高、滥发奖金福利、灰色收入较多的行业进行检查。在新形势下，除了相关部门外，还应重视和发挥中介机构的作用。

三、协调平衡地区之间公共部门工资分配关系

协调平衡不同地区公共部门的工资分配关系，事关公共部门率先垂范，对于合理调整全国工资分配关系意义重大。建议做好以下工作：

（一）明确地区之间公共部门合理工资分配关系的定位

建议将地区之间公共部门工作人员合理的工资分配关系定位为小于地区之间社会平均工资差距，等于或稍高于地区之间购买力的差距。地区之间公共部门合理的工资分配关系定位应主要考虑全国公共部门统一的职务职级体系和地区之间的物价、购买力差距等因素，同时适当兼顾地区之间的经济发展、工资收入水平的差异，而不能由不同地区财政支付能力的差异所决定。

根据以上定位，《公务员法》中有关公务员工资和“企业相当人员”工资比较并作为调整依据这一规定，建议做进一步阐释，即本地区企业相当人员的工资水平只宜作为公务员工资调整的参考依据之一，且其权重不宜高，以免影响不同地区公共部门工资水平的协调平衡。

（二）夯实协调平衡地区之间公共部门工资分配关系的基础

合理的不同地区之间公共部门工资收入分配关系，不是否认工资收入差距，而是要将这一收入差距建立在物价、购买力、当地经济社会发展水平等因素之上，这其中做好生活费用测算工作尤为重要。各地生活费用不同，必然带来同样工资收入在不同地区的实际购买力不同。为

此，需要建立各地生活费用指数标准，并据此测算出不同地区的实际购买力差异，为协调平衡不同地区公共部门人员工资收入分配关系和下一步实施地区附加津贴等提供量化分析依据，夯实协调平衡不同地区之间公共部门工资分配关系的基础。

（三）规范调整工资结构，加大基本工资所占比重，提升统一性

我国目前统一规范的基本工资占比过小，津补贴占比相当大，而其他国家公务员的工资收入一般占总薪酬收入的 70%～80%，津贴占 20%～30%。建议结合清理整顿津贴补贴，将其中相当部分纳入基本工资，加大公共部门统一工资制度中基本工资所占比重，争取达到 50% 以上，更好体现公务员统一的职务和级别因素，公益性事业单位工作人员统一的岗位和薪级因素，以增加国家规定的公共部门工资制度中应统一部分的协调平衡作用，从而减少各地自定津贴补贴对不同地区公共部门工资分配关系的负面影响，逐步形成相对统一合理的地区之间公共部门工作人员工资分配关系。

当然，我国目前公务员工资结构中的职务工资、级别工资，事业单位工作人员工资结构中的岗位工资、薪级工资，大都是与行政级别和职称挂钩，没有按照工作性质、难易程度、责任大小、忙闲程度等来划分，不够科学合理。这就要求在提高公共部门基本工资所占比重的过程中，及早逐步开展职务和岗位分析及其评价工作，将职务工资、岗位工资建立在科学评估职务、岗位劳动差别的基础之上，避免新的不合理工资分配因素的放大。

（四）规范津补贴项目，上收审批权限，减少随意性

贯彻执行 2006 年机关事业单位工资制度改革方案关于建立有关津贴补贴制度、绩效工资制度的规定，在机关建立地区附加津贴制度，在公益性事业单位全面建立绩效工资制度。与此同时，上收津补贴审批权限，遏制并逐步消除目前少数地区自行乱建津贴补贴的现象。上收权限

可以采取分步走：第一步，全国统一规范津补贴项目，将各地公务员的各种津贴补贴统一纳入到地区附加津贴、艰苦地区津贴、特殊岗位津贴等制度之中，除此之外不得自行设立其他津贴补贴。这一步骤由国务院部署，人力资源和社会保障部具体负责组织实施。第二步，将津补贴项目及标准审批权力上收至省级人民政府，省级以下地方政府无权自行提高津贴补贴标准。这一步骤由人力资源和社会保障部统一部署，各省市具体实施。第三步，将津补贴项目及标准审批权力上收至中央人民政府（或者全国人大）。

（五）健全公共部门工资收入的财政支出平衡调控机制，保障可操作性

从各地公共部门财政支出环节加强平衡调控，是合理调整不同地区公共部门工资分配关系的关键，为此，要结合进一步改进完善目前“分灶吃饭”的财政收支体制，建立健全公共部门工资收入支出的财政平衡调控机制。建议采取以下步骤和措施：第一步，规范公共部门岗位设置和编制管理，避免权责不对等和忙闲不均。此步骤主要由编制办和人力资源社会保障部门负责，采取自上而下分级规范管理的原则。中编办和人力资源和社会保障部负责规范全国的公共部门岗位设置和编制管理，重点是平衡不同省市的岗位和编制；各省市编制办和人力资源和社会保障部门负责本省市行政区公共部门的岗位设置和编制管理，重点是平衡不同市区的岗位和编制。第二步，结合省管县的行政管理体制改革，将各省、自治区、直辖市公共部门工资收入的支出提升至省级人民政府统筹，加大省级人民政府对于困难市县的转移支付力度，保障困难市县公共部门人员的工资支付；同时加强对财政收入富裕市县公共部门工资支出的调控，防止这些市县自行提高公务员津贴补贴。第三步，加大中央人民政府对于省市公共部门工资收入支出的平衡调控力度，一方面加大对困难省市的转移支付力度，对其公务员执行国家规定的职务、级别工资标准有困难的，在严格核定的公务员编制内按所缺金额拨付专项资金；另一方面加强对经济发达地区建立地区附加津贴的监督调控力度，

切实保证经济发达地区建立的地区附加津贴标准和水平符合国家的规定。在实施上述第二、第三步骤时，要结合健全公共部门财政预算制度，在预算中明确各地和全国公共部门工资支出的比例和额度，与人均办公经费分开，建立专门收支科目，并应规定分别向各级人大汇报，以利于建立健全监督机制，从根本上杜绝目前少数地区自定津贴补贴等现象的发生，促进合理的不同地区公共部门工资分配关系的形成①。

四、调控部分企业高管与其他员工不合理工资收入差距

调控部分企业高管与其他员工不合理工资收入差距涉及高管和其他员工两个群体。由于普通职工工资增长的相应对策与提高低工资行业就业人员的工资收入具有类似性，此处重点围绕企业高管工资收入分配调控展开。

（一）发布国有企业高管工资收入分配指导意见

2009 年，我国发布了规范中央企业高管薪酬的 105 号文件，对规范国有企业高管薪酬发挥了重要作用。当前，针对部分中央企业下属企业行政任命的高管薪酬与其央企母公司或控股公司高管薪酬不合理倒挂和地方国有企业高管薪酬无规则可循的现状，有必要发布相关指导意见。

指导意见应该明确地方国企监管中人力资源社会保障部门、国资部门和财政部门等的职责定位，确定高管短期薪酬与长期薪酬的结构，细化高管薪酬确定的程序等内容，指导相关方面逐步形成激励与约束相统一、短期与长期相兼顾、高管与职工相协调、薪酬与职务消费相统筹的高管薪酬分配格局。同时，指导意见应明确中央企业下属企业高管的分配原则，界定中央企业下属企业高管与本企业职工和中央企业母公司高管薪酬收入的倍数关系区间。

---

① 有关措施详见相关章节。

当然，对于央企内部直属企业，国务院或其派出机构作为央企的出资人代表，在坚持出资人职能定位的同时，要坚持依法合规，通过法人治理结构的合法运作来实现国家对于央企内部直属企业负责人薪酬分配的宏观调控。

（二）按照来源和身份不同，分类明确国企高管工资收入水平定位

当前国企高管工资分配存在着定位不准的问题。国有企业高管薪酬收入水平是应该和同行业其他企业类型高管进行比较，或者和本企业职工工资收入水平进行比较，或者与社会平均工资进行比较，还是与公共部门相同层级人员进行比较，应该理清思路。

工资收入水平与人力资源市场紧密相连，建议按照高管来源和身份的不同，分类明确其工资收入水平定位。对于市场公开招聘，作为职业经理人身份的高管，可参照同行业私人企业等的市场化薪酬水平，在明确工作职责和绩效要求的前提下，经双方协商确定；对于体制内任命或者委派，既是国企高管，又有行政级别的高管，应该更多参照本企业职工平均工资、社会平均工资等的一定倍数确定，并且控制其总体收入水平。同时，对于公益性、竞争性、垄断性等不同类型国有企业，其工资收入水平确定的参照系也需分类有所差别。竞争性国有企业可以更多参照外部企业高管的薪酬收入水平，而公益性和垄断性企业高管则可以更多参照本企业职工平均工资、社会平均工资、相关公共部门工资收入等。

（三）形成公开透明的国企高管薪酬决定和形成机制

第一，在决定主体上，可尝试成立区域性的国企高管薪酬决定委员会。目前，国企高管薪酬主要是由主管部门确定，存在着一定程度上的“自定薪酬”的现象。可按照大的行业（如金融行业高管、钢铁行业高管）或者区域（如某省国有企业高管）成立由主管部门人员、薪酬专家和公众利益代表组成的委员会，依据规模、利润、绩效等情况，博弈达

成一个工资收入水平。第二，在决定因素上，可从企业自身的经营状况、盈利水平、人员构成及其所处的垄断地位等实际情况出发，再和外部竞争行业一般的工资水平展开评估比较，从而决定国企高管工资应该处于一个什么样的水平，高管和职工的工资水平应和什么样的指标挂钩等。第三，在决定内容上，采用一揽子决定，对于与广义薪酬相关的工资收入、福利和职务消费等统筹决定，避免“堤内损失堤外补”。第四，在兑现时间上，可加大任期和中长期支付的比例，高管收入和奖金要与企业长期业绩挂钩，在一定程度上避免高管追求短期业绩。第五，在决定结果上，不仅仅向国企内部公开，而且向社会公众公开；不仅仅公开薪酬收入结果，也公开决定薪酬收入的关联性指标，在社会公众的争论质疑中，不断健全国企高管的薪酬决定和形成机制。

（四）研究建立信息充分公开的非国企上市公司高管薪酬监管办法

对于非国有企业上市公司高管的薪酬收入监管，要研究如何遵循公司法和市场规律。首先，可强化高管薪酬决定时的内部制衡机制。尤其对于上市公司等公众公司而言，发挥以独立董事为主要成员的薪酬委员会的作用势在必行，同时，要授权并维护普通股东在重大薪酬事项上的决策权、监督权。可要求上市公司披露公司董事会或其薪酬委员会是否雇佣薪酬顾问，并披露薪酬顾问提供的服务内容，以及薪酬顾问在提供薪酬建议时所使用的方法及程序，以使其他公司股东更好地了解薪酬顾问对公司薪酬支付的影响及其是否存在任何可能的利益冲突，进而强化高管薪酬决定过程中的内部制衡机制。其次，健全充分的信息公开制度。充分的信息公开制度本身即是对不合理的高管薪酬的有力制约和对普通股东权益的有力保护。同时，相比于高管薪酬的其他规制方式而言，披露制度也更符合市场经济的规律，并有利于资本市场的完善。可以披露信息的范围很广，但核心应是围绕高管薪酬与公司经营业绩之间的关联展开。

（五）建立健全非上市国有企业高管薪酬信息披露与互动交流机制

借鉴目前的上市公司高管薪酬披露机制，建立健全非上市国有企业高管薪酬信息披露与互动交流机制，明确高管薪酬有关信息披露的范围及透明度、准确度，统一披露的口径。主要政策措施包括：人力资源社会保障部、国资委等相关部门制定相关指导意见，要求非上市国有企业建立高管薪酬信息披露与互动交流机制，核心是揭示高管自身努力与公司经营业绩、高管薪酬之间的关联。具体政策措施包括，要求公司章程中必须有诸如“公司应通过网站互动平台、座谈、电话、邮件等形式与独立董事、股东特别是中小股东就公司高管薪酬问题进行沟通和交流”的条款规定。目前，国内上市公司如亿阳信通股份有限公司等也已经在其公司章程修改条款中加入了“公司应通过网站互动平台、座谈、电话、邮件等形式与独立董事、股东特别是中小股东就公司高管薪酬问题进行沟通和交流”等类似规定[①]。

五、合理调整不同身份工薪劳动者薪酬差距

逐步缩小不同身份工薪劳动者的薪酬差距，是切实保障农民工、劳务派遣工、编制外人员合法权益的需要，也是社会公平正义的重要体现，需要在以下方面做好工作：

（一）思想上统一认识

思想上至少应统一以下几个认识：一是同工不同酬问题的产生具有一定历史必然性。在我国，以户籍制度、劳动用工制度、国有企业的工资总额控制、社会保障制度和机关事业单位用工编制限制等为代表的一系列制度安排，直接导致了劳动力市场的分割，进而导致了不同身份人

① 政策措施建议详见相关章节。

员同工不同酬。二是同工不同酬现象具有复杂性。同工同酬问题不是简单的孰是孰非的问题，具有一定复杂性。对于不同身份的人员，同工不同酬显然不合理；但是从另一方面看，以现实为例，工资的刚性特征，提高劳务派遣工等的工资待遇，使劳务派遣用工与直接用工同酬，必然是劳动力市场改革的倒退。为保持企业和社会的稳定，企业难以随意降低体制内职工的收入水平，而新使用的派遣劳动者等不同身份员工，企业则按劳动力的市场价格来支付劳动报酬，这就形成了同工不同酬。三是同工不同酬问题的解决具有渐进性。在不降低体制内直接用工劳动者的既得利益的情形下，同时通过劳务派遣用工寻求市场化工资决定机制，在同工不同酬问题上实行边际改革或增量改革，循序渐进，在当前是一个现实可行的办法，也是不得已而为之的结果。

（二）法规上健全有利于同工同酬的制度设计

首先，将适用于相同的工资制度明确为是否同酬的判断标准。我国劳动法调整的“同工同酬”是指用人单位对于从事相同工作、付出等量劳动且取得相同劳绩的劳动者，应支付同等的劳动报酬。建议法规上进一步明确同工同酬规定，要求用工单位对相同工作岗位上本单位直接招用的劳动者与体制外劳动者实行相同的工资分配制度和绩效考核办法，保障体制外劳动者同工同酬的权利。同一用人单位从事相同岗位或同种工作，须采用同一种工资分配制度，基本工资应相同，而因劳动者工龄、学历、职称、技术等级、能力等客观、合理因素的影响，劳动报酬则可以有所差别，但工龄、学历、职称、技术等级、能力等规则也同样适用于体制外员工。其次，进一步明确相关各方在同工同酬中的责任。相当部分体制外员工在劳动过程中存在劳动者、用人单位、用工单位三方，存在着雇用和使用分离的问题。以劳务派遣为例，由于派遣机构不是实际雇主，无法承担劳动过程中的雇主责任。在派遣服务合同和劳动合同对雇主责任没有明确划分而国家又没有相应规定的情况下，雇主责任就会由于派遣单位和用工单位间的相互推诿而难以落实。建议明确将劳务派遣单位与被派遣劳动者称为正常劳动合同关系，将用工单位与被派遣劳动者的关系称为特殊劳动合同关系，如此就以立法的形式承认了两重劳动合同关系，保障了派遣工作为普通劳动者的正常权益，也明确了用工单位和用人单位在其中的责任，有利于同工同酬的实现。最后，增加相关机构的违法成本，督促实现同工同酬。以劳务派遣人员为例，可明确规定违反劳务派遣使用范围规定的应当承担什么责任，违反被派遣劳动者与用工单位劳动者同工同酬权利的又该得到何种惩罚等，加大监督检查工作力度，以保障权利受侵害的劳动者有章可查，仲裁机构和诉讼机关有法可依，真正实现按劳分配、同工同酬。

（三）组织上建立有利于维权的工会组织

我国由于农民工、编制外员工、劳务派遣工人员较为分散、素质相对较低、组建参加工会意愿不强等原因，工会组织建设明显滞后。建议在农民工、编制外员工、劳务派遣工人员集中的行业或者区域，积极组建行业工会或区域工会，改变单一劳动者在劳动关系中处于明显不利地位的局面。

首先，采用灵活多样的模式组建工会。在农民工相对集中的建设行业、服务行业、流通行业，可建立行业工会联合会；在农民工相对较多、分散且难以管理的村、集市等地方，采用联合工会等灵活多样的模式组建工会；对编制外员工和劳务派遣工，可创造条件积极加入用工单位的工会组织，并适当提高其代表性。其次，建立适应农民工、编制外员工、劳务派遣工流动性大特点的会籍管理规则。可参考在部分地方已经有所实践的流动会籍管理，使其与其他会员一样，持有全国通行的中华全国总工会制的会员证，入会后不管将来到了哪里，只需要转接工会组织关系即可，无须重新入会。做到一次入会，进城务工期间有效。再次，通过政府购买公益岗位的方式配置工会工作人员，使其不隶属某个企业，没有后顾之忧，能够公正代表农民工、编制外员工、劳务派遣工等与资方开展集体协商。最后，探索提升维权效果。考虑到农民工、编制外员工、劳务派遣工维权意识不强，工会吸引力不够，凝聚力较弱的特点，可针对农民工、编制外员工、劳务派遣工工作的行业特点、岗位特征等因素，与用工单位和用人单位开展有针对性的协商，在计件单价、工种指导价位、相同工作条件（诸如工作时间、用餐）等方面积极开展协商，提升维权效果。

（四）实践上积极推动，逐步实现同工同酬

农民工、编制外员工、劳务派遣工同工同酬的实现，需要一个过程，建议各级人力资源社会保障部门分步积极推动。

第一步，保障基本权益。包括工资不拖欠、工资水平高于最低工资标准、参加社会保险等，维护农民工、编制外员工、劳务派遣工等在劳动合同、劳动报酬、劳动时间、劳动条件、社会保障等方面的最基本权益。

第二步，保证适用相同的工资分配和绩效管理制度安排。通过多种方式，引导农民工、编制外员工、劳务派遣工所在用工单位对其适用与正式工相同的工资分配和绩效管理制度安排。同时，在这一阶段，需要遏制体制内外职工之间的工资收入差距进一步拉大的问题，维持现有差距甚至有所缩小。

第三步，在用工单位发展的基础上，提高体制外员工的工资收入水平，逐步实现同工同酬。通过一段时间用工单位的发展，通过做大增量，通过农民工、编制外员工、劳务派遣工等群体人力资源素质的不断积累等，最终实现同工同酬。

（五）配套上加快推进人事、用工制度改革

首先要加快国有企业用工制度改革。这其中一方面要转变对国有企业简单实行用工编制管理的思路，国资部门及相关集团公司将所有用工统一进行管理；另一方面，在工资总额等方面做好衔接配套。现有工资总额基本不包括编制外员工，应尽快将在劳务费中列支的工资费用合并至工资总额，打破体制障碍。

其次要加快事业单位人事制度改革。事业单位编制一般多年不变，滞后的人员编制管理导致事业单位对编制外工作人员的身份歧视，建议

改变传统编制管理方式，建立动态化的人员编制管理机制，综合科学地确定人员编制需求总量，并建立常态化的动态调节机制。在条件成熟时，还可探索放开事业单位编制管理，减少与编制相关的“人头费”拨付，通过购买公益性服务等方式，激发事业单位自主进行人员数量控制的主动性。

六、相关配套改革和外部保障措施

实现合理的工资收入分配关系是一个庞大的系统工程，与经济结构、经济发展方式、经济体制紧密相连，需要标本兼治。治标就是直接调整工资收入分配，包括提高劳动者工资、控制高收入者不合理收入等；治本就是消除导致工资收入分配不合理的体制机制和经济结构问题，当前必须与税制改革、金融改革、价格改革、行政管理体制改革等同时推进，才可以达到协同效应。

一是加快产业结构调整。一方面，引导低工资行业企业改进技术、工艺，改变产品结构，向产业高端移动，提高劳动生产率和附加值，使之有能力逐步提高职工的工资；同时，促进部分劳动密集型产业向中西部转移，以利于农民工就地就近就业，减少进城务工生活成本，间接提高其工资水平。另一方面，加快第三产业发展，扩大家庭服务业，发展生产性服务业和现代服务业，使第三产业就业比重上升到40%以上，促进扩大就业并减轻第二产业就业竞争压力，估计可以间接促进第二产业劳动者提高工资5.3个百分点[①]，同时也有利于第三产业劳动者工资的增长。产业结构调整会带动就业结构变化，合理的产业结构、就业结构，进而促使劳动者劳动报酬大幅提高，有利于形成合理的行业工资收入分配关系。

二是改进完善财税体制。财税体制直接制约和影响着企业工资分配

---

① 根据国家发改委宏观经济研究院《产业结构调整对我国就业的影响》文中数据，2015年第二产业比第三产业少增加5%就业人数，据此粗略估算由于新增就业人数向第二产业少转移5%而对劳动者工资提高的积极影响。

和机关事业单位工资分配。要深化财税体制改革，推行结构性减税，包括在初次分配中如何少征、多收，即对中小企业特别是劳动密集型小微企业进一步减免税费，对国有企业要多收缴税后利润，调节平衡企业源头收益；同时逐步理顺中央政府与地方政府的事权、财力关系，加大对中西部地区和贫困市县财政转移支付力度，加快省管县体制建设，以利于平衡全国各地区财力水平，加强省、区统筹安排本地区市县财政，为协调公务员和公益性事业单位工作人员工资收入水平提供必要条件和支撑。

三是强化工资收入分配改革与就业、培训、教育等工作的衔接。就业是民生之本，实施更加积极的就业政策，拓宽就业创业渠道，减缓就业压力；加快健全全国城乡统一的人力资源市场，促进人力资源的合理有序流动，促进形成市场均衡工资率；大力加强人力资源开发，加强对初次就业人员和普通劳动者的技能培训，逐步提高劳动者就业创业技能；提高教育水平，提升人力资本水平，优化人力资源结构，激励和扶持创新创业、营造公平的经济社会环境、畅通社会流动渠道，帮助更多的人通过自己的勤奋努力从低收入阶层进入中等收入阶层甚至高收入阶层。

四是抓好经济社会体制其他有关方面配套改革。一是改进完善各种资源配置制度，大力规范资源配置行为，尤其要重点规范土地、矿产、能源等资源配置行为，整治存在的突出问题，堵塞资源配置方面存在的漏洞，杜绝违法违规操作，从源头上防止资源配置不公造成的收入分配不公。二是进一步打破城乡分割的管理体制，进一步改革户籍制度，消除城乡居民由于户籍不同形成的身份差别，营造平等对待农民和农民工的社会氛围，着力促进常住城镇的农民工以及其他农民转变为市民。三是从财税、金融等多方面大力加强对非公有经济的扶持力度，切实解决中小企业融资贷款难、税负重、非市场化干预多等问题，为其正常发展创造有利条件，以利于促进增加其职工的工资；同时，在非公有经济加强工会组织建设，为推行劳资集体平等协商提供组织保障。四是深化国有垄断行业改革，认真落实打破垄断的各项措施，允许并真正实行多种所有制经济进入，促进打破垄断；同时逐步推动国有企业从竞争性领域退出，以利于从根本上促进缩小行业之间收入差距。五是进一步转变政府职能，减少和规范行政审批，以减少行政收费和权力寻租行为的发生。六是强化各级人大的监督职能，加强对政府财政预算内外收入支出的监督，改进财政预算报表使之易看易懂，以便于人大代表审核财政预算支出，切实监督其中用于社会保障和其他用于民生转移支付的比例、额度是否满足保障和改进民生的需求，否决用于豪华楼堂馆所建设等不当支出、不当投资等；进一步增强人大代表、政协委员以及社会公众对关系民生建设等事项决策的监督力度，提高科学性、公正性。七是进一步加强社会主义文化建设，引导全体人民树立正确的价值观、财富观，逐步扭转唯利是图等错误观念；同时，逐步对用人单位以及个人分别建立信用、征信管理系统，对不守诚信且屡教不改者建立污点档案，形成压力和监督机制，全面恢复社会诚信，为规范分配秩序奠定思想基础和创造有利环境。

此外，要大力夯实收入分配基础。进一步完善财务会计制度、审计制度等，为加强薪酬管理提供有利的宏观基础管理条件；进一步健全银行监管制度，完善实名制存取款，逐步实行省市区乃至全国银行联网，更真实准确掌握单位、个人收入情况，减少现金交易，为强化征收企业税费和个人所得税夯实基础；进一步完善现代企业制度，所有公司制企业都要加紧完善法人治理结构，强化内部制衡机制，特别要有效发挥公司所有股东尤其是小股东参与公司决策和职代会参与企业民主管理的作用，为企业正确安排企业高管与职工薪酬关系及其合理增长提供内部制衡机制保障。

第三部分

合理调整若干重大工资收入分配关系

第六章　构建工资收入分配比例关系的框架探索

要解决工资收入分配关系不合理的问题，逐步理顺薪酬分配关系，需确立合理的薪酬分配量化比例关系来引导，同时由有关方面分工合作并分类有针对性地采取措施才能取得成效。为此，构建合理的薪酬分配量化比例关系分析框架就成为一项重要任务。

一、必要性、可行性和研究定位

（一）必要性

构建合理的工资收入分配比例关系框架，具有必要性。一是弥补我国人力资源市场均衡价格及其信号缺失的需要；二是正确判断工资收入分配关系合理与否的需要；三是引导合理调整工资收入分配关系的需要；四是贯彻落实中央关于合理调整工资分配关系，回应社会各界期盼的需要。

（二）可行性

探索构建合理的工资收入分配比例关系框架，具有可行性。一是在理论上具有可行性。人们可以对工资分配关系不合理做出判断，相应地就有可能对合理的工资收入分配关系做出判断。二是在路径上具有可行性。合理的工资收入分配关系可以从客观决定和主观认定两个途径实现。在客观决定方面，工资收入受到劳动力市场、企业效益、劳动生产率、政府政策等方面的影响，将这些因素进行量化分析，有可能通过量化模型测算得出可供参考的比例关系；在主观认定方面，横向通过对处于相同或相近发展阶段的其他国家和地区的相关分配关系进行分析，纵向通过对我国计划经济时期到经济体制转轨时期和社会主义市场经济体制框架建立后相关分配关系进行分析，以及当前人们对于工资收入分配比例关系的看法，通过比较，得出何为比较合理的工资收入分配比例关系。

（三）框架定位

探索构建合理的工资收入分配比例关系框架的定位，主要包括三个方面。一是系统性。合理的工资收入比例框架体系是一个从理论出发，以实践为依据得出的一个比例框架体系，更重要的是找出影响各个比例变化的因素，绝不是为了比例而比例化。二是指导性。合理的工资收入分配比例关系可以为包括政府在内的相关各方判断工资收入分配差距是否合理提供参考借鉴，但是政府相关部门绝对不能以简单固定比例作为强制调整依据。三是动态性。合理的工资收入分配比例关系是一个动态过程，依据相关影响因素的变动相应变动，一定不是一个固定数值。

二、工资收入分配比例关系框架的构成

完全意义上的工资收入分配比例关系包括宏观、中观、微观不同层面的比例关系。其中，宏观层面工资收入分配比例关系主要包括劳动报酬占初次分配的比例关系，工资总额占劳动报酬的比例关系，劳动报酬占人均 GDP 的比例关系等；中观层面主要包括最低工资占人均 GDP 的比例关系，最低工资占社会平均工资的比例关系，最低工资与居民最低

生活保障标准、失业保险标准的比例关系，地区之间机关事业单位的工资比例关系，机关与事业单位之间的工资比例关系，机关相当于企业的工资比例关系，行业之间的工资比例关系，国有企业负责人的收入与社会平均工资的比例关系等；微观层面主要包括企业工资总额、人工成本与企业利润总额的比例关系，职工工资与企业劳动生产率增长之间的关系，用人单位内部高层、中层、低层人员的工资比例关系，用人单位内部管理、技术、操作人员的工资比例关系等。

就相互之间的关系来看，宏观、中观、微观层面的工资收入分配比例关系之间具有一定相关性，但不是简单的因果关系。总体而言，微观层面特别是中观层面的工资收入分配比例关系合理了，有助于宏观层面合理的工资收入分配比例关系的形成。但是由于各个比例关系之间的影响因素各不相同，各个比例关系大都没有直接的传递路径，不是简单的因果关系。比如，宏观工资收入分配的比例关系中的劳动报酬占初次分配的比例关系，影响因素包括劳动力、资本、土地、技术进步等生产要素，劳动报酬占初次分配的比重主要涉及分子（劳动报酬）和分母（GDP）之间的变动关系；比如，最低工资标准受到居民最低生活消费支出、居民消费价格指数、每一就业者负担系数、社会平均工资等相关因素的影响，其占社会平均工资的比例则不仅仅受到最低工资标准高低的影响，还受到人力资源结构、产业结构、经济发展程度，甚至是统计真实性等的影响；比如，相对合理的行业之间工资分配比例关系与行业之间的劳动生产率相匹配，与行业之间的人力资源结构相匹配，与行业之间的资本有机构成状况相匹配的工资比例关系；比如，国有企业负责人工资分配合理与否需要与企业效益相匹配，与企业规模相匹配，与本企业职工工资相协调，与企业负责人工资外的人事制度安排、职位消费相统筹等等。

三、"合理"内涵的理论分析

(一) 何为"合理"的工资收入分配关系

从理论上讲，合理的工资收入分配关系是在公平处理资本与劳动利益分配关系的前提下，以劳动力、管理、技术等劳动要素分别获得自身应得劳动报酬为基础进行比较的结果。从量化关系上讲，合理的工资收入分配量化比例关系，是对社会主流认识判断不合理的工资分配量化比例关系中剔除非市场、非劳动等不合理因素，同时参考现实中存在的社会主流价值判断比较合理的工资分配量化比例关系，综合这两方面情况得出的量化分析结果。

从另一个角度看，不合理的工资收入分配关系是指相关工资收入分配关系要么因为差距过小而损害经济效率和经济发展，要么因为差距过大而超过相关主体的承受范围，影响社会稳定。

合理的工资收入分配关系要有利于提高资源配置效率，有利于促进经济持续增长。工资收入是广大劳动者最现实的利益，合理的工资收入分配关系要有利于保障相关主体的权益，有利于调动劳动者的积极性。当前，我国仍然处于社会主义初级阶段的基本国情决定了只有大力发展生产力，才有可能最大限度、最广范围保障劳动者的权益，才有可能为工资收入分配关系合理化奠定物质基础，也就是说工资收入分配关系合理化只有在经济社会快速发展的基础上才有可能实现。

合理的工资收入分配关系要有利于促进收入分配公平，有利于实现社会稳定。工资收入是收入的重要组成部分，收入分配公平是社会公平的重要组成部分，合理的工资收入分配关系对于社会和谐稳定具有重要影响。如果工资收入分配差距过大或者过小，超出相关主体的承受范围，则有可能激起不满情绪，对社会稳定构成威胁。

(二) 从目标指引角度理解"合理"

合理的工资收入分配比例关系是一种目标，在某种程度上具有一定的超越性。这可以从三个角度来理解：一是合理的工资收入分配比例关系在某一阶段不一定能够达到，其更多是一个指引，引导相关比例关系向“合理”的比例靠近；二是“合理”的比例关系是一个区间，而不一定是一个具体定值，从而发挥其目标指引的作用；三是目标指引作用的发挥具有一定的时间限制，某一“合理”的比例区间仅在一定时间段内具有指导性，过了这个时间段或者相关条件发生显著变化，其也需要相应调整。总而言之，“合理”的工资收入分配比例关系应该是一个目标，是一个不断变化的动态均衡的区间，是在判断相关工资收入分配关系是否合理时的一个参考。

（三）从“应得”角度理解“合理”

对于何为合理的工资分配关系，不同信仰、不同价值观、不同发展阶段，对其有不一样的理解，但让资本、劳动、管理、技术等分别获得其应得的劳动报酬，是公平合理工资分配关系的应有之义。

这当中就有一个从“应得”角度理解“合理”与否的问题。一是“应得”是博弈的结果，是市场、企业、劳动者等多主体多次博弈的结果，这一博弈是在某一特定市场环境下达成的，不同的博弈环境也相应有不同的“应得”，“应得”是市场中多次交换自然形成的，不是简单计算的结果。二是“应得”是与贡献相比较的结果，贡献大，“应得”应该多，贡献小，“应得”应该少。三是“应得”与博弈相关各方的体制机制安排相关，保障“应得”有赖于劳动力市场的有效运行，由市场供求、劳资双方平等协商决定劳动者工资的多少。

（四）从按贡献分配角度理解“合理”

正如前所述从应得角度理解“合理”所述一样，合理的工资收入分配关系应该是在充分体现各生产要素对生产的贡献后形成的工资收入分配格局。由于劳动、资本等要素以及企业、居民、政府等相关主体在经济增长中各自发挥了作用，并且这些作用可以通过不同要素的边际生产力的贡献程度来进行界定，劳动所有者和资本所有者以及相应的企业、居民和政府都应按照对经济增长的贡献获得报酬。

按贡献分配是市场经济条件下融合各种分配形式为一体的分配原则，其真正实现的前提条件是存在一个完全竞争的市场。在完全竞争的市场中，各个要素都能够自由流动，那么通过各个要素的自由流动，各要素的报酬将会停留在边际生产力水平上，此时形成的工资收入是一个“合理”的工资收入。

当然，完全竞争的市场是不大可能存在的，这就要求从合理的因素或者不合理的因素的角度进行工资收入分配比例关系的界定。符合完全市场竞争的要素，即是决定工资收入分配比例关系时的合理要素；不符合完全市场竞争的要素，则是在确定合理工资收入分配比例关系时要剔除的要素。

（五）从主客观相结合角度理解“合理”

“合理”的工资收入分配关系具有一定的客观性。从理论上讲，边际生产率工资理论认为，劳动的边际生产率决定了长期的工资水平；均衡价格工资理论认为，工资是由劳动需求的价格和供给价格相均衡时的价格决定的；集体谈判工资理论认为，在一个短时期内，工资不再完全取决于劳动边际生产率和劳动力供求均衡这两个前提条件，在一定程度上取决于雇主和雇佣劳动者之间的力量对比等。也就是说，工资收入是由一些相对稳定的因素决定的，不是随意，也不是没有规律的，那么合理的工资收入分配关系也就自然而然地具有一定的客观性。

同时，“合理”的工资收入分配关系也具有一定的主观性。对于工资收入分配比例关系，有人认为，按照既定的资源进行分配是理所当然的，是合理的；有人认为，工资收入分配应该最大程度地实现社会平等才是合理的；有人认为，市场经济条件下现存的即是公正合理的体制安排，在此背景下胜者为王的分配原则才是合理的等，不同人员对于合理的工资收入分配关系均存在一定的主观性。具体到劳动报酬占初次分配的比重，地区之间工资收入的比例关系，行业之间工资收入的比例关系，高管与普通职工、社平工资的比例关系，最低工资占社会平均工资的比例等，在不同时期、不同发展阶段、不同国情、不同文化、不同人群中也均可能有不同的认识和判断，并且随着经济社会发展，人的主观感受更加被重视将是必然趋势。这些不同的主观判断的基础，主要来源于对工资收入分配比例关系形成机制合理性、正当性的判断。比如，拥有人力资本的劳动者应该拥有更高的工资收入分配是一种判断，但是另一部分人可能认为"英雄不问出处"，按照贡献、按照市场认可程度获取工资收入才是合理的，并且这些不同判断在不同的国情文化背景下，在分配关系发生剧烈变动过程时更有可能产生不同的认识。

四、若干工资收入分配比例关系的影响因素分析

（一）影响工资收入分配的一般因素

第一，劳动存在差别是微观工资收入分配存在差别的根本因素。生产决定分配，在个体层面，有效劳动或者说劳动贡献应该是个人工资收入分配的唯一依据和尺度，等量劳动、等量贡献应该获得等量报酬。在现实生活中，由于个人之间的劳动能力、劳动态度、劳动效率不同，在经济社会活动中作出的贡献不同，这从根本上影响着个体工资收入分配差别，并且对于行业之间、地区之间的合理工资收入分配的界定也有着重要作用。

第二，劳动力供求状况不同是工资收入分配存在差别的重要因素。在市场经济条件下，劳动力成为商品，工资即为劳动力价值的表现形式，工资水平是在市场中由劳动力的供求状况来决定，并通过劳动力供求主体双方的相互选择、相互竞争来实现的。当某一行业、部门、企业或者某个层次的劳动力供不应求时，工资水平就会上涨；而当某一层次劳动力的供给已经饱和或超过一定的限度，工资水平就会下降。当然，劳动力供求状况也受到政府政策、工会组织以及分割的劳动力市场等制度因素的影响，进而也会影响和决定工资收入分配状况。

第三，劳动效率差别是工资收入差别的重要影响因素。当企业经济

效益好时，则说明相关各方的总体劳动产出较多，相应各方的工资水平会趋于上升；反之，则趋于下降。不同行业、不同地区、不同企业的劳动者由于所在行业、地区、企业的劳动生产率差别较大，在很大程度上影响着相互之间的工资收入分配关系。需要注意的是，合理的劳动效率差别应该是充分竞争的市场情况下的差别，那些非竞争因素等带来的劳动效率差别不是合理的差别，相应的工资收入分配差别也不是合理的工资收入分配关系。

(二) 地区工资收入分配关系的影响因素

近些年，我国地区之间的工资收入差异处于扩大状况。张建红等[①]根据国家统计局各年份的《中国统计年鉴》数据计算出了我国 GDP 的基尼系数和工资的基尼系数，如图 6—1 所示。

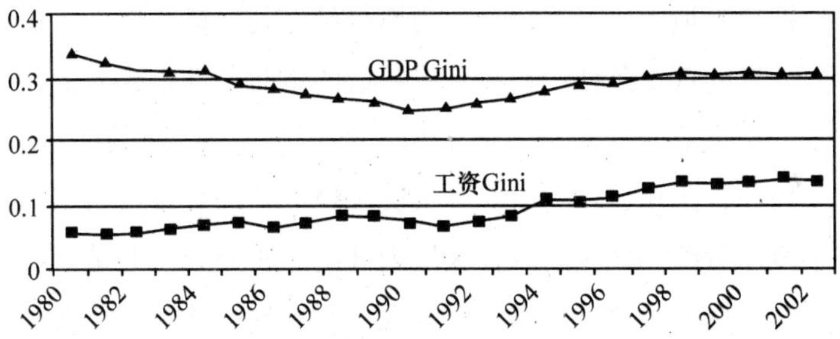

图 6—1　中国基尼系数

由图 6—1 可以看出，改革开放以来的 20 多年内，我国工资的基尼系数一直处于一个先慢后快上升的趋势通道之中，而 GDP 的基尼系数自 20 世纪 90 年代开始有小幅上升之后，逐渐于本世纪初稳定在 0.3 的水平。这在很大程度上说明了曾经扮演重要角色的地区类别工资制度由于市场机制的引入而失效。

地区之间工资收入分配关系主要受到七个因素的影响。一是地区之间的物质资本差异。物质资本和人力资本共同决定着经济发展，很多研

① 张建红等. 中国地区工资水平差异的影响因素分析 [J]. 经济研究，2006 (10)：62—71.

究证明，物质资本差异、固定资产投资差异是影响地区之间经济发展差异进而影响地区之间工资收入差异的重要因素。二是地区之间的人力资本差异。大量的定量研究证明，人力资本差异，以及以其为表征的地区之间教育培训投入水平的差异是影响地区之间工资收入水平的重要影响因素。三是全球化带来的国际贸易和外国直接投资（FDI），通过乘数效应、技术转移、溢出效应和竞争作用，对经济增长有重要的影响作用，因此，区域间外贸依存度和 FDI 等因素的差异对地区工资收入差距的影响也受到日益广泛的关注。四是城市化及其带来的产业空间集聚、人力资本集聚程度等在很大程度上也影响着地区之间的工资收入水平差异。五是市场化及其带来的产业结构和资源配置效率的差别也是影响地区之间工资收入水平差异的重要因素。六是各地区的禀赋条件差异影响着地区工资收入差异。从各地区的区域禀赋来看，各地区的特定因素如自然资源和地理位置等，是一类不可补偿的禀赋条件，是影响地区工资收入差异的重要条件；这些不可补偿的禀赋条件也成为消除地区间工资差异的最大难关。另外，政府可以通过加大对基础设施建设的投入，改善居住、医疗、社会治安等人文环境以及加快以人为本的城市化进程等手段尽量缩小地区间以及区域内部的工资差异。七是劳动力流动的难易程度也影响着地区之间工资收入水平差异。从新经济地理学的视角来看，劳动力跨区域流动的障碍是导致沿海地区劳动力短缺的重要原因；同时这也导致沿海地区的市场准入远高于别的地区，从而抬高了该地区的工资水平。解除束缚劳动力流动在制度上的桎梏，建设灵活的、可调节的劳动力市场，鼓励中西部劳动力向东部地区转移，降低沿海地区的市场准入是消除地区间工资收入差异的重要方法。

总体而言，经济发展水平决定了地区工资差异。上述多种因素都可以证明，有利于地区经济发展的因素将有可能影响地区工资收入水平差别。很多研究证明，因为不同地区在市场化程度、技术进步、外来资本、经济外向依赖度、政府支出、地域禀赋、固定资产投资和出口等方面存在着较大差异，导致地区之间经济发展模式和发展水平存在很大差异。同时，不同地区的人力资本投入也有很大不同。因此，可以想见，决定我国地区间工资收入差距的最根本因素是各个地区的经济发展水平。

（三）行业工资收入分配关系的影响因素

行业工资收入分配关系的影响因素主要有：

一是行业间劳动效率的差异影响着行业工资收入水平的差异。不同的行业劳动效率的产出不同，相应的促使各个行业达到最优效率的劳动者的工资自然就不同了。

二是行业之间的人力资本差异影响着行业之间的工资收入水平。不同行业对人力资本的需求各有差异，不同行业职工进入行业所需付出的先期成本以及专业的可进入程度有所不同；同时各行业内部分配规则对于人力资本价值的体现程度也有所不同，有些行业对于高端人力资本的价值体现较为充分，有些行业则不然，这在很大程度上导致了我国行业工资收入差距。

三是非竞争性影响因素，包括工会等相关主体的力量强弱、垄断程度等体制性因素等。国内已有的很多研究分析了体制因素对行业工资差距的影响，认为垄断（所有制垄断）是导致行业工资差异的主要原因，垄断性行业较非垄断性行业更容易获得超额利润，为行业职工工资的提高创造条件，并且与非垄断性行业相比，垄断性行业在利益分配上有更强的向个人倾斜的倾向；此外，垄断性行业属于行政性的垄断行业，几乎没有市场压力，即使存在，它也可以更容易地将增资带来的压力转化出去。有研究认为，20 世纪 80 年代中期的劳动力市场改革以及 90 年代中期的企业改革，先后引发了中国行业平均工资排序的剧烈变化，在改革过程中，一些具有垄断特征的行业的平均工资，或始终维持较高水平，或在改革中不断跃升。并且行业之间的相对工资水平已逐渐地不再取决于行业的劳动强度及艰苦危险程度，而是主要取决于行业的垄断程度，各行业相对工资水平的变化，可以由该行业垄断程度的相对变化所解释。同时，由于行业垄断导致的福利补贴分布比工资分布的不均等性程度要更高，也就是说垄断因素在我国行业工资收入分配中扮演着重要角色。

（四）最低工资占社平工资比例关系的影响因素

最低工资占社会平均工资的比例关系的影响因素，既包括影响最低工资的因素，也包括影响社会平均工资水平的因素。影响因素主要有：

一是基本生活成本和居民消费价格指数。最低工资标准必须满足劳动者及其供养者的基本生活需要，所以生活费用是最低工资标准的直接影响因素。领取最低工资劳动者的生活费用增加，最低工资必然应相应提高。考虑基本生活成本，理所当然在居民消费价格指数发生变化，即生活成本发生变化时，最低工资标准需相应调整。

二是劳动者负担水平。最低工资标准是区别于失业保险和最低生活保障的一个重要因素，其不仅需要维持劳动者本人基本生活，还需要维持赡养人的生活需要。这一影响因素同时也影响社会平均工资收入水平，进而影响两者之间的比例关系。

三是企业支付能力和经济效益水平。最低工资最终需由企业支付，因此影响因素的一个重要方面是确定最低工资标准应考虑到企业特别是劳动密集型、部分或者大部分岗位工资水平稍高于或者相当于最低工资标准企业的支付能力，应与企业的支付能力相适应。不同地区不同时期最低工资水平的高低和增长速度的快慢，最终都要受到各地区或各时期经济发展、劳动生产率水平及其增长速度的制约。随着经济发展水平的提高，劳动生产率水平的提高，劳动者生活水平会普遍改善，不仅消费量增加，而且消费的内容也不断丰富，因此，适用最低工资职工的生活水平也应提高。这一影响因素同时也影响社会平均工资收入水平，进而影响两者之间的比例关系。

四是劳动力市场供求状况。最低工资标准与市场供求形成的劳动力价格有着较大关系。市场竞争自然形成的适用于普通劳动者的工资标准与政府确定的最低工资标准如果相差过大，可能会存在问题。这一影响因素同时也影响社会平均工资收入水平，进而影响两者之间的比例关系。

五是不同的人力资源结构对比例关系会产生不同的影响。高等级劳动者占大多数的地区，社会平均工资将会较高，但是最低工资标准受到的影响将会小得多。

六是不同的产业结构对比例关系会产生不同的影响。一个地区的产业结构对最低工资标准的影响相对不大，但是不一样的产业结构却对社会平均工资的影响较大，进而影响最低工资与社会平均工资的比例关系。

（五）企业内部工资收入水平差异的影响因素

企业内部活力的大小很大程度上在于内部工资分配机制是否合理，是否有利于调动员工的积极性，是否有利于增强企业的市场竞争力和持续创新能力。

企业内部高管与普通员工之间以及管理技术操作不同类别之间的工资收入分配比例关系也受到劳动效率差别、不同类别人力资源市场供求状况以及人力资本差异的影响。一般而言，企业内部岗位人员之间劳动效率差别越大，则其工资收入分配差距越大；某一层次（如高管）或者某一类别（如技术人员）在市场上越供不应求，其在企业内部与其他员工的收入差距就越大；企业内部各岗位人员人力资本差距越大，其工资收入差距也就越大。

同时，企业内部岗位分布特征的差别、企业文化的差别、企业类型的差别（团队型作业或者其他工作方式）也是导致企业内部工资收入差距不同的重要因素。

五、确定合理的工资收入分配比例关系的实证路径

在前述理论分析及影响因素分析的基础上，要确定合理的工资收入分配关系，可通过以下一些步骤实现。

（一）将工资收入分配比例关系的影响因素操作化

只有将工资收入分配比例关系的影响因素操作化，才有可能将理论

分析转化为实证结果，这就要求在构建指标体系时，选取的每一个指标都必须是可操作的，能够通过一定的方法及时搜集到准确的数据。

以地区之间的工资收入分配比例关系为例，分析其受到地区之间经济发展状况的影响。相应的可选择 GDP、固定资产投资额、财政收入、人均 GDP、人均固定资产投资、人均财政收入指标，作为地区之间经济规模的操作化指标；选择第三产业增加值比重、第三产业就业人员比重、外贸依存度指标等，作为地区之间经济结构的操作化指标；选择 GDP 增长率、第三产业增长率、固定资产投资增长率、财政收入增长率等指标，作为地区之间经济发展速度的操作化指标。此外，可选择地区受教育年限作为地区人力资本差别的操作化指标等。

以行业工资收入分配比例关系为例，对于垄断程度的衡量，可以用行政垄断程度表示行业垄断程度，并可进一步将其操作化为以行业内国有企业职工占全部职工的比重为指标，或者操作化为以行业内人均占有的国有资产量来衡量行政垄断程度。对于行业人力资本差别的衡量，可以用行业劳动者的平均受教育年限作为操作化指标。对于行业劳动差别可以用行业人均劳动强度、劳动复杂程度、劳动环境的差别等来进行衡量。对于行业资源配置效率可以用行业劳动效率差别、技术效率差别、资源效率差别等进行操作化。其中行业劳动效益差别可以用行业劳动生产率作为操作化指标，行业技术效率差别可选择高新技术产业产值占比、万人专利受理数等指标；资源利用效率差别可选择单位 GDP 能源消耗、单位 GDP 建设用地、单位 GDP 水资源消耗等指标。

（二）通过构建合理影响因素和剔除不合理影响因素正反两种方式量化分析合理工资收入分配比例关系的区间

在将工资收入分配比例关系的若干影响因素操作化的基础上，需要分析影响比例关系的合理因素和不合理因素。

以行业工资收入分配比例关系为例，体现行业劳动效率差别的行业人均劳动强度、行业劳动复杂程度、行业劳动环境的差别、行业劳动生产率差别、行业高新技术产业产值占比差别、行业万人专利受理数指标差别、行业单位 GDP 能源消耗、行业单位 GDP 建设用地、行业单位 GDP 水资源消耗等指标是合理的影响因素和指标；体现行业人力资本差别的行业劳动者平均受教育年限差别是合理的影响因素和指标。但是，另一方面，体现行政垄断程度的行业内国有企业职工占全部职工的比重差别、以行业内人均占有的国有资产量差别等指标则为不合理的影响因素和指标。

以企业内部高管与普通员工之间以及管理技术操作不同类别之间的工资收入分配比例关系为例，体现劳动效率差别、人力资本差别、不同类别人力资源供求差别的劳动生产率差别、受教育年限差别、不同类别人力资源求人倍率差别指标是合理的影响因素和指标；但是，另一方面，性别歧视等因素是不合理的影响因素和指标。

将合理因素指标和不合理因素指标区分之后，可以采用两种方式构建相关数学模型，尝试计算相关工资收入分配比例关系的合理区间。一是针对合理因素及其指标的实际运行数据，计算相应的工资收入分配比例关系，并且根据不同年度或者阶段的数据，相应计算出不同的工资收入分配比例关系；二是通过横向纵向时间序列数据构建回归模型，剔除不合理因素，计算合理的工资收入分配关系区间，其中纵向指的是我国相关比例关系的时间序列数据，横向指的是与我国相同发展阶段国家的相关比例数据。

（三）通过对工资收入分配比例相关的一套体制机制的保障，促进形成合理的工资收入分配比例关系

合理的工资收入分配比例关系不仅仅需要通过计算得出参考数值，更应该是通过一套程序、一套机制的有效运作，自然形成的结果。

这主要源于两方面原因。一方面，对于何为合理的工资收入分配关系，哪些是合理的影响因素，在不同的发展阶段、不同的情境下，有不同的判断标准。也就是说，合理的工资收入分配比例关系在理论上仍然有不确定的地方；另一方面，任何指标的操作化都会丧失掉部分信息，以人力资本指标的操作化为例，以受教育年限作为人力资本的代表指

标，在一定程度上并不一定完全准确，但这是要求数据可得前提下的妥协。也就是说，合理的工资收入分配关系相关影响因素的操作化指标的代表性具有一定的不确定性，如果再考虑到目前相当部分数据的质量不高等因素，更加证明了构建模型计算得到的结果仅仅是一个参考。

这套体制机制包括保障机会公平、起点公平的体制机制安排。保障机会平等需补偿一切个人无法改变的、不可控的并影响个人收入的影响因素。这些影响因素主要包括父母的教育水平和职业、家庭收入、家庭人口规模、居住地或出生地、民族或种族、性别等。其中，我国二元城乡结构的机会不平等是比较明显的。二元经济结构，严重的城乡差别会使城乡居民获得受教育的机会和获得收入的机会差距很大。人力资本差异是最终工资收入分配差异的重要影响因素，保障机会公平、起点公平就要求在义务教育保障、教育机会均等等问题上，不因其个人或者家庭的经济状况的不同而区别对待，应提供相等的受教育的机会。二元结构会导致城乡居民收入水平差异很大，收入水平的差异带来受教育机会的不均，同时地区之间高等教育机会分布不均，公办学校及师资力量分布不均，都在很大程度上影响着受教育机会。同时，二元城乡结构会导致工业部门发展的不平衡，进而导致就业机会的不平等，这一不平等又表现在各大区域间的就业机会不平等以及社会福利制度上的机会不平等，如城市就业政策中的对农村劳动力的歧视，发达地区对不发达地区劳动就业者的歧视性政策，福利政策对农民的歧视等。

这套体制机制包括保障市场充分竞争、市场主体充分流动的体制机制安排。按贡献分配中“贡献”的大小，往往并不仅仅取决于劳动者，还取决于劳动者所掌握的物质资料。一个人的脑力体力的付出，必须和一定的物质资源进行具体的、特定的、直接的结合，才能作出贡献。在分配中只考虑一个人脑力体力的付出，不考虑这种付出和某一特定的物质资源的结合情况，这在现实中是极难操作的。这就要求在物质资料的获取上应该有相应的体制机制安排，保障各相关主体获取机会平等，比如打破垄断，创造平等的市场竞争环境等就属于这方面的体制机制安排。也就是说，劳动和工资的交换是通过市场的自愿交换和契约原则，秉承按贡献分配的原则，一个人所获得的、所分配到的收入，和他的贡献成正比。这里要做到相关主体权利的平等，资方、劳方等相关各方在知情权、规则制定权、参与分配权、共享收益权等方面需享有平等的权利。

这套体制机制还包括针对最终分配结果的公开透明的体制机制安排。体制机制安排上要保障“公”，即规则公开、过程公开、结果公开，“阳光是最好的杀毒剂”，通过全面深入的公开，进而形成合理的工资分配关系。

第七章　逐步提高低收入工薪劳动者工资水平

近年来，随着我国居民收入差距的逐步扩大，居民收入分配成为党中央和政府高度关注的问题。党的十八大报告提出，到 2020 年，实现国内生产总值和城乡居民人均收入比 2010 年翻一番，规范收入分配秩序，保护合法收入，增加低收入者收入，调节过高收入，取缔非法收入等。国家“十二五”规划纲要提出，在初次分配和再分配中都要处理好效率和公平的关系，再分配要更加注重公平，加快形成合理有序的收入分配格局，努力提高居民收入在国民收入分配中的比重，提高劳动报酬在初次分配中的比重，尽快扭转收入差距扩大的趋势。

人力资源和社会保障部“十二五”规划纲要中也明确了，当前我国职工工资正常增长机制和支付保障机制还不完善，工资收入分配差距较大，要在未来一段时期内合理调整工资收入分配关系，加快形成合理有序的工资收入分配格局，加强对工资收入分配宏观调控和指导。对此，学者专家和社会各界广泛认为，“提低、扩中、控高”是扭转收入差距扩大和形成合理收入分配格局的必要步骤。其中，“提低”和“控高”是“十二五”期间政府调控的重点，其原因在于低收入群体长期以来收入增长缓慢和部分人员不公平不合理收入偏高，已经成为社会最关注的热点问题，也是老百姓急切希望解决的问题。

为了合理调整收入分配关系，提高低收入者的收入水平，课题组重点研究低收入工薪劳动者工资增长的问题，通过考察低收入工薪劳动者的收入现状，分析这一群体工资水平较低的原因，提出相关政策建议。

一、当前我国低收入工薪劳动者工资水平现状

(一) 低收入工薪劳动者的界定

低收入工薪劳动者（Low income salaried workers）不同于贫困人口（Poor population）、低收入群体/家庭（Low income groups/family）和城镇低收入群体（Urban low income groups）等概念。

从外延上来看，低收入群体外延最大，贫困人口和低收入工薪劳动者是其下位概念，二者有一定程度的交叉（参见图 7—1）。按照课题组的界定，当前我国低收入群体主要包括农民、城乡困难居民、企业退休人员和低收入工薪劳动者，因此低收入工薪劳动者只是低收入群体的一部分。

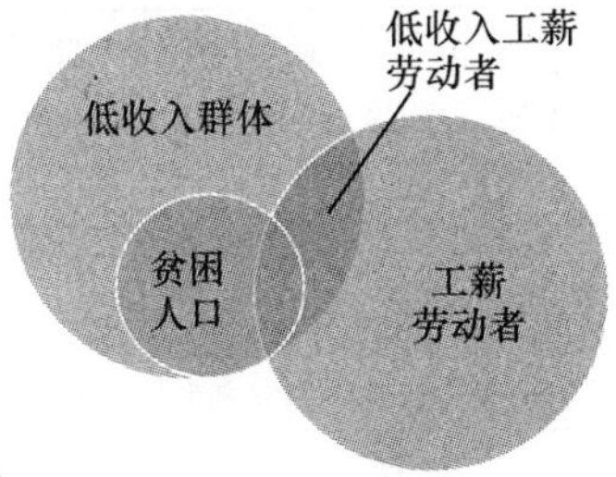

图 7—1　低收入工薪劳动者概念的外延界定

从定性来看，低收入工薪劳动者主要指企业中工资收入偏低且以工资为主要收入来源的在岗职工。本课题的分析单位是企业中的在岗职工，采用的是个人工资收入，而不是家庭收入，工资中不包含福利、奖金和津补贴等。

从定量来看，国外相关研究中对低工资群体的界定有很多标准，例如，日本劳动政策研究所（2009）分别用低于法定最低工资标准和相当

于法定最低工资标准的1.05倍、1.1倍和1.15倍等标准界定低收入工薪劳动者，欧盟委员会用平均工资的75%作为衡量低工资群体的标准，国际劳工组织（2010）确定低工资群体为所有劳动者工资中位数2/3以下的人群。

本课题采用相对值法，界定年均工资低于当地城镇单位在岗职工平均工资50%的职工为低收入工薪劳动者①，这一群体主要指企业在岗职工，不含公务员、事业单位职工和企业离退休人员。② 从目前来看，低收入工薪劳动者主要分布在中小微型企业，其构成人员主要是农民工。根据国家统计局、人力资源和社会保障部、工业和信息化部等部门的数据，我国中小、小微企业从业人员约2亿人，占我国全部工薪劳动者总数的64%，其中约1.4亿人为农民工。因此，低收入工薪劳动者主要是指中小、小微企业和个体工商户中以农民工为主体的劳动者。③

根据这一标准，从全国范围来看，2010年按名义工资计算的低收入工薪劳动者工资水平上限为18 574元/人·年，其他年份的上限标准值参见表7—1。

表7—1　1995—2010年我国低收入工薪劳动者工资上限标准　单位：元

年份	城镇单位就业人员平均工资	城镇单位在岗职工平均工资	低收入工薪劳动者工资上限
1995	5 348	5 500	2 750
1996	5 980	6 210	3 105
1997	6 444	6 470	3 235
1998	7 446	7 479	3 740

① 国家统计局针对城镇单位人员平均工资的统计分为两个口径：一个是城镇单位就业人员平均工资，另一个是城镇单位在岗职工平均工资。其中，在岗职工是指在本单位工作并由单位支付工资的人员，以及有工作岗位，但由于学习、病伤产假等原因暂未工作，仍由单位支付工资的人员。本课题研究对象主要集中于企业在岗职工中的低工资人群，但在与其他群体比较时会综合考虑收入、就业人员平均工资等指标。

② 按照国际上最低工资标准约占社会平均工资40%～60%的统计规律，这个标准在一些地区能高出最低工资标准10%。

③ 中国（海南）改革发展研究院主编. 收入分配改革的破题之路［M］. 北京：中国经济出版社，2012. 44—45.

续表

年份	城镇单位就业人员平均工资	城镇单位在岗职工平均工资	低收入工薪劳动者工资上限
1999	8 319	8 346	4 173
2000	9 333	9 371	4 686
2001	10 834	10 870	5 435
2002	12 373	12 422	6 211
2003	13 969	14 040	7 020
2004	15 920	16 024	8 012
2005	18 200	18 364	9 182
2006	20 856	21 001	10 501
2007	24 721	24 932	12 466
2008	28 898	29 229	14 615
2009	32 244	32 736	16 368
2010	36 539	37 147	18 574

数据来源：根据国家统计局《2011 年中国统计年鉴》（电子版）整理。

由于各地经济发展水平不同，使用全国的平均工资标准并不能很好地反映各地低收入工薪劳动者的工资相对水平。经济发达地区的低收入工薪劳动者在经济落后地区绝对工资收入可能并不低，例如，如果运用同一标准去衡量北京和甘肃的低收入工薪劳动者，可能造成经济落后地区标准过高的问题。分别针对不同地区设定不同的标准，能够客观体现各地区低收入工薪劳动者的实际工资水平，行政区域层次分得越细，越有利于判断低收入工薪劳动者工资收入状况。考虑到本课题研究的整体性，我们将按省级为单位划定不同地区低收入工薪劳动者的工资上限，表 7—2 反映了按照名义工资折算的低收入工薪劳动者工资上限标准。

表 7—2　2010 年按地区划分的低收入工薪劳动者工资上限　单位：元

地区	城镇单位就业人员平均工资	城镇单位在岗职工平均工资	分地区低收入工薪劳动者工资上限
北　京	65 158	65 683	32 842
天　津	51 489	52 963	26 482
河　北	31 451	32 306	16 153

续表

地区	城镇单位就业人员平均工资	城镇单位在岗职工平均工资	分地区低收入工薪劳动者工资上限
山　西	33 057	33 544	16 772
内蒙古	35 211	35 507	17 754
辽　宁	34 437	35 057	17 529
吉　林	29 003	29 399	14 700
黑龙江	27 735	29 603	14 802
上　海	66 115	71 874	35 937
江　苏	39 772	40 505	20 253
浙　江	40 640	41 505	20 753
安　徽	33 341	34 341	17 171
福　建	32 340	32 647	16 324
江　西	28 363	29 092	14 546
山　东	33 321	33 729	16 865
河　南	29 819	30 303	15 152
湖　北	31 811	32 588	16 294
湖　南	29 670	30 483	15 242
广　东	40 432	40 358	20 179
广　西	30 673	31 842	15 921
海　南	30 775	31 025	15 513
重　庆	34 727	35 326	17 663
四　川	32 567	33 112	16 556
贵　州	30 433	31 458	15 729
云　南	29 195	30 177	15 089
西　藏	49 898	54 397	27 199
陕　西	33 384	34 299	17 150
甘　肃	29 096	29 588	14 794
青　海	36 121	37 182	18 591
宁　夏	37 166	39 144	19 572
新　疆	32 003	32 361	16 181

数据来源：根据国家统计局，《2011 年中国统计年鉴》（电子版）整理。

（二）低收入工薪劳动者的特征

在我国，低收入工薪劳动者有其相对显著的群体特征，这些特征体现在收入状况、行业和所有制分布、劳动权利行使、受教育程度以及消费等方面。具体来看，低收入工薪劳动者呈现出以下特点：

1. 低收入工薪劳动者的工资收入特征

一是收入中工资比例高。从2010年我国不同收入组各项收入比重情况来看，低收入组工资性收入比重约为66.1%，纵向来看，比2009年增长1.1%，但整体来看工资性收入比重在下降。横向比较来看，低收入组和中下收入组的工资性收入比重略高于中高收入组，也超出全国平均水平0.9个百分点。在收入五等分组中，低收入组的经营净收入比重较高，财产性收入比重低。①

表7—3　2010年全国城镇居民不同收入组各项收入比重状况　　%

收入类别	合计（100%）	低收入组（20%）	中下收入组（20%）	中等收入组（20%）	中上收入组（20%）	高收入组（20%）
工资性收入	65.2	66.1	66.9	66.4	65.5	63.4
经营净收入	8.1	9.5	7.4	6.4	6.9	9.7
财产性收入	2.5	1.2	1.1	1.5	2.1	4.1
转移性收入	24.2	23.2	24.5	25.7	25.5	22.8

资料来源：中国居民收入分配年度报告（2011）[M]. 北京：经济科学出版社，2011. 25.

二是工资水平较低。根据国家统计局的有关数据，2008年占全国职工总数约43%的制造、建筑、住宿餐饮、批发零售4个劳动密集型行业，职工平均工资仅相当于全国职工平均工资的80%左右。2007年和2008年，私营企业职工平均工资仅相当于城镇非私营单位在岗职工

① 低收入组的一些就业者虽然有城镇户籍，但实际从事的是与农民相同的农牧渔业生产，在城镇从事小型个体工商经营的人数也比较多，正是这一原因造成了经营净收入比重较高。低收入户的财产性收入比重是各收入组中最低的，其原因在于低收入者的财产积累极为有限，人均拥有的各类动产和不动产的价值远远低于其他收入组，自然导致其财产性收入比重过低。

的60%和58%，2009年这一比例降至55.6%。[①] 全国总工会的调查表明，企业一线职工2009年上半年的月平均工资为1 749元，相当于全国职工月平均工资的71.7%。企业中的农民工月平均工资为1 728元，相当于当年职工月平均工资的70.8%，被调查企业约有1/3的职工工资徘徊在当地最低工资标准附近。[②] 宋晓梧的研究表明，初次分配中农民工工资长期被过分压低，2008年长三角、珠三角9城市出口加工企业中，农民工平均工资仅为当地城市职工的40%左右。[③] 据广东省总工会的调查数据显示，2010年广东省农民工月平均工资为2 015元，而同年广东在岗职工月平均工资为3 363元，农民工月平均工资占在岗职工月平均工资的59.9%。

三是工资增长缓慢。由于工资基数较低，在工资增长同样比例的情况下，低收入工薪劳动者增资绝对量也比其他群体低。根据《2011中国住户调查年鉴》统计，2010年，全国城镇人均工资性收入为13 708元，增长10.7%，农村外出务工人员月均收入1 690元，增长19.3%，同期低收入工薪劳动者工资增长0.1%。从个别地区看，在珠三角和长三角务工的农民工收入分别为1 550元和1 866元，增速略低于全国平均增速。[④] 2009年，城镇非私营单位在岗职工年平均工资增长12%，私营单位就业人员年平均工资仅增长6.6%。2004—2008年，31个省会城市中有26个最低工资标准增速低于当地在岗职工社会平均工资增速。[⑤]

可支配收入方面，2000—2009年按五等分组收入增速的统计来看，低收入户收入年均增长8.86%，而中高收入组收入年均增长12.15%，

---

① 根据国家统计局近三年《中国统计年鉴》数据整理。

② 全国人大财经委专题调研组编. 国民收入分配若干问题研究［M］. 北京：中国财政经济出版社，2010. 3—4.

③ 宋晓梧. 建立完善的劳动报酬形成机制. 见：迟福林主编. 破题收入分配改革. 北京：中国财政经济出版社，2011. 93.

④ 国家统计局住户调查办公室编. 2011中国住户调查年鉴［M］. 北京：中国统计出版社，2011. 3，5.

⑤ 黄孟复主编. 中国中小企业职工工资状况调查［M］. 北京：社会科学文献出版社，2011. 6—7.

高收入组年均增长 14.24%。尽管从 2005 年以来的数据看，低收入组收入增长逐步加快，尤其是 2008 年以来快于其他收入组，但从增速结构来看，增长主要是依靠经营性和财产性收入，工资性收入增长仍然较慢。①

四是与其他群体工资差距大。主要体现在：一线普通职工与高层管理人员、技术人员薪酬差距大，不同企业规模职工工资差距大，不同所有制企业职工工资差距大。根据国资委提供的数据，2008 年沪市 A 股国有控股公司高管薪酬均值为 381 686 元，而同年样本企业的职工薪酬平均值为 21 259 元，相差 17.95 倍。② 相比企业专业技术人员和中层管理人员，一线职工工资收入也偏低。据全国总工会调查，2008 年被调查企业一线职工月均工资 1 890.9 元，中层以上干部约为 5 859.2 元，二者相差 3.1 倍，20%以上的企业一线职工与中层以上干部工资差距超过 5 倍。另据重庆市总工会的调查，重庆市 2011 年调查企业中的中高层管理人员、普通职工、农民工和劳务派遣工四类群体年均工资比为 1∶0.75∶0.58∶0.44，如果考虑到工资以外的各种福利、职务消费和非货币化收益等，实际收入差距更大。根据第一次全国经济普查资料显示，2004 年，全国大、中、小和个体工业企业员工年平均工资比例约为 100∶69∶46∶30。2009 年，私营企业、集体企业和国有企业员工年平均工资分别为 18 199 元、20 958 元和 35 053 元，比例约为 0.52∶0.6∶1。

2. 低收入工薪劳动者的分布特征

一是我国低收入工薪劳动者主要集中在中小、小微民营私营企业。根据国家工商总局 2010 年年底的数据显示，全国个体私营经济从业总人数超过 1.8 亿人，“十一五”期间累计吸纳就业 6 000 万人，为大量城镇无业人员、农村富余劳动力、高校毕业生和国企分流人员提供了就

① 根据 2005 年至 2009 年各年的《中国统计摘要》数据整理。

② 全国人大财经委专题调研组编. 国民收入分配若干问题研究 [M]. 北京：中国财政经济出版社，2010. 19－20.

业岗位，也成为低收入工薪劳动者就业的主要渠道。[①] 与国有企业和外商投资企业相比，私营、民营企业职工工资水平较低，根据国家统计局的数据，2009 年全国城镇私营单位从业人员平均工资为 18 199 元，相当于非私营单位在岗职工平均工资的 55.6%，相当于国有企业职工平均工资的 51.9%。[②] 全国总工会的数据显示，私营、个体企业职工月平均工资为 1 811.4 元。

二是我国低收入工薪劳动者主要分布在制造业、建筑业、服务业以及农、林、牧、渔等行业。从工资水平来看，低收入工薪劳动者主要分布在劳动密集型和竞争性行业，2010 年低于全国城镇非私营单位在岗职工平均工资水平（37 147 元）的行业有 8 个，分别是房地产业，批发和零售业，制造业，居民服务和其他服务业，建筑业，水利、环境和公共设施管理业，住宿和餐饮业以及农、林、牧、渔业，这些行业集中了全部就业人员的 40%以上，也是低收入工薪劳动者集中的行业。其中，按照城镇非私营单位统计，农、林、牧、渔业是平均工资最低的行业，平均工资为 17 345 元，相当于全国平均工资的 46.7%。按照城镇私营单位口径，年平均工资最低的是公共管理和社会组织业，平均工资为 8 900 元，是全国私营单位就业人员平均水平的 42.9%。

三是我国低收入工薪劳动者主要分布在企业生产一线和服务岗位。从企业角度来看，在制造业，一线职工比例一般占企业总人数的一半以上。在外向型经济企业、私营企业、劳动密集型中小企业，从业人员主要是各类企业生产一线职工、农民工、劳务派遣工等。另外，国有企业使用的劳务工也属于低收入工薪劳动者范围。根据全国总工会 2009 年的调查，月工资收入低于当年全国城镇在岗职工月平均工资的职工占被调查人数的 73.3%，低于月平均收入的占 67.2%，低于月平均收入

---

① 全国工商联编写. 2011 年中国中小企业调研报告［M］. 北京：中华工商联合出版社，2012. 3.

② 苏海南主持的全国人大财经委委托课题. 关于我国收入分配现状、问题及原因分析与对策措施建议（第二章）.

50%的占 17.3%，约 1/3 的职工工资徘徊在当地最低工资标准水平附近。① 根据原劳动和社会保障部 2006 年的五省抽样调查，一线岗位职工工资低于当地职工平均工资 50%的人数占 26.9%，工资水平低于当地最低工资标准 120%的职工人数占 10.3%，低于当地最低工资标准的职工人数占 5.4%。②

3. 低收入工薪劳动者的劳权特征

相比其他群体，低收入工薪劳动者劳动报酬权益受侵犯问题突出。劳动争议数量较多，社会保障不健全，缺少配套福利。这些主要体现在：

一是“同工不同酬”现象普遍，尤其是劳务派遣工差别待遇现象仍很突出。以重庆市农民工为例，2009 年以来全市农民工工资增长 33.9%，而劳务派遣形式的农民工工资仅增长 0.5%，劳务派遣工工资与职工平均工资比由 72.8%降低到 56.2%。

二是企业拖欠工资、欠薪逃匿问题仍时有发生。在全国总工会的调查中，2008 年国际金融危机期间约有 14.4%的职工遭遇过工资拖欠，相比 2007 年第六次全国职工普查高出 10.3 个百分点，农民工群体仍是欠薪逃薪的主要受害者，比例为 12.6%。

三是超时劳动、不依法支付加班费问题严重。第六次全国职工队伍状况调查显示，职工平均每周工作 48.76 小时，60.2%的职工周工作时间超过 40 小时，在加班的职工中，只有 55.2%的职工能够按照法律规定领取加班费，25.6%的职工不能足额领到，12%的职工完全领不到加班工资。

四是因劳动报酬引发的劳动争议案件增多。据人力资源和社会保障部统计，2009 年前三季度，劳动报酬争议所占各级劳动争议仲裁比例由 2008 年的 32.5%上升到 36.4%。

五是社会保障不完善，缺少配套福利，再分配“逆向调节”问题突出。由于社保强制性不足，在城镇就业人员中，养老、医疗保险参保率

---

①② 苏海南主持的全国人大财经委委托课题. 关于我国收入分配现状、问题及原因分析与对策措施建议（第二章）.

低，农民工的整体参保水平更低，许多劳务工的社保缴费基数低于工资水平，甚至按最低工资标准计算。

4. 低收入工薪劳动者的消费与投资特征

一是生活消费水平低下，消费能力不足。从低收入工薪劳动者家庭消费支出情况来看，2010 年城镇低收入户人均生活消费性支出 7 360 元，为全国平均水平的 54.6%，其中食品消费占生活消费总额的比重（恩格尔系数）为 44.1%，比全国平均水平高 8.5 个百分点；医疗支出 478 元，比全国平均水平（871 元）低 45%；人均住房支出为 114 元，也低于全国平均水平。整体来看，低收入工薪劳动者群体应对通货膨胀的压力更大，生活质量受物价上涨影响更明显。①

二是教育投资不足，受教育程度普遍较低。根据广东省统计局的调查，在广东 100 户低收入农村居民家庭的 6 岁以上成员中，初中文化水平以下就占 85.1%（其中，初中文化程度占 46.2%，小学文化程度占 30.2%，未上学的占 8.7%），大专及以上的比例只有 3.2%。② 由于低收入家庭的成员文化程度不高，掌握专业技能差，从而导致获得高薪职位的机会就越少，收入水平也越低，另外，低收入工薪劳动者家庭在子女的教育支出上也低于社会平均水平，容易导致贫困的“代际转移”。③ 教育在收入分配中的作用越来越重要，根据李实（2009）等学者的研究，我国近年来不同受教育程度人群之间的收入差距在扩大，高学历比低学历的教育投资回报率在增加，低学历人群陷入“低收入陷阱”的可能越来越大。

三是健康状况差，医疗费用大，因病或因残致贫问题突出。由于低收入工薪劳动者家庭收入不高、消费水平低、营养状况差，家庭成员的患病概率往往高于一般家庭。专题调研显示，120 户低收入家庭中，28.3%的家庭有疾病或者残疾的成员。而且低收入家庭成员患病后常因

---

① 国家统计局，《中国统计年鉴 2011》（电子版），表 10—8。

② 参见：曹新添. 城乡低收入群体生活的现状及解决对策探讨 [J]. 广东农业科学，2010 (3)：293.

③ 参见：陆学艺. 当代中国社会流动 [M]. 北京：社会科学文献出版社，2004. 4.

无钱治病，致使小病拖成大病、重病，既导致劳动收入减少甚至丧失劳动能力，同时又造成巨大的医疗费用开支，家庭贫困程度进一步加重。

(三) 我国低收入工薪劳动者的工资与收入变化

当前我国工薪劳动者的工资和收入水平现状有其独特的历史根源，改革开放30多年来，我国已经形成了“金字塔形”的收入分配格局，根据李实等学者测算，在我国“人口—收入分布图”中，高收入群体占15%左右，中等收入群体占10%，低收入群体约占70%。[①] 从可支配收入和工资性收入变化情况来看，低收入工薪劳动者群体的形成表现为以下方面：

1. 从收入来看，高低收入群体之间收入差距拉大

首先从绝对数来看，1995年最高（10%）和最低（10%）收入户可支配收入分别为8 222元和2 170元，二者相差3.8倍。2010年高收入户（最高10%）人均可支配收入51 432元，低收入户（最低10%）人均可支配收入5 948元，二者相差8.6倍。

2. 从工资水平看，高低工资行业间工资差距拉大

2000年以来，城镇单位就业人员平均工资最高的行业主要集中在信息传输计算机服务和软件业、金融业、科学和技术服务业等行业，平均工资最低的行业主要集中在农、林、牧、渔业，住宿和餐饮业等。以金融业和农、林、牧、渔业工资差距为例，按平均工资计算的最低与最高行业工资差距由2007年的4.46倍扩大到2010年的4.66倍。[②]

3. 从贡献与收入关系看，低收入工薪劳动者工资增长慢于劳动生产率增长

根据国家统计局1998—2007年的数据，全部国有及规模以上非国有工业企业全员劳动生产率提高了1.33倍，国有及国有控股工业企业全员劳动生产率提高了2倍，但全部企业职工平均工资仅提高了0.83

---

① 参见：李实，王玲．收入分配不公使中国低收入阶层加剧贫困［N］．第一财经报道，2009－11－16．

② 王霞．行业工资差距缩小［J］．中国薪酬，2012（6）：17．

倍，不少地方劳动密集型行业职工的工资几年来年均增长 9%左右，2003 年以来私营企业职工工资增速比国有企业低至少 3 个百分点。

（四）低收入工薪劳动者工资水平的国际比较

根据当前我国在全球产业分工的地位，很多学者认为劳动力成本较低仍然是我国经济增长的比较优势，由此，低收入工薪劳动者的工资增长可能会对我国“世界工厂”的地位产生影响。从国际间劳动力成本和生产率比较，尤其是将我国工薪劳动者与发达国家、其他周边发展中国家的劳动力价格进行对比，就可以看出中国劳动力是否仍有价格优势，以及有无必要继续维持低工资并通过低成本体现“后发优势”。

按国际划分标准，我国已进入中等偏上收入国家行列，但工资水平一直处于较低的位置。以制造业为例，我国制造业工资水平尽管近年来上升速度较快，但从绝对水平看，仍与发达国家相差甚远，与一些同等地位的发展中国家相比也并不高。

1. 我国制造业的绝对工资水平在国际上较低

2010 年，我国制造业小时工资按制度工时折算是 14.7 元①，美国制造业小时工资是 23.26 美元②，按当年汇率折算相当于 153.98 元人民币③，美国制造业小时工资是我国的 10 倍，如果按照 2000 年不变汇率计算，2010 年美国制造业工人小时工资应为中国的 13 倍④。此外，与英国、新西兰等发达国家相比，其小时工资也是中国的 10 倍以上。

与一些发展中国家相比，我国制造业工资水平也不占优势。2003 年泰国制造业月工资（相当于 1 286 元人民币）比中国（1 041 元人民币）略高，2006 年墨西哥制造业月工资（相当于 2 963 元人民币）是中

① 中国的“小时工资”采用制度工时计算（不包括加班工作时间），月计薪时间 21.75 天×制度规定工时 8 小时/天=174 小时。

② 数据来源于美国劳工统计局私营非农业工资数据库。

③ 汇率采用中国银行外汇牌价上公布的每年 12 月 31 日最后一次基准汇率。

④ 扣除 2000—2010 年汇率变动因素，2010 年美国小时工资应为中国的 13 倍，即 10/(6.62/8.28) =13 倍。

国当年数据的 2 倍①。

据美国 2011 年年初发布的《中国制造业就业与薪酬成本报告》显示，尽管中国的制造业工人收入比以前提高很多，但 2008 年平均小时人工薪酬成本②仅仅为 1.36 美元，远低于一些东亚邻国或地区，相当于日本（27.80 美元）的 1/20、韩国的（16.27 美元）的 1/12、我国台湾（8.68 美元）的 1/6，与菲律宾（1.68 美元）、印度（1.17 美元③）基本相当。与发达国家相比，中国的小时薪酬成本相当于美国、英国等国的 1/25 左右，欧洲各国（如法国、德国）的 1/32 左右，甚至更低（参见表 7—4）。

表 7—4　　制造业小时工资成本比较　　单位：美元

国家/地区	2002	2003	2004	2005	2006	2007	2008
中国	0.57	0.62	0.66	0.73	0.81	1.06	1.36
印度	0.73	0.81	0.85	0.91	0.95	1.17	—
美国	27.01	28.18	28.94	29.74	29.98	31.51	32.23
阿根廷	2.98	3.62	4.47	5.46	6.57	7.97	9.95
巴西	3.1	3.25	3.84	5.05	6.02	7.15	8.48
加拿大	18.39	21.49	24.14	26.81	29.21	31.92	32.7
英国	21.88	25	30.45	31.58	33	37.02	35.75
法国	22.95	28.03	31.43	32.53	33.88	38.16	42.23
德国	27.71	34.1	37.79	38.18	39.7	43.91	48.22
意大利	18.5	23.28	26.98	27.76	28.72	32.21	35.77
日本	21.75	23.71	25.59	25.56	24.32	23.97	27.8
韩国	10.37	11.44	12.73	15.13	17.55	19.42	16.27
墨西哥	5.33	5.06	5.02	5.36	5.59	5.87	6.12
菲律宾	0.88	0.89	0.96	1.06	1.21	1.4	1.55

① 数据均来源于国际劳工组织，换算汇率均为当年最后一日汇率。

② 小时人工薪酬成本包含工资及失业保险、医疗保险、养老保险等薪酬项目。

③ 该数据为 2007 年数据，中国 2007 年数据为 1.06 美元。

续表

国家/地区	2002	2003	2004	2005	2006	2007	2008
新加坡	12.14	12.74	13.2	13.25	13.77	15.71	18.85
我国台湾	6.83	6.97	7.28	7.93	8.05	8.18	8.68

说明：1. 数据来源于美国劳工统计局，2011年3月。

2. 表中薪酬成本概念包含工资及失业保险、医疗保险、养老保险等。

3. 表中中国数据由美国劳工统计局采用中国人力资源和社会保障部、农业部数据，以及问卷调查等方式估算所得。

4. 表中印度数据代表80%的制造业数据，并且缺失2008年数据，增长率60%为2007年比2002年增长的比率。

资料来源：狄煌主持《工资增长与企业竞争力影响研究》课题，第30页。

2. 我国制造业的劳动分配率水平在国际上较低

同一些发达国家或发展中国家相比，我国制造业劳动分配率水平较低，具备低成本竞争优势。从表7—5中可以发现，我国2005年制造业劳动分配率只有16.4%，比表中所列发达国家低很多，比美国（1995年）、日本（2001年）的水平低15个百分点，比韩国（2001年）的水平也要低6个百分点。我国制造业劳动生产率虽然目前低于发达国家，但国内企业的劳动分配率更低，说明我国与这些国家在劳动生产率方面的差距要小于我国制造业工资水平与这些国家的差距。正是由于劳动分配率较低，使我国制造业具备了相对人工成本比较优势，以相对生产率水平较高的优势弥补了绝对生产率水平偏低的劣势，为我国制造业企业提供了有利于国际市场竞争的相对效率优势。

表7—5　　我国制造业劳动分配率的国际比较

国别	年度	劳动分配率（%）
中国	2005	16.40
印度	2004	19.80
菲律宾	2005	23.23
马来西亚	2005	31.92
日本	2001	30.00
美国	1995	31.80
英国	2000	52.50

续表

国别	年度	劳动分配率（%）
意大利	2000	39.60
加拿大	2001	36.30
挪威	2001	54.40
瑞典	1994	43.10
比利时	1999	44.50
澳大利亚	1993	40.90
韩国	2001	22.30
新加坡	2006	28.18

说明：1. 本表根据国家统计局数据、《中国国际统计年鉴（2010）》和日本生产性本部《活用劳动统计》数据整理。

2. 本表中劳动分配率根据制造业工资比增加值计算。

资料来源：狄煌主持《工资增长与企业竞争力影响研究》课题，第 31 页。

数据显示，不论我国制造业工资水平是高于还是低于上述国家，我国制造业都保持着人工成本相对水平较低的竞争优势。例如，与印度相比，制造业时薪成本（见表 7—5）两国相差不多，而我国制造业的劳动分配率要比印度低，这说明两国制造业薪酬水平相当的情况下，我国在相对人工成本水平方面有一定比较优势。

二、低收入工薪劳动者工资水平偏低的原因分析

部分工薪劳动者工资水平偏低有其必然性，也有其不合理性，按照罗尔斯的正义原则，解决工资性收入差距不合理的问题，需要考虑社会最弱势群体的利益最大化和程序正义。因此，我们认为机会平等前提下的工资差异是合理的，例如勤劳程度、天赋、人力资本不同形成的差异。机会不平等前提下的工资差异是不合理的，例如行政垄断、劳动力市场分割和歧视等造成的就业机会不平等、享受公共服务的机会不平等、同工不同酬等。

基于机会平等的视角，原因分析分为两个方面：工资低的合理性体现为该群体生产率水平和人力资本投入水平低；不合理性主要体现为市

场机会不平等，合法权益受侵害等制度性因素。具体来看可分为以下几方面：

（一）劳动力市场供求关系和结构制约劳动者工资水平提高

劳动力市场供求状况是决定劳动者工资水平的主要因素之一。长期以来，我国劳动力供大于求的状况没有发生根本改变，农村转移劳动力和高校毕业生就业压力仍十分巨大，而每年城镇能解决就业的新增岗位难以满足就业人口需要，而且我国劳动力结构性矛盾仍很突出，低端劳动力明显过剩，高端劳动力供不应求，这也制约了未来一段时期内以农民工为主的低收入工薪劳动者工资的提高。

从近十年劳动力市场供求情况来看，截至 2010 年，岗位空缺与求职人数的比率一直小于 1，也就是说工作岗位难以满足劳动者求职需要，2009 年之后劳动力供求趋势开始出现拐点，求职人数开始少于岗位空缺，从这一角度看劳动力供大于求的状况得以缓解。有学者指出中国出现“刘易斯拐点”，劳动力无限供给的局面出现改观，但从劳动力供求结构和其他特征观察，得出我国劳动力已经供不应求的结论还为时尚早，由于劳动力供求关系造成的“资强劳弱”的现象仍很突出。如图 7—2 所示。

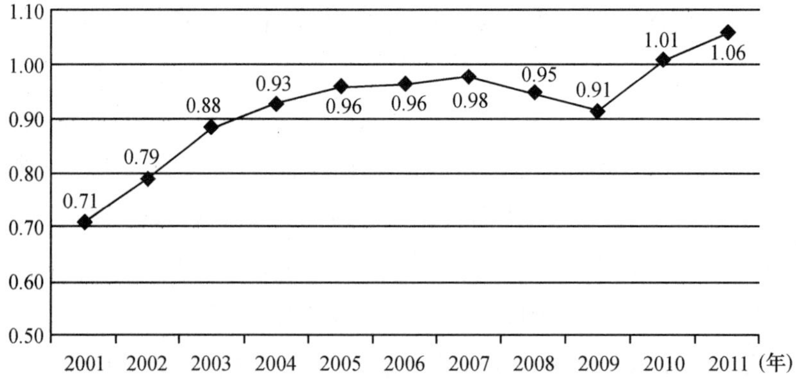

图 7—2　2001—2011 年度市场职业供求总体变化

（岗位空缺与求职人数的比率）

从劳动力供给结构情况来看，根据人力资源和社会保障部 2012 年发布的数据，新成长失业青年、就业转失业人员、其他失业人员等人数规模达到 1 060 万人次，而且比例达到 57.3%（见表 7—6）。其中，非自愿失业劳动人口普遍存在就业能力不强、工作不稳定、流动性大等问题，这一人群中有相当一部分属于低收入工薪阶层，供大于求的情况长期存在，而且由于学历和劳动技能方面的原因，大都只能从事简单体力劳动和技能要求不高的工作。因此，从劳动力市场分割的角度来看，次级劳动力市场的供求矛盾更为突出，低水平就业和潜在失业劳动力的工资水平将长期被抑制。

表 7—6　　2011 年按求职人员类别分组的求职人数

求职人员类别	求职人数（人次）	所占比重（%）	与上年相比需求变化（百分点）
新成长失业青年	4 799 603	24.5	−2.2
其中：应届高校毕业生	2 109 365	43.9	−3.1
就业转失业人员	3 203 450	16.4	+0.8
其他失业人员	2 593 130	13.3	+0.4
在业人员	1 033 280	5.3	0.2
下岗职工	632 340	3.2	−0.5
退休人员	130 644	0.7	+0.1
在学人员	566 034	2.9	+0.2
本市农村人员	3 335 335	17.0	+2.9
外埠人员	3 269 489	16.7	−1.9
合计	19 563 305	100.0	—

数据来源：中国人力资源市场信息监测中心. 2011 年度全国部分城市公共就业服务机构市场供求状况分析.

从产业需求看，以第三产业为主体的产业需求格局基本稳定。从趋势看，第三产业的用人需求比重呈下降趋势，第二产业的用人需求比重稳步上升（见图 7—3）。分行业看，制造业需求旺盛，呈现不断上升的态势，批发零售业、住宿餐饮业、社会服务业的需求比重趋于下降。低收入工薪劳动者比较集中的第一产业和第三产业需求人数整体呈现下降，劳动力供求的结构性矛盾和普通劳动者对工作机会的竞争，造成短期内低收入工薪劳动者的在工资水平谈判方面的弱势地位难以从根本上转变，从而导致工资水平难以大幅提升。

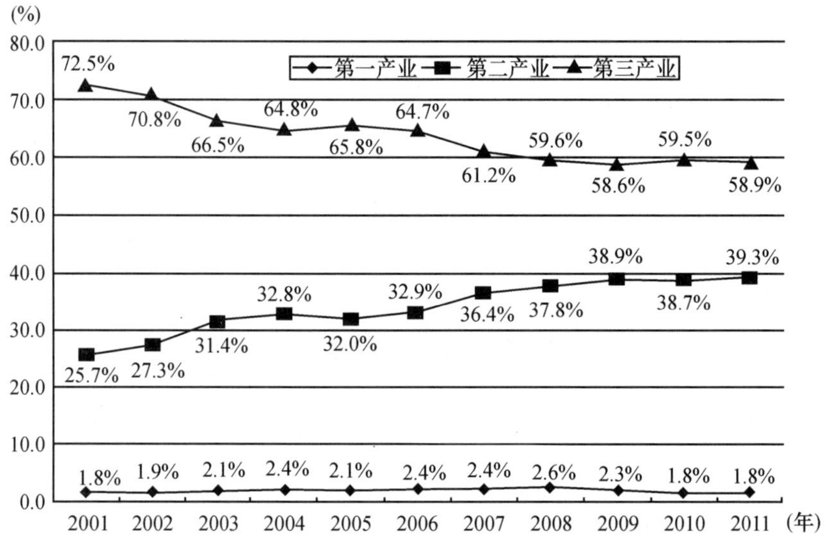

图 7—3　2001—2011 年度三次产业需求比重变化

（二）低收入工薪劳动者的劳动生产率及人力资本水平不高

按照国际劳工组织（ILO）劳动力市场关键指标的统计，一般用“就业人口的人均国内生产总值”（GDP per person engaged）反映一个国家（地区）的劳动生产率状况，用受教育程度和文盲（educational attainment and illiteracy）反映一国的人力资本水平①。与世界上其他经济体相比较，我国工薪劳动者以上两个指标对比的情况如下：

---

① 根据劳动力市场关键指标（KILM）的定义，劳动生产率是指每单位劳动力投入量（工作人数或工时）的产出，其中，产出按照国内生产总值（GDP）计算，比较不同经济体的劳动生产率需要调整购买力平价（PPP）水平，即一组价值一美元的标准货物和劳务的本国货币金额。受教育水平由国际教育标准分类（ISCED）划分出 10 个水平，包含了初等教育、中等教育和高等教育，文盲是指不具备读写关于日常生活简单表述的技能，一般用文盲率代表。关于指标的解释来源于国际劳工局出版的《劳动力市场关键指标》（中文版第 6 版），由中国财政经济出版社 2010 年 11 月出版，最新数据来源于国际劳工组织 KILM 网站。

1. 劳动生产率

根据国际劳工组织的数据，按照1990年不变价格计算的就业人口人均国民生产总值平价（PPP）绝对数，2010年中国内地的就业人口劳动生产率水平约为美国的1/6、英国和法国的1/5、德国、日本、韩国和我国台湾的1/4，在“金砖国家”中低于俄罗斯、巴西和南非，仅高于印度，与其他发展中国家比，中国内地的就业人口劳动生产率水平也低于泰国，与印度尼西亚水平接近。见表7—7。

表7—7　　2008—2010年就业人口人均GDP

（按1990年不变美元价格计算的PPP）绝对数比较

国家（地区）	2008年	2009年	2010年
巴西	12 947.00	12 891.00	13 419.00
中国	10 638.00	11 540.00	12 593.00
法国	54 941.00	54 171.00	55 033.00
德国	43 823.00	41 760.00	43 050.00
印度	7 528.00	7 959.00	8 401.00
印度尼西亚	9 933.00	10 193.00	10 587.00
日本	44 772.00	43 132.00	44 804.00
韩国	41 999.00	42 203.00	44 278.00
俄罗斯	18 795.00	17 694.00	18 259.00
南非	13 210.00	12 848.00	13 109.00
我国台湾	47 378.00	47 034.00	51 059.00
泰国	15 517.00	14 891.00	15 743.00
英国	52 538.00	50 718.00	51 604.00
美国	65 114.00	65 848.00	68 126.00

数据来源：国际劳工组织KILM数据库。

纵向来看，近十年来中国内地的劳动生产率在飞速提高，但长期来看，按人口口径计算，2008年美国、德国、英国和法国等发达国家的劳动生产率是中国内地的16～19倍，东亚的日本、韩国和我国香港是10倍左右，转型国家的俄罗斯是中国内地的4倍。因此，横向比较中国内地的劳动生产率仍然较低。见表7—8。

表 7—8 中国内地与发达国家（地区）社会劳动生产率倍数比较

国家（地区）	社会劳动生产率（以中国内地为 1）				
	2000 年	2005 年	2006 年	2007 年	2008 年
中　国	1.0	1.0	1.0	1.0	1.0
美　国	43.4	29.6	26.1	21.4	17.5
加拿大	29.5	23.8	22.2	17.9	14.6
英　国	31.9	26.6	23.9	21.7	16.1
法　国	34.3	29.1	25.9	23.1	19.7
德　国	31.2	25.9	22.4	19.8	16.9
澳大利亚	27.2	23.0	20.4	17.8	16.9
俄罗斯	2.4	3.8	4.1	4.2	4.1
日　本	43.6	24.3	19.7	15.6	13.8
韩　国	15.2	12.5	11.8	10.2	7.1
我国香港	31.7	18.1	16.1	13.5	11.0

数据来源：根据《国际劳动统计年鉴》相关数据统计整理。

2. 人力资本水平

根据世界银行的数据，以就业人口受教育程度代表人力资本水平，与不同地区和发展程度的代表性国家作比较，中国内地近十年来各层级教育入学率在发展中国家是增长较快的，例如高等教育入学率增长了近 17 个百分点，但横向比较来看，高等教育人口比例远低于美国、法国、日本和韩国等发达国家，也低于泰国和巴西等发展中国家，略高于印度尼西亚，与墨西哥相当。从表 7—9 中的比较可以发现，中国内地劳动力的人力资本水平不高，能够在一定程度上说明占中国就业人口很大比例的低收入工薪劳动者人力资本水平较低。诺贝尔经济学奖得主詹姆斯·赫克曼曾指出，中国在人力资本投资的比例相对来讲是比较低的，甚至落后于印度、泰国等国家。未来中国产业结构升级需要依靠技术进步，技术进步需要更多技术熟练的工人。随着技术工人在劳动力市场上地位的提高，其工资自然也会增加，但前提是技术工人自身的素质和能力跟上技术进步。

表 7—9　中国内地与 13 个代表性国家的劳动人口教育程度构成　　%

国家	高等教育入学率		中等教育入学率		初等教育入学率	
	2000 年	2009 年	2000 年	2009 年	2000 年	2009 年
中　国	7.80	24.53	61.10	78.19	—	112.74
印　度	9.57	13.48②	46.16	60.02①	94.15	116.89①
印度尼西亚	—	23.50	56.23	79.46	112.74	120.82
日　本	47.68	58.63	101.46	101.02	100.35	102.29
韩　国	78.34	100.02	97.22	97.22	100.79	104.29
泰　国	36.75	44.60	—	75.63	94.22	91.06
南　非	14.35	—	85.50	93.87	106.08	101.17
墨西哥	19.55	27.87	73.26	90.19	110.93	116.59
美　国	67.50	85.93	92.91	93.58	99.87	98.25
巴　西	16.06	37.57	104.16	90.20	150.51	120.37
法　国	53.30	55.32	108.80	113.01	105.35	108.67
德　国	—	—	98.59	101.72	105.54	103.57
英　国	58.13	59.00	101.78	98.99①	100.83	106.43①
澳大利亚	65.48	82.33	161.78	132.69	100.80	106.42

注：①2008 年数据。

②2007 年数据。

数据来源：世界银行 WDI 数据库。

从 6 个代表性国家文盲率状况来看，2009 年中国青年文盲率为 0.7%，成年文盲率为 11.2%，总文盲人口 4 700 多万人，远高于意大利、俄罗斯和波兰等国家，就业人口中较高的文盲率将制约劳动者提高技能水平，增加人力资本投资难度和风险，不利于我国劳动生产率水平的提高，进而阻碍低收入工薪劳动者增加工资收入。见表 7—10。

表 7—10　　中国与 6 个地区代表性国家文盲率水平比较

国家	年份	青年文盲率（%）	成年文盲率（%）	总文盲率（%）	总文盲人口（千人）
中国	2009	0.7	11.2	9.1	47 476.80
巴西	2008	1.5	12.3	9.8	7 098.07
印度尼西亚	2008	0.5	6	4.6	3 778.78

续表

国家	年份	青年文盲率（%）	成年文盲率（%）	总文盲率（%）	总文盲人口（千人）
意大利	2009	0.1	1.6	1.4	371.795
俄罗斯	2009	0.2	0.2	0.6	371.974
波兰	2008	0.1	0.7	0.6	108.836
墨西哥	2008	1.6	6.7	5.4	2 025.54

数据来源：国际劳工组织 KILM 数据库。

造成我国劳动生产率低和人力资本水平低的深层原因是当前我国经济发展方式粗放、人力资本水平投资不足、产业创新能力和技术水平低等。目前，我国经济增长主要依靠增加资源消耗和投资驱动，投入高产出低，消耗高附加值低，产业结构不合理，依托资源和资本优势的重工业发展较快，对增加就业和提高劳动者报酬比重的服务业发展相对滞后；市场竞争不充分，行政资源垄断性行业聚集了一批国有企业，中小民营经济发育不足，劳动密集型企业利润率整体偏低；缺少自主创新和核心技术知识产权，使得我国制造业只能依靠较低的劳动力成本，依赖贴牌生产和出口加工，技术含量不高，抑制了劳动者工资水平上升。

（三）企业工资决定机制难以保障低收入职工工资正常增长

从收入分配角度看职工劳动报酬的决定，可以从要素间分配和要素内分配两方面考虑。要素间分配是指不同生产要素参与分配的比例和程度。低收入职工工资偏低，首先是因为劳动者在分配中议价能力不高，长期处于“强资本、弱劳动”和“资本雇佣劳动”的状态。按照之前“两低于”的政策导向，职工工资总额的增长幅度低于企业经济效益的增长幅度，职工平均工资的增长幅度低于劳动生产率的增长幅度。在市场博弈与政策导向不利于劳动者参与分配的情况下，近年来我国劳动者报酬比重开始出现下降，同时，企业层面很多一线职工反映未能共享企业发展的成果。根据常兴华等学者的研究，1995—2007 年，企业就业人员劳动报酬的年平均增长率为 10.07%，而同期企业资本的年平均增长率为 13.09%，工资的年平均增长率比资本的年平均增长率低 3.02

个百分点，2000—2007 年企业所得税的年平均增长率达到 36.4%，比同期企业就业人员劳动报酬的年平均增长率高 20.65 个百分点。①

要素内分配指的是劳动者内部收入分配的比例和程度。② 劳动者内部分配差异取决于不同类型职工的工资决定机制，目前企业职工工资决定机制不利于低收入职工工资增长。主要体现为：

一是未能形成正常的职工工资增长机制。首先，改革以来，国有企业分配制度改革的总体思路是“工效挂钩”，即企业职工工资所得与企业效益、劳动贡献等因素有关，职工工资增长应与企业效益增长相契合，但对民营个体企业而言，由于受到融资成本、现金流以及扩大再生产等因素约束，往往要优先权衡投资与分配的关系，因此压缩人工成本的压力会更大，相应的会更多考虑控制劳动者报酬增速。其次，目前，很多私营企业在制定职工薪酬制度时仍未能与当地物价水平、企业效益增长以及职工素质提升等因素有效衔接，一线职工的工资增长主要还是依据当地最低工资标准的上浮，尤其是当职工感受到工资增速慢于物价增速时，低收入职工“涨工资”的诉求会更加强烈。最后，一线职工岗位工资提高的渠道相对单一，由于缺乏系统的职位晋升通道，大部分职工没有职位晋升的机会，但通常情况下只有职位提升才能提高薪酬待遇，造成一线职工岗位工资长期停留在较低水平。

二是薪酬制度未能向一线岗位倾斜。首先，在很多生产制造型企业，很多职工反映一线生产岗位的工资低于普通管理岗位，甚至低于一些后勤辅助岗位，原因在于管理人员往往是制度制定的参与者，而且其劳动环境好、强度低、工资高，但相对贡献却低于生产岗位，造成很多一线职工不满。其次，层级间工资差距较大，在有些企业高层管理者、

---

① 常兴华. 我国国民收入分配机制研究. 见：国民收入分配若干问题研究. 北京：中国财政经济出版社，2010. 105.

② 在我国，不同所有制企业薪酬分配方式有较大差异，国有企业工资总额和分配制度要在国家有关部门宏观调控下进行，而集体企业、民营和私营企业的收入不由国家分配，由企业自己决定分配方案。企业除按章纳税，将自己的一部分收入交由国家集中支配外，其余的收入，用来增加集体企业成员的福利和满足他们的需要。因此，政府能直接调控工资的主要是国有企业。

部门主管与一线职工工资差距大，造成很多职工抱怨收入分配不公，强烈要求缩小企业内部薪酬分配差距。最后，企业管理层增资幅度快于一线职工工资增长，在一些实行年薪制的企业，高管为了拿更多年薪，会牺牲员工工资做大利润，损害了员工薪酬分配利益，领导收入连年增加，员工工资却多年没涨。

三是薪酬结构不合理导致一线职工增资困难。在很多实行岗位绩效工资制的企业，针对一线职工的岗位工资标准过低，这一是由于工龄工资标准固化，二是由于将最低工资标准作为岗位工资基数，三是由于岗位工资比例过低造成绝对值较低。在绩效工资方面，由于劳动定额和计件标准制定不合理，标准滞后与单价额度降低现象并存，有些企业甚至用加班费替代绩效工资，再加上绩效考核不科学等因素，导致一线职工绩效工资不足。另外，津补贴、奖金和福利等不规范也成为制约低收入工薪劳动者增资的因素。

（四）中小企业税费负担过重挤占低收入职工增资空间

目前来看，我国中小、小微企业税费负担依然较重，针对中小、小微企业的税费多，特别是各种地方行政事业性收费和罚款多，有些税种征收标准不合理，很多企业经营压力较大，尤其是在金融危机和经济处于下行期间，将明显影响低收入工薪劳动者的工资水平。具体来看，影响低收入工薪劳动者工资分配的税收因素体现为：

一是中小、小微企业税费负担仍偏重。我国中小企业税负过重的现象突出，职工工资提升的空间余地较小。首先是税收征收过高，如中小企业要缴纳17％的增值税和20％的所得税，再加上营业税、土地使用税、房产税、年终分红、缴纳的社会保险金，利润已经很低，很多地方对小企业实行包税制，无论企业实际盈亏，一律按全部营业额的13％执行。其次是税外收费情况严重，面对工商、质检、城管、街道、卫生防疫、环保、交通安全和教育费附加等名目繁多的收费，很多中小企业已经不堪重负。

二是国家层面的税收优惠政策难以有效落实。金融危机以来，国务院针对中小企业出台了一系列税收优惠措施，如修订增值税暂行条例、消费税暂行条例和营业税暂行条例，发布针对中小企业融资与减负的“国九条”和“新三十六条”等，这在一定程度上降低了中小企业的税负，但对很多中小企业而言减负效果并不理想。主要原因在于：一些中小、小微企业不符合国家统计局规定的中小企业标准，因此也无法享受优惠税率；一些规模小、人数少、经营困难的中小企业往往技术含量不高、经营风险大、新能源利用率低、开发区和工业园入住率也低，这些企业实际很难享受到国家既定的税收扶持政策。

三是地方政府出台的配套税收优惠措施效果有限。围绕国家出台的中小企业税收优惠政策，很多地方制定了配套措施，如上海市推出《促进中小企业发展条例》，广东省发布促进中小企业发展的104号文并提出8项税收优惠政策，长春市配套出台20项中小企业扶持措施等。但据地方国税和地税部门反映，很多措施仅仅是对国家政策的宣传、解释、指导和服务，而不是推出新政策，地方限于税收法律政策制定的权限，在落实税收优惠政策时仍然面临很多实际问题。

四是缺少围绕职工增资的税费优惠政策。目前无论是国家还是地方出台的税收优惠政策，主要侧重于促进带动就业，鼓励开发新技术、新工艺和新产品，推动节能环保，促进扩大出口等方面，缺少专门针对提高低收入工薪劳动者工资的税费优惠措施。在课题组调研过程中，很多中小企业和行业协会负责人反映，企业缴付的社保费用比例太高，职工工资增长提高了企业缴纳社保的基数，给企业人工成本带来很大压力，希望政府部门研究针对中小企业社保缴费的优惠政策。

五是当前的税制结构不利于缩小收入差距。首先是个人之间税收负担反差明显，高收入群体税负与其收入不匹配，形成一定程度上的逆向调节。工资薪金所得是个人所得税收入第一大来源，我国中等收入和部分较低收入者成为纳税主体，而高收入者因其收入渠道多，规避了部分税负。其次是税制结构的不合理扩大了收入差距，货物和劳务税的税负容易转嫁，具有较强的累退性，导致了收入聚集效应。所得税分类计征，税基、税前扣除标准、税率以及纳税单位的设计还有不公平的地方，强化了对劳动所得的调节，弱化了对非劳动所得的调节。最后，目前“量能征税”体现得还不充分，税收的收入分配调节功能还有待增强。

（五）工会组织程度不高与工资集体协商能力相对较弱

在劳动力市场发育完善的地区，劳动者的工资水平不仅受供求关系、人力资本等因素影响，还要受到劳资双方工资集体谈判的影响。自1949年国际劳工组织通过集体谈判公约以来，工资集体谈判已经成为市场经济国家调整企业工资福利的通行准则，但目前我国工资集体协商仍不健全。我国一线劳动者工资水平低，很大程度上是因为长期处于弱势地位，工会难以发挥实际作用。主要体现在：

一是中小企业工会和雇主组织的组建率低。根据2007年全国工商联7省市民营企业调查，在接受调查的724家企业中，成立企业工会的仅占31.86％，部分中小企业职工代表甚至没听说过工会。中小企业的雇主组织发育也不成熟，一些规模小的企业并未加入当地行业商会或协会，工商联并未被吸收到劳动关系三方协商机制中。

二是企业工会难以切实维护广大职工利益。企业工会主席一般由经营管理层决定，使得工会干部很难真正代表和维护职工利益。调研发现，目前我国很多企业的工会组织在加强职工思想道德建设，宣传企业文化以及丰富职工文化娱乐活动等方面发挥了一定作用，在劳动者维权和组织集体协商方面难以发挥实际功能，有的工会甚至站在企业一方阻碍职工开展集体性维权活动。另外，在企业重大管理决策制定方面，有些企业工会未能从工会会员角度提出意见，在民主决策过程中象征意义大于实际意义。

三是企业工资集体协商覆盖面窄。全国总工会的调查显示，到2009年年末，在396万个建有工会组织的基层单位（职工总人数2.45亿人）中，签订工资集体合同51.2万份，覆盖企业仅90.2万家，被调查的47.1％的职工认为企业没有开展工资集体协商。

四是工资集体协商中劳资双方事实地位不平等。首先是在我国劳动力供大于求和工会组织不完善的前提下，劳动者在集体谈判中整体上仍处于弱势地位。其次，劳资双方的知情权也不平等，企业经营者对企业成本、利润和分配比例方面拥有更多信息，信息不对称加剧了劳动者谈判弱势地位。

五是企业工资集体协商执行难。当前开展工资集体协商面临的最大问题是相关法律规定的刚性不足，缺乏对企业所有者或者经营者相应的制约手段。另外，由于我国各地区经济发展不平衡，最低工资标准不统一，工资发放形式不一致，企业的性质多种多样，企业工会组织不健全，不同利益方的诉求各异等都影响了工资集体协商的实施力度和效果。

六是各方对工资集体协商认识不到位。社会上往往认为工资集体协商就是给职工涨工资，这种认识上的偏颇导致地方行政不倡导、企业经营者不愿谈、地方工会不主动、企业工会不积极，劳动者不敢谈，因此，工资集体协商的推进工作一直进展缓慢。

（六）政府工资收入分配宏观调控功能有待加强

政府用于调控企业工资分配的手段主要有最低工资标准、劳动力市场工资指导价位、工资指导线等[①]，除了最低工资标准外，其他调控手段都缺乏刚性约束力，对企业一线职工工资增长的指导作用有限，而对职工工资增资有直接影响的工资集体协商制度，政府在推进过程中也未收到很好的效果。

一是最低工资标准作用发挥不充分。首先，在发育成熟的市场经济中，最低工资标准低于劳动力市场均衡点以下，将不会产生实际作用，高于均衡点则会影响就业，因此，政府运用最低工资标准调控市场工资水平，需要权衡很多利弊。其次，最近几年，我国各地区频繁提高最低

① 一般来说，政府工资分配宏观调控体系主要包括：有关工资分配法律法规和政策、最低工资标准、工资指导线制度、劳动力市场指导价位制度、人工成本预测预警制度以及工资收入监督检查制度。其中，对劳动力市场影响较大的是最低工资标准、工资指导线和劳动力市场指导价位等手段。

工资标准，而且提高幅度较大，对企业一线职工工资增长有一定作用，但总体来说，各地最低工资标准仍普遍较低，未能达到最低工资约占社会平均工资40%～60%的国际平均水平。再次，在很多地区最低工资标准未能得到有效实行，一些企业把不应包括的收入都算在最低工资范围内，使得职工实际工资收入低于最低工资标准。最后，很多企业将最低工资作为基础工资，变相将最低工资作为支付职工工资的一般标准。

二是我国劳动力市场工资指导价位有待完善。建立劳动力市场工资指导价位制度是市场经济国家宏观调控市场工资水平的通行做法，有利于指导企业根据劳动力供求状况和市场价格，从而形成企业内部科学合理的工资分配关系。我国从1999年开始正式实行劳动力市场工资指导价位，但从实施情况来看目前还存在以下问题：首先是发布时间滞后，指导意义弱化，由于工资价位调查涉及的企业范围较大，单位数量较多，采集和数据加工的工作量很大，通过抽样调查、汇集整理以及加工后再信息发布最少也要用3个月甚至半年左右的时间，但劳动力市场价格始终处于变动之中，劳动力的供给量同市场工资率变动之间的关系是因条件的变化而发生变化的，因此，发布时间的滞后，显然弱化了工资价位的指导意义。其次，劳动力市场价格的总体水平得不到全面反映。由于企业的工资管理以及支付方式和手段还很不规范，企业非货币化的奖励机制和福利分配等难以量化，相当一部分职工工资外的收入在其劳动报酬中还占一定比重，没有人工成本数据的支撑，工资指导价位便不甚真实和充分。最后，缺乏监管导致企业执行制度的随意性较大。由于企业自主分配权的扩大和劳资双方地位不平等，企业仍存在职工工资随意发放、拖欠、减发等现象，劳动力市场工资指导价位的约束力不强，在工资集体协商中的指导作用也不明显。

三是工资指导线的实际效果有限。我国的工资指导线是在1994年劳动法颁布后，借鉴新加坡等国的经验之后而形成的制度，对引导国有、集体企业工资增长有一定作用，但同劳动力市场工资指导价位类似，工资指导线对企业只具有参照意义，并不要求企业必须执行，在工资集体协商中的作用也有限，而且由于公众常将其与当地物价涨幅作比较，当个别年份增速低于 CPI 增速时，对其指导作用的质疑会增多。另外，很多民营、个体企业由于受到经济形势、市场竞争和成本上涨等因素的影响，企业生存举步维艰，增资困难，对于工资指导线的执行力不从心。

（七）企业职工基本劳动权益得不到有效保障

企业低收入职工群体工资低除了制度性因素和市场性因素之外，还与我国劳动法律不健全，职工权益不能得到有效保护有关。比较典型的现象是就业受歧视、同工不同酬、拖欠工资、不支付或少支付加班费以及劳动定额和计件工资标准偏低等。

第一，劳动就业权益方面，首先表现在有的地方还存在一定的就业歧视，特别是农民工进城就业的门槛比较高；与此同时，由于城乡医疗、教育机会的缺失，农村人口的绝大多数不具备到中高端劳动力市场竞争的能力，无法进入到体制内或者垄断高收入行业。其次，中小、小微企业劳动合同签订率仍不高，体现出较为明显的分层化特征和行业特征。根据劳动工资研究所的调研，相当部分小企业只与少数管理技术人员签订劳动合同，建筑等部分行业，外来农民工等人群因各种原因劳动合同签订率仍然较低。与此同时，劳动合同、集体合同内容不规范，履行较差。

第二，劳动报酬权益方面，首先表现在部分劳动者特别是农民工工资被拖欠或克扣，近年来国家针对克扣拖欠农民工工资的监察力度有所加强，工资拖欠现象明显减少，但在个别地区和行业拖欠工资的现象仍时有发生，解决治理拖欠农民工工资问题的机制还未根本形成。

第三，劳动时间权益方面，主要表现为小企业工作时间灵活，按照现有法律法规标准来看，员工超时劳动已经司空见惯。相当部分小企业员工每月休息 4 天或 2 天，已成为行业惯例。一些小作坊式服务型企业经营方式灵活，其员工的工作时间和休息时间界限比较模糊，甚至 24 小时处于“待命”状态。

第四，劳动保护权益方面，表现在劳动保护设施和劳动保护用品的缺乏，这些直接导致了劳动安全事故的频发，大量伤亡事件的发生。另外，中小企业劳动者所处的生产和生活环境总体较差。如一些中小企业的员工长年在有毒、有害和极不安全的环境下劳动生活。

第五，社会保险权益方面，社会保险权益的受损最突出的就是工伤和大病医疗保险尚未覆盖所有农民工。一些中小企业针对不同的社会保险项目，首先缴纳政府监督检查力度较大、企业费用较低的社会保险项目，如工伤保险等，其他社保项目能不缴则不缴。同时，劳动保护特别是女职工特殊保护规定落实差，相当部分小企业没有为女职工缴纳生育保险，小企业女职工因孕期、产期、哺乳期被解除合同也较为常见。

第六，劳资矛盾处理方面，主要表现为中小企业劳动关系双方的“老板”和“打工者”意识更为强烈，发生矛盾缺少缓冲。中小企业相比大中型企业来说，普通员工与资方之间缺少各级管理机构和工会等组织的缓冲，小企业员工归属感不强，没有传统“单位人”意识的作用，小企业员工与老板之间的冲突表现得更为直接。

（八）城乡、地区基本公共服务不均等阻碍劳动力自由流动

在市场经济国家，自由的劳动力流动是解决收入差距问题的主要方式之一，工资价格信号自然会引导劳动力流向收入高的行业和地区，从而熨平过大的收入差距，达到劳动力市场的均衡。但是在转轨国家，由于存在诸多影响劳动力自由流动的制度障碍，例如户籍政策、社会保障政策、就业歧视等，城乡、地区间基本公共服务不均等①，劳动力自由流动成本较高，形成了利益格局相对固化，加剧了收入差距扩大的趋势。总体而言，我国基本公共服务供给不足、发展失衡的矛盾仍然比较

① 一般来说，基本公共服务均等化是指政府要为社会成员提供基本的、与经济社会发展水平相适应的、能够体现公平正义原则的大致均等的公共产品和服务，是人们生存和发展最基本的条件的均等。从我国的现实情况出发，基本公共服务均等化的内容主要包括：一是基本民生性服务，如就业服务、社会救助、养老保障等；二是公共事业性服务，如公共教育、公共卫生、公共文化、科学技术、人口控制等；三是公益基础性服务，如公共设施、生态维护、环境保护等；四是公共安全性服务，如社会治安、生产安全、消费安全、国防安全等。这些基本公共服务做好了，才能使全体社会成员共同享受改革开放和社会发展的成果。

突出。从城乡情况看，农村公共服务严重滞后；从区域情况看，不同地区公共服务差距比经济差距还要大；从不同人群情况看，城乡低收入家庭和社会困难群体的基本公共服务权益还不能得到充分保障。目前，我国城乡、地区间基本公共服务不均等及劳动力流动限制主要体现在以下方面：

第一，城乡之间，公共服务歧视农村地区居民。当前广大农村地区的居民享受到的基本公共服务数量少、层次低、种类不齐全，出现了明显的公共品供给缺失。这种公共品供给城乡间的不均衡，尤其是在医疗、教育和社会保险等方面的城乡差异是农民工到城市寻求工作和定居的重要推力，但在我国城镇化进程中，大中城市公共品开放程度的不足又导致农民工难以真正融入城市成为市民。

第二，体制内外，公共服务歧视体制外劳动者。首先是就业方面，体制内与体制外单位招聘条件和要求有差异，例如设定户口、学历和政治面貌等特定要求，从而将很多群体排斥在外。其次是薪酬待遇方面，体制内单位职工的收入、福利和退休金等方面条件普遍优于体质外单位，这些利益差别也是公共服务不均等的重要体现，同时，体制内外差异成为劳动力流动的阻碍因素。

第三，群体之间，公共服务歧视低收入和弱势群体。从政府职能和公共服务对象来看，公共品应优先供给社会弱势群体，这也是二次分配应该体现的主要价值取向。目前，以农民工、下岗职工、失业人员和退休人员为主体的低收入群体在医疗、住房、食品安全和公共设施使用方面不仅水平不足，而且机会缺失，这就导致了低收入和弱势群体向上流动的意愿强烈但流动能力不足，增加了社会不和谐因素。

第四，地区之间，公共服务歧视不发达地区。中西部地区和沿海发达省市在经济发展水平和公共财政能力上的差距日益扩大，中央转移支付虽然缓解了差距的扩大，但落后和欠发达地区公共服务能力仍然欠缺，例如医疗、教育、文化等资源基础差，发展慢等问题仍很突出，这些差距也成为劳动力向沿海发达地区流动的重要推力。

另外，当前我国还存在诸多机会不平等造成低工资的情况，例如就业机会的不平等，劳动力市场分割现象突出，低收入工薪劳动者在就业权利方面处于弱势地位，他们缺少进入高工资行业和岗位的机会，而且这种地位一旦固化将难以改变。

三、我国低收入工薪劳动者工资增长的路径——基于“减税、让利、增资”的分析框架

近几年，社会上对“涨工资”的呼声很高，政府也针对提高低收入群体工资水平出台了一系列政策措施，如提高最低工资标准，提高个税起征点等。学术界围绕“提低”提出了很多措施，如改善生产经营环境、减税、帮助转产升级、提高劳动者素质等很多方面。从企业和职工增资实际出发，课题组认为应将“减税”作为首要政策抓手，围绕政府减税、企业让利和职工增资开展深入研究，集中回答“减什么税，减税与工资增加如何有效衔接起来，怎么将减税落实到具体职工身上”等问题。通过减税让利增资，可以更好地激发劳动者的生产积极性，更好地促进企业可持续发展，从而也能更多地扩大税源。其中，政策着力点集中围绕我国劳动密集型中小微型企业，探索建立中小微型企业税费减免与普通职工工资增长之间的联动机制。

（一）“减税、让利、增资”的必要性

近年来，我国劳动报酬占比整体呈下降趋势，从统计数据看，1993—2007年，居民部门的劳动者报酬由49.49%降至39.74%，降幅为9.75个百分点，政府部门的生产税净额由11.68%增加至14.81%，增幅为3.13个百分点，企业部门的固定资产折旧和营业盈余（资本收益）由38.83%增至45.45%，增加6.62个百分点。

张车伟等学者认为，1978—2007年我国真正的劳动报酬占比相对平稳，在39%～45%之间，但2000年以后下降趋势明显；而肖文、周明海利用资金流量表数据并进行调整后，反映出1993—2007年我国劳动报酬占比在50%～60%之间比较平稳，但自2005年后下降明显。还

有一部分研究成果认为，我国的劳动报酬占比变动是呈“U”形趋势的，如李稻葵利用跨国数据，罗长远和张军利用我国省级数据的实证研究都证实了劳动收入份额随经济发展的U形规律。二者都认为人均GDP达到3 000美元（2000年名义汇率）左右时为U形曲线的最低点，其后我国劳动收入份额将进入上升通道。

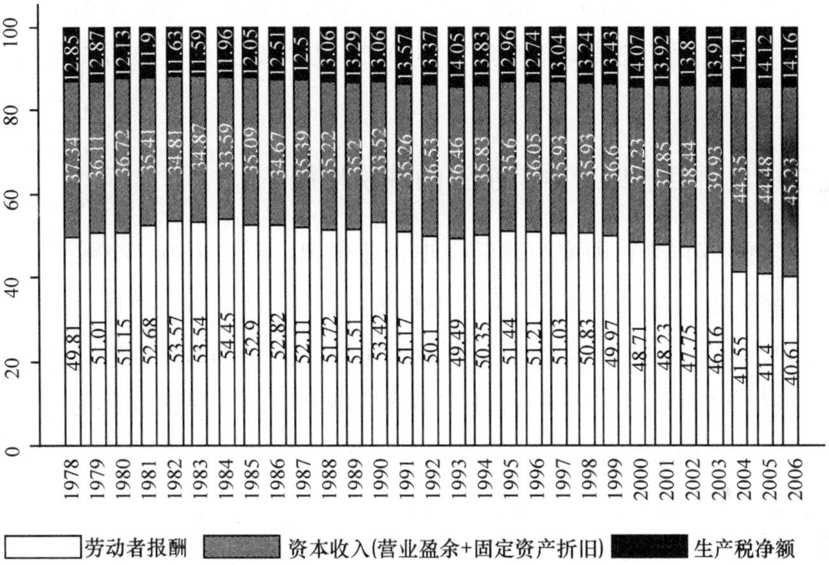

图7—4 1978—2006年我国劳动报酬比重变化趋势

资料来源：白重恩，钱震杰. 国民收入的要素分配——统计数据背后的故事［J］. 经济研究，2009（9）.

从调控角度，政府可以运用多种政策手段，之所以重点考虑减税方案，是考虑到当前政府、企业和劳动者的总体分配格局，考虑到当前企业面临国内外经济形势的严峻挑战，考虑到当前企业一线职工增资空间有限等情况，有必要通过政府减税，还富于民，在减少企业税收负担的同时，鼓励企业让渡利润给职工增资。

从可行性角度，主要是针对低收入工薪劳动者集中的劳动密集型行业企业，这些企业一般而言多数是微利或困难企业，其建立工资集体协商制度、增加职工工资难度较大，为此建议由政府给予税收减免优惠的支持。这类企业建立工资集体协商机制，安排职工工资增长，经人力资源社会保障、财政、税务部门审核认定，可给予税收减免优惠。

从目前来看，经历了 2008 年金融危机之后，国家针对中小企业已经实施了减税政策，但其导向主要是鼓励企业自主创新、保障就业、加强节能环保等，例如，国家规定对企业发生的技术开发费按 150%比例税前扣除；对在高新技术产业开发区开办的高新技术企业自获利年度起两年内免征企业所得税，期满后按 15%的税率减收企业所得税等。对企业内部收入分配及提高工薪劳动者工资方面缺少必要的相关政策支持。

（二）我国目前针对中小企业的减税措施

2008 年以来，国家为减轻中小企业负担，帮扶中小、小微企业渡过经济困难，连续出台了各类优惠政策。例如，2011 年 10 月，出台了针对中小企业融资与减负的“国九条”政策，提出加大对小型微型企业税收扶持力度，延长相关税收优惠政策的期限；支持金融机构加强对小型微型企业的金融服务等一系列政策。该政策与 2010 年国务院出台的《国务院关于鼓励和引导民间投资健康发展的若干意见》（以下简称“新三十六条”）以及《关于支持商业银行进一步改进小企业金融服务的通知》（以下简称“银十条”）相互配合，共同促进中小企业的融资服务。同时，在 2011 年 10 月 31 日，财政部还发布了关于修改《中华人民共和国增值税暂行条例实施细则》和《中华人民共和国营业税暂行条例实施细则》的决定，上调增值税和营业税起征点，将增值税和营业税起征点幅度皆提高至每月 5 000～20 000 元（增值税此前为 2 000～5 000 元，营业税此前为 1 000～5 000 元），这样就大大减免了那些小微企业的税负，以配合当前“国九条”的实施。在此之前，财政部还宣布对金融机构与小型、微型企业签订的借款合同免征印花税，这些都反映了国家对中小企业的支持。

从具体实施机制层面来看，我国通过三种途径减免中小、小微企业税负。

一是免税收入。如《企业所得税法》第二十六条规定，企业的下列收入为免税收入：（1）国债利息收入；（2）符合条件的居民企业之间的股息、红利等权益性投资收益。符合条件的居民企业之间的股息、红利等权益性投资收益，是指居民企业直接投资于其他居民企业取得的投资收益，不包括连续持有居民企业公开发行并上市流通的股票不足12个月取得的投资收益。

二是减计收入。减计收入是指企业以《资源综合利用企业所得税优惠目录》规定的资源作为主要原材料，生产国家非限制和禁止并符合国家和行业相关标准的产品取得的收入，减按90%计入收入总额。

三是优惠税率。《企业所得税法》第二十八条规定，符合条件的小型微利企业，减按20%的税率征收企业所得税。国家需要重点扶持的高新技术企业，减按15%的税率征收企业所得税。

同时，政策还规定了符合减税条件的小型微利企业标准。小型微利企业是指从事国家非限制和禁止行业，并符合下列条件的企业：（1）工业企业，年度应纳税所得额不超过30万元，从业人数不超过100人，资产总额不超过3 000万元；（2）其他企业，年度应纳税所得额不超过30万元，从业人数不超过80人，资产总额不超过1 000万元。

2010年以来，财政部、国家税务总局联合发布《关于支持和促进就业有关税收政策的通知》，一是支持自主创业，针对个体经营者积极扶持个人自主创业。二是扩大享受自主创业税收优惠政策的范围，由下岗失业人员和城镇少数群体扩大到涵盖高校毕业生、农村进城务工人员、就业困难人员、城市低保人员以及零就业家庭等群体。三是保障税收优惠力度，对持有“就业失业登记证”从事个体经营的，在三年内按每户8 000元为限额，依次扣减当年实际应缴纳的营业税、城市维护建设税、教育附加费和个人所得税，对招收持“就业失业登记证”人员的小型企业，根据条件在三年内按实际招用人数予以定额一次扣减营业税、城市维护建设税、教育附加费和企业所得税优惠，定额标准为每人每年4 000元，可上下浮动20%。四是规范税收优惠政策管理，加强凭证管理，设置行业限制，避免税收征管漏洞。[①]

(三)“减税、让利、增资”制度设计与思路

为减轻中小企业税费负担，为职工增资创造有利条件，建议针对中小企业实施增资定向减税政策。所谓定向减税政策，是指根据中小企业对社会的贡献度（如纳税额、吸纳就业等）向企业减征或返还一定水平的税额，让企业将其用于增加职工的工资。纳税额高的企业，减征或返还税额的比例便高；反之亦然。通过定向减税政策增加职工工资，可以使具有较高生产效率的企业，在不增加成本压力的情况下，能获得更多的税额返还用于增加职工工资，因而其职工的收入水平较其他企业为高，从而能进一步提高职工的生产积极性，在一定程度上缓解中小微型企业在经营上的压力及提高企业的竞争力，同时切实改善企业收入分配状况。

减税与增资的关系可以有两种思路。一种思路是先增后减，即在企业为职工合理增资后，政府对符合要求的企业实施减免税。这一思路旨在发挥企业的增资主动性和市场的自主调节，政府干预的力度较小，相关行政成本也较低，避免了政府层层审批的弊端。另一种思路是先征后减，即政府先按照一般情况征税，当企业达到职工工资增资要求时，税务部门再根据增资程度给予企业减免税或退税。这一思路对企业满足减税条件有更强的约束力，但不足是造成政府过多干预市场，带来较高的行政成本。

政府减税、企业让利、职工增资的制度设计主要是要明确以下四点：一是明确“减哪些税”，主要是由财税部门确定对中小（小微）企业减免哪些税；二是明确“给哪些企业减税”，也就是确定哪些企业符合减税条件；三是明确“减税条件”，也就是明确减税的前提是为职工增资，通过怎样的制度安排可以确保职工得到实惠；四是明确“如何减税增资”，也就是确定减税的一系列程序和步骤。在制度设计过程中，

---

① 李子彬主编. 中国中小企业 2011 蓝皮书——促进中小企业自主创新的政策和机制[M]. 北京：中国发展出版社，2011. 29.

关键是理顺减税与增资的关系，确保给企业让利的部分能切实转化为工资增长，避免企业将税收优惠用于其他目的。

1. 减税企业范围

由国家财政部门和税务部门确定劳动密集型微利行业的细分行业范围，确定哪些行业及其微利、困难企业可进行税费减免。

根据《国务院关于印发中小企业划型标准规定的通知》，目前我国中小企业可以划分为中型、小型、微型3种类型，具体标准根据企业从业人员、营业收入、资产总额等指标，结合行业特点制定。

税收减免优惠政策的适用行业可以包括：农、林、牧、渔业，工业（包括采矿业，制造业，电力、热力、燃气及水的生产和供应业），建筑业，批发业，零售业，交通运输业（不含铁路运输业），仓储业，邮政业，住宿业，餐饮业，信息传输业（包括电信、互联网和相关服务），软件和信息技术服务业，房地产开发经营，物业管理，租赁和商务服务业，其他未列明行业（包括科学研究和技术服务业，水利、环境和公共设施管理业，居民服务、修理和其他服务业，社会工作，文化、体育和娱乐业等）。

2. 定向税种类型

为支持中小企业的发展，我国已经陆续出台了一系列专门针对中小企业的税收优惠政策，此外有些通用的税收优惠政策在中小企业也可以适用。目前我国中小企业可以在营业税、所得税、土地增值税、城镇土地使用税等方面按照有关规定享受相应优惠政策。

在不开设新的税种前提下，建议在已有税收类型基础上加大税收减免力度，通过扩大适用企业范围，放宽税收减免条件和提高减免税率幅度等方式，进一步强化减税效果。定向税具体减免税率建议由税务部门制定。

3. 税收减免条件

申请税收减免的企业要满足以下条件：

（1）企业从业人员、营业收入、资产总额等指标符合减税适用企业范围；

（2）企业申请减免税当年的税前利润水平不低于上年同期水平；

（3）企业将减免税的一定比例用于职工工资正常增长，且该比例应满足职工工资增长幅度不低于本企业劳动生产率增速；

（4）企业采用了劳资双方工资集体协商机制或参加了区域性、行业性工资集体协商，并明确了职工工资增长的标准、机制和办法；

（5）企业在税收和社保缴纳方面无违法违规记录。

具备以上条件的企业可向当地税务机关进行税收减免申报。

4. 主管部门

地方财政、国税、地税、人力资源社会保障部门。

5. 减免税期限

经税务主管部门批准后，企业享受定向税免税的期限为一年，免税时间从纳税人享受免税之日起计算。

6. 减免程序

从优化税收减免程序角度，先减税后增资更有效率，但应注意保障劳方的平等协商和工资增长、防止资方只减税得利益不增资。因此，建议加强人力资源社会保障部门和税务部门的联合审批。

第一步：人力资源社会保障部门审核

企业向当地人力资源社会保障部门提交申报材料，由当地人力资源社会保障部门审核认定企业是否具备减税条件，并提供相应证明。

人力资源社会保障主管部门审核的内容包括：

（1）企业从业人员、营业收入、资产规模等是否符合国家中小企业范围；

（2）企业近三年财务报表和经营业绩情况；

（3）企业当年人工成本、工资总额和职工工资增长情况；

（4）企业近三年工资集体协商和职工工资增长情况；

（5）企业近三年守法经营和劳动关系纠纷情况。

申报企业需提交的材料包括：

（1）企业工商登记注册证明；

（2）由企业财务部门盖章提交近三年财务报表；

（3）由企业工会盖章提交的工资集体协商活动记录与申报年度增资证明；

（4）由企业人力资源部盖章提交职工花名册、人工成本、工资总额和职工工资增长证明（如纳税人向职工通过银行等金融机构实际支付工资凭证）；

（5）企业近三年纳税、社保缴纳以及无违法活动证明；

（6）主管人力资源社会保障部门要求提供的其他材料。

经人力资源社会保障主管部门审核认定后，为符合减税条件的企业出具《增资定向税减免审核意见》，作为企业向税务部门申请减免税的必备文件和税务部门确定减税的主要依据。

第二步：税务部门审核认定

由当地税务部门审核认定该企业是否符合减税标准和条件，如给职工增加工资前税后有无利润及利润水平，确定其是否微利企业或困难企业等。

税务部门审核认定内容：

（1）企业用工人数、营业收入和资产规模；

（2）企业近三年经营业绩；

（3）企业近五年纳税情况；

（4）企业享受其他减免税情况；

（5）企业职工工资增长情况。

申报企业需提交的证明材料：

（1）企业工商登记注册证明；

（2）企业近三年财务报表；

（3）企业近三年纳税证明；

（4）企业享受其他税收优惠记录；

（5）由当地人力资源社会保障部门开具的《增资定向税减免审核意见》；

（6）主管税务机关要求提供的其他材料。

第三步：符合条件的企业为职工增资

税务部门批准企业享受定向税减免后，由企业在规定时间内按照工资集体协商的增资约定，并参考行业和地区城镇私营单位在岗职工平均工资增长幅度，确定当年本企业职工增资实施办法。

企业将职工增加工资实际额度、当年利润和税负水平、享受税收优惠等情况报当地税务部门。

第四步：税务部门实施税收减免

由税务部门对企业因增加职工工资造成的微利减少或亏损额度采取免征、税前列支扣除、等额或一定折扣退税等给予支持。[①]

7. 财政转移支付方式

财政转移支付渠道操作程序可考虑按以下步骤进行：一是由各地财政、税务部门汇总当地对低工资行业企业增加职工工资实施税收减免总额，其中，国税（增值税、2002 年后注册企业所得税）、地税（营业税、2002 年前注册企业所得税）分别减免额度，报省、直辖市、自治区级财政、税务部门；由省、直辖市、自治区级财政、税务部门汇总本地区各市县国税减免额度报国家财政部、税务总局。二是省、直辖市、自治区级财政部门根据各市县地税减免额度，在省、直辖市、自治区级财政收入内统筹安排，对各市县地税减免额度给予等额或一定折扣的财政转移支付的支持。三是国家财政部、税务总局审核认定各省、直辖市、自治区汇总本地区国税减免额度，给予该地区等额或一定折扣的国税上缴额度核减。

定向减税政策既能增加低收入职工的工资水平，又没有增加企业的负担，还能提高社会整体生产效率。因此，无论从理论上还是实践上看，定向减税均是通过给企业减税的手段，在维持企业在初次分配中的比重不变的情况下，降低国家在初次分配中的比重，提高居民劳动报酬在初次分配中的比重，是提高企业工资收入水平行之有效的方法。

在实施定向减税政策的过程中，要注意两点。第一，税务部门应该组织相关机构，测算包括减税幅度及其对财政的影响等关于定向减税的

---

① 增值税和营业税减免办法参考《关于促进残疾人就业税收优惠政策征管办法的通知》。

有关数据，并在此基础上尽快确定具体的定向减税政策以及相关操作办法。第二，在实施定向减税政策时，为使向企业返还的税额能全额转化为企业职工的工资增量，税务部门和劳动部门要做好相关的监督工作，同时，也要充分调动企业工会及职工对企业相关工作进行监督的能动作用，以保证该项税收优惠制度的公平性和有效性。

四、促进我国低收入工薪劳动者工资增长的措施

提高低收入工薪劳动者的工资水平，要明确市场和政府的定位，对于市场因素形成的低工资水平，考虑到其具有合理性，建议通过市场机制自发调节；对于不合理制度因素造成的低工资，建议政府加强调控，创造机会平等的收入分配环境。围绕“减税、让利、增资”方案，为保障低收入工薪劳动者工资合理增长，配套实施以下方案：

（一）健全企业工资增长机制

低收入工薪劳动者工资增长的实现，首先要依靠企业分配机制的调节，通过理顺企业各类生产要素分配机制，调节企业内部收入分配关系，保障低收入职工工资较快增长。由于当前我国企业工资实行自主分配，政府只能起到引导监管等作用，因此建议政府部门从以下方面加以调节：

一是加强企业工资分配方面的立法，为提高低收入工薪劳动者工资水平提供必要的法律依据。以出台《工资法》（或《企业工资条例》）为契机，重点规范企业内部工资分配行为，适度控制企业内部工资收入分配差距，从企业工资决定机制、工资增长机制和工资支付方式等方面入手，针对目前我国各类所有制企业（尤其是国有企业）工资分配中存在的主要问题，对以下方面进行系统规范：（1）企业工资分配和调整的基本原则；（2）劳动关系双方有关工资分配的基本权利和义务；（3）企业职工工资决定的程序和方法；（4）企业实施最低工资标准的要求；（5）企业工资支付规定；（6）企业按照国家统计法律规定如实上报工资

信息的要求等。各级政府要加强针对企业工资分配行为的监管，对不履行《工资法》（或《企业工资条例》）的企业依法采取相应处罚措施。

二是增进企业工资决定的民主性、公开性和法制性，为低收入工薪劳动者工资增长创造公平环境。建立平等民主公开的工资决定机制，是充分发挥劳动关系双方在市场中进行工资博弈的前提，也是低收入工薪劳动者工资增长的重要途径之一。政府应通过多种方式推进企业工资决定遵循平等协商或民主决策程序，例如建立工资集体协商制度。对于未建立或不适用工资集体协商模式的企业，应采用其他行政、法律手段，规范企业工资分配在相应民主决策框架下展开。如规定：（1）企业工资制度和分配方案可以经工会或职工代表大会讨论通过后实施，也可以经职工民主推举的一定数量的代表表决通过后实施，还可以由企业委托本地区工会组织审议同意后实施，以强制不同类型和不同发展状况的企业依法选择适当方式建立工资制度，合理决定职工工资水平；（2）企业应履行将有关工资分配的财务重要信息和数据向工会或劳方协商代表通报的义务，企业应向职工代表大会公开职工工资调整的依据、周期依据等信息；（3）企业各项劳动定额标准应当遵循平等协商和民主决定程序，不能履行这一程序，则必须经本地区或本行业权威机构进行合理性鉴定等。

三是改进完善企业工资分配监管措施，保障低收入工薪劳动者合法报酬权益。政府部门要加强劳动法律、法规及有关政策的执法监管力度，及时预防和纠正企业工资分配中的违法违规行为，如应加强对企业实行最低工资标准、加班费支付以及按时支付工资等方面的监督。以目前部分企业正式工和劳务工同工不同酬的情况为例，应尽快出台企业用工形式和劳务派遣管理规范，纠正因员工身份或户籍的不同，或因劳动合同性质不同而造成的薪酬歧视，尤其是引导国有企业在非正式工的工资报酬、福利和社会保险、加班工资等方面的分配行为，保障劳动者具有平等的合法报酬权益。

四是推动有关部门制定发布岗位劳动定额行业参考标准，引导企业合理确定定额标准。有些企业随意确定岗位劳动定额，以此作为不执行最低工资标准和变相克扣工资的手段，成为影响低收入工薪劳动者工资增长的障碍之一。建议政府有关部门采取以下治理措施：(1) 委派地方劳动服务部门、行业协会或工会等机构制定主要生产岗位或工种的劳动定额参考标准，由劳动标准管理机构或组织专家委员会予以审定，通过行业层次的集体协商予以确定并发布实施；(2) 在各行业安全生产法规中规定企业应参考的最低安全生产标准，确定本企业生产岗位的工作日、工作小时的劳动定额标准，并据此核定计件单价，作为薪酬分配的明确依据；(3) 规定企业在生产技术条件变化需要调整劳动定额时，必须通过内部集体协商或其他民主渠道达成一致意见，不能达成意见的，应聘请外部专家研究论证后进行调整。

五是建立企业工资支付信息监控和信用制度，避免拖欠低收入工薪劳动者工资现象。目前我国在部分行业（如建筑行业、服务行业）拖欠一线员工工资的情况仍时有发生，建议政府部门建立企业工资支付信息监控和信用制度。具体措施如下：(1) 建立企业工资支付报告制度或欠薪报告制度，及时掌握企业工资支付的实际情况，确保各地政府制定的最低工资标准得到严格执行，切实保障劳动者的劳动报酬权益。(2) 政府部门间要进一步加强配合，加大清欠力度，强制企业在规定的时间内制订清欠方案，将多年累积的拖欠工资尽快清欠完毕。对于多次拖欠工资的企业，要坚决采用停业整改、停止工商年审等强有力的行政措施处罚；对易发生工资拖欠、存在重大拖欠隐患的行业和企业，政府部门要重点监控，加强预警管理，加大劳动保障监察执法力度，可以事先强制其建立欠薪保障制度，或参加行业或地区性的欠薪保障制度。(3) 在政府有关法规中要明确规定，企业未按照法律法规规定的时间和周期，或者低于法律法规、劳动合同规定和企业公开制度规定的报酬标准向正常提供劳动的劳动者支付劳动报酬的行为，都属于拖欠工资或克扣工资，都要依法惩处，企业任何欠薪债务都不能得到豁免，政府任何机构都无权豁免。在相关法律规定中还应适当加大欠薪企业对劳动者的经济赔偿的数额。

（二）提升工薪劳动者技能素质

工薪劳动者工资水平低既有不合理因素的影响，也有其必然性，体现为劳动者技能素质不高，劳动生产率低下，由此影响了工资水平的提高，因此，实现低收入工薪劳动者工资增长的重要合理途径是切实提高劳动者劳动生产率，使劳动报酬与劳动生产率同步增长。为提高劳动生产率，需要加大对低收入工薪劳动者的人力资本投资，提高这一群体的劳动技能水平和素质。为此，建议政府采取以下措施：

一是加强职业技能教育，扩大技能型人才供给。首先从教育产业发展导向上重点扶持职业教育发展，引导社会资源投资职业技能教育，让学生在考大学之外有更多教育投资途径，通过报考技校、中职、高职等院校获得从事某个职业或行业所需的实际技能和知识，满足企业用人需求。其次是引导学校面向市场，促进职业技能人才培养的校企结合，通过校内实训、校外实习、定向培养等提高毕业生技能素质。另外，针对农村青年劳动力，各有关部门和教育培训机构要继续做好农村劳动力技能就业计划、阳光工程、农村劳动力转移培训计划、星火科技培训、雨露计划等培训项目的实施工作，对培训质量好、规模大的就业训练中心给予重点扶持。

二是鼓励企业加强技能培训，结合企业技术升级，提高劳动者技能素质。首先政府应加大对生产岗位职工、农民工等群体劳务培训经费投入，根据地区产业发展方向和劳动力布局，规划公共服务和培训内容，帮助低收入工薪劳动者在重点产业领域提高劳动技能，满足企业技术升级需要，尤其是要针对农民工群体提供基本技能培训服务，减少农民工融入现代企业的障碍。其次从人工成本角度加强对企业培训经费的规范，对国有企业职工培训经费设定最低比例要求，将职工培训时数纳入企业考核范围，将职工培训纳入劳动合同和集体合同范围，依法保护职工接受培训的权利。

三是提高职业技能资格认证和技能鉴定的激励性，鼓励更多一线职工主动提升劳动技能。以山东省为例，其在《关于加强职业培训提高城乡劳动者就业能力的通知》中明确提出，要积极推广在企业关键职业工种、关键岗位、关键工序设立“首席职工”的经验，对各行业、职业领域中具有绝招绝技、突出业绩和品牌影响的技能人才授予“技能大师”等荣誉称号，完善省、市两级高级技能人才评选表彰制度。技师和高级技师在企业工作的，分别享受中级和高级专业技术职称有关待遇。

（三）推进工资集体协商建设

通过劳资双方的集体谈判确定企业职工工资水平，是市场经济国家劳动力市场价格形成的主要机制，谈判工资也已经成为现代企业的重要工资分配形式。因此，提高我国低收入工薪劳动者的工资水平，应按照市场经济的基本原则，探索适合我国国情的工资集体协商制度，发挥政府作用，引导、规范和监督企业开展工资集体协商，提高弱势群体的谈判力，为低收入工薪劳动者工资正常增长创造有利条件。

一是加强职工劳动权益、工会组织和工资集体协商等方面的宣传引导，增强低收入工薪劳动者维权意识。政府在劳动法律法规和政策宣传方面应该起主导作用，只有不断提高职工的劳动维权意识和组织觉悟，才有可能形成劳动者自主发起工资协商的行动。同时，政府也要引导企业转变用人观念，明确市场经济条件下各生产要素的平等地位，结合构建和谐劳动关系的国家导向，让企业意识到与普通职工分享企业发展成果的好处，积极倡导企业履行社会责任，主动发挥企业在工资集体协商中的主体地位。

二是积极推进企业建立和完善工资集体协商制度。发挥工资集体协商的作用首先要在企业、行业和地区层面建立工资集体协商制度，为此要做好四方面的工作。(1) 加强工会组织建设，强化工会在工资集体协商中的作用。对于外商投资企业、私营企业和农民工群体，没有成立工会的要根据员工的意愿成立工会组织，也可以实行行业工会和地区工会委托代理制度，以多种方式发挥工会的积极作用。(2) 政府部门要发挥引导、服务与仲裁等工作的作用，培育各方协商主体，探索多种协商方式，让更多的企业劳资双方能够接受工资集体协商。(3) 要大力促进专兼职工资协商指导员队伍建设，对企业劳资双方协商代表进行业务培训，协助双方拟定工资集体协议草案，及时发现和研究工资集体协商中的新情况、新问题，在推进企业工资集体协商过程中发挥作用。（4）对工资集体协商条件仍不成熟的企业，要发挥职工代表大会制度的作用，使其在涉及职工工资制度和标准的决策中代表职工利益。

三是自上而下建立区域性、行业性和分所有制的工资集体协商制度。在当前我国企业自主开展工资集体协商仍不充分的国情下，建议由政府主导，在中小企业聚集的地方，自上而下率先推动开展行业性、区域性集体协商，将大多数没有组建工会或者还不具备开展工资集体协商条件的企业纳入行业性、区域性集体协商范围。同时，依据不同所有制类型分层推进企业工资集体协商。建议首先由省市地区一级，国资委、省市总工会、人力资源社会保障部门组成国有企业工资集体协商委员会，主要负责引导建立国有企业工资集体协商制度，明确工资增长机制和幅度；其次，对于其他所有制类型的企业开展工资集体协商的指导、服务和援助等工作。

（四）完善工资宏观调控职能

为落实在初次分配和再分配中都要注重效率与公平的政策，政府在进行工资宏观调控过程中，可以将提高低收入工薪劳动者工资作为政策目标之一，运用最低工资标准、工资指导价位和工资指导线等调控手段，综合考虑物价、经济增速、劳动生产率等因素，制定有利于低收入工薪劳动者增资的调控政策。

1. 完善最低工资标准制度

通过最低工资立法调控企业分配行为是市场经济国家通行的做法。我国自实行最低工资制度以来，尤其是进入“十二五”时期，各省市地区连续提高最低工资标准，对于保障低收入劳动者的工资收入起到了切实有效的作用。目前，最低工资标准仍是政府实施企业工资调控的主要手段，在改善我国收入分配现状、提高低收入工薪劳动者工资水平方面成果显著。但是，近年来在中小企业持续面临经营困难的情况下，如何合理运用最低工资标准调控市场工资水平成为考验政府的一道难题。一方面，低收入工薪劳动者群体有提高工资水平的强烈诉求；另一方面，企业不断上涨的人工成本势必影响可持续发展。因此，需要正确处理最低工资标准的保障功能和推动成本的关系。

为了更好地发挥最低工资标准对提高低收入工薪劳动者工资水平的作用，建议政府部门采取以下措施：

一是建立与消费者物价指数（CPI）相关联的最低工资联动机制。最低工资标准的基本功能是保障社会成员基本生活和劳动者总负担水平，根据通货膨胀和物价水平适时调整最低工资标准是保障低收入工薪劳动者基本生活水平的题中之意。建议各省市地区在出台最低工资标准时同时明确最低工资标准应当随居民消费价格指数（CPI）一同调整，如河南省 2011 年出台的《最低工资规定（征求意见稿）》第七条规定，月最低工资标准的确定和调整主要参考下列因素：当地劳动者及其赡养人口的最低生活费用，城镇居民消费价格指数，职工个人缴纳的社会保险费和住房公积金，职工平均工资，经济发展水平和就业状况以及劳动生产率等。

二是提高最低工资标准的适应性，明确针对特殊条件下的最低工资标准适用范围。如应明确：（1）哪些报酬项目不计入最低工资；（2）对包食宿、季节性生产等如何适用最低工资标准设置明确规定；（3）对实行计件工资、提成工资制等特殊工资形式的劳动者如何适用最低工资标准；（4）对“劳动者在法定时间内提供了正常劳动前提下”中的“正常劳动”做出明确规定；（5）是否可以通过地区、行业工资集体协商确定最低工资；（6）临时工、劳务工是否纳入最低工资范围等问题做进一步明确和规范。

三是加强政府对企业实行最低工资标准的监督力度。一方面要规范按最低工资标准发放工资行为。规定以最低工资标准发放工资的企业应在企业内部履行民主程序并向职工说明理由，同时要求以最低工资标准发放工资的企业应向劳动保障部门备案。另一方面要加大劳动保障监察执法力度，严厉查处企业违反最低工资规定的行为。每年对最低工资标准落实情况至少进行一次全面检查，重点查处企业采取延长劳动时间、随意提高劳动定额、降低计件单价等手段变相违反最低工资规定的行为。

2. 建立全国工资增长指导线制度

工资指导线是在1994年劳动法颁布后，中国借鉴新加坡等国的经验而形成的制度，它以地区年度经济增长、社会劳动生产率、城镇居民消费价格指数预期增长水平为主要依据，并综合考虑地区宏观经济环境、城镇就业状况、劳动力市场价格、人工成本水平等相关因素而确定。从目前来看，由于工资指导线本身对企业工资增长并不具有直接约束作用，而且在对企业职工“提低”和“控高”方面存在机制性缺陷，全国各地在制定和出台工资指导线过程中也存在标准和结果不相协调的情况。因此，需要从中央层面统筹规划、综合平衡。建议改进措施如下：

一是建立国家工资增长指导线发布制度。依据国家发布的国民经济和社会发展五年规划，针对五年规划中所确定的国民经济社会发展主要目标，结合国家收入分配宏观调控需要，提出全国职工工资平均增速的五年规划。规划的内容主要包括：(1) 全国整体性、框架性的工资增长的原则，以及对各省（自治区、直辖市）工资增长指导线发布的指导意见；(2) 对垄断行业以及高收入行业、企业的工资调控意见；(3) 合理控制企业内部分配差距的原则性意见；(4) 国家对缩小行业工资收入差距的具体目标和措施；(5) 国家对提高低收入劳动者工资收入的要求和措施；(6) 针对国民经济特殊情况对全国工资增长提出临时性指导意见，或者对特殊省份单独提出工资增长指导意见。

二是丰富扩展工资增长指导线的调控手段。在实际操作中，可采用工资增长相对数和绝对数相结合的办法，逐步扩大工资指导线的适用范围。对垄断行业、高收入行业，工资指导线除发布工资增长相对水平限制外，增加人均工资水平控制线，实现工资总额和工资水平双重调控。对于有经济效益的企业，其员工工资增长幅度至少应不低于物价的增长幅度；经济效益有所增长的企业，员工工资增长幅度不低于工资指导线的基准线，但企业的工资增长不应超过警戒线。亏损企业，员工工资可零增长或负增长。另外，建议各地方政府在确定工资指导线的因素中增加全国职工平均工资增长因素，以便能够从国家层面适度综合平衡各地方工资指导线的基准线水平。

三是将工资增长指导线与人工成本、工资指导价位、最低工资标准等工资调控手段有机结合。将行业工资指导线与行业、工种的人工成本、工资指导价位同时公布，提高工资指导制度的可操作性和准确度。条件成熟的地区，可以将行业社会平均人工成本作为控制指标，使其成为行业工资指导线的一个确定依据。达到行业社会平均人工成本的企业，可按该行业工资指导线中的基准线确定工资水平；达不到行业社会平均人工成本的企业，就不应当增加工资；低于行业社会平均人工成本的企业，可以考虑在工资指导线的上线和基准线之间酌量提高工资水平。

另外，工资增长指导线还必须与地方最低工资制度相衔接。在制定工资指导线时，应将工资指导原则与最低工资标准相结合，保持工资指导基准线与最低工资标准之间一定的倍数或比例关系（这样可以利用最低工资标准的强制性来增强工资指导线的调控作用），或者将工资指导线发布时间同最低工资调整时间相结合，使其与最低工资制度相互协调、相互补充。①

（五）培育公平的劳动力市场环境

在劳动力市场发育较为成熟的国家，劳动力自由流动是影响劳动力供求关系和地区工资水平的重要因素。当一个地区工资水平高于其他地区时，会吸引劳动力流入，劳动力供给增加，进而会降低当地工资水平；反之工资则会提高。因此，劳动力自由流动是缩小收入差距，提高低收入群体工资水平的重要途径。在我国，由于政府基本公共服务仍不

---

① 建立完善全国工资增长指导线制度的思路参考了国家人力资源和社会保障部劳动工资研究所苏海南、常风林主持的《关于建立全国工资增长指导及发布制度研究》课题部分研究成果。

均等，就业、教育、医疗、社保以及住房等壁垒造成一定程度上的劳动力市场分割，劳动力自由流动仍面临种种障碍。因此培育公平的劳动力市场环境，保障劳动者拥有平等的受教育、就业及报酬权利，为劳动力自由流动创造条件，将有助于低收入工薪劳动者工资水平的提高。对此，建议政府采取以下措施：

一是保障劳动者拥有平等的受教育权。受教育程度是影响个人收入的重要因素，基础教育是劳动者掌握通用劳动技能的手段，高等教育是中低收入阶层向社会上层流动的途径，因此政府一方面要提高义务教育经费比重，保障适龄儿童享受九年义务教育；另一方面应加快高考制度改革，解决长期以来的地区间、城乡间教育机会不均等问题，保障劳动者的平等受教育权，减少因教育机会不均等造成的贫富差距代际转移。

二是保障劳动者拥有平等的就业权。劳动者的就业层次决定了其工资水平，由于我国目前仍存在一定程度的就业歧视和就业壁垒，造成了社会弱势群体因性别、户籍、身份等因素，难以就业或就业质量低下。尤其是一些高收入垄断行业和一些发达地区人为抬高进入门槛，广大低收入工薪劳动者缺少社会流动的机会。因此，提高低收入工薪劳动者工资水平，需要打破就业歧视和行业垄断，从就业机会均等化角度采取措施。

另外，充分就业是低收入工薪劳动者工资增长的前提，由于中小微企业是吸纳劳动力就业的主要载体，因此政府应出台更多的促进中小微企业成长的优惠政策，借鉴日本东京大田区、丰田汽车工业区、福山钢铁工业区等产业集聚扶持政策，通过打造产业链上下游分工和大企业辐射带动中小微企业等，发挥中小微企业带动就业的作用。

三是保障劳动者能够平等地享受基本公共服务。住房、医疗、教育等基本公共服务不均等阻碍了劳动力流动，尤其是城镇化进程中农民工难以融入城市。政府应逐步实现住房、医疗、教育、社保等基本公共服务的均等化，例如，从公租房、外来工公寓建设和鼓励自购三个渠道满足异地务工人员城市住房需求，为外来务工人员子女开放教育资源，加快社会保险全国联网和异地接续转移等，为低收入工薪劳动者增收创造外部条件。

五、结语

党的十八大报告中指出：到 2020 年，实现国内生产总值和城乡居民人均收入比 2010 年翻一番，努力实现居民收入增长和经济发展同步、劳动报酬增长和劳动生产率提高同步，初次分配和再分配都要兼顾效率和公平，再分配更加注重公平，规范收入分配秩序，保护合法收入，增加低收入者收入，调节过高收入，取缔非法收入等。

提高低收入工薪劳动者工资水平是解决当前我国工资收入差距分配存在问题的重要方面，能否解决好“提低”问题将直接影响到所有劳动者以及广大居民的切身利益和积极性的发挥，也影响到财富和收入存量差距是否继续扩大，并直接影响到我国生产经营和社会管理、公共服务的正常运行，是一项关系经济、社会甚至政治领域，涉及面极广的意义深远的工作。

提高低收入工薪劳动者的工资收入涉及多个方面的薪酬分配关系调整，包括地区之间、部门之间、行业之间、用人单位之间以及工薪劳动者内部等多种薪酬分配比例关系。本课题侧重从企业尤其是中小企业广大低收入工薪劳动者这一群体，从当前我国工资收入分配不合理因素角度入手，剖析了我国低收入工薪劳动者工资水平低的现状特征、形成原因及增资对策。

提高低收入工薪劳动者工资水平首先要合理界定政府和市场的边界，针对市场失灵的领域进行适度干预；其次要统筹考虑薪酬分配的过程、结果和环境，保障工薪劳动者拥有薪酬分配的知情权、参与权、表决权、分享权、保障权等基本权利。在“提低”过程中，一要充分发挥低收入工薪劳动者的主动性，将人力资本投资和劳动生产率的提高作为增资的主要依据。二要发挥市场和企业在工资分配中的基础性作用，通过建立完善职工工资正常增长机制、工资集体协商制度和职代会决策制度，与广大劳动者共同分享发展成果。三要发挥政府在初次分配和再分配过程中的调控、引导和监管作用，通过提供基本公共服务、保障劳动者合法报酬权益以及调整最低工资标准等调控手段，影响经济活动主体工资分配结果。从目前来看，尽管“提低”还面临诸多困难和挑战，但我们坚信提高低收入工薪劳动者工资水平的目标终会实现。

第八章 垄断行业及高工资收入群体工资收入调控

垄断行业及高工资收入群体工资收入调控是备受瞩目而且十分复杂的问题。垄断行业国有企业获取的垄断利润使得国有部门高管及职工工资收入待遇远超出市场的公平水平，是造成收入分配不公的重要原因，影响整个社会合理收入分配秩序的构建。

一、国内外研究现状综述

目前国内外学者主要从经济学、管理学、社会学等角度研究垄断行业高管薪酬以及垄断行业与竞争行业之间的收入差距问题。

（一）经济学

经济学主要在委托—代理框架下对垄断行业企业高管薪酬激励进行研究，目前研究成果主要集中在两个方面。

一是规范研究。主要以正式的数学模型来进行分析，主要研究成果是解决在信息不对称条件下委托人（股东）如何设计对代理人（垄断企业高管）激励问题的最优解（Leo Hurwicz，1960）。垄断行业由于规制者信息的缺乏导致逆向选择问题（Leob Magat，1979），通过规制者最大化垄断企业利益和消费者剩余将上述问题转化为一个资源配置的次优解问题（Baron Myerson，1982）。

二是实证研究。这方面主要集中研究垄断行业企业高管薪酬与企业业绩的关系（Laaear E. p.，1965；Mishra etc.，2000）、薪酬结构对高管决策时效的影响（Kerr & Bettis，1987）、业绩衡量方法与报酬挂钩（Veliyath，1999）、产权归属对高管激励问题等。国内学者岳希明、李实等（2010）应用 Oaxaca-Blinder 分解方法，把垄断行业高收入分解为合理和不合理两个部分。他们通过实证分析发现，垄断行业与竞争行业之间收入差距的 50％以上是不合理的，这主要是由行业的垄断造成的，并且由于目前收入统计未能反映垄断行业的高福利，研究结果显然低估了垄断行业高收入中的不合理部分。Caselli，Francesco and Wilbur John Coleman II（2006）对高收入国家（higher income countries）、低收入国家在技术熟练劳动力与非熟练技术劳动力的使用效率差异进行了研究。他们的研究结果是：高收入国家比低收入国家使用熟练劳动力（skilled labor，即所谓需要更多管理领导能力、技术含量的劳动力）更有效率，同时，低收入国家使用非熟练劳动力（unskilled labor，即所谓技术含量、技能含量相对低的劳动力）比高收入国家更有效率。原因在于，高收入国家熟练劳动力供应充足，因此高收入国家的企业更多选择适宜熟练劳动力的技术，而低收入国家则由于非熟练劳动力充足，因此低收入国家更多选择适宜非熟练劳动力的技术。把企业高管、普通职工分别看作熟练劳动力、非熟练劳动力，对于高收入国家，因为需要给予熟练劳动力更大激励，因此企业高管与普通职工之间收入差距就应该大一些，而对于低收入国家则相反，企业高管与普通职工之间收入差距就应该小一些。

由于委托—代理理论模型本身难以充分解释垄断行业的薪酬问题，并且垄断行业一般存在多层次的委托—代理关系，因此研究者开始尝试使用更多的分析理论来解释垄断行业薪酬激励问题，如信息过程理论、资源信赖理论、管理者自主权理论、社会比较理论等，但这些方面有解释力的研究成果不多。

（二）管理学、社会学、心理学等学科

管理学、社会学、心理学等主要基于垄断行业企业内部探讨高管薪酬问题。这些研究认为，企业所有权的一定集中能够抑制高管的自利行为，而所有权越分散，股东的监督动机和能力则相应较低，就会使企业高管薪酬与企业业绩脱钩（Brickley Lease & Smith，1988）。

二、垄断高工资收入行业及高工资收入群体的范围界定

（一）垄断高工资收入行业界定

1. 行业门类。根据国家统计局公布的年度分行业的城镇非私营单位在岗职工年平均工资中较高的行业门类工资水平，结合社会主流的价值判断，确定金融业，采矿业，电力、燃气及水的生产和供应业，交通运输、仓储和邮政业，信息传输、计算机服务和软件业五大门类为垄断高工资收入行业（见表8—1）。

表8—1　2009—2011年行业门类职工工资收入　元

	2009年	2010年	2011年
总　计	32 736	37 147	42 452
（一）农、林、牧、渔业	14 911	17 345	20 393
（二）采矿业	38 224	44 496	52 569
（三）制造业	26 599	30 700	36 494
（四）电力、燃气及水的生产和供应业	42 668	48 323	53 723
（五）建筑业	24 625	28 127	32 657
（六）交通运输、仓储和邮政业	36 224	41 536	47 646
（七）信息传输、计算机服务和软件业	59 919	66 598	70 619
（八）批发和零售业	29 031	33 520	40 295
（九）住宿和餐饮业	21 193	23 812	27 847
（十）金融业	70 265	80 772	91 364
（十一）房地产业	32 591	36 392	43 345

续表

	2009年	2010年	2011年
（十二）租赁和商务服务业	34 318	38 502	45 900
（十三）科学研究、技术服务和地质勘查业	50 866	57 316	65 238
（十四）水利、环境和公共设施管理业	24 551	27 229	30 750
（十五）居民服务和其他服务业	25 704	28 665	33 713
（十六）教育	35 042	39 624	43 907
（十七）卫生、社会保障和社会福利业	36 380	41 132	47 258
（十八）文化、体育和娱乐业	38 319	42 245	48 711
（十九）公共管理和社会组织	36 268	39 329	43 214

数据来源：国家统计局。

2. 行业大类。由于行业门类的划分过粗不能准确反映垄断行业的实际情况，因此，研究人员更多利用行业大类的数据来划分垄断行业。岳希明、李实、史泰丽①认为10个行业大类属于垄断行业（见表8—2）。

表8—2　　岳希明等界定的10大垄断行业（2010年）

行业代码（大类）	行业名称
07	石油和天然气开采业
16	烟草制品业
25	石油加工、炼焦及核燃料加工业
D	电力、燃气及水的生产和供应业
51	铁路运输业
54	水上运输业
55	航空运输业
59	邮政业
60	电信和其他信息传输服务业
J	金融业

注：行业代码中大写英文字母为行业门类代码。

① 转引自：岳希明，李实，史泰丽. 垄断行业高收入问题探讨［J］. 中国社会科学，2010（3）.

(二) 垄断行业国企高管等部分高工资收入群体界定

我国目前有企业法人 495.9 万多家①，按照每个企业平均 3 名左右高管估算，全国约有 1 500 万名企业高管，与市场经济发达国家相似，这个群体属于典型的高薪群体。

上述企业高管群体中，属于垄断行业的高管特别是金融行业高管等是我们重点研究的高收入群体。截至 2011 年年底，我国银行业金融机构共有法人机构 3 800 家②（从业人员 319.8 万人），我国保险业金融机构共有 142 家，证券公司 110 家，金融机构合计约 4 052 家，按照每家金融机构 8 名高管估算，我国金融机构高管群体约为 32 000 人，这些群体的年薪约为 100 万～1 000 万元，其中，根据对 2 032 家我国上市公司高管薪酬的数据汇总，42 家金融行业上市公司 344 名高管 2011 年年薪平均为 195.84 万元（见表 8—3）。

表 8—3 2011 年不同行业上市公司（2 032 家）高管薪酬水平分析

行业	数量（家）	高管人均薪酬最大值（万元）	高管人均薪酬最小值（万元）	2011 年行业平均薪酬水平（万元）	2010 年行业平均薪酬水平（万元）
农、林、牧、渔业	34	67.89	6.59	29.04	29.07
采掘业	50	277.18	9.86	55.33	63.40
制造业	1 231	364.92	4.69	38.87	42.98
水电煤气业	60	92.74	7.50	38.31	36.01
建筑业	44	127.50	6.83	48.27	44.20
交通运输、仓储业	70	134.46	15.30	46.72	45.15
信息技术业	151	263.73	11.89	44.79	41.43
批发和零售业	116	195.86	6.29	56.07	53.04

① 2008 年第二次全国经济普查结果，其中国有企业 14.3 万家，港澳台资和外商投资企业 18.3 万家。

② 中国银行业监督管理委员会 2011 年年报，第 21 页。

续表

行业	数量（家）	高管人均薪酬最大值（万元）	高管人均薪酬最小值（万元）	2011 年行业平均薪酬水平（万元）	2010 年行业平均薪酬水平（万元）
金融、保险业	42	509.32	59.32	195.84	212.47
房地产业	104	478.09	9.14	77.81	65.19
社会服务业	62	194.63	12.10	41.73	33.91
传播与文化产业	24	157.21	9.88	52.00	42.46
综合类	44	142.53	5.33	51.05	39.38

资料来源：根据 2 032 家 A 股上市公司 2011 年年报统计整理。

三、行业薪酬分配关系不合理的外在表现及其原因分析[①]

（一）行业薪酬分配关系不合理的外在表现

评价行业薪酬分配关系的主要依据是行业薪酬差距，为此，根据行业门类划分和行业大类划分[②]分别从薪酬分配定性分析、定量分析、薪酬分配起点与分配过程进行行业薪酬差距的比较。

首先，从薪酬分配结果的定性分析看，一个时期以来，关于行业薪酬分配差距偏大一直是社会各界高度关注的焦点之一。早在 1997 年党的十五大报告中就指出“对凭借行业垄断和某些特殊条件获得个人额外收入的，必须纠正”；十五届四中全会《中共中央关于国有企业改革和发展若干重大问题的决定》进一步指出“要采取切实措施，解决目前某些垄断行业个人收入过高的问题”；2002 年十六大报告更明确要求“合

① 此部分内容与第 43 页至 53 页内容有所重复。考虑到两部分内容均需分析现状及存在问题，为保障内容完整性，予以保留。

② 我国行业划分标准经历了两次较大修订，即 1994 年第一次修订形成了《国民经济行业分类与代码》（GB/T 4754—1994），2002 年第二次修订形成了《国民经济行业分类》（GB/T 4754—2002）。两次修订均遵循国际标准产业分类将行业类别由粗到细分为门类、大类、中类和小类四个层次。其中，行业门类是最粗的行业划分，一共划分为 20 个行业门类；行业大类是次粗的行业划分，一共划分为 96 个行业大类。其中第 20 个行业门类“国际组织”由于其特殊性通常在研究时不做分析。

理调节少数垄断性行业的过高收入”。与此同时，社会各界对此也高度关注，批评颇多。截至今天，除了垄断高收入行业人员以及极个别学者外，人们对此均无异议。可以说，行业之间不合理的薪酬差距大已成为社会的主流认识。

其次，从薪酬分配结果定量分析看，可以得出四点结论。一是我国行业薪酬差距曲线多年来一直呈现整体较快上扬的趋势。国家统计局的数据显示，从改革开放特别是 1997 年以来，我国行业薪酬差距曲线整体上呈现上扬态势（见图 8—1、表 8—4），尽管近年来稍有下降，但 30 多年来其总趋势一直是扩大的，且近年来的稍微下降还不能判断其是否具备稳定性。二是我国行业薪酬差距倍数整体上也呈现扩大的态势。按行业门类划分看，由 1985 年最高收入行业与最低收入行业之比的 1.81 倍，扩大到 2011 年的 4.48 倍；如按照 96 个行业大类进行比较，1995—2010 年，最高工资收入行业（证券业）与最低工资收入行业（畜牧业）的平均薪酬水平的差距由 3.87 倍扩大到 11.86 倍（见图 8—2、表 8—5）。国际上按行业门类划分的行业薪酬差距一般为 3 倍左右[①]，而我国目前的行业薪酬差距明显高于一些国家或地区的行业薪酬差距倍数。三是行业薪酬差距极值也一直呈现扩大趋势。按行业门类划分和行业大类划分，1985 年时，我国行业薪酬差距极值为 629 元（行业门类），1997 年分别扩大为 5 423 元和 13 498 元，2009 年再分别扩大为 55 714 元和 154 068 元，到 2011 年按行业门类划分，扩大为 70 971 元（见表 8—4、表 8—5）。这一差距极值（行业大类）从 1997 到 2009 年年平均增长幅度为 20.99%，远高于同期职工平均工资增长 12.96% 的幅度。四是最高收入行业与最低收入行业的分布多年来相对比较稳定。按行业门类划分（见表 8—4），1997—2011 年的 15 年，除 2000、2001 年工资最高行业为科学研究和综合技术服务业以及 2003—2006 年为信息传输、计算机服务和软件业外，其余 9 年工资最高行业均为金融业，特别是 2007—2011 年，工资最高收入行业一直为金融行业。但是，

① 蔡继明. 合理调整分配关系 共享经济发展成果 [J]. 中共中央党校学报，2012 (3).

长年来低收入行业基本没有变化（1988 年至今，工资最低行业一直是农、林、牧、渔业），高收入行业却只有部分变化，这进一步加剧了行业薪酬差距的不合理。当然，以上行业薪酬差距扩大，有其一定的客观原因，如行业劳动生产率水平不同，员工队伍的人力资源结构不同，但通过对行业薪酬差距的量化分析发现，即便考虑这些因素，也远不应达到如此大的差距。

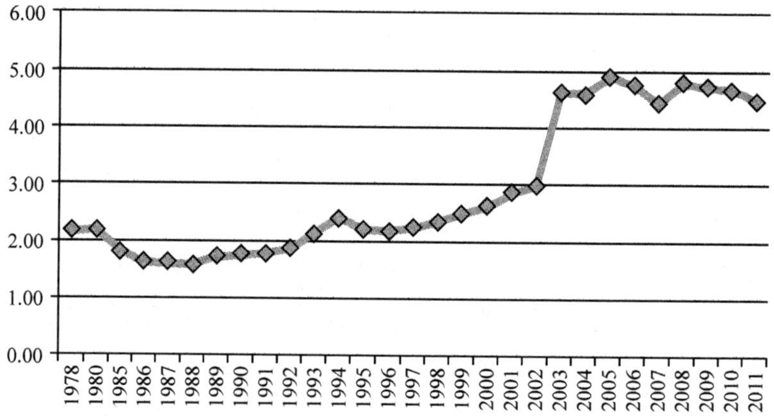

图 8—1　1978—2011 年我国行业（行业门类）工资差距曲线

注：1978—2002 年数据来自《中国劳动统计年鉴 2009》表 1—37“分行业职工平均工资”，2003—2008 年数据来自表 1—43“分行业职工平均工资”，2009—2011 年数据来自国家统计局官方网站。

表 8—4　　1978—2011 年行业薪酬差距（行业门类）

年份	行业最高工资（元/年）	行业最低工资（元/年）	行业差距（最高/最低）	工资最高行业	工资最低行业
1978	850	392	2.17	电力、煤气及水的生产和供应业	社会服务业
1980	1 035	475	2.18	电力、煤气及水的生产和供应业	社会服务业
1985	1 406	777	1.81	地质勘查业、水利管理业	社会服务业
1986	1 604	980	1.64	地质勘查业、水利管理业	社会服务业
1987	1 768	1 085	1.63	地质勘查业、水利管理业	社会服务业

续表

年份	行业最高工资（元/年）	行业最低工资（元/年）	行业差距（最高/最低）	工资最高行业	工资最低行业
1988	2 025	1 280	1.58	地质勘查业、水利管理业	农、林、牧、渔业
1989	2 378	1 389	1.71	采掘业	农、林、牧、渔业
1990	2 718	1 541	1.76	采掘业	农、林、牧、渔业
1991	2 942	1 652	1.78	采掘业	农、林、牧、渔业
1992	3 392	1 828	1.86	电力、煤气及水的生产和供应业	农、林、牧、渔业
1993	4 320	2 042	2.12	房地产业	农、林、牧、渔业
1994	6 712	2 819	2.38	金融、保险业	农、林、牧、渔业
1995	7 843	3 522	2.23	电力、煤气及水的生产和供应业	农、林、牧、渔业
1996	8 816	4 050	2.18	电力、煤气及水的生产和供应业	农、林、牧、渔业
1997	9 734	4 311	2.26	金融、保险业	农、林、牧、渔业
1998	10 633	4 528	2.35	金融、保险业	农、林、牧、渔业
1999	12 046	4 832	2.49	金融、保险业	农、林、牧、渔业
2000	13 620	5 184	2.63	科学研究和综合技术服务业	农、林、牧、渔业
2001	16 437	5 741	2.86	科学研究和综合技术服务业	农、林、牧、渔业
2002	19 135	6 398	2.99	金融、保险业	农、林、牧、渔业
2003	32 244	6 969	4.63	信息传输、计算机服务和软件业	农、林、牧、渔业
2004	34 988	7 611	4.60	信息传输、计算机服务和软件业	农、林、牧、渔业
2005	40 558	8 309	4.88	信息传输、计算机服务和软件业	农、林、牧、渔业
2006	44 763	9 430	4.75	信息传输、计算机服务和软件业	农、林、牧、渔业
2007	49 435	11 086	4.46	金融业	农、林、牧、渔业
2008	61 841	12 958	4.77	金融业	农、林、牧、渔业
2009	70 265	14 911	4.71	金融业	农、林、牧、渔业
2010	80 772	17 345	4.66	金融业	农、林、牧、渔业
2011	91 364	20 393	4.48	金融业	农、林、牧、渔业

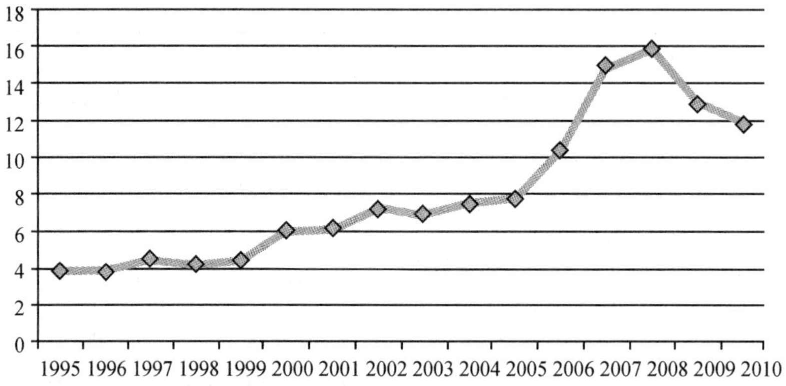

图 8—2　1995—2010 年我国行业（行业大类）工资差距曲线

表 8—5　　　　1995—2010 年行业薪酬差距（行业大类）

年份	行业最高工资（元/年）	行业最低工资（元/年）	行业差距（最高/最低）	工资最高行业	工资最低行业
1995	12 686	3 277	3.87	航空运输业	农业
1996	14 378	3 837	3.75	航空运输业	畜牧业
1997	17 416	3 918	4.45	计算机应用服务业	林业
1998	17 395	4 132	4.21	航空运输业	林业
1999	19 150	4 383	4.37	计算机应用服务业	农业
2000	28 333	4 665	6.07	计算机应用服务业	农业
2001	30 146	4 919	6.13	计算机应用服务业	农业
2002	38 810	5 383	7.21	计算机应用服务业	农业
2003	42 582	6 139	6.94	证券业	林业
2004	50 529	6 718	7.52	证券业	林业
2005	56 418	7 250	7.78	证券业	林业
2006	85 522	8 254	10.36	证券业	林业
2007	142 979	9 521	15.02	证券业	畜牧业
2008	172 123	10 803	15.93	证券业	畜牧业
2009	166 985	12 917	12.93	证券业	林业
2010	168 116	14 175	11.86	证券业	畜牧业

说明：1. 除特殊说明外，数据均来源于《中国统计年鉴》和《中国劳动统计年鉴》。

2. 由于数据原因，无法计算 2011 年情况。

3. 2009 年、2010 年使用城镇非私营单位就业人员平均工资计算，分行业工资水平与在岗职工平均工资在口径、范围和数额上略有差异。

最后，从行业薪酬分配的起点和过程看，最高收入行业与最低收入行业的薪酬决定基础和决定依据以及薪酬形成过程差别较大，相互之间不平衡。从最高收入行业这一端看，近 5 年来最高收入的金融行业的薪酬决定基础是不完全的人力资源市场或存在壁垒的金融行业人力资源市场在发挥作用，金融人才整体上比较短缺，因而金融行业从业人员①相对于其他工薪劳动者明显处于优势地位，其就自身薪酬分配事项表达意见的机会和途径明显多于其他工薪劳动者，他们实际拥有比较充分的参与薪酬分配决定的权利；同时，由于金融行业中占主体的是国有金融企业，在产权单一、法人治理结构和内部制衡机制远未健全的基础上，其经营管理人员与其他职工利益具有趋同性。因此，在一定程度上，金融行业国有企业的从业人员还可能在薪酬分配起点侵占国有资产等方面的收益权。而从最低收入行业看，近 30 年来一直处于行业收入最底端的农、林、牧、渔行业的薪酬决定基础、决定依据和决定程序都存在诸多不公平。比如，农、林、牧、渔行业作为产业链的低端，其工薪劳动者以从事低技术含量的体力劳动者为主体，低文化程度的劳动者占大多数，这些工薪劳动者在劳动力市场上处于明显弱势地位，基本上很难拥有薪酬分配决策的参与权；而且，他们就近就地就业，相对于制造业等异地打工的农民工，他们“以脚投票”的可能性也低一些。因此，在薪酬分配起点上就处于不公平境地。又如，农、林、牧、渔行业作为低端行业，整个行业的管理水平相对也较低，相应地其薪酬分配管理的环节、程序等也难以周全、严谨，劳动者在薪酬分配过程中吃亏的概率也明显高于其他行业特别是金融行业。这种高低收入两端的行业在薪酬分配起点、分配过程的不公平，进一步加剧了行业之间薪酬分配结果的不公平。

（二）原因分析

造成我国行业之间薪酬不合理差距扩大的原因涉及多方面，可以从

① 这里特指金融行业的正式员工，不包括那些未建立劳动关系人员和临时工作人员。

以下两方面来分析。

一方面是直接的制度性原因，即行业之间薪酬分配和相关收入分配制度不够公平合理引发了行业之间薪酬不合理差距的扩大。

首先，最高收入行业与最低收入行业的薪酬分配制度都不够公平合理且缺少必要的监督调节机制。从最高收入金融行业看，国有金融企业的薪酬决定制度基本执行的仍然是 20 世纪 80 年代中期即开始实行的工资总额与经济效益挂钩办法，虽然近些年来做了一些改进，但总体上仍是按经济效益增长而相应安排工资总额增长，尚未像非金融国有企业那样于近几年试行工资总额预算管理办法。由于工效挂钩办法很难剔除金融行业经济效益中的非劳动因素，因此，在国有银行现行存贷差等政策的支撑下，其工资总额就可以按经济效益主要是金融企业上缴税收和利润的快速增长而较快增长；国有证券公司、保险公司情况也类似。再加上一个时期以来国有金融行业的工资总额管理实际上处于相对缺少监管的状况①，有关部门未对其职工收入进行全口径调控，未认真落实工资总额、工资水平双重调控政策，这些问题造成了金融行业薪酬分配起点、过程的不公平合理，直接助长了其薪酬总额和薪酬水平的不合理增长，加剧了行业薪酬分配结果的不够公平和不合理。从最低收入农、林、牧、渔行业看，其薪酬决定制度分两种情况，其中一部分是国有企业和事业单位，由地方政府支付工资；其余部分是其他所有制企业，其工资由资方决定。由于农、林、牧、渔行业一般分布在经济不发达地区或以农牧业为主体的地区，这些地方的政府往往财政收入少甚至比较困难，需要中央财政转移支付，因此对那些国有农林企业等只能支付低水平的工资；而另外那些其他所有制的农、林、牧、渔企业，其劳动者基本没有薪酬分配的知情权、参与权和表决权、分享权和保障权，同时普遍都没有建立工资集体协商制度，因此，这一行业的薪酬分配起点显然

① 国有金融行业的工资总额原来曾分别由政府人事部门管工资计划、劳动保障部门管工资总额。进入 21 世纪后，国有企业的工资改由国资委分管；但国资委只管非金融国有企业，国有金融行业在一段时间实际上基本处于无人监管的状况。后来才划归财政部门监管，但财政部门由于日常财政工作繁忙，难以充分履行监管职能，特别是地方财政部门对地方国有金融企业的监管就更弱一些。

不公平，与金融行业有很大的落差。与此同时，这一行业的日常薪酬管理制度特别是薪酬支付制度等也不健全，难以形成员工工资正常增长及支付保障的机制，使薪酬分配过程也不公平合理。这直接阻碍和制约着这一行业薪酬总额和水平的合理正常增长，也加剧了行业之间薪酬分配结果的不公平和不合理。

其次，最高收入金融行业与最低收入农、林、牧、渔行业的企业收益分配制度都不够公平合理，是影响薪酬分配制度不公平合理的源头性因素。从金融行业看，按照人民银行规定的存贷差政策，一般情况下贷款利率高于存款利率约 2 个百分点，各类商业银行可以轻易获得很好的企业收益。根据银监会 2012 年年报数据，2011 年我国商业银行净利润 1.04 万亿元[①]，创历史新高，其中 66.2%来自利息净收入，比 2011 年同期的 7 637 亿元增长 36.3%；按此计算，商业银行 2011 年平均每天约赚 28.5 亿元。借用中国民生银行负责人的话说："银行业利润太高了，我们都不好意思公布。"[②] 证券、保险公司的企业收益分配制度情况也类似。与此同时，政府对国有金融企业的利润收缴得也不多，致使金融行业的许多非劳动收益能够留存在企业内部，成为其职工高薪酬福利的资金来源。从农、林、牧、渔行业看，其中的国有企业事业单位由于地方政府拿不出多少财政收入来支付和提高其员工的工资，使这些用人单位薪酬分配缺少必要的资金来源；其中的其他所有制企业由于劳动生产率低，企业收益差，而税收负担却与其他行业一样或只稍低一点，缴完税费后基本没有多少剩余，致使这些企业无力提高员工工资。这样两种不同的薪酬分配和企业收益制度，必然会直接推动这两种行业薪酬差距的扩大。

另一方面是深层次的体制性原因，即两种行业的薪酬决定、形成的外部环境和条件不平等。这一原因虽不直接影响行业薪酬水平及其相互之间差距的变动，却从根本上决定着行业薪酬分配和企业收益制度的不

① 《中国银行业监督管理委员会 2011 年报》第 23 页。

② 引自：2011 年商业银行利润超万亿 平均每天净利 28.5 亿 [N]. 新京报，2012—02—20.

合理，进而决定着行业薪酬分配结果的不合理。体制性弊端造成了行业之间的外部环境和条件的不平等，主要表现在不同行业的市场地位不同、获取各种资源的能力不同、面临的市场压力不同、所处的社会生产链条位置不同、其员工在人力资源市场上的处境不同等多方面。比如，国有金融企业在市场上处于垄断地位①，都是特大型、大型国有企业，据有关统计显示，至 2011 年五大国有商业银行贷款余额仍然占据超过国内银行市场 50%的市场份额②，其资产规模、营业收入、企业覆盖范围、员工队伍组成等都既大又强，且能够获得政府的强力支持和照顾；而农、林、牧、渔行业的企业则在市场上处于极为弱势的地位，且其中大多数都属于中小型企业，很少得到政府部门的强力支持。由于双方在市场上地位的差别，金融行业国企可以通过政策规定的存贷差轻易获取高收益，农、林、牧、渔行业企业则由于得不到或很少得到政府的有力扶持而企业生产经营环境差、收益低。又如，金融行业国企位处社会经济链条的高端，虽然也面临少数外资和民营金融企业的市场竞争，但由于整体上仍具有垄断地位，特别是有政府的大力支持，1999 年以来其高达 2 万亿元的不良资产③得到剥离，基本上消除了国有商业银行的压力；而农、林、牧、渔行业位居社会生产经营链条的底端，劳动生产率低下，面临市场的激烈竞争，处于风雨飘摇、半停产甚至破产的境地。再如，金融行业的人力资源结构中本科生及以上学历者大约占 75%以

---

① 2012 年 4 月 1—3 日温家宝总理在广西、福建等地调研时明确指出："关于融资成本，其实我这里坦率地讲，我说我们银行获得利润太容易了。为什么呢？就是少数几家大银行处于垄断地位，只能到它那儿贷款才贷得来，别的地方很困难。我们现在所以解决民营资本进入金融，根本来讲，还是要打破垄断。中央已经统一了这个思想，你也看到了在温州进行试点。我想，温州的试点，有些成功的，要在全国推广，有些立即可以在全国进行。"

② 根据中国工商银行、中国银行、中国建设银行、中国农业银行、交通银行 2011 年年报计算。其中，上述五家银行 2011 年年底的贷款余额分别为 77 888.97 亿元、60 963.96 亿元、61 089.83 亿元、53 345.57 亿元、25 053.85 亿元，合计约 278 342.18 亿元。根据中国银行业协会 2012 年 6 月 19 日发布的《2011 年度中国银行业社会责任报告》，2011 年我国银行业金融机构各项贷款余额 54.8 万亿元，四大商业银行约占 50.79%。

③ 引自：张敏，沈洪溥. 中国处置银行系统不良资产的状况和经验 [J]. 中国金融，2012 (3)。1999 年工、农、中、建等四大国有银行不良资产 14 322 亿元，以账面价值进行政策性接收；2004—2005 年，工商银行、中国银行、建设银行和交通银行共计剥离 7 791 亿元可疑类不良资产。

上，且要进入金融行业除了人力资本素质要求高以外，还有比较复杂的人际关系，其行业人力资源市场的进入门槛高，实际上存有壁垒，一般人员很难进入；而农、林、牧、渔行业的劳动者结构中高中及以下学历者约占70%，其劳动力市场属于完全竞争型市场，这种劳动者供过于求，天然处于弱势地位；如此等等。以上这些由于体制性弊端形成的行业之间基础条件和外部环境的不平等，从深层次决定了金融行业与农、林、牧、渔行业薪酬分配起点、分配过程的不公平以及分配结果的不合理。

四、部分企业高层经营管理人员与其他工薪劳动者之间薪酬分配关系不合理及其原因分析[①]

（一）部分企业高层经营管理人员与其他工薪劳动者之间薪酬分配关系不合理的外在表现

企业高层经营管理人员薪酬是其人力资本价值及其管理要素贡献的具体体现，对于满足企业高管人力资本的可持续发展及其家庭成员体面生活的需要，调动企业高管积极性、主动性和创造性，促进企业增强核心竞争力和提高经营业绩具有极为重要的意义。毫无疑问，企业高管薪酬水平应该高于其他工薪劳动者，但如果过高于其人力资本和所作贡献，则既不能有效调动其积极性、创造性，又会给其他劳动者乃至社会带来负面影响。当前，我国部分企业高管薪酬与其他工薪劳动者薪酬水平差距偏大或过大，已成为企业不同层级工薪劳动者之间薪酬分配关系不合理的突出问题，具体表现在：部分国有企业主要是国有金融企业高管薪酬水平与其他工薪劳动者平均薪酬水平差距偏大，少数企业高管薪酬水平与其他工薪劳动者平均薪酬差距过大；不少上市公司高层经营管理人员薪酬水平与城镇在岗职工平均工资水平差距过大，少数高层经营

---

① 此部分内容与第58页至68页内容有所重复。考虑到两部分内容均需分析现状及存在问题，为保障内容完整性，予以保留。

管理人员薪酬水平与城镇在岗职工平均工资差距极大。下面也从薪酬分配定性和定量结果、薪酬分配起点、分配过程分别进行分析。

首先，从我国企业高层经营管理人员薪酬分配结果的定性分析看。一个基本判断是：我国企业高管的薪酬水平在2001年以前整体上并不高，其中部分国有企业高管的薪酬水平还偏低（这并不否定当时也有个别或少数薪酬水平很高的企业高管）；但其后，我国企业高管薪酬水平开始进入快速提高阶段；在短短几年内就拉开了与其他工薪劳动者薪酬的差距，并迅速呈现过快增长及不合理增长的态势，引发了社会各方面的非议。近几年来，社会各界对部分企业高管薪酬水平偏高和过高基本达成了共识。特别是2008年，中央领导在看到反映某些国有企业和国有控股、参股企业高管薪酬水平偏高或过高的情况通报后，责成人力资源和社会保障部牵头，财政部、国家税务总局、国务院国资委、银监会、证监会、保监会等部门参加，组织开展对中央企业高层经营管理人员薪酬分配情况进行调查研究，以及在2009年由人力资源和社会保障部、中组部、监察部、国家审计署、财政部、国务院国资委联名出台了《关于进一步规范中央企业负责人薪酬管理的指导意见》，就是最好的证明。从全球范围看，2009年美国华尔街次贷危机引发全球金融危机以来，许多市场经济发达国家包括美国、法国、德国、英国等的政界要人和广大老百姓都对全球性上市公司高层经营管理人员的天价薪酬表示了强烈反感。一时间，企业高管的过高薪酬几乎成为众矢之的，甚至成为引发美国“占领华尔街”运动的导火索之一。可以说，加强对企业高管特别是国有企业高管高薪的监管已经成为一种全球性的呼吁，也是我国社会的主流认识。

其次，从我国企业高层经营管理人员薪酬分配结果的定量分析看，可以得出如下4个基本结论：

一是企业高管薪酬与其他劳动者薪酬差距曲线近十年来呈现整体上扬的趋势。国务院国资委管理的非金融中央企业高管平均薪酬与央企其他职工平均薪酬以及全国城镇职工平均薪酬差距曲线，2002—2010年呈现整体上扬趋势，其中，2009 年后曲线相对平稳①（见图 8—3、图 8—4）；中央金融企业高管薪酬与城镇在岗职工平均工资差距曲线，从 2004 到 2010 年也呈现整体上扬趋势，且上扬幅度快于非金融中央企业（见图 8—5）。地方国有企业高管薪酬与当地城镇在岗职工平均工资差距曲线，因收集不到全国数据，只能以个别省区或某个城市的数据为例分析。如上海市，其国有企业高管薪酬与当地城镇在岗职工平均工资差距曲线，从 2002 到 2010 年，整体呈现快速上扬趋势②（见图 8—6）。我国上市公司高管最高年薪平均值与城镇在岗职工平均工资差距曲线，

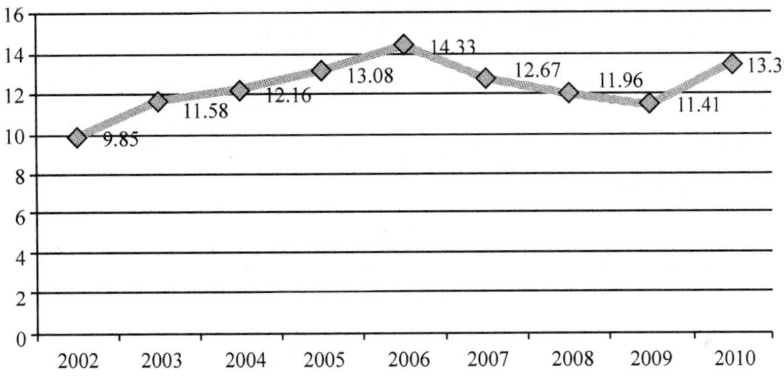

图 8—3　2002—2010 年中央非金融企业高管年薪平均值与央企职工平均工资差距（倍数）

---

① 2010 年 1 月 9 日上午，时任国务院国资委主任李荣融在出席第十一届北京大学光华新年论坛时表示：2002 年，我国开始推行国企高管年薪制，规定高管年薪不得超过职工平均工资的 12 倍。2004 到 2007 年，国务院国资委监管的央企高管的平均年薪分别为 35 万元、43 万元和 47.8 万元、55 万元，年增长 14%左右。国务院国资委统计数据显示，2006 年直属于国资委的 149 户中央企业主要负责人平均薪酬为 53.1 万元。2008 年、2009 年央企高管年薪平均约为 58 万元、61.6 万元。2010 年中央非金融企业高管年薪接近 70 万元。2004 年、2005 年中央非金融企业职工平均工资为 28 009 元、32 211 元（2004 年 12 月 13 日《工人日报》，“国企老总薪酬将受职工监督”，指出 2002 年企业主要负责人实际平均薪酬与全部企业职工平均工资相比为 12 倍，2003 年就扩大到 13.6 倍），2006—2008 年中央非金融企业职工平均工资分别为 37 043 元、43 419 元、48 500 元。2009 年、2010 年分别为 5.4 万元（2010 年 8 月 20 日《21 世纪经济报道》“李荣融：央企在岗职工平均工资 5.4 万元”）、60 096 元。

② 数据来源：“Wages at SOEs may go public”，shanghaidaily. com，2011 年 4 月 20 日。2008 年、2009 年上海 75 家国有企业高管年薪平均为 697 535 元、696 100 元。2002 年，上海国有企业高管年薪为 12 万元左右；2010 年，上海国有企业高管年薪为 77 万元左右。

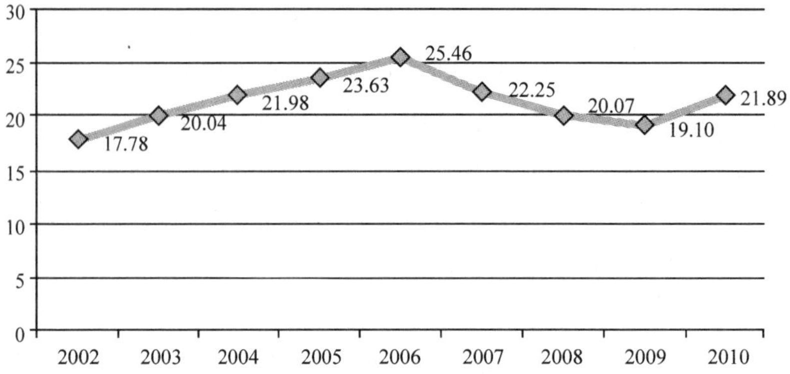

图 8—4 2002—2010 年中央非金融企业高管年薪平均值与城镇职工平均工资差距（倍数）

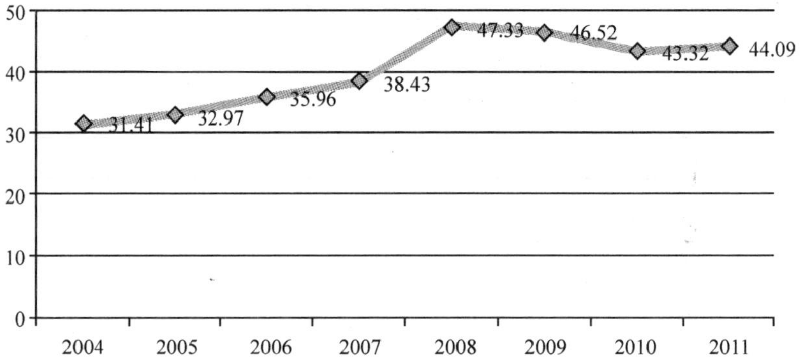

图 8—5 2004—2011 年中央金融企业高管年薪平均值与央企职工平均工资差距（倍数）

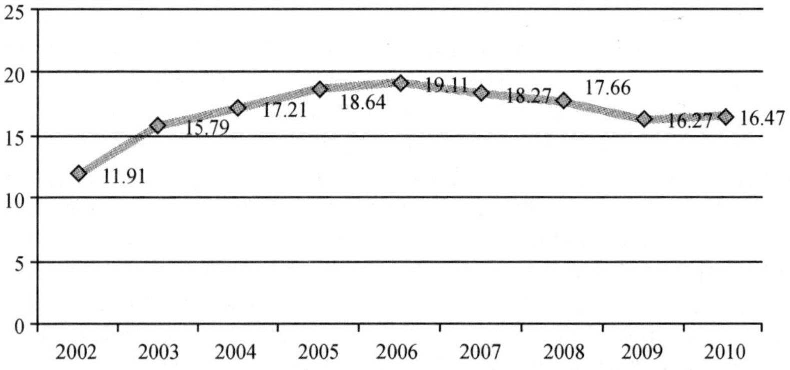

图 8—6 2002—2010 年上海市国有企业高管年薪平均值与上海市职工平均工资差距（倍数）

根据课题组收集的上市公司年报披露的信息分析，自2000年以来一直呈现整体波动并较快上扬态势（见图8—7、表8—6）。如考虑到上市公司高管通过股权激励获得的收益，该曲线上扬的幅度应该会更快一些。

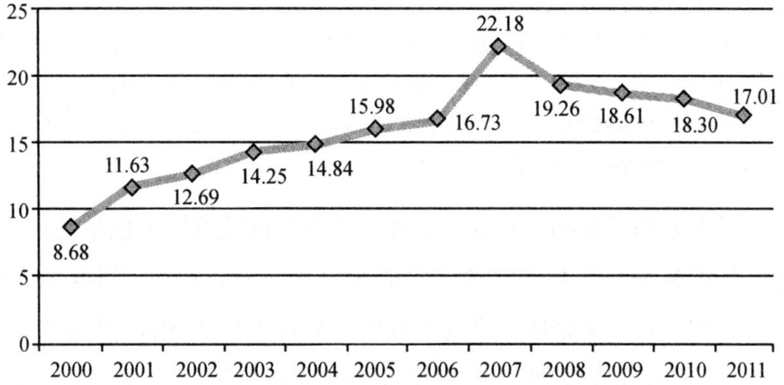

图8—7　2000—2011年上市公司高管最高年薪平均值与城镇在岗职工平均工资差距（倍数）

表8—6　　2000—2011年上市公司高管平均年薪与城镇在岗职工平均工资差距

年份	上市公司高管最高年薪平均值（万元）	城镇在岗职工平均工资（元/年）	薪酬差距倍数（高管/职工）	薪酬差距绝对值（元）
2000	8.1	9 333	8.68	71 667
2001	12.6	10 834	11.63	115 166
2002	15.7	12 373	12.69	144 627
2003	19.9	13 969	14.25	185 031
2004	23.63	15 920	14.84	220 380
2005	29.08	18 200	15.98	272 600
2006	34.89	20 856	16.73	328 044
2007	54.83	24 721	22.18	523 579
2008	55.65	28 898	19.26	527 602
2009	60	32 244	18.61	567 756

续表

年份	上市公司高管最高年薪平均值（万元）	城镇在岗职工平均工资（元/年）	薪酬差距倍数（高管/职工）	薪酬差距绝对值（元）
2010	66.85	36 539	18.30	631 961
2011	72.2	42 452	17.01	679 548

注：各年度上市公司样本数不一致，因此，年度之间上市公司高管年薪绝对值不具有完全可比性。2010 年、2011 年数据（指 A 股上市公司高管最高薪酬均值）来自德勤《2011－2012 中国上市公司高管薪酬调研报告》。其余数据来自上海荣正投资咨询公司。城镇在岗职工平均工资来自《中国统计年鉴 2011》表 4—12，p. 123。

二是企业高管薪酬与其他劳动者薪酬差距倍数整体上也呈现扩大的态势。从国务院国资委管辖的中央非金融企业看，2002 年时，中央企业高管平均年薪与央企职工平均工资的倍数仅为 9.85 倍，但到 2010 年则扩大到 13.39 倍，差距扩大速度较快①（见图 8—3）；如将其与同年城镇在岗职工平均工资比，2002 年时差距倍数仅为 17.78 倍，而到 2010 年，则扩大到 21.89 倍（见图 8—4）。从国有金融企业看，差距倍数扩大的情况更突出。2003 年时，中央金融企业高管平均年薪与城镇在岗职工平均工资差距倍数大约是 21 倍，而到 2011 年，该倍数扩大到 43 倍②（见图 8—5）。如从典型案例看，国有金融企业高管最高年薪与城镇在岗职工平均工资差距倍数，2003 年时大约为 36 倍，而到 2011 年却扩大到 211 倍③。从上市公司看，根据上市公司年报披露的信息分

---

① 熊志军：《当前我国收入分配问题与国有企业分配制度改革》。其中，中央企业人均年收入 2003 年 24 179 元，2004 年 28 778 元，2005 年 32 883 元，比 2001 年（16 988 元）增长 93.6%。

② 引自《银行家》2012 年 5 月号，郦锡文《银行员工高收入透析——以四大行为例》。四大银行员工平均收入约是当年城镇单位在岗职工平均工资的 4 倍。2008 年为人均 136.76 万元，是同期四大银行员工平均收入的 10.34 倍；2010 年四大银行高管人均收入为 160.93 万元，是同年四大银行员工平均收入的 9.93 倍；2011 年四大银行高管人均收入为 187.18 万元，是同年四大银行员工平均收入（19.1 万元）的 9.8 倍。尽管 2010 年、2011 年四大银行高管成员收入对四大银行员工平均收入的倍数已降低到 10 倍以下，但由于 2011 年高管收入增长为 16%，只比城镇职工收入增长水平低一个多百分点，其与全国城镇在岗职工平均工资水平的差距仍接近 43 倍。

③ 2011 年国有金融企业高管最高年薪为中国银行的信贷风险总监 895.70 万元。2003 年国有金融企业高管年薪最高约为 50 万元。

析，2000 年时，上市公司高管平均年薪与城镇在岗职工平均工资差距倍数大约为 8.68 倍（加上股权激励收益则还要高一些）；到 2011 年，此倍数进一步扩大到 17.01 倍（加上股权激励收益，其差距倍数将更大一些）（见图 8—7、表 8—6）。如从典型案例看，上市公司高管最高年薪与城镇在岗职工平均工资的差距倍数，2002 年时大约为 129 倍①，而到 2011 年，以媒体披露的信息为例，此时的倍数则高达 377 倍②。据了解，我国的近邻日本、韩国的企业高管薪酬与城镇职工平均工资差距倍数，目前分别为 20 倍、10～16 倍③；据日本劳务行政研究所资料显示④，2001 年，世界各国销售额 5 亿美元以上企业 CEO 的薪酬与生产工人的工资水平差距较大的国家是墨西哥，为 53.7 倍（其中 CEO 平均薪酬为 86.68 万美元，生产工人的平均工资为 1.61 万美元）。美国为 41.3 倍（其中 CEO 为 193 万美元，工人为 4.68 万美元）。英、法、德分别为 25.4 倍、16 倍和 13.2 倍。收入差距较小的是瑞士为 9.5 倍、日本为 11.6 倍，韩国为 12.5 倍，中国台湾为 14.7 倍。横向比较，我国国有企业高管和上市公司高管薪酬与城镇在岗职工平均工资差距倍数明显高于我国近邻日本、韩国和我国台湾地区，也高于法国、德国等西方主要国家，只低于美国等少数发达国家。

三是企业高管薪酬与其他劳动者薪酬差距极值也一直呈现扩大趋

① 引自“2002 年中国上市公司高管身价排行榜”，《上海证券报资本周刊》2003 年。该排名是从 1 221 个有效样本数量中统计出来的，最高年薪是科龙电器 160 万元。2002 年我国城镇在岗职工年平均工资为 12 373 元。

② 根据上海荣正咨询统计，在 2 300 家可统计的 A 股上市公司中，中信证券副董事长殷可以 1 600 万元的税前年薪位居榜首，2011 年我国城镇非私营单位职工平均工资为 42 452 元。

③ 引自“国企高管薪酬问题及对策研究”（中国民主促进会上海市委员会 2010 年重点课题）。据韩国企划财政部公布的 2006 年国有企业董事长、监事薪酬情况显示，韩国产业银行、韩国投资公司、韩国住宅金融公司等 15 家大型国有企业的董事长（总经理）的薪酬从 2.91 亿韩元到 7.42 亿韩元，平均为 4.45 亿韩元；企业监事薪酬从 2.11 亿韩元到 5.44 亿韩元，平均为 3.02 亿韩元；企业员工年均工资从 6 936 万韩元到 8 758.3 万韩元，平均为 7 475.6 万韩元。这 15 家企业董事长（总经理）、监事的平均年薪分别为其员工年工资的 5.95 倍和 4.03 倍，分别为韩国当年平均工资 2 780 万韩元的 16 倍和 10.8 倍。

④ 引自“国企高管薪酬问题及对策研究”（中国民主促进会上海市委员会 2010 年重点课题）。

势。根据项目组掌握的资料[①]显示，2000年时，各地省（自治区、直辖市）属国有企业高管的平均年薪与职工平均工资的差距绝对额为14万元；到2005年，扩大为33万元；到2010年更扩大到56万元左右。根据郦锡文等的研究，国有金融企业高管平均薪酬与城镇在岗职工平均工资差距的绝对额，2000年时为18万元，2005年时扩大到58万元，2010年再扩大到157万元。根据上市公司年报披露的信息分析，2000年，上市公司高管最高年薪平均值与城镇在岗职工平均工资差距的绝对额为71 667元，到2005年扩大到272 600元，到2011年再扩大到679 548元（见表8—6）。若将私营企业职工平均工资纳入求出社会从业人员平均工资，其差距绝对额还要高出更多。根据德勤中国高管薪酬研究中心2012年6月发布的《2011—2012年中国上市公司高管薪酬调研报告》所载，2011年A股上市公司薪酬最高的高管是中信证券副董事长，他的年薪达1 601万元（税前），是同年城镇在岗职工平均工资42 452元的377倍。这一年薪水平还比2010年排行第一的中国银行高管年薪1 101.9万元高出近500万元。上述绝对额差距，以2000—2010年期间的上市公司高管平均年薪与城镇在岗职工平均工资相比为例，10年来其绝对额扩大的速度，快于同期城镇在岗职工平均工资增长幅度与居民消费品价格上涨幅度之和，这种差距绝对额扩大的速度显然是不合理的。

四是部分企业高管薪酬水平的增长与企业经济效益不同步甚至成反比。以2011年上市公司证券行业高管薪酬为例，根据德勤中国高管薪酬研究中心2012年发布的《2011—2012年中国上市公司高管薪酬调研报告》显示，截至2011年11月，全国109家证券公司实现净利润343亿元，仅相当于2010年全行业净利润的44.2%，尽管当年业绩遭遇重创，但2011年券商最高薪酬整体平均水平仍相比2010年的314万元增长了32%，达到414万元。

最后，从企业高管薪酬分配起点和分配过程看，不公平、不合理的

---

① 各省国资委所属国有企业高管薪酬略低于中央企业，2000年、2005年、2010年高管薪酬约为15万元、35万元、60万元。上海、北京、深圳所属国有企业高管年薪相对较高。

问题也较多。比如，一些地方国有企业高管拥有过多的薪酬分配决策权、分享权，而国有资产所有者、小股东、职工却只有少量或没有相应的薪酬分配知情权、参与权、表决权等，同时，其薪酬分配过程基本不公开或有意隐瞒，就是薪酬分配起点、分配过程不公平的现实例子。

（二）原因分析

造成我国部分企业高管薪酬水平偏高或过高，与其他工薪劳动者薪酬差距偏大或过大的原因涉及许多方面，归纳起来主要有三点：

第一，企业高管薪酬水平主观定位存在偏差。针对 2001 年前我国企业高管薪酬水平整体不高、有些还偏低以及国有企业中平均主义观念仍有较大影响的状况，同时，面对经济全球化条件下外资企业与我国内资企业争夺经营管理人才、非公有制企业与国有企业争夺人才的巨大压力，我国开始大量引入美国等西方国家关于企业高管薪酬分配理念，以突破原有旧观念，强化对企业高管的激励力度，这使各方面对企业特别是国有企业高管薪酬管理的观念发生了很大转变。这本来是件好事，但随后的发展开始出现偏差。一是过多宣传介绍了美国的有关理念和美国企业高管薪酬高水平、大差距的分配方式方法，而忽略了宣传介绍诸如日本、韩国以及我国台湾等东方国家或地区企业高管中等薪酬水平和适当差距的相关理念和方法，误以为外国企业高管薪酬水平都像美国那些大公司高管天价薪酬一样高，与其他工薪劳动者的薪酬差距都像美国那样大。二是片面强调管理要素作用和外部公平，开始忽略劳动要素作用和内部公平以及与外部其他工薪劳动者薪酬的平衡，使呼吁我国企业高管薪酬水平向市场高价位接轨，甚至向发达国家企业高管薪酬水平看齐的认识逐渐占据主导地位。在这种观念指导和推动下，我国企业高管薪酬水平出现了前述的偏快和不合理增长。这种观念和认识偏差，成为造成我国部分企业高管薪酬水平偏高或过高，与其他工薪劳动者薪酬差距偏大或过大的思想认识根源。

第二，有关管理制度和机制存在欠缺。一是资产所有者监管失位或缺位，这是管理制度的最突出问题。主要表现在企业出资人监管失位或缺位，企业内部制衡和外部监管约束乏力。曾出现部分国有企业（主要是金融企业）高管薪酬由谁监管不够明确，一些地方国有企业高管薪酬无人监管，实际上存在部分国有企业高管自定薪酬的现象；同时，混合所有制企业包括国有控股公司、参股企业，国有控股、参股上市公司法人治理结构不完善，内部制衡机制缺乏，特别是中小股东实际上没有表决权，也是由企业高管自定薪酬。上市公司高管薪酬确定的现实例子是，由董事会的薪酬委员会提出本公司高管的薪酬调整方案，报董事会批准，提交股东会审议通过。表面上看，其薪酬确定完全符合公司法定程序，但实际上是董事长授意薪酬委员会或薪酬委员会奉命提出符合董事长要求的方案，报董事长批准，再提交股东大会；而股东大会参会的中小股东代表人数很少或基本无人出席，实为由少数大股东代表表决；这些代表往往碍于面子或其他原因一般不会否决或完全否决董事长已批准提交讨论的高管薪酬方案。因此，整个过程走下来完全符合法定程序，其实质仍是董事长等高管自定薪酬。二是现行企业高管薪酬制度不健全。目前虽然出台了中央企业高管薪酬管理的指导意见，但没有全国性的规范国企高管薪酬的制度及规定，因此各地对国有企业高管薪酬监管宽严不一，苦乐不均，引发许多矛盾；现有国企高管薪酬分配等制度关于职务消费的规定不够具体，不便于操作，也是引发问题的原因之一。上市公司虽然公布年报，但由于规定不细致，导致年报上披露的企业高管薪酬口径不统一，有的是税后薪酬，有的只披露年薪，不披露其他收入，不便于有关部门和所有股东全面掌握高管薪酬情况和客观比较上市公司高管之间的薪酬关系。三是企业高管绩效考核制度不健全，难以科学确认企业高管对企业经济效益所作出的真正贡献，特别是难以剔除政策、垄断等非管理要素对国有企业业绩带来的影响，难以保证绩效考核的科学性和客观合理性；同时，也未正确确定过国企领导班子内各成员的绩效差别，难以正确合理区分各位高管的绩效薪酬。此外，股权激励制度不完善，上市公司高管兑现股权激励收益时，与上市公司的实际经营业绩和公司管理水平联系不紧或无联系，导致不少上市公司高管在未把公司经营管理好的情况下成批离职，只按股票市值变化套现股票期权收益，结果富了个人，亏了公司、股东以及职工。

第三，体制有关方面改革不到位、市场体系不健全。主要是国有企业改革方向仍有待进一步明确并推进，国企高管选拔任用制度改革不到位，公司制企业的产权关系有待进一步清晰，法人治理结构有待进一步健全，上市公司内部制衡机制需要大力强化，职业经理人、金融等要素市场有待进一步健全等。在国企改革上，由于尚未明确国有企业是否划分为公益性和竞争性两类，国企的薪酬管理就难以正确定位，国企高管的选拔任用制度也难以与其相匹配，而这正是目前国企高管薪酬到底是按市场竞争型企业还是按公益型企业监管定位不清的基础性原因；公司制企业产权划分不清晰，法人治理结构不健全，特别是上市公司内部制衡机制不健全，这正是资产所有者缺位和失位的根本性原因；而职业经理人市场远未完善，是企业高管薪酬难以形成市场均价水平并时常虚高的基础性原因。至于金融等生产要素市场的不健全，则是难以正确判断企业真实经济效益，特别是使上市公司股票价格畸高畸低，致使企业高管薪酬水平尤其是股权激励收益无法正确发挥激励作用的根基性原因。

五、探索明确两大合理的薪酬分配比例关系

（一）行业之间合理的薪酬比例关系

1. 行业之间薪酬分配合理比例关系的确定思路

行业之间薪酬分配合理比例关系的确定思路有两个。思路一是梳理影响行业薪酬差距的各种因素，包括合理和不合理的因素。先综合计算出现有行业薪酬差距，然后减去高薪酬行业中的不合理因素，最后计算出与国际上处于相同人均 GDP 阶段时其他具有一定可比性的国家的行业薪酬差距是多少，与之对比分析确定我国相对合理的行业薪酬分配比例。思路二是梳理选择决定行业薪酬的合理因素，建立测算公式，并将测算结果与国际上处于相同人均 GDP 阶段时有关国家的行业薪酬差距进行对比，从而得出结论。

2. 垄断行业与其他行业薪酬差距不合理程度的量化分析

本部分应用劳动经济学中常用的 Oaxaca-Blinder 分解法来估算非国有金融机构与部分竞争行业上市公司高管薪酬差异的合理与不合理部分。Oaxaca-Blinder 方法最初是为了解释性别工资差距而提出的，但是其后被应用到任何两组人群之间收入差距的比较分析中。

（1）实证方法

Oaxaca-Blinder 分解的对象是两组人群平均工资的差异，并且以回归分析结果为基础实现的。本部分应用 Oaxaca-Blinder 分解方法，以非国有金融机构为垄断行业代表，通过把非国有金融机构高管薪酬分解为合理和不合理两个部分，来观察非国有高管薪酬中不合理部分比重的大小。

Oaxaca-Blinder 分解方法主要包括两个步骤：

第一步，选择考察对象的两组人群（这里选择非国有金融机构高管、非国有非金融机构高管），分别估计收入差距，此时对两组人群使用相同的解释变量。用公式表示如下：

$$\ln(y^f)=\alpha^f+\beta_f X^f+\varepsilon^f;\ \ln(y^j)=\alpha^j+\beta_j X^j+\varepsilon^j \tag{1}$$

式中 f——非国有金融机构；

j——与非国有金融机构对应的非国有非金融行业；

y——高管年度薪酬；

X——解释变量矩阵。

第二步，对非国有金融机构高管平均工资和非国有非金融行业高管平均工资之差（$\overline{\ln y^f}-\overline{\ln y^j}$）进行分解。用公式表示如下：

$$\begin{aligned}\overline{\ln y^f}-\overline{\ln y^j}&=(\hat{\alpha}^f-\hat{\alpha}^j)+(\hat{\beta}_f\overline{X^f}-\hat{\beta}_j\overline{X^j})\\&=(\hat{\alpha}^f-\hat{\alpha}^j)+\hat{\beta}_f(\overline{X^f}-\overline{X^j})+(\hat{\beta}_f-\hat{\beta}_j)\overline{X^j}\end{aligned} \tag{2}$$

式中 “－”——平均值；

“ˆ”——收入方程式中的参数估计值。

该等式最右边的第一项表示回归方程常数项对工资差距的贡献；第

二项是高管个人属性（教育年限、学历、年龄、个人能力或者说企业家才能等）差异的贡献；最后一项表示对（高管个人属性）回报率的贡献。这三项分别代表高管工资差异的不同决定要素，因此具有不同的含义和解释。第二项代表工资差距中由高管个人属性差异说明的部分，通常被称为工资差异中的被解释部分（explained portion of the differential），这部分差异被认为是合理的。除第二项外的其他两项，表示由个人属性之外的因素所导致的工资差异，通常被称为工资差距中的未解释部分（unexplained portion of the differential），由于这部分差异不是由教育、年龄、个人能力等个人属性所导致的，是由歧视或垄断造成的，因此通常被认为是不合理的。

在上面的分解公式中，在测量个人属性差异（$\overline{X^f}-\overline{X^j}$）对工资差距的贡献时，使用了非国有金融机构的回报率 $\hat{\beta}_f$；在衡量回报率差异（$\hat{\beta}_f-\hat{\beta}_j$）对工资差距贡献时，使用了非国有非金融行业个人属性的平均值（$\overline{X^j}$）。这种分解通常被称为标准分解（standard decomposition）。除了这一标准分解之外，还存在其他的分解方式，即在计算个人属性的贡献时，使用非国有非金融行业的回报率，在计算回报率的贡献时，使用非国有金融机构个人属性的平均值，这种分解方式叫做逆向分解（reverse decomposition）。用公式表示如下：

$$\overline{\ln y^f}-\overline{\ln y^j}=(\hat{\alpha}^f-\hat{\alpha}^j)+\hat{\beta}_j(\overline{X^f}-\overline{X^j})+(\hat{\beta}_f-\hat{\beta}_j)\overline{X^j} \qquad (3)$$

标准分解和逆向分解的结果通常是不完全相同的，其中哪个更能准确地估计收入差距的合理与不合理部分，取决于两组人群中哪一组的回报率估计值更接近竞争性劳动力市场的回报率。对于本部分考察的非国有金融机构与非国有非金融行业两组高管人群来说，由于后者更接近竞争性劳动力市场，因此基于竞争性行业回报率的逆向分解可能更理想（但也不完全如此，正向分解、逆向分解的结果差距不大时的结果比较理想）。多数研究者在解释分解结果时，为了验证分解结果的稳定性，多数研究同时给出按两种分解方式的分解结果。本部分也遵循这一惯例。

（2）数据来源

本部分研究数据中非国有金融机构高管数据来自劳动工资研究所课题组调研数据，其中高管是 18 名被调研金融机构的行长、总裁或 CEO，每个非国有金融机构 1 名高管（见表 8—7）。

表 8—7　垄断行业（非国有金融机构）的 18 家上市公司的 18 名高管数据

高管编号	高管年薪（万元）	高管年薪的自然对数	受教育年限（年）	年龄	年龄的平方	东部地区
s1	535.38	6.283 0	22	63	3 969	1
s2	988.47	6.896 2	22	56	3 136	1
s3	869	6.767 3	22	56	3 136	1
s4	299.41	5.701 8	22	56	3 136	1
s5	186.92	5.230 7	16	42	1 764	1
s6	144.68	4.974 5	22	49	2 401	1
s7	198	5.288 3	19	47	2 209	1
s8	286.39	5.657 4	19	46	2 116	1
s9	154.27	5.038 7	19	47	2 209	1
s10	220	5.393 6	19	55	3 025	1
s11	200	5.298 3	15	60	3 600	1
s12	280	5.634 8	19	50	2 500	1
s13	100	4.605 2	16	42	1 764	0
s14	154.99	5.043 4	19	40	1 600	0
s15	45	3.806 7	16	50	2 500	0
s16	149	5.003 9	19	42	1 764	1
s17	637.08	6.456 9	19	55	3 025	1
s18	280	5.634 8	19	48	2 304	1

注：专科、本科、硕士、博士分别界定其受教育年限为 15 年、16 年、19 年、22 年。

竞争性行业上市公司高管数据来自《2012 年中国上市公司 100 强公司治理评价》报告（该报告于 2012 年 6 月由甫瀚咨询联合中国社会科学院世界经济与政治所公司治理研究中心发布）中非国有非金融行业

的7家上市公司（见表8—8）的CEO及另一位高管，每家公司1～2名，数据样本为12个（见表8—9），数据全部来自有关上市公司2011年年报。

表8—8　　　　非国有非金融的7家上市公司

编号	企业名称
1	三一重工股份有限公司
2	苏宁电器股份有限公司
3	广州美的电器股份有限公司
4	新疆广汇实业有限公司
5	新疆金风科技股份有限公司
6	河南双汇投资发展股份有限公司
7	梅花生物科技股份有限公司

表8—9　　非国有非金融的7家上市公司的12名高管数据

企业名称	高管编号	高管年薪（万元）	高管年薪的自然对数	受教育年限（年）	年龄	年龄的平方	东部地区
三一	1	108	4.682 1	16	55	3 025	0
三一	2	97.2	4.576 8	19	49	2 401	0
苏宁	3	180	5.193 0	16	49	2 401	1
苏宁	4	100	4.605 2	19	49	2 401	1
美的	5	488	6.190 3	19	45	2 025	1
广汇	6	118.57	4.775 5	16	46	2 116	0
广汇	7	104.49	4.649 1	16	50	2 500	0
金风	8	188.9	5.241 2	19	54	2 916	0
金风	9	192	5.257 5	19	49	2 401	0
双汇	10	90	4.499 8	16	40	1 600	0
双汇	11	74.17	4.306 4	16	39	1 521	0
梅花	12	42	3.737 7	15	38	1 444	0

注：专科、本科、硕士、博士分别界定其受教育年限为15年、16年、19年、22年。

（3）垄断行业高管薪酬中不合理程度的估算

表 8—10 列出了非国有金融机构、非国有非金融机构两组高管的收入方程的回归结果。

表 8—10　　收入方程回归结果

	非国有金融机构		非国有非金融企业	
	回归系数	均值	回归系数	均值
高管薪酬（因变量）		5.484 2		4.809 5
受教育年限	0.214***	19.11	0.221**	17.17
	(3.288)		(2.340)	
年龄	0.065**	50.22	0.045 77	46.92
	(2.747)		(1.447)	
年龄平方	0.001	2 564.33	0. 000 466	2 229.25
	(2.747)**		(1.341)	
东部地区	1.199***	0.83	0.693 3*	0.25
	(3.005)		(1.900)	
观测值数	18		12	

注：*，**，*** 分别表示在 10%、5%、1%水平上显著。括号里的数字为 t 统计量的绝对值。

表 8—11 列出了非国有金融机构、非国有非金融机构两组高管薪酬差异的分解结果。按照正向分解结果，非国有金融机构高管薪酬中 28%左右是不合理的，而按照逆向分解，则大约 50%不合理，正向分解和逆向分解结果差距较大。产生这一现象的原因之一，可能是本部分所使用的研究样本偏少（毕竟只有 18 个非国有金融机构数据、12 个非国有非金融企业数据）。更重要的原因我们认为，目前的 Oaxaca-Blinder 分解方法中还没有对高管个人的才能（所谓管理才能或者说“企业家才能”）找到好的度量方法加以实证分析（实证分析中很难使用哪个指标来刻画高管的管理才能），但根据调研情况，有理由认为非国有金融机构中高管的管理才能是比较好的（这些高管多数是从其他金融机构中高薪挖过来的，其管理才能是市场认可的），非国有金融机构高管与其他行业高管之间管理才能是有明显差距的，这种差距可能才是造成分解

结果差距较大的原因。因此，我们倾向于认为正向分解的结果可能相对更合理。从正向分解结果来看，非国有金融高管薪酬中大约有28％可能是不合理的，换句话说，约1/4的高管薪酬是不合理的。

表8—11　非国有金融机构、非国有非金融机构高管薪酬差距的分解结果

	标准分解	逆向分解
合理部分	71.43	48.77
不合理部分	28.57	51.23
合计	100.0	100.0

（4）垄断行业高管薪酬中不合理程度的理论解释

对非国有金融机构高管薪酬中大约28％不合理的理论解释是，近年来国家利率政策（所谓高利差）等宏观政策使国有金融机构经营业绩普遍受益的同时，也使非国有金融机构的经营业绩不同程度受益（所谓垄断利润），这些与高管个人努力程度无关的“非劳”因素，使得与非国有金融机构高管薪酬挂钩的经营业绩在一定程度上被市场和股东、董事会及其薪酬委员会所高估，从而有可能使得金融高管在一定程度上获得超出其应得薪酬的“非劳薪酬”。

非国有金融机构高管薪酬中存在不合理成分，从侧面也反映出社会公众对行业之间收入差距不断扩大、垄断行业收入偏高甚至过高的批评和质疑是有理由的，而作为政府监管部门，则有责任对这些不合理的部分加以调控。

（5）垄断行业高管薪酬存在的不合理成分对薪酬调控的启示

既然当前非国有金融机构高管薪酬中仍存在一定比重的不合理成分，那么从理顺分配关系、在国有和非国有金融机构之间营造更公平合理的高管薪酬调控机制的角度出发，就需要对这些不合理成分进行剔除。可供选择的剔除方法主要有：一是适度降薪；二是确定非国有金融机构高管薪酬方案时加大高管经营业绩指标的挂钩力度，即与以前相比同样的净利润（或利润总额）业绩对应的薪酬要低一些；三是提高绩效年薪的延期支付比例及期限；四是绩效指标不使用非国有金融机构自身的“绝对指标”，而是将非国有金融机构高管的绩效考核指标确定为以国有金融机构高管绩效指标为对标值的“相对指标”；五是采用经济增加值等扣除资本成本后的经营业绩指标作为与绩效年薪的挂钩指标，利用扣除资本成本来适度剔除金融行业超过行业之间平均利润率的超额利润部分，等等。

3. 行业之间薪酬分配合理比例关系测算公式

$$m=\frac{W_l\ (1-q_l)}{W_j\ (1-q_j)} \tag{4}$$

公式（4）为行业之间薪酬分配合理比例关系的测算公式。其中，m 指行业之间薪酬分配合理比例，W_l、W_j 分别指垄断行业（工资最高行业）、竞争行业目前的职工平均工资，q_l、q_j 分别指垄断行业、竞争行业目前工资收入中的不合理部分所占的比重（q_j 由于缺乏数据，通常假设为 0）。

首先，根据项目组掌握的数据，W_l、W_j 分别取 2010 行业大类中工资最高的证券业 168 116 元、制造业 30 700 元（这里的是制造业门类数据，制造业属于竞争相对充分的行业）。

其次，关于 q_l 的取值，目前有四种研究结果（见表 8—12）。

表 8—12　　　　对应 q_l 的四种研究结果的 m 值

数据来源	q_l 的取值	m
岳希明、李实等	0.5	2.74
国家发改委宏观经济研究所课题组	0.33	3.65
武鹏等	0.25	4.11
项目组	0.28	3.95

注：武鹏的研究结果见《行业垄断对中国行业收入差距的影响》。“我国行业间工资差距中，约 1/3 是政府垄断因素造成的”。详见：国家发展和改革委员会宏观经济研究院社会所课题组. 完善收入分配机制的政策建议 [J]. 宏观经济管理，2009（4）.

根据表 8—12，行业之间薪酬分配合理比例（m 值）为 4.11～2.74 倍。

4. 行业之间薪酬分配合理比例

根据上述思路和计算公式，行业之间合理的薪酬比例是：小于 4 倍

（见表 8—13）。

表 8—13　　行业工资合理差距对比

现状	纵比数据	横比数据	网易财经调查结果	课题组测算值①	课题组关于合理比例建议
2011 年按行业门类划分的行业薪酬比为 4.48 ∶ 1，即 4.48 倍；2010 年按行业大类划分的行业薪酬分配量化比例为 11.86 ∶ 1，即 11.86 倍	1995—2010 年，最高薪酬行业（证券业）与最低薪酬行业（畜牧业）的平均薪酬水平的差距由 3.87 倍扩大到 11.86 倍	行业门类工资差距：法国（2009 年）2.51 倍，日本（2011 年）3.38 倍，韩国（2011 年）4.25 倍，德国（2012 年）4.77 倍，英国（2011 年）9.23 倍，中国台湾地区（2009 年）21 倍，美国（2010 年）37.9 倍	最高薪酬行业（金融业）与最低薪酬行业（农、林、牧、渔业）合理的薪酬分配差距，75%以上的被调查者认为应为 4 倍及以下	行业之间薪酬分配合理比例为 4.11～2.74 倍	当前按行业门类划分的合理的行业薪酬比为 3.8 倍左右。按行业大类划分的合理的行业薪酬分配量化比例可设置为 10 ∶ 1，即 10 倍；今后应缩小到 7 倍左右

① 测算方法是使用 Oaxaca-Blinder 分解方法，分别以非国有金融机构薪酬（代表垄断行业）、非国有非金融上市公司（代表竞争性行业）作为对比样本进行分解计算。

（二）企业高管人员与其他员工之间合理的薪酬比例

1. 企业高管与其他员工之间合理薪酬比例的确定思路

由于企业高管与员工之间薪酬分配本质上体现了管理要素、劳动要素的分配关系，高管薪酬中的管理要素难以量化而劳动要素相对容易量化。以上市公司为例，2011 年，我国 2 032 家上市公司中高管与职工的平均薪酬倍数，最高的是 112.77 倍（高管最高薪酬与职工平均薪酬倍数，最高的是 367.92 倍），而高管与职工平均薪酬倍数最低的仅 1 倍多。因此，很难准确确定企业高管与职工之间合理的薪酬比例，只能结合国情对高管与职工之间薪酬差距的合理区间进行粗略判断。

思路一是“对标法”，即以上市公司不同行业尤其是竞争性行业高管薪酬与职工平均薪酬之间的分配差距为参照，结合目前我国国情，主观判断上市公司高管与员工之间的合理薪酬差距。思路二是“二八原理”法，即根据企业中普遍存在的“二八原则”规律，将企业高管、职工划分为两大群体，按照“等量贡献获取等量报酬”的分配原则，计算高管与普通职工之间薪酬差距。思路三是“高管理想薪酬法”（华夏基石等提出“高管薪酬真空模型”），即假设存在一个理想“真空”中的企业，它隔绝了一切高管非劳因素“杂质”的影响，那么这个企业高管的薪酬就是“理想薪酬”或者说“真实”薪酬。根据国内研究者的研究结果，在目前国情条件下，由于上市公司（尤其是非国有控股上市公司）面临的竞争压力及其高管来源更多为市场选聘，国有企业高管与其职工之间的合理薪酬倍数应小于上市公司，国有企业高管退休前的工作时间为10年左右（假定50岁左右取得高管职位），国有企业高管10年获得的工资收入扣除消费支出后的可支配收入应使得其家庭进入国家统计局发布的五等分家庭收入的“高收入组”。

2. 企业高管与其他员工之间合理薪酬比例关系测算公式

对标法。2011年，上市公司不同行业高管平均薪酬与同行业职工平均薪酬之间的差距为3.88～18.25倍，其中竞争性行业如制造业、房地产业、批发和零售贸易等行业高管与职工之间薪酬差距为6～10倍。见表8—14。

表8—14　2011年不同行业上市公司（2 032家）高管薪酬与同行业职工薪酬差距（倍数）

行业	数量（家）	高管平均薪酬水平（万元）	行业职工平均薪酬水平（万元）	高管薪酬与职工薪酬的差距（倍数）
农、林、牧、渔业	34	29.04	3.31	8.77
采掘业	50	55.33	10.25	5.40
制造业	1 231	38.87	6.40	6.07
水电煤气业	60	38.31	9.87	3.88
建筑业	44	48.27	9.26	5.21
交通运输、仓储业	70	46.72	8.41	5.56
信息技术业	151	44.79	10.38	4.32
批发和零售贸易	116	56.07	5.24	10.70
金融、保险业	42	195.84	10.73	18.25
房地产业	104	77.81	7.52	10.35

续表

行业	数量（家）	高管平均薪酬水平（万元）	行业职工平均薪酬水平（万元）	高管薪酬与职工薪酬的差距（倍数）
社会服务业	62	41.73	6.38	6.54
传播与文化产业	24	52.00	6.75	7.70
综合类	44	51.05	5.62	9.08
全部	2 032	47.10	8.20	5.74

资料来源：根据 2 032 家 A 股上市公司 2011 年年报统计整理。

二八原理法。高管与职工之间的薪酬差距为 16 倍。计算方法是：将企业高管、职工划分为两大群体，按照“二八原理”，企业高管人数是职工的 1/4，但对企业产出的贡献却是职工的 4 倍，因此高管的贡献也是职工的 4 倍，按照“等量贡献获取等量报酬”的分配原则，高管平均薪酬应该是职工平均薪酬的 16 倍。

高管理想薪酬法。测算公式为：

$$n=\frac{W_{top}}{W_g}=\frac{I_{top}}{I_g}\times\frac{1-b_g}{1-b_{top}} \tag{5}$$

式中 n——企业高管与职工薪酬差距倍数；

W_{top}——企业高管薪酬；

W_g——职工薪酬；

I_{top}——高管薪酬扣除其消费支出尤其是人力资本投资后的可支配收入（暂为国家统计局公布的 2010 年五等份收入组高收入组人均可支配收入 41 158 元）；

I_g——职工薪酬扣除消费支出后的可支配收入（暂为国家统计局公布的 2010 年五等份收入组中低收入组人均可支配收入 12 702 元）；

b_{top}——高管的消费支出与人力资本投资系数；

b_g——职工的边际消费支出系数。

根据国内目前研究成果，b_{top}取 0.8（有的取值为 0.9），b_g取 0.1。根据公式（5），n 取值为 14.58 或 29.16。

3. 企业高管与其他员工之间薪酬分配合理比例

根据上述思路和计算公式，国有企业高层经营管理人员与其他职工之间合理的薪酬比例是不高于 12 倍（见表 8—15）。

根据上述思路和计算公式，上市公司高层经营管理人员与其他职工之间合理的薪酬比例是不高于 15 倍（见表 8—15）。

表 8—15　　企业高管与员工之间薪酬合理差距一览表

现状	纵比数据	横比数据①	网易财经调查结果	课题组测算结果②	课题组关于合理比例建议
2010 年中央企业高管平均年薪与央企职工平均工资的倍数为 13.39 倍	2002 年，中央企业高管平均年薪与央企职工平均工资的倍数为 9.85 倍 2011 年，上市公司不同行业高管平均薪酬与同行业职工平均薪酬之间的差距为 3.88～18.25 倍，其中竞争性行业如制造业、房地产业、批发和零售贸易等行业高管与职工之间薪酬差距为 6～10 倍	部分国家企业高管与普通员工工资差距：墨西哥为 53.7 倍，美国为 41.3 倍，英、法、德分别为 25.4 倍、16 倍和 13.2 倍。收入差距较小的是：瑞士为 9.5 倍，日本为 11.6 倍，韩国为 12.5 倍；另外，我国台湾地区为 14.7 倍	65% 和 74%的被调查者认为，国有企业高管平均薪酬、最高薪酬与社会平均工资的合理倍数关系分别为 5 倍和 10 倍及以下	国有企业高层经营管理人员与其他职工之间合理的薪酬比例不高于 12 倍；上市公司高层经营管理人员与其他职工之间合理的薪酬比例是 15～30 倍	当前合理的国有企业高管平均薪酬与社会平均薪酬比例可设置为 12：1，即 12 倍；今后应缩小到 10 倍左右 当前合理的上市公司高管与社会平均工资量化比例可设置为 18：1，即 18 倍；今后应缩小到 15 倍左右

① 日本劳务行政研究所资料，这里高管与职工的收入差距是指世界各国销售额 5 亿美元以上企业 CEO 的薪酬与生产工人的工资水平差距。

② 测算方法包括对标法、二八原理法、高管理想薪酬法，利用三种方法进行测算，然后进行分析估算，提出课题组的测算值。

据了解，我国的近邻日本、韩国的企业高管薪酬与城镇职工平均工资差距倍数，目前分别为 20 倍、10～16 倍①；据日本劳务行政研究所

---

① 引自“国企高管薪酬问题及对策研究”（中国民主促进会上海市委员会 2010 年重点课题）。据韩国企划财政部公布的 2006 年国有企业董事长、监事薪酬情况显示，韩国产业银行、韩国投资公司、韩国住宅金融公司等 15 家大型国有企业的董事长（总经理）的薪酬从 2.91 亿韩元到 7.42 亿韩元，平均为 4.45 亿韩元；企业监事薪酬从 2.11 亿韩元到 5.44 亿韩元，平均为 3.02 亿韩元；企业员工年均工资从 6 936 万韩元到 8 758.3 万韩元，平均为 7 475.6 万韩元。这 15 家企业董事长（总经理）、监事的平均年薪酬分别为员工年工资的 5.95 倍和 4.03 倍，分别为韩国当年平均工资 2 780 万韩元的 16 倍和 10.8 倍。

资料[①]显示，2001 年，世界各国销售额 5 亿美元以上企业 CEO 的薪酬与生产工人的工资水平差距较大的国家是墨西哥，为 53.7 倍（其中 CEO 平均薪酬为 86.68 万美元，生产工人的平均工资为 1.61 万美元）。美国为 41.3 倍（其中 CEO 为 193 万美元，工人为 4.68 万美元）。英、法、德分别为 25.4 倍、16 倍和 13.2 倍。收入差距较小的是：瑞士为 9.5 倍，日本为 11.6 倍，韩国为 12.5 倍，中国台湾为 14.7 倍。

六、调控垄断高工资收入行业和高收入群体工资收入分配关系的政策建议

（一）调控行业之间不合理的薪酬分配差距

调高，即调控部分收入明显偏高的垄断行业企业的收入。要以合理的行业薪酬比例关系为指引，有效破解中央已经提出近十年的调控垄断行业高收入这一老问题。

一是明确调控垄断行业高收入的思路，通过标本兼治、齐抓共管、配套改革来实现有效调控。二是进一步打破垄断，从根本上促进解决其获得高收益进而转化为职工高工资的问题。三是在源头上调控这些行业的高收益，即如何加强对垄断行业涉及民生的定价权进行监督，防止乱提价；如何加强征收垄断行业的资源占用税，加强征缴其税后利润，从源头上控制其高工资福利的来源。四是进一步健全完善对垄断行业全口径工资福利收入等的调控，健全完善工资总额和工资水平双重调控，研究如何在组织上抓好落实。五是研究需要抓好哪些配套改革，从企业制度、人事制度、用工制度等多方面配套改革上采取相关措施。

（二）调控部分企业高管与其他员工不合理薪酬差距

以相对应的合理的薪酬分配比例关系为指引，解决部分国有企业高

---

① 引自“国企高管薪酬问题及对策研究”（中国民主促进会上海市委员会 2010 年重点课题）。

管、非国有企业高管的偏高、过高收入问题，协调平衡好高管与其他员工薪酬分配关系。

1. 加强对国有企业高管薪酬的管控

进一步明确国企高管薪酬监管的思路，结合国有企业改革等多方面情况健全国企高管薪酬决定和形成机制。当前，一方面要认真贯彻落实105号文件，管好中央企业高管薪酬，特别是如何管好中央企业下属企业高管的薪酬，防止下属企业行政任命的高管薪酬与其央企母公司或控股公司高管薪酬倒挂；另一方面要进一步完善监管政策，把国企高管薪酬监管与国有企业改革相结合；同时，把国企高管薪酬监管与国企干部人事制度改革紧密衔接起来，对行政任命高管、竞聘上岗高管、面向海内外招聘无官员身份或放弃官员、半官员身份的高管，区别确定不同的薪酬监管办法。同时，建议有关主管部门组织各地参考中央有关政策，制定本地区国企高管薪酬监管制度，并认真抓好落实，监管好地方国有企业的高管薪酬。

2. 制定适合非国有企业上市公司高管薪酬监管办法

遵循公司法和市场规律监管好非国企上市公司高管的薪酬，结合健全职业经理人市场、金融市场和其他生产要素市场并进一步规范有关市场行为，明确其高管薪酬决定和形成机制如何改变调整，强化上市公司的内部制衡机制，防止高管自定薪酬，强化上市公司高管薪酬的监管，减少或避免上市公司高管薪酬水平高对国企高管薪酬监管形成大的冲击。据此明确相关部门和方面分别应做哪些工作，如何形成合力。

3. 调控国有企业高管薪酬与职工薪酬之间收入差距

监管部门在确定国有企业高管薪酬时要将高管薪酬与职工平均工资水平挂钩，结合企业高管人员与其他员工之间合理的薪酬比例关系进行调控。

第九章　我国公共部门地区间工资差距调控

合理确定公共部门地区间工资差距，解决公共部门工资公平性问题是规范社会收入分配秩序的重要组成部分。党的十八大报告指出“初次分配和再分配都要兼顾效率和公平，再分配更加注重公平”；同时要“规范收入分配秩序”“深化企业和机关事业单位工资制度改革”。十七届五中全会《中共中央关于制定国民经济和社会发展第十二个五年规划的建议》提出：“我国规范分配秩序，加强税收对收入分配的调节作用，有效调节过高收入，努力扭转城乡、区域、行业和社会成员之间收入差距扩大趋势。完善公务员工资制度，深化事业单位收入分配制度改革。”《我国国民经济和社会发展十二五规划纲要》提出：“完善公务员工资制度。完善符合事业单位特点、体现岗位绩效和分级分类管理的事业单位收入分配制度。”“清理规范国有企业和机关事业单位工资外收入、非货币性福利等。”其主要目的也在于构建一套系统的公平合理的工资分配制度和机制。

根据笔者对 1992—2010 年机关、事业单位、企业工资关系变化规律的研究发现，我国机关、事业单位的工资水平对企业工资水平起引导作用，企业特别是国有企业在确定工资水平时往往对比参照机关、事业单位。究其原因，一方面，机关、事业单位和企业作为同处于一个社会中的不同组织，社会成员不可避免地会对彼此工资进行相互比较；另一方面，由于我国充分竞争的劳动力市场尚不完善，企业以集体谈判为主要手段的定价机制尚未形成，而机关、事业单位工资则通过国家政策，规定了统一的制度和标准，有正常增长机制，并不定期进行整体调整。

因此，研究公共部门工资差距调控问题，一方面，有利于规范公共部门分配秩序，贯彻落实国家有关政策、坚持改革方向；另一方面，对规范企业收入分配秩序和整个社会的收入分配和谐起到很好的正向作用。同时，对于提高社会管理和公共服务水平，稳定公共部门工作人员队伍也具有十分重要的意义。本文的公共部门主要指机关和事业单位。

一、国内外相关研究综述

（一）关于公共部门公平分配问题研究

1. 国外的研究

关于公共部门工资公平性问题，多数国家信奉“平衡比较原则”，即国家在确定公共部门的工资时，应考虑非公共部门特别是私营企业职工的工资水平，使公共部门的工资收入与同类人员的工资水平大体持平。比如，美国《联邦公务员可比性工资法案》（FEPCA）中明确规定了制定公务员工资标准的4项指导原则，其中一条为：必须彻底消除任何联邦政府公务员与私营企业职工工资不平等的现象，且明确规定公务员工资不得超过私营企业。日本通过制定多项法律，对公务员工资进行规定，其中《国家公务员法》明确规定，“工资表的决定要考虑生活费、民间工资以及其他人事院所决定的适当的情况”。德国《联邦德国薪金法》规定，中央政府必须考虑经济发展、企业相当人员的收入水平、官员的任务等适当地增加官员的薪金。

学者们关于公共部门与私有部门之间工资关系的比较研究也比较多，主要是从两者之间的差异化入手。最早始于 Smith（1976，1977）对美国公有部门（public sector）和私有部门（private sector）工资差异的研究。他的研究有这样几点发现，劳动力在公有部门比在私有部门能够获取更高的收入，女性劳动力在公有部门的溢价高于男性；在对国外公共部门与非公共部门工资关系及其调整机制的研究上，同样发现在有些国家公共部门工资水平普遍高于企业，且关注公共部门不同性别与工资关系之间的关系（Blanchflower，1996；Borland et al.，1998）。

各国专家学者从对工资的各个影响因素（比如性别、职位、地域等）分析了公共部门与非公共部门工资水平差异的影响，较为常见的一种分布状态是，与私有部门相比，公有部门收入分布低端的员工享有比较高的收入优势，而收入分布高端的员工则具有收入劣势（Krueger，1988；Adamchik V. A. and A. S. Bedi，2000；Richard Disney，1997；Elena Glinskaya and Michael Lokshin 2005）。

很多国外学者还从其他角度对公共部门工资公平性问题进行了研究：Rijckeghem and Weder（2000）根据公平工资——努力模型推测减少腐败并不需要很高的工资，只要公务员工资达到公平水平，公务员就会减少腐败。美国学者 Hutton（2010，10）认为，为了确保纳税人的金钱价值，需要建立一个高性能的政府组织，公共部门的工资应该更加透明和清晰化，提高非货币化奖励比重等；英国学者 Alison Wolf（2011）关注到了英国不同地区医院、学校的工资差距，表示应该放弃中央集权的工会，加强地方工会的力量；加拿大学者 Andrew Jackson（2011，12）认为，公共部门的福利应优于私人部门，公共部门薪酬顶部和底部之间的差距应小于私营部门，可能是一个政治博弈和集体谈判的结果。

2. 国内的研究

关于工资的公平分配理论。我国“按劳分配、多劳多得”分配原则的提出就是对人们关于公平分配理论最经典的诠释。完善以按劳分配为主体、多种分配方式并存的分配制度，坚持各种生产要素按贡献参与分配，从另一个角度看也是注重社会公平，加大调节收入分配力度的重要手段。党的十八大提出：“初次分配和再分配都要兼顾效率和公平，再分配更加注重公平。完善劳动、资本、技术、管理等要素按贡献参与分配的初次分配机制，加快健全以税收、社会保障、转移支付为主要手段的再分配调节机制。”

其他学者也从不同角度对公共部门公平分配问题进行了研究。任太增（2002）认为，在我国，公务员的工资收入虽稍低于社会平均水平，但非工资收入却非常丰厚，公务员收入不是低于社会平均水平，而是远高于社会平均水平。刘智（2003）认为，从国家公务员工资分配原则和人力资本理论，以及我国公务员工资构成来看，不同单位国家公务员存在收入差距是合理的。张力（2007）在基于效率工资理论的经济性激励框架下，根据确定公务员工资水平的理论模型，进行实证研究，确定公务员与其他社会成员的收入均衡问题。张本波、杨宜勇等（2007）在“我国公平分配的制度模式选择”中，通过回顾我国收入分配制度的发展历程、演变、现状及趋势，从收入分配形成因素的合理性、差距的社会承受力以及政府对差距扩大的调控能力 3 个层面，对当前收入分配形势做出较为全面的判断，并进一步探讨我国收入差距形成的制度性因素，解析其中的公平因素和不公平因素。研究发现，导致收入差距扩大的原因，既有合理的因素，如市场机制下按要素分配的作用；也有不合理因素，如行业垄断、城乡分割、地区差距等；更有非法因素，如腐败等。既有初次分配不公的因素，也有再分配调节力度弱的原因。进而提出在公平分配的目标下，我国扭转收入差距扩大趋势，并在 2020 年逐步将收入差距缩小到合理范围内是可以做到的。提出了“三步走”的政策建议，即 2007—2010 年，主要解决收入分配中面临的迫切问题；2011—2015 年，解决当前影响收入分配公平的一些中长期问题，到 2015 年基尼系数保持在 0.45 以内；2015—2020 年，基尼系数保持在 0.4 以内。

（二）关于公共部门地区工资差距研究

1. 国外的研究

Craig A. Olson，Donald P. Schwab，Barbara L. Rau（2000）使用 1978—1980 年的联邦政府人事档案数据，除了检验一系列个人特征

（年龄、教育年限、性别、种族、经验状况，教育水平，联邦雇佣机构和职位）对公务员工资影响之外，还检验了当地私营企业人员工资水平、当地消费水平对美国公务员工资水平和工资结构的影响，结果发现私营企业工人的工资水平，特别是蓝领工人的工资水平，以及当地的消费水平对联邦雇员工资水平有显著影响。

Alison Wolf（2011）认为，公共部门的“同工同酬”看似公平又便于操作，实际上完全不是如此，这样做的结果，既伤害了贫穷地区私人雇主的感情，又降低了富裕地区公共服务水平。

2. 国内的研究

国内学者关于公共部门工资决定机制和制度方面的研究较多，而关于公共部门地区间工资差距的研究较少，多见于政府研究机构。曾湘泉等（2009）通过对9省市公务员发放调查问卷，分析了公务员地区间工资差距情况，分析了财政、社会平均工资及公务员个人情况等对公务员个体工资水平的影响，并提出了相应的调控办法。薛俊波、王铮（2009）以Adams的公平理论和Niskanen的官员效用模型为基础，结合修正的Mulligan，Sala-i-Martin人力资本投入模型，计算了全国各个省（自治区、直辖市）的均衡水平工资及最近10年来的演化。结果表明，东部地区的均衡工资与实际水平偏离较小，而西部欠发达地区偏离较大。经过最近一次的公务员工资及津贴调整后，实际的工资水平与均衡水平相比，偏离程度在逐渐降低。

（三）文献研究小结

国外公共部门的工作人员薪酬和相关信息较为透明，对公共部门工资分配的公平性和地区之间工资差距的影响研究也较多，而我国在这些方面给予数据的研究还相对较少，特别是基于覆盖全国范围的统计数据的分析，提出合理工资差距倍数关系的研究更少，本章拟在这些方面做出一些探索。

二、我国公共部门地区工资差距情况

(一) 1991年以来我国公共部门地区工资差距

从纵向比较来看，1991年以来，我国公共部门工资差距倍数呈扩大趋势。以公务员工资为例，1991年我国公务员工资最高的地区是西藏，为3 433元，最低的地区是江西，为1 865元，相差1 568元，差距仅为1.84倍。以1994年为例，从国家统计局对13个省份抽样数据看，最高的广东平均工资为8 938元，最低的江西平均工资为4 109元，相差4 829元，约2.18倍。公务员工资差距随级别的升高而降低：其中处级相差2.00倍，科级相差2.14倍，员级相差2.31倍，见表9—1、图9—1、图9—2。

表9—1　　1994年我国公务员工资差距

分类	广东		江西		工资差距	
	调查人数（人）	平均工资（元/年）	调查人数（人）	平均工资（元/年）	绝对数（元）	倍数
全部	3 952	8 938	4 151	4 109	4 829	2.18
处级	93	12 861	164	6 424	6 437	2.00
科级	679	10 539	1 091	4 917	5 622	2.14
员级	3 180	8 482	2 896	3 673	4 809	2.31

数据来源：1995年《中国劳动和社会保障年鉴》。

从全国范围看，工资绝对数差距最大的是2010年，公务员工资最高的上海与最低的宁夏之间，相差54 658元，相当于宁夏全区当年公务员平均工资的2.0倍。倍数关系差距最大的为2005年，公务员工资最高的北京与最低的河南之间，相差约3.56倍，而当年地区购买力平价仅相差约1.43倍，见表9—2。

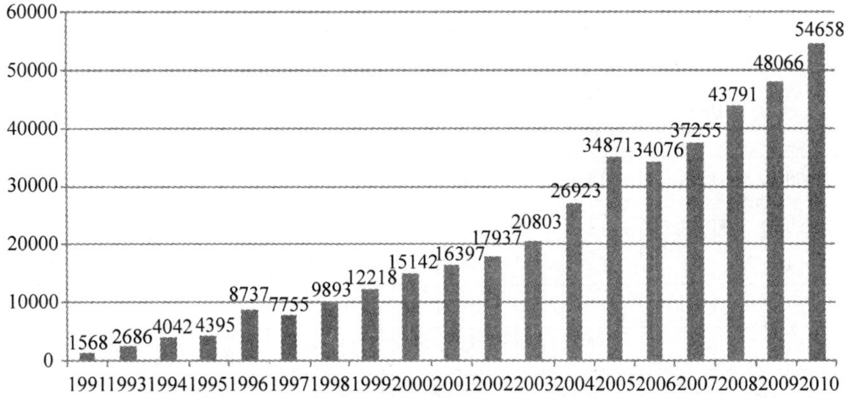

图 9—1　公务员工资最高最低地区差距绝对值

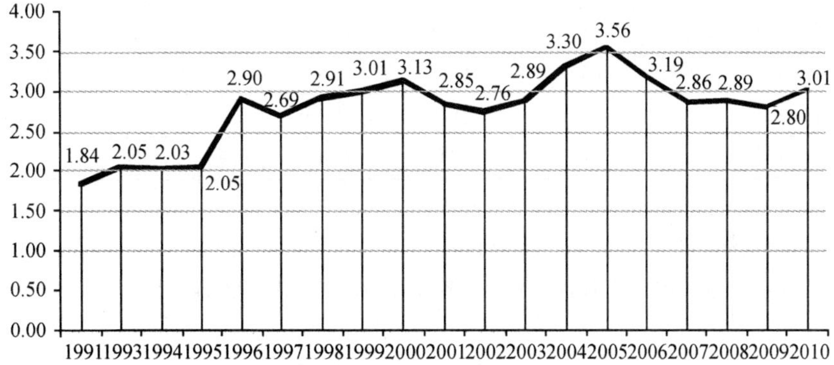

图 9—2　公务员工资最高最低地区差距倍数

表 9—2　　1991—2010 年公务员工资最高最低地区差距

年份	最高		最低		差距	
	省份	工资（元/年）	省份	工资（元/年）	绝对值（元）	倍数
1991	西藏	3 433	江西	1 865	1 568	1.84
1993	广东	5 252	贵州	2 566	2 686	2.05
1994	西藏	7 960	陕西	3 918	4 042	2.03
1995	广东	8 598	贵州	4 203	4 395	2.05
1996	西藏	13 326	贵州	4 589	8 737	2.90
1997	上海	12 351	贵州	4 596	7 755	2.69
1998	上海	15 060	贵州	5 167	9 893	2.91

续表

分类	最高		最低		差距	
	省份	工资（元/年）	省份	工资（元/年）	绝对值（元）	倍数
1999	上海	18 301	山西	6 083	12 218	3.01
2000	上海	22 244	贵州	7 102	15 142	3.13
2001	上海	25 238	河南	8 841	16 397	2.85
2002	上海	28 157	山西	10 220	17 937	2.76
2003	上海	31 835	河南	11 032	20 803	2.89
2004	北京	38 645	河南	11 722	26 923	3.30
2005	北京	48 480	河南	13 609	34 871	3.56
2006	北京	49 601	陕西	15 525	34 076	3.19
2007	北京	57 232	江西	19 977	37 255	2.86
2008	上海	66 940	江西	23 149	43 791	2.89
2009	上海	74 734	江西	26 668	48 066	2.80
2010	上海	81 815	宁夏	27 157	54 658	3.01

注：由于数据来源问题，缺少 1992 年数据，下同。

数据来源：根据《中国统计年鉴》1991—2006 年，《中国劳动和社会保障年鉴》2006—2008 年，《中国人力资源和社会保障年鉴》2009—2011 年有关数据整理。

（二）“十一五”时期我国公共部门地区工资差距

2006 年，我国机关、事业单位平均工资分别是 23 360 元和 21 259 元，2010 年年末增长到 40 512 元和 38 411 元，我国机关、事业单位在工资改革的推动作用下，工作人员工资水平有了较快增长。名义工资年均递增 14.9%和 15.9%，扣除城市居民消费物价影响后，实际工资年均递增 11.2%和 12.4%，自 1991 年以来，这一增长速度仅次于我国经济高速发展的“十五”时期，分别比“八五”时期快 4.9 和 6.3 个百分点，比“九五”时期快 0.8 和 2.7 个百分点。

机关工作人员工资在“八五”至“十五”时期的 15 年里，一直保持着高于事业单位和企业的增长速度，但在这一时期，由于规范津贴补贴政策和地区附加津贴未落实到位等因素影响，机关工资反而落后于事业单位和企业的工资增长速度。详见表9—3。

表9—3 1991年以来我国各个五年规划时期机关、事业单位、企业工作人员平均工资实际增长速度对比 %

序号	时期	机关平均工资年实际增长率	事业单位平均工资年实际增长率	企业平均工资年实际增长率
1	“八五”时期	6.3	6.1	5.2
2	“九五”时期	10.4	9.7	9.2
3	“十五”时期	14.5	13.0	13.0
4	“十一五”时期	11.2	12.4	12.1

数据来源：根据国家统计局编《中国统计年鉴》1991—2006年，《中国劳动和社会保障年鉴》2006—2008年，《中国人力资源和社会保障年鉴》2009—2011年有关数据整理。

从工资水平看，2005年，机关工资最高的省份依次是北京、浙江、上海、广东、江苏，最低的省份依次是河南、陕西、贵州、江西和山西，最高与最低之比为3.6∶1。2010年，机关工资最高的省份依次是上海、天津、浙江、北京、江苏，最低的省份依次是山西、河南、吉林、江西和河北，最高与最低之比缩小为3.0∶1。由此可见，2006年工资改革对缩小公务员工资差距起到了一定的积极作用。见表9—4。

表9—4 机关2005年与2010年工资对比 单位：元

2005年机关工资				2010年机关工资			
工资水平较高省份	工资	工资水平较低省份	工资	工资水平较高省份	工资	工资水平较低省份	工资
北京	48 480	河南	13 609	上海	81 815	山西	29 408
浙江	45 770	陕西	13 685	天津	74 716	河南	29 778
上海	37 773	贵州	14 373	浙江	70 893	吉林	30 439
广东	33 457	江西	14 617	北京	66 499	江西	30 494
江苏	32 633	山西	14 984	江苏	64 054	河北	30 940

数据来源：根据《中国劳动和社会保障年鉴》2006—2008年，《中国人力资源和社会保障年鉴》2009—2011年有关数据整理。

2005年，事业单位工资最高的省份依次是北京、浙江、上海、西藏、广东，最低的省份依次是河南、贵州、吉林、陕西、江西，最高与最低之比为 2.9∶1。2010 年，事业单位工资最高的省份依次是上海、北京、天津、浙江和西藏，最低的省份依次是山西、吉林、甘肃、江西、贵州，最高与最低之比为 2.8∶1。详见表 9—5。

表 9—5　　　　事业单位 2005 年与 2010 年工资对比　　　　单位：元

2005 年事业单位工资				2010 年事业单位工资			
工资水平较高省份	工资	工资水平较低省份	工资	工资水平较高省份	工资	工资水平较低省份	工资
北京	39 822	河南	13 868	上海	76 773	山西	27 527
浙江	36 726	贵州	14 002	北京	74 170	吉林	28 200
上海	35 057	吉林	14 020	天津	64 996	甘肃	29 204
西藏	29 282	陕西	14 025	浙江	63 762	江西	29 673
广东	26 166	江西	14 064	西藏	54 708	贵州	29 922

数据来源：根据《中国劳动和社会保障年鉴》2006—2008 年，《中国人力资源和社会保障年鉴》2009—2011 年有关数据整理。

从工资增长情况看，2006 年机关工资制度改革政策出台以后，其工资增长速度较快，名义工资增长率达到了 23.1%，同时，实际工资增长率也达到了 17.8%，其后，伴随着机关规范津补贴政策的实施，机关工资增长速度逐渐趋缓，到 2010 年，机关实际工资增长率更是降到了 5.0%（见图 9—3、表 9—6）。

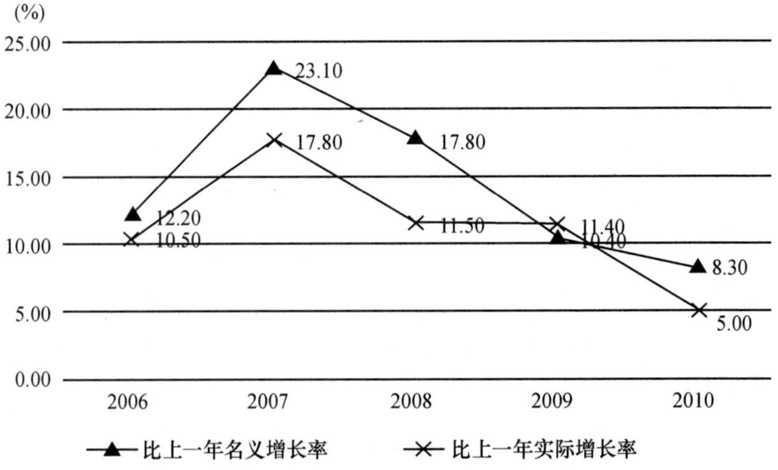

图 9—3　“十一五”时期机关工资增长情况

表 9—6　　　　“十一五”时期机关工资增长情况

年份	机关工作人员平均工资（元）	比上一年名义增长率（%）	比上一年实际增长率（%）
2006	23 360	12.2	10.5
2007	28 763	23.1	17.8
2008	33 869	17.8	11.5
2009	37 397	10.4	11.4
2010	40 512	8.3	5.0

数据来源：根据《中国劳动和社会保障年鉴》2006—2008 年，《中国人力资源和社会保障年鉴》2009—2011 年有关数据整理。

事业单位工资水平在“十一五”时期增长速度较为平稳，仍然是受 2006 年工资制度改革政策的影响，2007 年事业单位工资水平有较快增长，名义工资增长率达到了 21.4%，实际工资增长率也达到了 16.2%，其后，事业单位工资增长速度趋缓，但伴随着义务教育学校与公共卫生和基层医疗卫生事业单位绩效工资政策的实施，2009 年，事业单位实际工资增长速度一度达到了 15.5%（见图 9—4、表 9—7）。

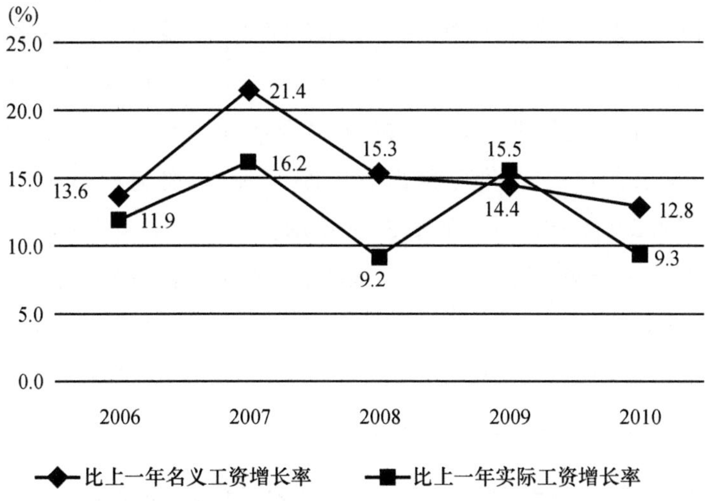

图 9—4　“十一五”时期事业单位工资增长情况

表 9—7 “十一五”时期事业单位工资增长情况

年份	事业单位工作人员平均工资（元）	比上一年名义增长率（%）	比上一年实际增长率（%）
2006	21 259	13.6	11.9
2007	25 805	21.4	16.2
2008	29 758	15.3	9.2
2009	34 053	14.4	15.5
2010	38 411	12.8	9.3

数据来源：根据《中国劳动和社会保障年鉴》2006—2008 年，《中国人力资源和社会保障年鉴》2009—2011 年有关数据整理。

与全国工资增长情况比较看，“十一五”时期，机关实际工资增长速度超过全国水平的有 17 个省份，其中，增长较快的是天津、陕西、内蒙古、贵州和上海，增长率分别为 17.9%、16.2%、14.4%、14.1%和 13.8%；机关实际工资增长速度低于全国水平的有 14 个省份，其中，增长较慢的是北京、宁夏、浙江、广东和黑龙江，增长率分别为 4.6%、5.3%、6.5%、7.6%和 8.7%，如图 9—5 所示。

“十一五”时期，事业单位实际工资增长速度超过全国水平的也有 17 个省份，其中，增长较快的是天津、陕西、内蒙古、河北和上海，增长率分别为 17.5%、17.3%、14.8%、14.1%和 14.1%；事业单位实际工资增长速度低于全国水平的有 14 个省份，其中，增长较慢的是浙江、广东、甘肃、西藏和山西，增长率分别为 9.0%、9.5%、9.6%、10.2%和 10.4%，如图 9—6 所示。

与企业工资增长情况比较看，天津、云南、陕西等地，机关、事业单位工资增长速度明显高于企业；宁夏、北京等地，机关、事业单位工资的增长速度明显低于企业；新疆、西藏等地，机关、事业单位工资的增长速度与企业相当，如图 9—7 所示。

（三）关于我国公共部门地区间工资差距的初步分析

由于我国公务员及事业单位内部全国均实行统一的工资制度和工资标准，因此，公共部门不同地区工资差距主要来源于由各地政府自行发

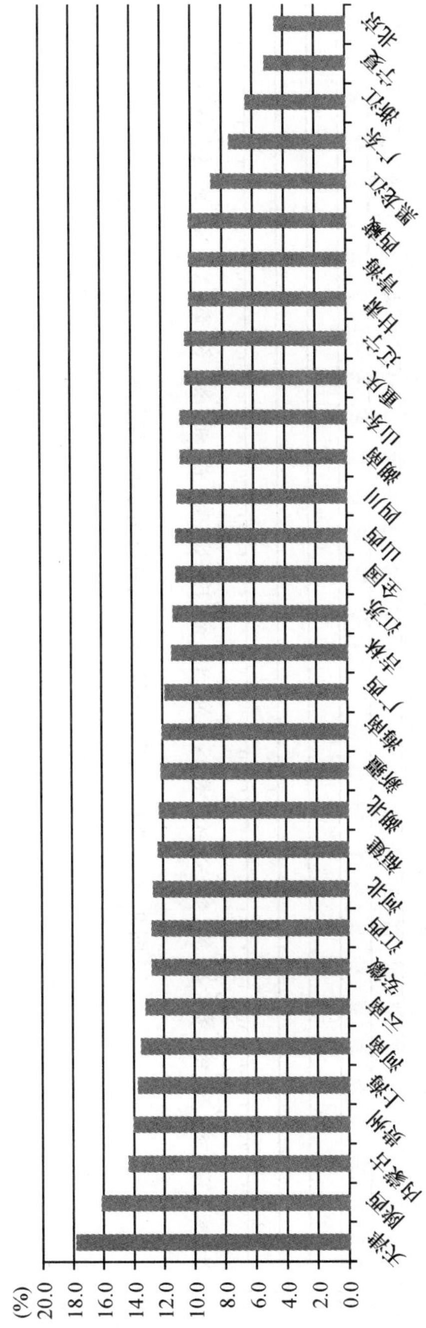

图 9—5　“十一五”时期各地机关实际工资增长率

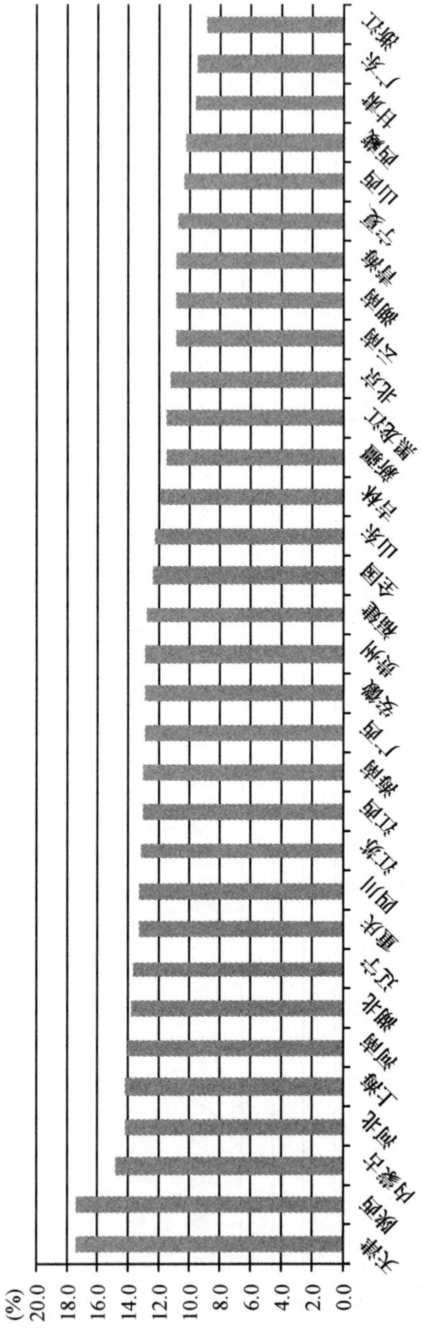

图 9—6 “十一五”时期各地事业单位实际工资增长率

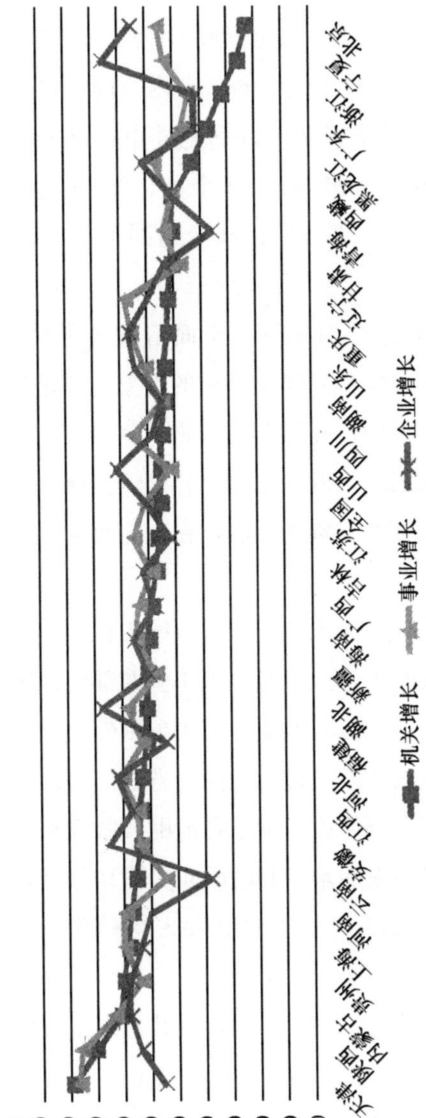

图 9—7　机关、事业单位工资增长速度与企业工资增长比较

放的津补贴。2006 年以前，各地区、各部门自行出台了各种津贴、补贴政策，且各地区、各部门资源、财政状况不同，津贴、补贴发放额度各不相同，总体来看，各地发放的津贴、补贴已经远高于国家规定的基本工资部分，不仅东、中、西部三大地区间差距较大，省与省之间差距也大，最高和最低津补贴为 3～4 倍。同一省内不同地区也存在很大差距，各地津补贴水平的标准多样化，特别是县市标准不一样，差距较大。有些省公务员津贴补贴标准多达 32 个，1 个市内就有多个标准，最高和最低每年相差上万元。部分地区甚至达到了总工资收入的 80%以上。

2006 年工资改革，通过严肃纪律，全面清理公务员的津贴补贴，有效遏制了地方、部门和单位乱发津贴补贴的现象。通过规范公务员的津贴补贴，采取“限高、稳中、托低”等措施，逐步使同一地区不同部门的津贴补贴水平大体相当。采取设立津贴补贴调控线、征收调节基金和将一部分津贴补贴纳入基本工资等办法，在一定程度上缩小了不同地区间的收入差距。

清理规范津贴补贴是一个庞大和复杂的系统工程，涉及公共部门工作人员的切身利益。这次改革，虽然对于缩小公共部门地区间工资差距起到了一定的积极作用，但地区间差距过大现象依然存在。主要表现为不同省份之间和同一省份内的差距过大，同一省份内收入差距甚至超出了不同省份之间的差距。主要原因是由于各地财政收入水平和支出能力不同而造成的，与当地经济发展水平和财政实力密切相关，这一点从各地区机关、事业单位平均工资、人均 GDP 和人均财政一般预算收入曲线上不难发现，如图 9—8、图 9—9 所示。

由于各地区各部门财政支付力度不同，公共部门工资发放也带有一定的随意性：部分地区工资过高，如 2010 年网上热炒的深圳某处级事业单位自 2009 年 10 月 1 日起实施绩效工资以来，主任层级（处级）、科级及普通员工年薪分别为 63.53 万元、35.87 万元和 27.27 万元，员工平均工资高达 30 万元，远远高于当地社平工资。部分地方财力不足，在推行义务教育学校绩效工资改革时捉襟见肘，随着公共卫生与基层医

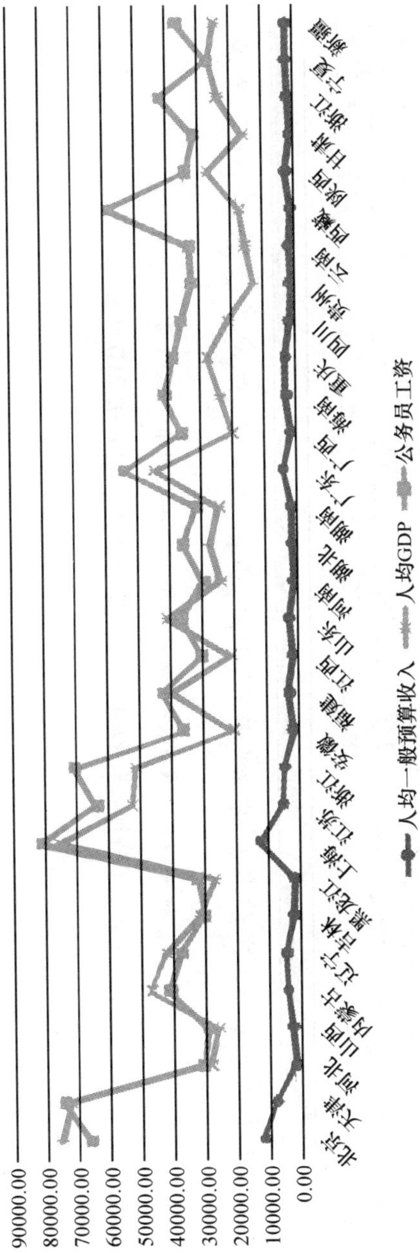

图 9—8　各地区机关工资、人均 GDP 与人均一般预算收入

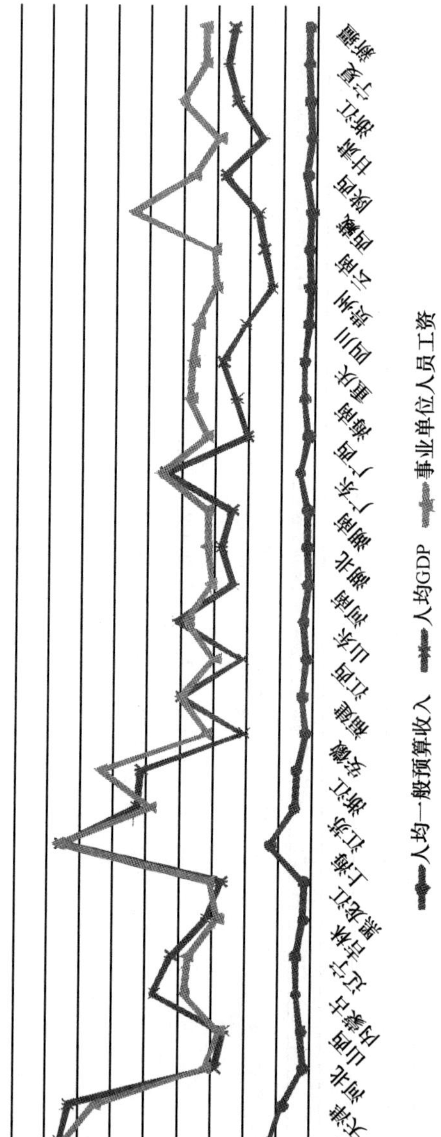

图 9—9 各地区事业单位工资、人均 GDP 与人均一般预算收入

疗事业单位和其他事业单位实施绩效工资，财政压力进一步扩大。由于不同事业单位创收能力的不同，出现了同城不同待遇的问题，如有些城市重点小学与非重点小学教师收入差距1倍以上。

三、我国公共部门工资差距影响因素分析

综合相关研究文献，并加以分析，在目前财政“分灶吃饭”前提下，各地经济发展水平、财政状况和社会平均工资水平是影响公共部门地区间平均水平的最主要因素，与此相关的经济指标主要包括：地区生产总值、地区财政收入总额、地区财政支出总额、社会平均工资、社会劳动生产率等。同时，本章还考虑将各地购买力平价指数（PPP）、消费者物价指数（CPI）、公共部门人员规模（当地财政供养人数）和人力资本构成也作为影响公务员工资差距的因素，逐一进行分析。

本章选取地区人均生产总值（人均GDP）作为衡量地区间经济发展水平的指标；在财政状况中，由于财政支出是地方财政支付的结果性指标，而一般性预算收入完全可以反映当地的财政实力且与公共部门工资支付关系更加密切，因此，选用人均一般性预算收入作为当地财政状况的指标；关于社会平均工资指标的选取，由于在岗职工工资与公共部门在岗人员工资更加密切，因此，选用各地在岗职工平均工资水平作为社会平均工资的指标；由于各地公共部门人员规模与当地公共部门工资总额密切相关，与平均工资关系不大，因此，去掉这一指标；在人力资本构成中，根据资料的可获得性，选取了事业单位本科以上学历占比作为衡量指标。

（一）机关单位工资影响因素分析

选取地区人均生产总值（人均GDP）、地区财政人均一般性预算收入、各地社会平均工资、地区购买力平价指数等4个指标作为自变量。

使用 1996—2010 年机关单位有关数据①进行计算。

根据曲线估计结果，建立机关单位基本回归方程如下：

$$W=\alpha_0+\alpha_1 X_1+\alpha_2 X_2+\alpha_3 X_3+\alpha_4 X_4+\varepsilon \tag{1}$$

式中 W——地区机关年平均工资（wages）；

X_1——地区人均 GDP（GDP）；

X_2——地区人均一般性预算收入（budget）；

X_3——地区购买力平价指数（PPP）；

X_4——地区在岗职工平均工资（income）；

α_0——常数项；

ε——随机误差项。

1. 描述性统计

表 9—8 为自变量和因变量的描述性统计分析，以及自变量与因变量的相关性。由表中可以看出，自变量人均 GDP、人均预算收入、PPP、社平工资与因变量公务员工资的相关性，均有统计学意义（$P<0.01$），而且都呈正相关。

表 9—8　　变量的描述性统计（$N=435$）

变量	最小值	最大值	平均数	标准差	相关系数
社平工资	4 510.00	71 875.00	16 799.91	11 098.70	0.985**
人均预算收入	139.13	12 479.39	1 357.22	1 847.55	0.913**
PPP	0.67	1.28	0.94	0.12	0.681**
人均 GDP	2 048.00	78 989.00	15 449.81	13 736.22	0.893**
公务员工资	4 581.00	81 815.00	19 635.43	14 055.09	1.000

注：**与公务员工资的相关性，$P<0.01$。

2. 多元线性回归分析

多元线性回归分析结果见表 9—9。模型的拟合优度 R^2 为 0.949，说明因变量能被自变量解释的程度为 94.9%。方程显著性检验的 F 统计量值为 1 981.486，P 值为 0.000，提示所拟回归方程有统计学意义。

① 数据来源：《中国劳动和社会保障年鉴》1996—2008 年，《中国人力资源和社会保障年鉴》2009—2011 年。

表 9—9　　Gwygz 影响因素的回归分析结果（$N=435$）

自变量	系数	标准误差	t	P
常数项	−10 713.640	1 512.441	−7.084	0.000
社平工资	0.949	0.032	29.630	0.000
人均预算收入	−1.431	0.271	−5.274	0.000
PPP	11 625.390	1 824.334	6.372	0.000
人均 GDP	0.349	0.045	7.720	0.000
R^2	0.949			
F	1 981.486			
P	0.000			

3. 共线性诊断

根据分析结果，人均一般性预算收入与公务员工资呈反方向变化，这与实际情况不符，考虑自变量之间存在多重共线性。进行共线性诊断，人均 GDP 和人均一般性预算收入的 VIF>10，提示存在多重共线性。见表 9—10。

表 9—10　　多重共线性诊断

模型	非标准化系数		标准系数	t	Sig.	共线性统计量	
	B	标准误差	试用版			容差	VIF
（常量）	−10 762.387	1 507.935		−7.137	0.000		
社平工资	0.949	0.032	0.749	29.638	0.000	0.187	5.345
人均预算收入	−1.429	0.271	−0.188	−5.275	0.000	0.094	10.618
PPP	11 689.190	1 819.234	0.102	6.425	0.000	0.471	2.125
人均 GDP	0.349	0.045	0.341	7.718	0.000	0.061	16.326

a. 因变量：Wages。

4. 模型修正

岭回归方法（Ridge Regression）是一种专门用于共线性数据分析的有偏估计回归方法，在本章中我们使用岭回归法来消除模型中的多重共线性。见表 9—11。

参数设置：K 从 0 到 0.1，搜索步长为 0.01，当 $K=0.07$ 的结果。

表 9—11　　岭回归分析结果

	B	SE (B)	Beta	B/SE (B)
社平工资	0.761 68	0.022 6	0.601 46	33.699 53
人均一般预算收入	0.005 32	0.132 48	0.000 7	0.040 14
PPP	15.998 49	1.590 69	0.140 13	10.057 57
人均 GDP	0.256 76	0.018 43	0.250 93	13.932 39
α_0	−12 206.734 36	1 368.785 59	0	−8.917 93

（二）事业单位工资影响因素分析

选取地区人均生产总值（人均 GDP）、地区财政人均一般性预算收入、各地社会平均工资、地区购买力平价指数、各地事业单位本科以上所占比例 5 个指标作为自变量。使用 2008—2010 年事业单位的有关数据[①]进行计算。

根据曲线估计结果，建立事业单位基本回归方程如下：

$$W=\alpha_0+\alpha_1X_1+\alpha_2X_2+\alpha_3X_3+\alpha_4X_4+\alpha_5X_5+\varepsilon \tag{2}$$

式中　W——地区事业单位年平均工资（wages）；

X_1——地区人均 GDP（GDP）；

X_2——地区人均一般性预算收入（budget）；

X_3——地区购买力平价指数（PPP）；

X_4——地区在岗职工平均工资（income）；

X_5——地区事业单位本科及以上学历百分比（degree）；

α_0——常数项；

ε——随机误差项。

1. 描述性统计

表 9—12 为自变量和因变量的描述性统计分析，以及自变量与因变量的相关性分析。由表中可以看出，自变量人均 GDP、人均预算收入、PPP、社平工资与因变量公务员工资的相关性，均有统计学意义（$P<$

① 数据来源：《中国劳动和社会保障年鉴》2006—2008 年，《中国人力资源和社会保障年鉴》2009—2011 年。

0.01)，而且都呈正相关。

表 9—12　　事业单位的描述性统计（$N=93$）

变量	最小值	最大值	平均数	标准差	相关系数
社平工资	21 000.00	71 875.00	33 115.38	9 994.16	0.919**
人均预算收入	852.13	12 479.39	2 883.21	2 635.69	0.684**
本年 PPP	0.83	1.28	1.06	0.10	0.619**
人均 GDP	8 824.00	78 989.00	29 314.85	16 669.10	0.682**
本科以上学历占比	0.20	0.63	0.40	0.08	0.570**
工资	21 575.00	76 773.00	35 351.35	12 410.48	1.000

注：**与事业单位平均工资的相关性，$P<0.01$。

2. 回归分析

多元线性回归分析结果见表 9—13。模型的拟合优度 R^2 为 0.939，说明因变量能被自变量解释的程度为 93.9%。方程显著性检验的 F 统计量值为 269.344，P 值为 0.000，提示所拟回归方程有统计学意义。

表 9—13　　Gz 影响因素的回归分析结果（$N=93$）

自变量	系数	标准误差	t	P
a_0	−25 026.060	4 594.316	−5.447	0.000
社平工资	0.988	0.064	15.546	0.000
人均预算收入	−1.172	0.433	−2.703	0.008
本年 PPP	17 811.500	3 970.292	4.486	0.000
人均 GDP	0.237	0.059	4.024	0.000
本科以上学历占比	12 990.860	6 142.207	2.115	0.037
R^2	0.939			
F	269.344			
P	0.000			

3. 共线性诊断

根据分析结果，人均预算收入与公务员工资呈反方向变化，这与实际情况不符，考虑自变量之间存在多重共线性。进行共线性诊断，人均预算收入的 VIF>10，提示存在多重共线性。见表 9—14。

表 9—14　　共线性诊断

模型	非标准化系数		标准系数	t	Sig.	共线性统计量	
	B	标准误差	试用版			容差	VIF
a_0	−25 085.068	4 593.903		−5.461	0.000		
社平工资	0.989	0.063	0.796	15.576	0.000	0.267	3.751
人均预算收入	−1.175	0.433	−0.250	−2.714	0.008	0.082	12.144
本年 PPP	17 847.547	3 964.904	0.143	4.501	0.000	0.687	1.455
人均 GDP	0.237	0.059	0.318	4.023	0.000	0.112	8.957
本科以上学历占比	12 986.619	6 138.311	0.081	2.116	0.037	0.475	2.103

a. 因变量：wages。

4. 模型修正

当 K 从 0 到 0.1，搜索步长为 0.01，当 $K=0.07$ 的结果（见表 9—15）。

表 9—15　　岭回归分析结果

	B	SE (B)	Beta	B/SE (B)
社平工资	0.782 21	0.048 35	0.629 91	16.179 14
人均一般预算收入	0.060 03	0.210 05	0.012 75	0.285 81
PPP	1.871 66	0.376 86	0.150 31	4.966 51
人均 GDP	0.148 12	0.032 65	0.198 95	4.536 31
a_0	9 749.177 26	5 480.458 03	0.060 79	1.778 9
	−18 859.941 41	4 175.353 66	0	−4.516 97

四、国外公共部门地区工资差距比较

研究国外公共部门地区间工资差距，对我国合理调控公共部门工资差距具有一定的借鉴意义。

（一）典型国家公共部门地区间工资差距情况

由于各国公共部门人员构成不一样，参照各国对于公务员的划分，大致可划分为 3 类[1]：第一类是小范围划分，指的是政府系统中除选举产生和政治任命的官员以外的所有工作人员，如英国和原英属殖民地的大部分国家，像印度、马来西亚、澳大利亚、新西兰、阿尔及利亚、南非等。在英国，文官实际上是指常任文官，即政府系统中常务次官以下的所有通过竞争考试录用的工作人员。第二类是中范围划分，指的是政府行政机关中的所有工作人员，上至内阁首脑、部长，下至普通工作人员和工勤人员，如美国、德国、加拿大、菲律宾、泰国、韩国等。第三类是大范围划分，指的是从中央到地方各级立法机关、行政机关、司法机关、军队和公共企事业单位的所有工作人员，如法国、日本和原法属殖民地的一些国家，像摩洛哥、突尼斯、几内亚、尼日利亚等。

因此，本章从各类中挑选了代表性国家进行对比分析，分别是英国、美国、法国、日本和韩国等。

1. 英国公共部门地区间工资差距情况

英国公务员虽然也有中央政府公务员和地方政府公务员之分，但在工资管理上却是统一的，实质上是由中央统一管理的体制。工资制度和工资标准由财政部和各部门在与公务员工会、全国惠德利委员会（英国为解决公务员劳资争议问题，设置惠德利会议）共同协商的基础上，经与公务员工会进行谈判，统一制定。同时，允许地方政府根据当地企业工资水平和人力资源状况，适当调整工资标准，各部门根据相关规定，每半年、一年或两年会自动检讨本部门内部薪酬水平。考虑因素主要有：薪酬制度是否符合现行相关法律的规定、参考消费者物价指数变动状况、人均国民生产总值变动状况、政府财政收支状况以及具有可比性的民间企业薪酬水平等，在此基础上，各部门分别与本部门的公务员工会进行工资谈判，制定全面调薪的方案。调整的幅度必须报经中央政府批准，所需经费由地方政府自己解决。

2011 年，英国公共部门工资最高地区伦敦为 35 487 英镑，最低的西米德兰兹地区为 23 993 英镑，两者之比为 1.48∶1。私营部门工资最

① 《国家公务员管理辅导教案》。刘冰，2003 年 6 月。

高的地区仍为伦敦，为 48 220 英镑，而最低的为威尔士，两者之比为 2.37∶1。仅就地区来看，不划分公共部门和私营部门，工资最高为伦敦，43 189 英镑，最低为威尔士，22 046 英镑，两者之比为 1.96 倍。见表 9—16。

表 9—16　英国 2011 年分地区分公共部门和私营部门收入情况

类型	调查人数（千人）	中位数（英镑）	平均数（英镑）
全国	**21 023**	**21 326**	**26 871**
公共部门	6 184	23 250	26 276
私营部门	13 313	20 509	27 544
North East	**825**	**19 390**	**23 027**
公共部门	298	21 613	25 272
私营部门	468	18 018	21 775
North West	**2 247**	**19 950**	**23 703**
公共部门	697	22 383	25 070
私营部门	1 395	18 797	23 161
Yorkshire and The Humber	**1 737**	**19 725**	**23 195**
公共部门	544	21 161	24 542
私营部门	1 080	19 064	22 720
East Midlands	**1 440**	**20 138**	**23 744**
公共部门	336	21 863	24 492
私营部门	1 011	19 661	23 628
West Midlands	**1 836**	**19 869**	**23 600**
公共部门	531	21 533	23 993
私营部门	1 184	19 267	23 530
East	**1 869**	**20 878**	**24 889**
公共部门	464	22 220	24 505
私营部门	1 272	20 429	25 309
London	**2 932**	**30 115**	**43 189**
公共部门	810	31 667	35 487
私营部门	1 881	29 750	48 220
South East	**2 842**	**22 370**	**27 433**

续表

类型	调查人数（千人）	中位数（英镑）	平均数（英镑）
公共部门	710	22 810	25 090
私营部门	1 902	22 439	28 776
South West	**1 748**	**19 609**	**23 244**
公共部门	492	21 972	24 887
私营部门	1 129	18 925	22 822
Wales /Cymru	**966**	**19 250**	**22 046**
公共部门	371	21 298	24 377
私营部门	530	17 511	20 381
Scotland	**1 915**	**20 681**	**24 708**
公共部门	684	23 274	26 078
私营部门	081	19 211	24 191

注：从业人员数仅代表参考数据，不代表确切统计数据。

数据来源：国家统计局工时和工资年度调查办公室。

2. 美国公共部门地区间工资差距情况

美国公共部门分为联邦政府、州政府和当地政府，联邦政府工作人员由中央政府统一管理、统一制定工资制度和工资政策，州政府和当地政府分别由各地方制定工资制度和工资标准。联邦政府工作人员工资在薪酬结构上主要由工资、津贴、奖金、福利以及保险等五部分构成，分为 15 个等级，每级划分为 10 个档次，每档相差约为 3%，根据年限和工作表现来提升工资档次[①]。

美国联邦雇员现行工资制度的重要法律依据，是 1990 年 11 月 5 日生效的《联邦公务员可比性工资法案》（FEPCA），以私企为参照的美国公务员工资制度就是该法案规定的。《联邦公务员可比性工资法案》中列出了制定公务员工资标准的指导原则：包括在同一地区，工资要体现同工同酬，工资等级差别取决于岗位性质和工作表现，联邦政府公务

① 根据有关调研报告、文献资料和美国人事管理局网站介绍整理得出，需要指出的是，在一些资料中，将这一划分更为细化，但本章主要介绍与我国公务员工资调查最接近的部分，为便于理解，将有些类别合并。

员必须与同一地区私营企业同等工作性质的职工工资标准一致等。从2012年1月生效的不同地区公务员工资表看，按照工资区划分，最高为圣何塞—旧金山—奥克兰地区，最低为“其他地区”，最低等级公务员工资标准之比为1.18∶1，最高等级公务员工资标准之比为1.05∶1（详见表9—17）。

表9—17

a）美国“圣何塞—旧金山—奥克兰地区”公务员工资

单位：美元

Grade	Step1	Step2	Step3	Step4	Step5	Step6	Step7	Step8	Step9	Step10
1	24 061	24 865	25 665	26 461	27 261	27 731	28 522	29 319	29 351	30 097
2	27 053	27 696	28 591	29 351	29 680	30 553	31 426	32 299	33 173	34 046
3	29 517	30 501	31 485	32 468	33 452	34 436	35 420	36 404	37 388	38 372
4	33 136	34 240	35 344	36 449	37 553	38 657	39 761	40 865	41 969	43 074
5	37 073	38 308	39 544	40 779	42 014	43 249	44 485	45 720	46 955	48 190
6	41 325	42 702	44 079	45 456	46 834	48 211	49 588	50 965	52 342	53 719
7	45 923	47 454	48 985	50 516	52 048	53 579	55 110	56 641	58 173	59 704
8	50 858	52 553	54 248	55 943	57 637	59 332	61 027	62 722	64 417	66 111
9	56 172	58 044	59 916	61 788	63 660	65 532	67 403	69 275	71 147	73 019
10	61 860	63 922	65 984	68 047	70 109	72 171	74 234	76 296	78 359	80 421
11	67 963	70 228	72 493	74 758	77 023	79 288	81 554	83 819	86 084	88 349
12	81 460	84 175	86 891	89 606	92 321	95 036	97 751	100 466	103 182	105 897
13	96 867	100 096	103 325	106 554	109 782	113 011	116 240	119 469	122 697	125 926
14	114 468	118 283	122 099	125 914	129 729	133 544	137 360	141 175	144 990	148 806
15	134 647	139 136	143 624	148 112	152 601	155 500*	155 500*	155 500*	155 500*	155 500*

数据来源：美国联邦人事管理局网站，http://www.opm.gov.

b）美国“其他地区”公务员工资　　单位：美元

Grade	Step1	Step2	Step3	Step4	Step5	Step6	Step7	Step8	Step9	Step10
1	20 324	21 003	21 679	22 351	23 027	23 424	24 092	24 766	24 792	25 422
2	22 851	23 395	24 151	24 792	25 071	25 808	26 546	27 283	28 021	28 758
3	24 933	25 764	26 595	27 426	28 257	29 088	29 919	30 750	31 581	32 412
4	27 990	28 922	29 855	30 788	31 720	32 653	33 586	34 519	35 451	36 384

续表

Grade	Step1	Step2	Step3	Step4	Step5	Step6	Step7	Step8	Step9	Step10
5	31 315	32 359	33 402	34 445	35 489	36 532	37 576	38 619	39 663	40 706
6	34 907	36 070	37 233	38 397	39 560	40 723	41 886	43 050	44 213	45 376
7	38 790	40 084	41 377	42 671	43 964	45 258	46 551	47 844	49 138	50 431
8	42 960	44 391	45 823	47 254	48 686	50 117	51 549	52 981	54 412	55 844
9	47 448	49 029	50 611	52 192	53 773	55 354	56 935	58 516	60 097	61 678
10	52 252	53 994	55 736	57 478	59 221	60 963	62 705	64 447	66 189	67 931
11	57 408	59 321	61 234	63 148	65 061	66 974	68 888	70 801	72 714	74 628
12	68 809	71 102	73 396	75 689	77 983	80 276	82 570	84 863	87 157	89 450
13	81 823	84 550	87 278	90 005	92 732	95 459	98 187	100 914	103 641	106 369
14	99 690	99 913	103 136	106 358	109 581	112 804	116 027	119 249	122 472	125 695
15	113 735	117 527	121 318	125 109	128 900	132 692	136 483	140 274	144 065	147 857

数据来源：美国联邦人事管理局网站，http://www.opm.gov.

根据 2011 年美国薪酬调查结果，按州来划分的美国联邦政府工资最高的是马里兰州，为 88 914 美元，最低的是北达科他州，为 54 816 美元，相差 34 098 美元，两者之比为 1.62∶1。州政府工资最高的是新泽西州，为 63 263 美元，最低的是密苏里州，为 37 515 美元，相差 25 748 美元，两者之比为 1.69∶1，这两类政府工作人员工资差距都小于地区平均工资和私营部门工资差距。而当地政府工资最高的是新泽西州，为 56 993 美元，最低的是南达科他州，为 29 731 美元，相差 27 262 美元，两者之比为 1.92∶1，均大于地区平均工资和私营部门工资差距（详见表 9—18）。

表 9—18　　美国 2011 年薪酬调查工资对比情况

所有制类型	最高		最低		差距	
	州	工资（美元/年）	州	工资（美元/年）	绝对值（美元）	倍数
全部	纽约	60 291	南达科他	34 331	25 960	1.76
联邦政府	马里兰	88 914	北达科他	54 816	34 098	1.62
州政府	新泽西	63 263	密苏里	37 515	25 748	1.69

续表

所有制类型	最高		最低		差距	
	州	工资（美元/年）	州	工资（美元/年）	绝对值（美元）	倍数
当地政府	新泽西	56 993	南达科他	29 731	27 262	1.92
私营部门	纽约	61 548	蒙大拿	33 244	28 304	1.85

注：详见附表 2010 年美国分地区分所有制类型工资。

数据来源：美国劳工统计局网站，http://www.bls.gov.

3. 法国公共部门地区间工资差距情况

法国公务员分为终身制公务员和合同制公务员，其中绝大多数公务员属于终身制公务员，其工资构成包括基本工资、补贴和奖金三部分。法国公务员工资制度坚持诸如指数化、工资分级、同工同酬、适应物价、协商、法律保障等原则。

基本工资：法国公务员的基本工资由指数所决定，把工资指数以点数的形式表现出来，而工资指数和他们的官职和资历有关。[①] 自从公众职位变革以来，职位晋升和工资提升得到了很大改善。上涨指数从 308 上涨到 821。上涨指数的中位数为 439。

公务员的工资月收入都以以下方式进行计算：

工资月收入＝（固定分红×指数）/1200

其中，固定分红在 2010 年 7 月 1 日固定为 5 556.35 欧元。

例如，指数为 350 的公务员的月收入总额为 1 620.60 欧元（5 556.35×350/1200 ＝ 1 620.60 欧元）。

警察的月工资不得低于 308 的工资指数，2012 年 7 月 1 日税前为 1 426.13 欧元。

位于领导级别或很高职位的公务员的月工资水平不根据上涨指数来计算，而是根据他们的级别来计算，称为其他阶层。在法国大概有 5 000 个这样的职位，占实际数量的 0.1%（1985 年 10 月 24 日修改的

① 文职人员、军人、保卫领土的战士和医院机构职员的工资由 85－1148 号法令所决定，这个法令在 1985 年 10 月 24 日进行过修改（最后一次更新是在 2010 年 7 月 1 日）。

85—1148 号法令中的第六条条款）。

每一个团队又由 V 形臂章来进行细分（3 个 V 形臂章团队是从 A 到 D 团队，两个 V 形臂章是 E 团队，一个 V 形臂章是 F 和 G 团队）。在一些地方行政机构任职领导层职位的公务员会得到职位津贴，此津贴的最大税率为工资总额的 15%。

基本工资要占到最后工资的 70%～75%。其余的由其他工资因素组成。

购买力保障津贴：公务员如果在 4 年内的收入低于消费指标，那么他们能够享受到个人购买力保障津贴。保障津贴以税前年收入为基准，根据以下公式进行计算：

保障津贴＝期限初始的年收入×（1＋4 年内的通货膨胀）
　　　　－期限结束时的年收入

住房津贴：通常为工资总额的一定比率，所有需要考虑住房花费的公务员均有资格享受住房津贴。法国下议院把住房津贴标准按照三个区域进行划分：区域 3（比如包括巴黎地区）的官员可享受工资（不包括其他津贴和奖金）3%的住房津贴，上涨之后最少为 41.39 欧元。区域 2 的公务员享受工资 1%的住房津贴，最少为 13.8 欧元。区域 1 的公务员没有住房津贴。

由于法国公务员实行同工同酬，因此他们认为不同地区公务员收入不同是不可理解的，必要时还可以诉诸法律。从表 9—19 中不难看出，法国 22 个大区之间平均工资也相差不大，最高的小巴黎与最低的朗克多克—鲁西翁之比仅为 1.40∶1。

表 9—19　　　　2010 年法国各大区公务员工资情况

区名	平均工资（欧元/月）
小巴黎	2 846
阿尔萨斯	2 556
罗纳—阿尔卑斯	2 444
上诺曼底	2 344
中央大区	2 339

续表

区名	平均工资（欧元/月）
皮卡尔迪	2 336
卢瓦尔	2 316
弗朗什—贡岱	2 278
阿坤廷	2 277
普罗旺斯—阿尔卑斯—蓝色海岸	2 270
布列塔尼	2 263
南比利牛斯	2 232
洛林	2 229
布尔高涅	2 211
下诺曼底	2 188
香槟—阿登	2 187
布瓦图—夏朗德	2 172
北加莱海峡	2 118
奥维尔涅	2 114
利姆赞	2 072
科西嘉	2 044
朗克多克—鲁西翁	2 037

数据来源：法国平均工资网站 http：www.salairemoyen.com.

4. 日本公共部门地区间工资差距情况

日本公务员实行年功序列工资制，在晋升到课长级别以前，同年经同类考试进入机关的公务员的工资收入基本上没有差别。从课长级开始，同期进入机关的公务员之间的收入，尤其是终身就业收入的差距越来越明显。

2011 年，日本不同地区公务员平均工资最高的是福岛县，为 378 000 日元，最低的是大阪府，为 324 100 日元，相差 53 900 日元，两者之比为 1.17：1。同级别不同地区公务员平均工资，以知事和副知事为例，知事中最高的是神奈川县，为 1 450 000 日元，最低的是熊本县，为 868 000 日元，相差 582 000 日元，两者之比为 1.67：1；副知事中，最高的是东京都，为 1 219 000 日元，最低的是山形县，为

788 400 日元，相差 430 600 日元，两者之比为 1.55∶1，两者均高于平均工资之比，且职位越高，差距越大（本科毕业生仅为 1.12∶1），详见表 9—20。

表 9—20　　　　日本 2011 年各地区公务员工资情况

地区	公务员总人数	平均年龄	平均工资水平（日元/月）	新入职者工资水平			知事工资（省长）（日元/月）	副知事工资（副省长）（日元/月）
				本科毕业（日元/月）	大专毕业（日元/月）	高中毕业（日元/月）		
北海道	74 866	43	337 000	159 285	141 340	129 592	1 035 000	880 000
青森县	20 366	44	364 400	172 200	152 800	140 100	1 016 000	873 000
岩手县	24 201	43.2	359 700	172 200	152 800	140 100	1 054 000	864 000
宫城县	27 363	43.8	373 100	178 800	158 700	144 500	1 244 500	979 200
秋田县	15 482	44.3	374 000	172 200	152 800	140 100	968 000	790 500
山形县	18 954	44.2	368 200	172 200	152 800	140 100	909 000	788 400
福岛县	27 992	44.3	378 000	175 100	155 400	142 500	1 056 000	875 500
茨城县	34 747	43.8	370 000	172 200	152 800	140 100	1 072 000	918 000
枥木县	24 658	43.5	350 900	169 860	147 915	137 275	1 032 000	858 500
群马县	25 160	43.3	369 500	177 300	157 200	143 400	1 179 000	954 000
琦玉县	62 658	43.6	368 100	178 800	158 700	144 500	1 420 000	1 134 000
千叶县	62 124	43.1	364 200	178 800	158 700	144 500	1 390 000	1 110 000
东京都	166 817	41.6	336 700	181 200	154 800	142 700	1 344 600	1 219 000
神奈川县	73 801	42.3	360 000	172 200	152 800	140 100	1 450 000	1 160 000
新泻县	34 819	43.1	362 000	178 800	158 700	144 500	1 240 000	970 000
富山县	15 688	44	367 900	178 800	158 700	144 500	1 105 000	918 000
石川县	15 947	44.2	355 200	172 200	152 800	140 100	1 235 000	969 000
福井县	13 535	43.2	364 600	178 800	155 700	144 500	1 170 000	918 000
山梨县	14 237	42.8	350 000	175 224	155 526	141 610	1 100 000	873 600
长野县	27 292	44.5	365 700	175 600	155 700	142 300	1 282 000	988 000
岐阜县	24 366	43.1	348 500	171 648	152 352	138 720	938 000	848 000
静冈县	38 724	42.9	372 700	180 158	159 906	145 598	1 298 000	1 060 000
爱知县	71 913	41.9	366 300	181 300	160 900	146 500	1 262 700	1 034 200
三重县	23 830	43.4	367 600	178 800	158 700	144 500	1 216 000	959 500

续表

地区	公务员总人数	平均年龄	平均工资水平（日元/月）	新入职者工资水平			知事工资（省长）（日元/月）	副知事工资（副省长）（日元/月）
				本科毕业（日元/月）	大专毕业（日元/月）	高中毕业（日元/月）		
滋贺县	18 348	43	360 600	177 906	157 907	143 778	1 056 000	936 000
京都府	28 941	43.3	357 500	178 800	157 200	144 500	1 162 800	971 900
大阪府	86 846	42.1	324 100	173 436	153 939	140 165	1 015 000	912 000
兵库县	60 983	43.1	356 700	174 330	154 733	140 888	1 128 000	943 500
奈良县	16 848	44.1	364 100	178 800	—	144 500	1 096 200	902 500
和歌山县	15 515	44.2	364 000	178 800	158 700	144 500	1 137 400	893 000
鸟取县	11 547	42.8	341 500	176 800	156 800	142 800	1 207 000	900 000
岛根县	14 109	43.6	341 900	161 868	143 632	131 694	960 000	800 000
冈山县	23 452	43.3	338 300	170 376	—	136 059	903 000	816 000
广岛县	30 896	43.8	363 200	175 814	156 049	142 086	1 250 100	1 009 200
山口县	19 765	44.5	363 100	176 890	156 996	142 982	1 032 000	918 000
德岛县	13 636	44	359 100	177 012	157 113	143 055	975 000	811 800
香川县	14 290	44.3	365 600	178 800	158 700	144 500	1 028 000	833 000
爱媛县	21 345	43.4	366 500	172 940	153 457	140 702	990 000	859 000
高知县	14 099	44.7	368 600	172 500	153 100	140 400	976 000	874 200
福冈县	50 253	44.4	372 400	178 800	158 700	144 500	1 350 000	1 080 000
佐贺县	13 243	44.2	367 600	172 200	152 800	140 100	1 190 000	940 000
长崎县	21 063	43.9	369 800	172 200	152 800	140 100	1 260 000	990 000
熊本县	22 609	43.8	357 600	167 034	148 216	135 897	868 000	824 500
大分县	17 190	44.5	376 300	178 800	158 700	144 500	1 231 400	983 100
宫崎县	17 518	43.4	360 900	172 200	152 800	140 100	992 000	882 000
鹿儿岛县	25 577	42.7	347 700	168 756	149 744	137 298	982 500	875 500
冲绳县	22 843	42.2	348 000	172 200	152 800	140 100	1 116 000	911 400

数据来源：ILO 提供。

除以上国家以外，韩国、新加坡不同地区公务员之间工资也没有差别。但值得指出的是，新加坡高级公务员与一般白领之间工资差距非常大，部长级别的公务员与新入职的普通公务员之间，工资差距甚至可以高达200倍。

(二) 关于公共部门地区间工资差距的再思考

1. 公共部门工资水平整体定位问题

从典型国家情况来看，新加坡以其“高薪养廉”著称，但具体来看，新加坡最大多数的管理、执行层级普通公务员的工资并不高，“高薪”的仅是担任行政官及政务次长级别以上的超级和特级公务员，关系国家重大决策，同时又手握重权，这正是公务员队伍中最应该着重激励和监督的人员。从平均工资来看，美国联邦政府和州政府公务员平均工资则是社会平均工资。根据相关资料还可了解到，德国、加拿大、意大利、瑞典等国公务员的工资水平则往往处在社会平均工资的中等偏上水平。

因此，我国也可参考国外关于公务员类别的划分，分为高级公务员和普通公务员。高级公务员为副部级以上公务员，实行高薪政策；普通公务员则可实行全国统一的工资表。至于工资的平均水平，从我国公共部门工作人员人力资本、承担责任、社会影响等角度分析，公务员工资也应高于社会平均水平，但从公务员工作内容、创新程度、技能水平、工作稳定性考虑，公务员工资不宜高于社会平均水平过多。

2. 公共部门地区间工资差距不宜过大

根据对典型国家工资差距的研究，国家公务员地区间工资差距一般均低于私营部门和社会平均工资地区间的差距。这是有一定道理的，公共部门中，无论从工作性质、人力资本构成、社会责任等的差距都远远小于地区间私营部门和整个社会的差距，因此，其工资收入的差距也不宜过大。

同时，从典型国家工资结构来看，主体工资部分所占比重一般为70%～80%，而我国目前公共部门工作人员工资结构的津补贴仍不够统一规范，制度外工资比重偏高，而社会上广受诟病的也主要是这部分制度外工资过多过杂。应该规范工资收入结构，强化制度内工资比例，规范津贴补贴等收入。关于公务员福利性质的住房问题，也可借鉴法国做法，实行一定比例的住房补贴。

3. 使公共部门工资进一步透明化

为了解决个体公平问题，激励公务员的业绩表现，公共部门的工资，除了进行水平调控，还要使公务员工资透明化、清晰化，引入绩效考评机制，建立国家级、地区级政府绩效管理委员会，对建立高效政府组织予以奖励，且接受公众监督，最终政府工资水平在社会平均工资基础上根据考核结果上下浮动，并将工资差距控制在合理范围之内。

五、探索建立我国公共部门地区间工资差距合理比例关系

（一）思路一：因素决定法

根据上述研究，参照发达国家对于公共部门的定价原则，主要是参照企业相当人员工资和进行物价补偿，这在理论界也达成了比较一致的看法。因此，从影响我国公共部门工资差距的主要因素入手分析：在人均GDP、人均一般预算收入、在岗职工平均工资、地区物价水平、本科以上学历占比这些因素中，分析哪些是主要因素，哪些是次要因素，各自应该占多大权重。

首先，当地在岗职工平均工资是最主要因素。为了保持公共部门职位在当地人力资源市场的一定竞争力，公共部门人员工资理应与当地职工工资相适应。

其次，地区间物价水平差距是第二重要因素。为了维持公共部门工作人员的社会地位和体面生活，工资中考虑地区间物价差异是必要的。

再次，可选用战略指标作为第三大因素。例如，地区经济发展水平、小康社会建设程度、环保指标等为次要因素，这与各地发展战略有关，当国家战略进行调整时，这一指标可以进行相应调整。

最后，财政实力和人力资本差异等指标则不应该作为公共部门的主要因素。一是虽然在分税制改革下，地方财政实力直接制约着公共部门

工资支付，但国家应采取必要措施，对于财政较弱地区予以适当支持，以保障工资支付的公平性。二是如果工资中考虑了人力资本差异，那么必然造成公共部门大量招收高学历人才，这实际上是不必要的，同时，也鼓励了高学历人才到收入高的地方就业，不利于落后地区社会管理水平的提高。

基于以上分析，我们将 2011 年在岗职工平均工资、购买力平价指数、人均 GDP 带入如下公式进行计算：

$$W_n = (X_1 \times X_2 \times X_3)^{1/3} \times (1 - a)$$

式中 W_n——地区公共部门年虚拟工资；

X_1——地区在岗职工平均工资；

X_2——地区购买力平价指数（PPP）；

X_3——地区人均 GDP；

a——万元地区生产总值能耗降低数。

由此，得出各地区之间公共部门工资差距为 2.37 倍。

（二）思路二：均衡理论法

按照 Niskanen（1975）的理论，公务员的效用主要由两部分构成，一部分是由他的职位所获得的收入（现值），另一部分是由他的职位带来的非货币的额外收入的集合。效用函数形式为：

$$U = \alpha X^{\beta 1} Y^{\gamma 1}$$

式中 β_1，γ_1分别为相应的弹性系数。

Niskanen（1975）认为，在效用函数 $U = \alpha Y^{\beta 1} P^{\gamma 1}$ 中，一个显著的特征是 $\beta_1 > \gamma_1$。在 Gong 和 Zou（2000）的一篇论文中，他们所使用的效用函数的弹性系数值分别为 β_1：γ_1：$\gamma_2 \approx 0.75:0.15:0.1$。根据王铮、薛俊波的调研统计结果①，公务员对这 3 个部分的关注比例大约为 $0.7:0.2:0.1$。由此，得到了如下的效用函数：

$$U_i = (W_i / P^{index})^{0.7} (M_i / L_i)^{0.2} (M_i)^{0.1}$$

① 王铮，薛俊波. 公务员工资的地区差异及其影响因素研究［J］. 经济前沿. 2009（4）.

式中 U_i——i 省（市、自治区）的公务员的效用；

W_i——i 省（市、自治区）公务员的名义工资，这里用机关工资代替；

M_i——i 省（市、自治区）公务员非货币化收入，这里用与公务员福利密切相关的各省行政管理费代替；

P^{index}——i 省（市、自治区）的购买力平价指数；

L_i——i 省（市、自治区）的从业人员数。

以北京作为标准，把其他省（自治区、直辖市）和北京的水平进行比较分析。按照公平理论，各个省（市、自治区）公务员的效用应该和北京相同，即 $U_i = U_{bj}$，由此得到，最高 $\widetilde{W}_i$ 与最低 $\widetilde{W}_i$ 的比值是 1.86 倍，我们认为这是公平分配下理想的差距。

综合以上两种方法，我们认为我国不同地区公共部门（以机关为例）工资差距在 1.9～2.4 倍。

六、公共部门工资调控对策建议

（一）调控前提

一是公共部门工资整体定位问题。在公共部门工资水平的设定和调整方面，首先要有一个原则性的定位，即公共部门的工资水平处于什么水平，是中等水平还是上等水平，公共部门收入应该在全社会中处于什么样的位置，这是公共部门工资调控的前提。因为如果公共部门收入过高，将导致当地其他部门人员的攀比心理甚至引发社会问题；但如果相比之下公务员收入过低，则导致留不住人才。对此，学者们给出了不同的观点。综合本章上述分析，我们认为，公共部门工资水平应该在社会中等偏上水平。以公务员工资为例，国家制定统一的工资标准表，这个标准应适当高于社会平均工资，同时，规范公务员福利性支出，将福利性支出货币化，全部纳入公务员薪酬范围之内。公益性事业单位可在公务员工资标准基础之上，适当增加 20%的比例进行确定。

二是公共部门工资来源问题。公共部门工资来源问题，涉及财税体制改革。目前我国公共部门工作人员工资来源比较混乱，有的政府单位工作人员工资有财政拨款；有的政府单位没有财政拨款，财政不但不拨款，而且还要从中超收和分成一些；有的财政拨一点款，让它们收费和罚款补充其经费不足的差额。有的本来就是政府机构，为了收费和罚款，特意设置成行政性事业单位，便于收费。有些事业单位全部靠财政拨款，有些事业单位财政拨款明显不足，只能靠课题收入留人，以至于有些基础科研事业单位科研人员，不得不转而承揽市场项目、社会课题，还有些科研单位科研人员，耗费大量精力用在招揽课题和执行财政经费预算上。我们认为，公共部门工资福利应全部来源于财政统一拨款，尽量杜绝一切形式的财政外收入。

三是关于公共部门工资的管理权限问题。由于我国各地区自然条件差别较大，经济发展不平衡，在公共部门工资的管理上存在难度。那么，公共部门工资管理是全国统一集中管理，还是分散到各个地区、各个部门自行管理，是一个值得考虑的问题。目前国际上对于此问题，主要有两种做法：一种是美国的分散制管理模式，联邦政府雇员的工资由国家统一管理，各地政府雇员工资则由当地自行决定；另一种是英国、法国等国的集中化管理模式，政府负责全部地区公务员工资管理。两种形式各有利弊。我们建议，对于我国公务员应实行全国集中统一的管理模式。首先，从公务员定义出发考虑，根据《公务员法》公务员是指依法履行公职、纳入国家行政编制、由国家财政负担工资福利的工作人员。其次，从各地区协调发展的角度考虑，如果各地区根据各自经济、财政实力发放工资，必然导致经济发达地区吸引到更多的优秀人才，而欠发达地区的社会管理水平会相对更加薄弱。

四是关于不同地区公共部门内部工资水平差距问题。公共部门各个地区之间的工资水平差距多大合适呢？这是一个公平分配的问题。以公务员为例，首先，完全一样是不公平的，各地在公共事务管理对象、难度和物价等方面存在差异，完全相同的工资水平是不合理的；另外，完全参照企业或社会工资水平进行确定也是不公平的，这势必带来过大的地区间工资差距。根据国际确定公务员工资的原则，我们认为，公共部门工资水平应高于各地物价的差距，同时低于各地社会平均工资的差距。具体做法是，以公务员为例，国家可制定统一的工资标准表，各地可参照企业工资水平进行微调整，调整的结果报请人大批准，人大可组织听证会，广泛征求社会各界的意见和建议，最终确定各地区公务员工资水平。

（二）调控目标

综合以上分析，调控不同地区公共部门工资水平的目标是以合理的工资分配比例关系为指引，合理调控不同地区公共部门工资收入水平的差距，使其既体现统一的公共部门工资制度的内在要求，又合理体现不同地区应有的差别。既满足吸引社会上优秀的、合适的管理、技术人才加入到公共部门队伍中来，又促进公共部门优秀人才在全国范围内的合理流动。

（三）调控原则

第一，坚持分级分层的调控原则。中央财政统一规范中央及省级公共部门工资收入，由中央根据社会工资水平、地区购买力水平、政府战略需要和各地政府部门绩效执行情况，科学测算中央及地方公务员工资水平。各省对各市、县公务员工资调控参照此执行。

第二，坚持总量调节原则。规范公务员津补贴，把公务员全部工资性收入和福利性收入纳入统一的财政支付范畴进行考虑。

第三，坚持同工同酬的原则。建立公务员职位分析制度，公务员隶属关系不同、所属系统不同、所在地区不同，但只要从事相同职位，就应该坚持同工同酬原则。

第四，坚持公开透明原则。在规范公务员津补贴和建立绩效管理制度基础上，公务员的收入情况应公开透明，以利于群众监督，消除社会对于公务员收入的误解，有助于重塑政府公信力。

(四) 具体措施

第一，明确各部门分工。明确分工、加强合作，各主管部门协同一致，切实保证不同地区公共部门工资水平协调平衡。国家人力资源社会保障部门负责起草公共部门工资政策，具体包括：制定全国统一的工资标准，报请全国人大批准，组织各地人力资源社会保障部门根据当地物价和社会平均工资水平，对各地公共部门工资进行微调等，具体承担国家对公共部门地区收入进行调控的任务。中央及各地财政部门负责对中央和各地公共部门工资福利性支出进行保障，以平衡各地区因财政水平不同，造成的工资差距。全国及各级人大负责对中央及各地公共部门工资水平进行把关，以确定各地区公共部门工资水平的合理合法性。审计部门负责对各地公共部门财政经费支出进行监督，坚决杜绝公共部门在财政预算之外的工资、福利性收入。另外，国家还应成立政府绩效管理委员会，负责对政府部门的绩效考评。

第二，加快工资立法。在全面实施依法治国战略，建设法治政府的今天，关系国家公职人员切身利益的工资制度没有法律依据显然与法制化的要求是不协调的，应加快我国的公务员工资制度立法工作，制定一部覆盖全体公职人员的《公务员工资法》，实现国家公职人员工资制度的法制化。借鉴美国、英国、日本、德国等发达国家公务员工资立法经验，结合我国国情和改革发展需要，构建公务员工资体系，将公务员的工资法制化，实现依法管理。

第三，加快财政体制改革。一是继续推行费改税。行政、执法与收费罚款和部门利益相分离，政府的议事、行政、执行、执法等机构，一定是财政拨款供养；特别少量的处罚收入，直接进入国库，与行政、执行和执法机构和人员的办公、工资、福利等利益绝对无关。二是调整公共财政预算科目。预算科目要将政府行政部门的预算与本部门执行的事业等功能预算分开，避免行政管理费用挤占事业费用的情况发生；细化预算科目，全面推行部门预算制度，把公职人员收入分配纳入部门预算。从功能上、性质上进行预算科目规范分类，建立多级预算科目体系，每项支出都要有相应的对应科目，把预算具体到部门、单位和项目，以便于接受全过程监督。三是调整财政投入结构。在总体降低政府公务和行政性事业支出比例的同时，加大对公共部门制度化工资福利的投入，降低制度外收入的投入，坚决杜绝通过其他渠道列支职工福利费用，取消超收奖励和罚款分成制度。四是加大中央财政转移支付力度。各地财政实力的不同实际上成为各地公共部门，特别是公务员工资发放水平的约束条件。参照各国的通行做法，对于经济欠发达地区，中央财政通过对地方的一般性转移支付进行补助，以解决各地因财政实力不同导致的分配不公。例如，在各地新增财力中扣除必须与新增财力同步增长的必须支出后，剩余的新增财力如果能够大于新增工资额，那么就不需要财政转移支付，反之则应该要有转移支付。五是各省也需要建立必要的资金保障机制。各省建立起必要的省内附加津贴专项转移支付机制，必要时中央财政给予支持。由于经济发展水平差异，必然会有不少市、县由于财政实力问题，无法支付得起允许发放的附加津贴。那么各省首先应该建立起专项转移支付机制，以扶持那些财政实力弱小的市、县。同时，中央也有必要对个别特定省份进行必要的转移支付。六是合理使用财政投入。建立编制联动机制，对于符合岗位要求的人员，实行财政全额保障，对于达不到岗位目标的，降低工资标准，直至解聘。需要提高财政拨款使用效率，变“以钱养人”为“以钱养事”，可以采取政府购买的形式来实现部分补充的公共服务项目，充分保障公共财政投入的效能发挥。

第四，加强必要的监察和审计。建立有效的监督、审计制度和协调各部门、各单位发放总水平的调控制度，对于规范公务员收入分配秩序具有十分重要和必要的意义。首先，中央以及各地方财政部门将各级公务员工资和福利发放情况从行政费用支出中分离出来，单独设立科目，以便对实际执行情况进行监察和审计。其次，各省在中央制定的公共部门工资标准基础之上进行微调，必须报省级人大进行审批，并最终报全国人大批准，在人力资源社会保障部门进行报备。中央政府在审批过程中，可以实现对省间差距倍数的控制。再次，执行环节是一个必须严加控制的环节。如果没有严格的控制，各地依然可能会出现超标准发放的情况。应发挥公众监督作用，将行政事业费支出向社会公开。最后，应该建立超预算的惩罚机制，以发挥震慑作用，也便于出现问题之后解决问题。

第五，公共部门工资规范化、透明化。在公共部门工资调整的程序方面，程序上的不规范和不合理一直受到公众的质疑，“黑箱操作”更加剧了公众的不信任。对于公共部门工资水平的确定和调整，谨慎的态度是必要的，程序的公正更是不可偏废。建议可由人大行使监督权力。从权力运行的角度讲，人大是国家的权力机关，代表人民行使国家权力，由人大常委会确定公务员的工资调整程度和程序是比较合理的，客观上也具有可操作性。即本年度各级公务员工资标准须经各级人民代表大会审议并通过后，才能开始执行和实施；如果当年出现特殊情况有变动的必要，也须得到各级人大常委会的同意。

附表　　　　2010 年美国分地区分所有制类型工资

地区名称	所有制类型	从业人员数（人）	周平均工资（美元）	年平均工资（美元）
全国	**全部**	**127 820 442**	**899**	**46 751**
全国	联邦政府	2 980 813	1 331	69 198
全国	州政府	4 606 001	942	48 960
全国	当地政府	14 032 396	836	43 493
全国	私营部门	106 201 232	893	46 455
阿拉巴马	**全部**	**1 813 155**	**775**	**40 289**
阿拉巴马	联邦政府	58 395	1 354	70 424
阿拉巴马	州政府	96 093	894	46 504
阿拉巴马	当地政府	214 596	696	36 167
阿拉巴马	私营部门	1 444 072	755	39 270
阿拉斯加	**全部**	**316 691**	**928**	**48 230**
阿拉斯加	联邦政府	17 558	1 316	68 442
阿拉斯加	州政府	23 726	991	51 541
阿拉斯加	当地政府	37 952	838	43 569
阿拉斯加	私营部门	237 454	907	47 150

续表

地区名称	所有制类型	从业人员数（人）	周平均工资（美元）	年平均工资（美元）
亚利桑那	**全部**	**2 356 789**	**833**	**43 299**
亚利桑那	联邦政府	60 077	1 209	62 856
亚利桑那	州政府	70 115	860	44 745
亚利桑那	当地政府	268 170	803	41 742
亚利桑那	私营部门	1 958 428	824	42 860
阿肯色	**全部**	**1 134 071**	**697**	**36 254**
阿肯色	联邦政府	22 861	1 120	58 247
阿肯色	州政府	69 049	773	40 214
阿肯色	当地政府	113 639	635	33 022
阿肯色	私营部门	928 522	689	35 814
加利福尼亚	**全部**	**14 414 461**	**1 025**	**53 285**
加利福尼亚	联邦政府	268 544	1 331	69 219
加利福尼亚	州政府	442 715	1 134	58 951
加利福尼亚	当地政府	1 658 588	1 048	54 504
加利福尼亚	私营部门	12 044 614	1 011	52 553
科罗拉多	**全部**	**2 176 986**	**921**	**47 868**
科罗拉多	联邦政府	56 213	1 326	68 956
科罗拉多	州政府	76 287	985	51 206
科罗拉多	当地政府	242 321	799	41 569
科罗拉多	私营部门	1 802 165	921	47 916
康乃迪克	**全部**	**1 595 713**	**1 144**	**59 465**
康乃迪克	联邦政府	19 649	1 255	65 263
康乃迪克	州政府	67 800	1 163	60 466
康乃迪克	当地政府	154 666	964	50 140
康乃迪克	私营部门	1 353 600	1 161	60 396
特拉华	**全部**	**399 078**	**936**	**48 669**
特拉华	联邦政府	6 129	1 151	59 847
特拉华	州政府	29 174	933	48 516
特拉华	当地政府	25 169	907	47 156
特拉华	私营部门	338 605	934	48 592

续表

地区名称	所有制类型	从业人员数（人）	周平均工资（美元）	年平均工资（美元）
佛罗里达	**全部**	**7 109 630**	**800**	**41 581**
佛罗里达	联邦政府	142 289	1 237	64 322
佛罗里达	州政府	187 286	822	42 752
佛罗里达	当地政府	735 248	870	45 258
佛罗里达	私营部门	6 044 806	780	40 562
佐治亚	**全部**	**3 753 934**	**844**	**43 899**
佐治亚	联邦政府	107 645	1 282	66 659
佐治亚	州政府	146 349	757	39 373
佐治亚	当地政府	415 167	703	36 531
佐治亚	私营部门	3 084 772	852	44 311
夏威夷	**全部**	**586 772**	**802**	**41 709**
夏威夷	联邦政府	34 833	1 280	66 583
夏威夷	州政府	68 148	807	41 980
夏威夷	当地政府	18 673	1 048	54 477
夏威夷	私营部门	465 119	756	39 294
爱达荷	**全部**	**605 571**	**671**	**34 900**
爱达荷	联邦政府	13 673	1 118	58 147
爱达荷	州政府	24 540	757	39 359
爱达荷	当地政府	74 444	597	31 069
爱达荷	私营部门	492 915	666	34 611
伊利诺斯	**全部**	**5 502 322**	**952**	**49 497**
伊利诺斯	联邦政府	91 786	1 299	67 552
伊利诺斯	州政府	120 323	1 155	60 070
伊利诺斯	当地政府	603 730	855	44 450
伊利诺斯	私营部门	4 686 483	952	49 523
印第安纳	**全部**	**2 709 831**	**755**	**39 256**
印第安纳	联邦政府	42 156	1 152	59 922
印第安纳	州政府	88 972	796	41 378
印第安纳	当地政府	273 935	685	35 637
印第安纳	私营部门	2 304 768	754	39 226

续表

地区名称	所有制类型	从业人员数（人）	周平均工资（美元）	年平均工资（美元）
爱荷华	**全部**	**1 436 340**	**734**	**38 146**
爱荷华	联邦政府	19 127	1 087	56 499
爱荷华	州政府	49 591	1 082	56 250
爱荷华	当地政府	166 457	689	35 815
爱荷华	私营部门	1 201 166	720	37 429
堪萨斯	**全部**	**1 297 779**	**749**	**38 936**
堪萨斯	联邦政府	28 438	1 116	58 056
堪萨斯	州政府	41 458	900	46 809
堪萨斯	当地政府	180 427	601	31 238
堪萨斯	私营部门	1 047 456	758	39 431
肯塔基	**全部**	**1 712 178**	**745**	**38 720**
肯塔基	联邦政府	42 374	1 077	56 020
肯塔基	州政府	87 276	800	41 614
肯塔基	当地政府	179 007	691	35 928
肯塔基	私营部门	1 403 521	738	38 373
路易斯安那	**全部**	**1 832 357**	**797**	**41 461**
路易斯安那	联邦政府	33 577	1 191	61 942
路易斯安那	州政府	100 333	888	46 168
路易斯安那	当地政府	217 237	694	36 065
路易斯安那	私营部门	1 481 210	797	41 470
缅因	**全部**	**577 790**	**718**	**37 338**
缅因	联邦政府	15 404	1 208	62 840
缅因	州政府	24 086	822	42 770
缅因	当地政府	59 451	666	34 618
缅因	私营部门	478 849	704	36 582
马里兰	**全部**	**2 453 197**	**995**	**51 739**
马里兰	联邦政府	139 880	1 710	88 914
马里兰	州政府	102 559	915	47 597
马里兰	当地政府	242 196	966	50 253
马里兰	私营部门	1 968 562	952	49 496

续表

地区名称	所有制类型	从业人员数（人）	周平均工资（美元）	年平均工资（美元）
马萨诸塞	**全部**	**3 149 169**	**1 111**	**57 770**
马萨诸塞	联邦政府	50 459	1 336	69 450
马萨诸塞	州政府	110 973	1 082	56 277
马萨诸塞	当地政府	254 377	957	49 778
马萨诸塞	私营部门	2 733 361	1 122	58 359
密歇根	**全部**	**3 770 225**	**855**	**44 439**
密歇根	联邦政府	57 331	1 233	64 120
密歇根	州政府	145 130	1 073	55 810
密歇根	当地政府	387 986	844	43 898
密歇根	私营部门	3 179 778	839	43 631
明尼苏达	**全部**	**2 558 310**	**900**	**46 787**
明尼苏达	联邦政府	34 647	1 184	61 551
明尼苏达	州政府	75 752	1 048	54 488
明尼苏达	当地政府	263 521	788	40 998
明尼苏达	私营部门	2 184 391	904	46 984
密西西比	**全部**	**1 074 617**	**660**	**34 343**
密西西比	联邦政府	27 259	1 146	59 603
密西西比	州政府	59 158	769	39 975
密西西比	当地政府	154 863	617	32 082
密西西比	私营部门	833 338	645	33 537
密苏里	**全部**	**2 573 703**	**782**	**40 679**
密苏里	联邦政府	59 747	1 172	60 969
密苏里	州政府	93 522	721	37 515
密苏里	当地政府	277 493	693	36 042
密苏里	私营部门	2 142 941	786	40 852
蒙大拿	**全部**	**419 231**	**665**	**34 595**
蒙大拿	联邦政府	14 826	1 098	57 117
蒙大拿	州政府	22 565	794	41 303
蒙大拿	当地政府	46 976	652	33 898
蒙大拿	私营部门	334 866	639	33 244

续表

地区名称	所有制类型	从业人员数（人）	周平均工资（美元）	年平均工资（美元）
内布拉斯加	**全部**	**896 936**	**718**	**37 324**
内布拉斯加	联邦政府	17 312	1 123	58 421
内布拉斯加	州政府	32 813	861	44 786
内布拉斯加	当地政府	109 906	693	36 049
内布拉斯加	私营部门	736 906	705	36 686
内华达	**全部**	**1 108 238**	**818**	**42 512**
内华达	联邦政府	18 524	1 182	61 438
内华达	州政府	33 220	964	50 125
内华达	当地政府	98 300	1 002	52 088
内华达	私营部门	958 194	787	40 899
新罕布什尔	**全部**	**600 697**	**884**	**45 957**
新罕布什尔	联邦政府	8 005	1 284	66 748
新罕布什尔	州政府	20 684	911	47 377
新罕布什尔	当地政府	58 477	764	39 716
新罕布什尔	私营部门	513 531	890	46 287
新泽西	**全部**	**3 735 703**	**1 084**	**56 382**
新泽西	联邦政府	60 385	1 353	70 330
新泽西	州政府	135 925	1 217	63 263
新泽西	当地政府	404 312	1 096	56 993
新泽西	私营部门	3 135 081	1 072	55 736
新墨西哥	**全部**	**781 694**	**755**	**39 264**
新墨西哥	联邦政府	33 678	1 246	64 792
新墨西哥	州政府	50 455	887	46 118
新墨西哥	当地政府	104 683	679	35 319
新墨西哥	私营部门	592 879	729	37 927
纽约	**全部**	**8 340 732**	**1 159**	**60 291**
纽约	联邦政府	132 506	1 265	65 780
纽约	州政府	229 223	1 058	55 034
纽约	当地政府	1 073 199	1 012	52 650
纽约	私营部门	6 905 804	1 184	61 548

续表

地区名称	所有制类型	从业人员数（人）	周平均工资（美元）	年平均工资（美元）
北卡罗来纳	**全部**	**3 788 581**	**791**	**41 119**
北卡罗来纳	联邦政府	71 991	1 133	58 908
北卡罗来纳	州政府	180 441	857	44 544
北卡罗来纳	当地政府	433 840	740	38 499
北卡罗来纳	私营部门	3 102 309	786	40 874
北达科他	**全部**	**358 635**	**733**	**38 128**
北达科他	联邦政府	10 166	1 054	54 816
北达科他	州政府	18 957	835	43 421
北达科他	当地政府	38 194	612	31 829
北达科他	私营部门	291 317	731	38 028
俄亥俄	**全部**	**4 908 571**	**804**	**41 788**
俄亥俄	联邦政府	84 620	1 274	66 233
俄亥俄	州政府	129 957	973	50 618
俄亥俄	当地政府	524 461	800	41 602
俄亥俄	私营部门	4 169 532	789	41 040
俄克拉荷马	**全部**	**1 485 400**	**735**	**38 237**
俄克拉荷马	联邦政府	50 432	1 188	61 787
俄克拉荷马	州政府	73 035	763	39 651
俄克拉荷马	当地政府	200 470	637	33 107
俄克拉荷马	私营部门	1 161 462	731	38 011
俄勒冈	**全部**	**1 598 173**	**801**	**41 675**
俄勒冈	联邦政府	30 514	1 233	64 123
俄勒冈	州政府	66 501	811	42 173
俄勒冈	当地政府	182 870	822	42 735
俄勒冈	私营部门	1 318 288	788	40 984
宾夕法尼亚	**全部**	**5 472 171**	**879**	**45 733**
宾夕法尼亚	联邦政府	109 554	1 241	64 532
宾夕法尼亚	州政府	138 948	995	51 723
宾夕法尼亚	当地政府	481 352	841	43 747
宾夕法尼亚	私营部门	4 742 319	872	45 325

续表

地区名称	所有制类型	从业人员数（人）	周平均工资（美元）	年平均工资（美元）
罗德岛	**全部**	**447 408**	**859**	**44 645**
罗德岛	联邦政府	10 639	1 422	73 950
罗德岛	州政府	15 952	1 134	58 945
罗德岛	当地政府	33 723	1 019	52 975
罗德岛	私营部门	387 094	818	42 525
南卡罗来纳	**全部**	**1 758 204**	**722**	**37 553**
南卡罗来纳	联邦政府	34 285	1 117	58 096
南卡罗来纳	州政府	89 935	796	41 386
南卡罗来纳	当地政府	210 215	726	37 762
南卡罗来纳	私营部门	1 423 768	707	36 785
南达科他	**全部**	**389 198**	**660**	**34 331**
南达科他	联邦政府	11 936	1 068	55 560
南达科他	州政府	14 439	792	41 185
南达科他	当地政府	46 089	572	29 731
南达科他	私营部门	316 734	652	33 887
田纳西	**全部**	**2 558 438**	**799**	**41 572**
田纳西	联邦政府	52 365	1 276	66 343
田纳西	州政府	89 165	761	39 568
田纳西	当地政府	278 692	695	36 118
田纳西	私营部门	2 138 215	803	41 760
德克萨斯	**全部**	**10 182 150**	**903**	**46 952**
德克萨斯	联邦政府	209 680	1 265	65 804
德克萨斯	州政府	359 233	871	45 279
德克萨斯	当地政府	1 249 993	767	39 872
德克萨斯	私营部门	8 363 244	916	47 610
犹他	**全部**	**1 150 737**	**757**	**39 389**
犹他	联邦政府	37 984	1 151	59 828
犹他	州政府	54 742	907	47 184
犹他	当地政府	112 021	624	32 471
犹他	私营部门	945 990	749	38 936

续表

地区名称	所有制类型	从业人员数（人）	周平均工资（美元）	年平均工资（美元）
佛蒙特	**全部**	**293 058**	**758**	**39 434**
佛蒙特	联邦政府	6 783	1 172	60 960
佛蒙特	州政府	15 919	936	48 681
佛蒙特	当地政府	30 119	694	36 067
佛蒙特	私营部门	240 237	743	38 636
弗吉尼亚	**全部**	**3 536 676**	**955**	**49 651**
弗吉尼亚	联邦政府	174 504	1 597	83 033
弗吉尼亚	州政府	140 536	853	44 361
弗吉尼亚	当地政府	371 761	768	39 914
弗吉尼亚	私营部门	2 849 874	945	49 138
华盛顿	**全部**	**2 808 698**	**933**	**48 516**
华盛顿	联邦政府	75 593	1 301	67 646
华盛顿	州政府	130 023	981	51 006
华盛顿	当地政府	319 852	916	47 655
华盛顿	私营部门	2 283 231	920	47 861
西弗吉尼亚	**全部**	**692 448**	**725**	**37 675**
西弗吉尼亚	联邦政府	24 430	1 243	64 662
西弗吉尼亚	州政府	41 912	757	39 389
西弗吉尼亚	当地政府	76 337	635	33 022
西弗吉尼亚	私营部门	549 769	711	36 991
威斯康星	**全部**	**2 633 572**	**769**	**39 966**
威斯康星	联邦政府	31 381	1 078	56 032
威斯康星	州政府	76 824	980	50 977
威斯康星	当地政府	278 836	739	38 427
威斯康星	私营部门	2 246 531	761	39 556
怀俄明	**全部**	**271 151**	**807**	**41 963**
怀俄明	联邦政府	8 077	1 062	55 247
怀俄明	州政府	13 339	978	50 846
怀俄明	当地政府	44 510	772	40 138
怀俄明	私营部门	205 226	793	41 258

数据来源：美国劳工统计局，http://www.bls.gov/。

第十章　实现同工同酬的难点及对策

“同工同酬”问题在国际上一直备受关注。该概念最初是由国际上提出有关性别平等的概念引申出来的，后不断扩大法律保护范围。近年来，很多国家和地区不断设立和修正、完善法律，将同工同酬这一概念进一步规范化和法制化。

在我国，同工同酬问题是收入分配不公现象中比较尖锐的话题，因身份不同而引起待遇不同的问题比较突出，特别是在国有企业、事业单位中比较常见，主要发生在同一企业中，相同或类似岗位上、不同用工形式的人员之间。2011年，人民日报政治文化部和人民网就老百姓最关注的两会热点问题，联合推出大型网络调查。对于改善收入分配迫切需要解决的问题，51％被调查者认为是编内编外同工不同酬，50％的被调查者认为是行业收入差距过大。目前很多企事业单位内部仍然同时并存着多种用工形式，包括正式签订劳动合同的长期合同工、短期合同工、劳务派遣工、临时用工，还有所谓的正式工[①]、集体工、农民工等。很多企业的非正式工在工资报酬、福利和社会保险、加班工资等方

① “正式工”一词最早是指1986年国务院111号令要求国有企业实行劳动合同制以前的“全民所有制职工”，即由政府劳动人事部门根据国家统一计划招用并正式派遣到企业工作的企业编制内员工。

面的待遇明显低于正式工。

同工不同酬现象容易引发劳动争议，扩大贫富差距，影响社会和谐。全国人大代表马宗林在2012年的两会上提出："央企利润相当一部分就来源于用工当中的人力资源差，解决不了同工同酬的问题，就解决不了社会公平正义的问题。"英国著名法学家梅因说过，任何社会的进步都是"从身份到契约"的进步。我国社会主义市场经济体制的建立，从本质上要求打破身份和等级观念，契约和法律才是约束人们行为的基本方式，身份不应再是权利地位不平等的标准和印记。我国现在普遍存在的同工不同酬现象，很明显是在拖现代文明的后腿。

为此，本章主要涉及因不同身份引起不同待遇的问题。具体包括以下3种情况：劳务工与正式工、农村户口与城镇户口、编制外与编制内人员同工不同酬的问题。通过案例分析、原因剖析及难点研究，提出可操作性的改革思路，以期对深化收入分配制度改革提出针对性政策建议。

一、当前同工不同酬的具体表现

目前，我国企业、事业单位存在着多种由"身份"管理造成的同工不同酬问题。本章所涉及"酬"泛指广义的"酬"，包括经济性报酬和非经济性报酬。

(一) 劳务派遣工与正式工相比薪酬差距大，合法权益被侵犯情况时有发生

改革开放以来，我国在深化用人制度改革的背景下，一些企业，尤其是劳动密集型的传统国有企业，在扩大生产规模的过程中，为解决用工成本过高问题，越来越多的企业用工制度趋于市场化、多元化。2011年全国总工会报告[①]显示，全国劳务派遣人员主要集中在公有制企业和

① 注："国内劳务派遣调研报告"，2011年全国总工会上报至全国人大法工委。

机关事业单位，部分中央企业甚至有超过2/3的员工都属于劳务派遣工。国务院国资委的数据显示，截至2009年年底，89%的中央企业使用劳务派遣工，劳务派遣工占中央企业用工总量的16%。其中，中央企业劳务派遣工主要分布在石油石化、通信、电力、建筑施工和军工企业，仅石油石化和通信两大行业的劳务派遣工就占中央企业全部劳务派遣工的53%。2012年《中国（劳务用工）行业就业指数报告》显示，越来越多的中小企业开始采用劳务用工形式，其中代理用工比重上升、派遣用工比重下降。但不论何种形式，仍存在着较为严重的同工不同酬现象。

1. 劳务派遣工与其他用工方式的薪酬待遇差异较大

一是工资差异较大。很多企业特别是国有企业单位，存在着各种用工方式，包括合同工、正式工、集体工、劳务工、返聘工等各种形式。近几年，劳务派遣用工比例呈现大幅上升趋势。派遣工和正式工在同样岗位上工作，前者要比后者的工资水平低20%～50%甚至更高，加班费差异也较大①。根据北京市政协社会和法治委员会调研报告②显示，劳务派遣工工资收入水平低于行业平均工资水平，其中金融业差距较大，劳务派遣工工资收入比合同制员工少40%（其中中国民生银行劳务派遣工的月工资水平仅为正式工的51.6%）。

另据新华经参仕邦人力资源研究院统计数据显示，15个城市、4个行业劳务派遣工2011年的分行业月平均劳务报酬为3 167元（含社保），按一般企业缴纳社会保险费比例31.8%估算得出月平均工资为2 403元，只相当于同年城镇在岗职工平均工资的68%。此外，根据选定城市劳务派遣人员劳动报酬占所在城市社平工资数据显示，很多城市占比维持在55%～60%，甚至在有的城市只占到不到40%（见表10—1）。

---

① 2011年11月29日的《人民日报》上提到“全国人大常委会劳动合同法执法检查报告显示，劳务派遣在部分单位被滥用，派遣工合法权益被损害问题突出”，其中劳务派遣工工资为正式工的38%。

② “关于规范劳务派遣用工促进劳动关系和谐的调研报告”，2012年。

表 10—1　选定地区 2011 年劳务派遣用工人员劳动报酬与社平工资比较　单位：元

地区	城市	月平均劳动报酬	城镇就业人员平均工资	差距	劳务派遣用工人员劳动报酬占社平工资比（%）
东部地区	北京	2 699	3 483	784	77.48
	广州	2 619	4 789	2 170	54.68
	南京	2 352	4 559	2 207	51.58
	深圳	2 912	4 595	1 683	63.38
	无锡	2 536	4 293	1 757	59.08
中部地区	武汉	2 228	3 803	1 575	58.58
	郑州	1 340	2 961	1 621	45.26
西部地区	成都	1 461	2 834	1 373	51.56
	重庆	1 272	3 336	2 064	38.13

注：1. 除北京市数据采用国家统计年鉴数据外，其余城市均采用该市 2011 年统计公报数据。

2. 劳务派遣员工劳动报酬数据采用新华经参仕邦人力资源研究院数据剔除企业缴纳社保部分（其中养老保险占 20%，失业保险占 1.5%，医疗保险占 9%，工伤保险占 0.5%，生育保险占 0.8%）后数据。

二是社保和福利待遇差别大。正式工的社会保险一般是以职工工资总额为标准缴纳，而劳务派遣工的社会保险相当一部分是按照当地最低工资标准缴纳。企业经济效益好会给职工缴纳高额的住房公积金和企业年金，但对于派遣工基本无法享受此类待遇。而对于参加培训、探亲假、困难补助、工会参会等其他方面待遇都与正式工分别对待。据新华经参仕邦人力资源研究院调查统计的数据显示，劳务派遣工的社会保险基数，大约相当于城镇在岗职工基数的 70%，在一些小型劳务派遣公司和不规范的劳务派遣公司里，仍有相当部分劳务派遣工没有建立社会保险。同时，福利待遇严重不等，部分劳务派遣工无相关福利待遇。

2. 劳务派遣工被剥夺劳动报酬知情权，从而引起变相的工资、保险克扣问题

尽管《劳动合同法》规定用工单位应当履行告知被派遣劳动者的劳动报酬的义务，但是没有违反规定后的惩罚措施。劳务派遣中派遣公司与用工单位签订劳务派遣协议，约定派遣工的劳动报酬，导致派遣工通常对自己劳动报酬具体数额不知情，丧失自己的主体地位，甚至成为派遣公司克扣工资的对象。一些派遣公司急功近利的行为，导致劳务派遣市场运作不规范，监管不到位，损害劳动者权益的现象时有发生。如某保安公司从各用人单位收取费用是每人每月 1 200 元，而实际每月发给保安人员的工资只有 800 元。而扣了 400 元的理由，则是这笔钱用于公关费、管理费和服装补贴等。

3. 雇主责任模糊，劳务派遣工缺乏归属感

劳务派遣制度实现了雇佣劳动与使用劳动相分离，在被派遣劳动者、派遣机构和用工单位之间形成了三方法律关系，这就极易产生雇主责任模糊的问题。虽然法律未明确规定，但用人单位与被派遣劳动者之间存在事实劳动关系。法律规定用工单位与派遣机构承担连带赔偿责任，但没有明确具体责任划分。派遣人员在维权过程中容易出现责任人分辨不清或双方推脱的现象。此外，劳务派遣工普遍缺乏对职业的稳定感和对企业的认同感及归属感，将成为影响劳动关系稳定的一个突出问题。云南省总工会在一份调研报告中指出，一些用工单位为规避行政事业单位人员编制和国有企业工资总额的限制，以牺牲劳务派遣工利益为代价，把劳务派遣造成的后果转嫁给劳动者和社会。比如 2011 年 1 月，云南省驰宏锌锗有限公司（云南冶金集团下属公司）200 多名农民工集体上访，就是由于企业规避签订无固定期限劳动合同而引起的群体性事件。

（二）农民工与城镇户口就业人员相比薪酬差距大

农民工是在非农产业领域就业的农村户籍劳动者，就其就业的职业性质来说，与城镇职工没有什么区别。2010 年 2 月 27 日，温家宝总理

在与网民交流时提到，“农民工已是现代产业工人的主体，没有理由不享受与城镇职工同等社会保障权利和福利待遇”。近年出台的《就业促进法》也提出，“农村劳动者进城就业享有与城镇劳动者平等的劳动权利，不得对农村劳动者进城就业设置歧视性限制”。但是，现实中很多农民工的待遇并没有与城镇职工一致。

1. 农民工的劳动收入与同岗位的城镇职工相差很大

在一些用人单位，进城务工人员与城镇职工从事相同岗位的工作，工作业绩也相同，甚至比城镇职工工作还要出色，但工资待遇无法与城镇职工相比，差别一般在20%以上，有的甚至达到50%[①]。根据国家统计局公布的数据，2011年，中国外出农民工月均收入达到2 049元（年收入24 588元），尽管相比2010年，增幅达21.2%，但是与同年全国城镇非私营单位在岗职工年平均工资42 452元相差17 864元，而且（绝对值）差距逐年拉大。2008年，农民工年平均收入只相当于城镇职工平均工资的54.6%，2009年相当于51.9%，2010年相当于54.6%，2011年相当于57.9%，虽然比例有所提高，但差距仍然偏大。这可从人员构成具有相似性的城镇职工群体的平均工资水平来推算，见表10—2。

表10—2　　2008—2011年外出农民工与城镇非私营单位在岗职工平均工资比较　　单位：元

年份	城镇非私营单位在岗职工平均工资	外出农民工月收入	外出农民工年收入	差距	农民工平均工资占城镇职工平均工资比例（%）
2008	29 229	1 330	15 960	13 269	54.6
2009	32 736	1 417	17 004	15 732	51.9
2010	37 147	1 690	20 280	16 867	54.6
2011	42 452	2 049	24 588	17 864	57.9

很多学者研究农民工工资歧视因素，王美艳实证研究结果[②]表明：

① 李广瑞.《劳动合同法》实施后的同工同酬问题.探索，2009（8）.

② 王美艳.城市劳动力市场上的就业机会与工资差异——外来劳动力就业与报酬研究.中国社会科学，2005（5）.

城市本地劳动力平均小时工资比外来劳动力高 40.74%，其中自我雇佣者高 21.88%，公有单位职工高 49.48%，非公有单位工人高 37.19%，非公有单位行政管理及专业技术人员高 51.47%。外来劳动力与城市本地劳动力之间的全部工资差异中，人力资本个人禀赋差异解释了其中的 57%，而剩余的 43%则属于不可解释部分（歧视因素）。此外，谢嗣胜、姚先国分析表明[①]：农民工和城市工的平均工资收入存在较大的差异，其中，44.8%的工资差异是由个人特征不同形成的，55.2%的工资差异要归结于歧视性因素。歧视性因素包括两个方面：一是对农民工的直接歧视，占到工资差异的 36.2%；二是对城市工的制度性保护，即反向歧视，占到工资差异的 19%。愈玲[②]基于浙江省数据研究发现，造成农民工工资低于城镇职工的主要原因是农民工人力资本水平不高，其中农民工受教育程度偏低可解释约 49%的工资差距，仍有 1/4 的工资差距与歧视有关。

2. 农民工社保待遇低

城镇人员就业，用人单位必须严格按照法律的规定为劳动者缴纳五种社会保险的费用，经济效益好的单位还为职工缴纳住房公积金。但有不少用人单位不给农民工缴纳任何社会保险，或者只给农民工缴纳农民工综合保险或有选择地给农民工缴纳一两种社会保险，保障程度较低。据全国总工会的 2011 年典型调查推算，用人单位给农民工上 5 项社会保险的只有 20%多，上 3 项社会保险的大约只有 50%，上 1～2 项社会保险的有 70%多。也就是说，仍有 30%左右的农民工基本没有参加社会保险。在已经参加社会保险的农民工中，其社会保险基数一般只有正式工基数的 60%或还低一些。国家统计局数据显示，建筑业农民工的养老保险、医疗保险、失业保险及生育保险参保率均不足 5%（见表 2—7）。

3. 农民工职业安全保障低

许多进城务工人员从事的多是城镇就业人员不愿从事的劳动强度

---

① 谢嗣胜，姚先国. 农民工工资歧视的计量分析. 中国农村经济，2006（4）.

② 愈玲. 人力资本、歧视与农民工收入. 特区经济，2012（4）.

大、工作条件艰苦、有毒有害、有潜在职业病危害的职业岗位，用人单位没有充分告知所从事岗位的职业危害，也不提供足够的安全的职业保障，导致进城务工人员患职业病的为数众多。根据国家统计局报告显示，近年来最值得关注的是工伤风险较高的建筑行业农民工，2011年雇主或单位为其缴纳工伤保险的比例仅为15.6%，离《工伤保险条例》要求相差甚远。

（三）编制外与编制内人员相比薪酬差距大

很多国家机关、事业单位、社会团体等组织，因实际工作需要需增加工作人员，但又受到机关、事业单位编制计划的制约，只好在编制计划之外招收编外人员。这部分人员劳动报酬缺乏与之配套的工资标准、支出渠道、社会保险、职工福利等相应的政策，致使编外人员成为机关、事业单位的“二等公民”。

1. 机关事业编制人员与实行聘用制人员分配制度不一

事业编制人员受政府人事部门编制控制，同级财政部门依据事业单位类型给予一定财政补助，而合同制或聘用制人员是单位自主招录的工作人员，经费由单位自筹解决。这些单位里没有编制的人员，他们或者是签有劳动合同的合同工，或者是没有签订劳动合同而发生了事实上劳动关系的员工，但他们都无法进入到财政拨款的序列，因此，即使从事相同工作，也无法获得同等待遇，聘用的合同制人员不能完全享有事业编制人员的全部工资和津贴补贴，甚至有些临时工的收入维持在本地区最低工资标准水平。

2. 编制内外员工福利差别悬殊

机关、事业单位多数聘用人员没有基本社会保障，不能按照编制内人员的待遇享受退休、医疗等福利，也得不到基本医疗保险、基本养老保险、失业保险、工伤保险、住房公基金等社会保障。此外，在很多大城市，落户口政策也只能由编制内人员享受。不少因同工不同酬引发的劳动争议时有发生，如2010年4月中南大学湘雅一医院近300名合同制护士在住院部楼前聚集，打出“同工同酬，还我青春”的横幅，要求医院实行与编制护士相同的薪资福利待遇。

3. **编制外人员职业发展道路不通畅、学习培训权益保障不足**

很多事业单位编制外人员除了在福利待遇方面和编制内人员差别较大外，评职称和行政管理通道也往往得不到平等发展的机会。例如，在很多医院里，合同制护理人员没有纳入到医院整体的评聘体系中。这种职业规划不畅的现象容易使得编制外人员逐渐失去工作积极性，没有归属感。此外，很多编外人员的学习培训权益不能完全和编内人员一样有保障。根据北京市教育工会调研报告①显示，被调查的编制外职工享有参加培训权益的占 53.40%，享有外出参加业务学习权益的占 44.76%。即有一半左右的高校编外职工有培训、学习的机会，但与正式在编教职工相比，还是有一定差距。

二、“同工不同酬”原因分析

（一）直接原因

同工不同酬产生的原因非常复杂，其中最直接原因是，“强资本、弱劳动”的情形给某些单位可乘之机，以牺牲部分劳动者的权益为代价，最大限度地降低用工成本，大量使用体制外员工。此外，现有劳动法规的不完善及缺乏强制力、相关部门监管不力、薪酬制度不合理、人事编制僵化等原因均直接导致了目前严重的同工不同酬现象。

1. **相关法律不够完善，且缺乏强制力**

（1）现有法律对同工同酬规定较少，且表述模糊。目前，只有《宪法》第四十八条、《劳动法》第四十六条分别提到“实行男女同工同酬”和“在按劳分配原则下实行同工同酬”，以及《劳动合同法》中 3 个条款有所涉及：第十一条和第十八条规定“劳动报酬约定不明确、协商不成又不能适用集体合同的，实行同工同酬”；第六十三条要求对劳务派

---

① 北京高校劳务派遣用工调研报告，2011 年。

遣用工实行同工同酬。此外，根据《关于劳动法若干条文的说明》（劳办发［1994］289号）的解释，同工同酬是指用人单位对于从事相同工作，付出等量劳动且取得相同劳动业绩的劳动者，支付同等的劳动报酬。鉴于当前人力资源市场多元化、复杂化的发展现象，1994年的立法背景与法律解释已经不再适应近20年以后的社会现实，因此，现有的“同工同酬”的有关法律条款基本上属于纸上谈兵，各地劳动部门在执法监察中也没有确切的法律依据或实施细则指导。2012年12月28日通过的《关于修改〈中华人民共和国劳动合同法〉的决定》（后称《劳动合同法》修正案）也只提出“对被派遣劳动者与本单位同类岗位的劳动者实行相同的劳动报酬分配办法”。除此以外，没有任何法律对同工同酬进行更细致的解释，以及该原则的普遍适用范围均没有严格的界定。

（2）现行法律体现司法补充性，不具有首选性，且缺乏可操作性。《劳动合同法》条款中规定，在“约定不明确”“集体合同没有规定”情况下实施同工同酬原则，表明“约定标准”是首选，而“法定标准”是后选，即法律并不排除双方约定的报酬与其他同岗位的劳动者之间存在差异，同工同酬只是补充性标准。另外有关违反同工同酬的罚则也没有明确规定，在劳动监察中造成一定的难度。

（3）三性岗位设定范围矛盾，且有法律漏洞。《劳动合同法》第六十六条规定“劳务派遣一般在临时性、辅助性或者替代性的工作岗位上实施”只是原则性的授权条款，没有具体的行业范围指导。全国人大法工委对“辅助性”解释为非主营业务岗位，但是从目前集团多元化的大型企业情况看，很难解释哪些业务领域可设“辅助性”岗位。而且，从法律严谨角度而言，“辅助性”是可以长期存在的岗位，与“临时性”又互相冲突，三性界定中的“或者”两个字也留下了很多法律漏洞。全国总工会2011年的调研材料显示，很多劳务工脱离“辅助性”，浙江一些行业的一线工人中劳务工占“半壁江山”，如建筑业占99%，金融业占80%，采矿业占56%。

2. 企业、事业单位既得利益为主导，降低人工成本

根据人力资源和社会保障部劳动科学研究所 2012 年发布的报告[①]显示，企业劳务用工的成本仅相当于正式用工成本的 60%～70%，现实中存在较严重的同工不同酬和性别歧视问题。“低成本战略”使得国有企业大量违法使用劳务派遣，减少用工成本和风险，规避政府对其人员编制和工资总额的限制，近几年来国有企业高管与职工平均工资一直增长较快，但是忽略了劳务派遣工和所谓非正式工的利益。

3. 劳动法律法规贯彻落实力度不够

各级劳动部门在行政执法力度方面远远不够。2004 年国务院发布《劳动保障监察条例》强化了劳动保障监察执法措施。但目前我国劳动保障监察制度仍然存在很多不足。一是劳动部门监察人员、经费和设施配备不足，人员少、力量弱与劳动监察面广、任务重之间的矛盾十分突出；二是监察力度不够，主要表现为地方政府重视不够，保护当地企业免于监察，法律法规在这些企业成为“一纸空文”。

4. 劳动者处于弱势地位，维权法律意识淡薄

很多劳动者受中国传统文化思想劣根性的影响，讲究“和为贵”，崇尚“随遇而安”“枪打出头鸟”等思想，这在一定程度上强化了劳务派遣工或其他非正式工的身份和认同感。这种思想根深蒂固，弱势文化造就弱者，使得维权法律意识薄弱的编外人员、派遣工或农民工的正当权益持续性地被剥夺，同时又缺乏议价和自我保护的能力，只能被动接受资方开出的薪酬待遇。

5. 用工制度不规范、编制确定有问题、薪酬制度不合理等

近年来，劳务用工扩大化、长期化、固定化的趋势日益明显，农民工作为劳务派遣工的主体进入就业市场，成为低端劳务派遣的主体。由于劳务派遣工处于“有关系无劳动，有劳动无关系”这样一种尴尬的局面，实际上劳务派遣工处于“两管两不管”的尴尬境地，而有关劳务派遣用工制度的规范法规一直尚未出台；此外，国有企业、机关事业单位

① 中国（劳务用工）行业就业指数报告（2011）.

的编制随着工作量、业务量的变化发展，过去拟定的编制标准已不再适应当前工作要求，而且很多企业尽管在逐步改革薪酬分配制度，但是由于受各种条件的限制，效益收入方面仍然倾向于正式员工，尤其在福利和发展机会上。

(二) 深层次原因

在我国，劳动力市场分割首先产生于以户籍制度、劳动用工制度、社会保障制度与人事制度为代表的一系列制度安排，正是这些制度及其惯性作用导致了中国长期的城乡分割和不同所有制部门之间的分割。正是因为市场性因素、制度性因素与社会性因素的综合作用，造就了不同方式的二元分割甚至是多元分割，这种分割对劳动力市场的供求以及不同人力资本水平和身份特征的劳动者的就业机会与工资差异产生了重要影响，进而导致不同市场区间工资决定机制的差异，并派生出效率的损失和公平的代价[①]。

1. 城乡二元经济和城乡分割管理体制弊端的影响

同工不同酬源于新中国成立初的城乡分割制度。那时就已形成了工农差别、城乡差别，户籍身份管理极严格。1978 年改革开放之后，城市化进程的加快给农民带来了前所未有的机遇，大批农民涌入城市打工创业。然而，由于城市资源的紧缺和出于对“城市人”利益的保护，户籍制度成为限制人口自由流动的门槛，“农民工”遭受到了严重的身份歧视。刚性的户籍制度意味着农民的迁徙、居住和择业自由、社会保障等受到限制。因为在户籍等级的背后是就业、子女教育和住房、医疗、养老、使用公用设施等一系列权利差别。所以，从某种角度讲，农民工在经济上不能与城市职工同工同酬；社会待遇方面享受不到政府提供给市民的各种福利，始终是城市的边缘群体。

2. 人事和就业体制改革滞后造成体制内外有别的现象

当前企业在用人岗位设置、人才选拔等方面，聘用人员与正式人员

---

① 晋利珍. 劳动力市场双重二元分割下工资决定机制研究［M］. 北京：经济科学出版社，2010，238－239.

存在着明显的差异与区别。这种以身份为标准的用人方式，带有很明显的“垄断”痕迹。从这个角度来说，用人机制与管理制度改革的滞后严重影响了同工同酬的实施。一方面，对编制内人员按计划经济运作，具有利益分配上的优势；另一方面，对编制外人员按市场经济运作，实行竞争机制，这完全反映出了改革的滞后性和不彻底性。换句话说，体制内单位是打着“市场”的旗帜却以行政即计划的手段进行分配，归根结底是制度问题。

3. 用工制度历史遗留问题与市场经济发展要求的矛盾

一方面，市场经济条件下企业作为理性经济人，用工多样化、灵活化、市场化成为新的趋势，出现了例如固定工、合同工、聘用工、临时工等待遇各异的合同；另一方面，我国转型的同时尚且保留着计划经济的尾巴。在劳动合同制推行后，我国废止了“临时工”的用工概念，但在市场的催生下，又出现了合同工的新概念。旧有的固定用工机制尚没有被完全打破，在走向市场化的过程中又出现新的用工形式，便出现了同工不同酬的“双轨运行”局面。

三、国外典型国家同工同酬实施情况

目前国外在同工同酬立法上主要有以下 3 种基本概念：一是“同一

经历同一待遇原则”[①]（日本）；二是“同一劳动同一待遇原则”[②]（德国、法国）；三是“禁止没有合理理由的不利待遇原则”[③]（欧洲实际应用）。在这些原则中，如果采用追求这些特定形式（“同一经历”或“同一劳动”等）的法律原则，就会发生各种问题，如不能适用该三项原则以外的多种多样的雇佣人员体系，或者无法应对与经历或职务内容没有直接关系的各种费用（上下班交通补贴、公司内部食堂、体检等）。在法律上规定“同一劳动同一待遇原则”的法国和德国，为了克服这些问题，实际上实施的是禁止没有客观（合理）理由的不利待遇原则。

---

① 非正式员工，在职务内容、人事变动的有无及范围上与正式员工相同时，不得受到不公正待遇。上述条文以现行日本《短时劳动法》第八条第一项为原型，将适用对象由短时劳动者扩大到全体非正式劳动者，将原规定的第二个必要条件（无时间规定的劳动合同的缔结）除去，并将第三个必要条件简明化。根据上述条文，当与该企业正式员工（一般员工）的职务内容（包括责任的大小）相同，并且履历（人事变动的有无及范围）相同时，与正式员工相比非正式员工不得受到不公正待遇。在此，与现行《短时劳动法》第八条第一项相同，履历（人事变动的有无及范围）的同一性被视为必要条件，因此称为“同一经历同一待遇原则”。

② 非正式员工，如无合理的理由，与该企业中职务内容相同或相似的一般员工相比，不得受到不公正待遇。欧盟 1997 年的短时劳动指令（1997/81/EC）规定：关于雇佣条件，在无客观正当理由的情况下，不得以短时劳动为由，使短时劳动者受到与正式员工相比不公正的待遇（第四条第一项）。1999 年的固定期限劳动合同指令（1999/70/EC）规定：固定期限合同工，有关雇佣条件，在无客观正当理由的情况下，不得以固定期限合同或固定期限劳动关系为由，受到与正式员工相比不公正的待遇（第四条第一项）。2008 年的派遣劳动指令（2008/104/EC）规定：有关派遣员工基本劳动的雇佣条件，在派遣期间，至少应与从事同一职务的正式员工的条件相同（第五条第一项）。通过上述法令条文，欧盟成员国共通的规则得以确立。上述规定表明，短时劳动者、固定期限合同劳动者、派遣劳动者，与正式员工（全勤、常用《无固定期限合同》、直接雇佣劳动者）相比受到不公正待遇的情况得到明令禁止。在此，作为例外常出现下述问题：将不公正待遇合理化的“客观理由”存在与否；另外，“相对可能”的劳动者的设定标准往往是职务内容的同一性（相似性）。该原则便是以上述欧盟的指令、国内法律条文作为参考，以职务内容的同一性为标准，将正式、非正式员工的待遇条文化，可称为“同工同酬原则”（欧盟法）。

③ 非正式员工，如无合理的理由，与一般员工相比，不得受到不公正待遇。在法国、德国等地的实际运用中，很多不公正待遇的判定并非依据职务内容的同一性（相似性）这一必要条件，来禁止不利待遇。因为雇佣者支付给员工的工资中，除与职务内容挂钩的基本工资等以外，还包括根据劳动者在公司、工作场所的地位及状况支付的一定金额（福利工资、交通费等）、对社会贡献的奖赏工资（奖金）等，工资类别很多。对于与职务内容无关的工资部分，无须考虑职务内容的同一性，而需要根据支付的目的及性质进行判断。另外，举例来说，在法国，即使是与职务内容挂钩的基本工资，也并非就根据相同的职务内容而支付相同的工资，在职务内容以外还有许多其他的情况（工作时间、工作履历、法律状况等在企业中的地位差别或企业经营上的必要性等），这些情况被认为是“客观的理由”，使得基本工资的差别正当化。在此可以看出“同工同酬原则”自身的相对化现象。

大量研究数据表明，被派遣劳动者工资水平一般都低于正职员工，并且大多数国家的被派遣劳动者都不享有正职员工所享有的养老、医疗保险和带薪休假等福利。例如在日本，数据显示，2010年，正式员工的月基本工资为31.04万日元，相当于非正式员工19.46万日元的1.60倍（见表10—3）。正式员工与非正式员工全年奖金的差距更大，2009年度，正式员工为88.61万日元，相当于非正式员工18.25万日元的4.86倍，由此，两者全年工资的差距就在月基本工资差距的基础上进一步扩大到1.81倍。根据表10—3的统计，无论男职工还是女职工，非正式员工与正式员工相比都是年龄偏大而工龄偏短，因此，尽管做同样的工作，但其间的工资差距却很明显。

表10—3 日本企业正式员工与非正式员工的年龄、工龄、工作时间与工资的比较（2010年6月10人以上企业统计）

	合计		男职工		女职工	
	正式员工	非正式员工	正式员工	非正式员工	正式员工	非正式员工
平均年龄（岁）	40.6	44.2	41.5	46.6	38.5	42.3
平均工龄（年）	12.2	6.4	13.4	7.1	9.4	5.8
月基本工资（百日元）	3 104	1 946	3 374	2 220	2 448	1 721

资料来源：日本厚生劳动省.《賃金構造基本統計調査》，2011年2月22日公布。

在德国和法国，法律规定“非正式员工，如无合理的理由，与该企业中职务内容相同或相似的一般员工相比，不得受到不公正待遇”，但是在实际实施过程中，很多不公正待遇的判定并非仅依据职务内容的同一性（相似性）这一必要条件判断。因为雇佣者支付给员工的工资中，除与职务内容挂钩的基本工资等以外，还包括根据劳动者在公司、工作场所的地位及状况支付的一定金额（福利工资、交通费等）、对社会贡献的奖赏工资（奖金）等，工资类别很多，所以采用允许例外的、依据

“合理理由”[①] 的存在与否进行判断的原则。即从相对的角度看，如果相同或类似的工作，剔除掉其他可构成工资差别化的客观、合理因素，理应同工同酬。但是，我们从表 10—4 的德、法两国的实况可得出，除与学历、职业资格、工作年限、是否加班、绩效等因素有关外，一些津贴类薪酬（如在法国一般认为，与工作场所关系较密切的交通费、食堂补贴等有关集体设施利用方面的津贴，应支付给派遣劳动者。而对于其他的福利工资则不在法律上作明确要求）还是存在着福利待遇上的差距。

表 10—4　　　德法两国在鉴定正式工与劳务派遣工工资合理差异化的实际应用

序号	薪酬类别	包含内容	举例
1	关于与职务内容相关性较高的支付	包含基本工资、职务补贴等。职务内容、经验、资格等均被认定为产生待遇差异的“合理理由”	在德国，一般认为职务内容不同其基本工资也不相同。甚至，即使职务内容相同，如若学历、资格、职业资格认定不同，则其基本工资的不同也被认定为是客观正当的（Schaub/Koch/Linck/Vogelsang［2009：375］）。另如：基本工资根据职务内容以及履历进行设定时（岗位工资等），因履历的不同导致基本工资的不同也被认定为是“合理理由”
2	关于与工龄挂钩的支付	工龄津贴、加薪、晋级、退休金、企业养老金、年度带薪休假天数等	在法国，工龄津贴、加薪、晋级等与任职时间（工龄）挂钩的支付，对于任职时间较短、不满足该工资条件的固定期限合同劳动者或派遣劳动者等，不支付该项工资也被认定为是合法的（PELISSIER，SUPIOTET JEAMMAUD［2008：435］）。另如：在德国，为促进员工对企业忠诚度的养成，工资中设有根据工龄长短支付的企业养老金一项。关于该企业养老金，在该企业就职时间较短的固定期限合同劳动者被排除在其适用对象之外，也被认定为是正当的

① 从法国及德国的经验来看，“合理理由”的问题在于需根据其支付目的和性质对个别案例进行具体的判断；或者说，“合理理由”无法一概而论，案件不同其理由也各不相同。在注意到“合理理由”的个别具体性、多样性及灵活性的同时，为提高其内容的可预测性，文中表格将结合支付目的、性质举例阐释何为“合理理由”。

续表

序号	薪酬类别	包含内容	举例
3	关于与企业贡献挂钩的支付	包含奖金等。企业贡献的差异被认定为是“合理理由”	在德国，关于回报员工对企业所作的贡献、带有补偿性质的特别津贴（奖金），一般认为，对于固定期限合同劳动者来说，应根据其贡献的大小给予相应的补助
4	关于与在公司、工作场所的地位挂钩的支付	交通费、家属补贴、住宅津贴、食堂补贴、育儿补贴、健康检查、病假、参加公司活动等。其地位的差异被认定为是“合理理由”	派遣劳动者与该企业的正式员工相比，虽同在公司工作，但因其雇佣形式不同（是派遣劳动者还是正式员工），地位也就不同。考虑到这一点，在法国，一般认为，与工作场所关系较密切的交通费、食堂补贴等有关集体设施利用方面的津贴，应支付给派遣劳动者。而对于其他的福利工资则不在法律上作明确要求。在此，一般认为，在探明支付目的和性质的基础上，即根据劳动者的地位提供相应的工资，如地位相同，则不论是正式员工还是非正式员工，都应给予相应的工资
5	关于与劳动时间的长短及安排挂钩的支付	加班费、夜班加班费、饮食补助等。劳动时间的长短及安排的差异被认定为是“合理理由”	在德国，加班费被认定为是对超出正常工作时间（协定时间）工作的员工身体上的补偿。因此，不论是短时劳动者还是正式员工，如若其加班时长相同，则认定给予其相同的津贴并不违法。另外，关于午餐费的支付，对于仅上午工作或下午工作的半天劳动者，则无须支付该补助
6	关于雇佣保障	可否优先进行裁员等。与公司联系的紧密性被认定为是“合理理由”	在法国和德国，一般认为，固定期限合同劳动者在期满时便与该公司的关系结束，因此与公司的纽带较弱（公司在雇用其时便怀有该意识），则期满后该公司与其解除合约关系被认定为是不违法的。与此相反，例如：对于无固定期限合同的短时劳动者，不得因其劳动时间较短而在进行裁员时较之正式员工优先进行裁减；无论是正式员工还是短时劳动者都应根据同一标准对其进行裁员。即使在日本，往往也不会只看劳动时间的长短，而是切实考虑员工与企业纽带的深度来决定雇佣保障的强弱（优先进行裁员的合理性）

资料来源：笔者根据2011年日本经济产业研究所材料翻译、整理而成，原文“同工同酬是幻想吗——为纠正正式员工与非正式员工之间差距的法律原则”。

目前很多日本学者都在研究正式工与非正式工薪酬差距问题，都在呼吁重视非正式工的幸福度，认为在日本也可以借鉴欧盟国家的惯例做法，设想人事制度（工资制度）的多样化和复杂化以及对劳动者支付费用的多样化和广泛化，建议普遍采取禁止没有合理理由的不公平待遇原则。

比较这3个国家在正式工与非正式工薪酬差距方面的政策，日本实行年功制造就了终身雇佣制的现象，并且薪酬结构中固定比例较高一般在80%以上，奖金或浮动部分较少。所以，尽管全年奖金相差近5倍，但年工资总额相差1.81倍。欧盟国家则设定一些合理的薪酬差异化理由，禁止其他不合理的不利待遇。而在我国目前差距在2～3倍，甚至更高。因此，从横向比较看，尽管日本和欧洲国家均允许薪酬方面一定程度的差异，但是，对“同工同酬”方面有一定的法律规定，并且差距符合本国国情或有客观、合理理由。

四、实现同工同酬的思路

同工同酬问题在国际上一直是个共性的难题，在中国同样棘手，并且有中国特色的问题所在，要实现同工同酬，是一项具有长期性、艰巨性的工程。国际上经历了从男女同工同酬到扩大保护群体范围的平等就业的发展和演变，以国际劳工组织为先锋一直在不断推出和完善相关法律，但是同工不同酬问题依然存在。大量研究数据表明，被派遣劳动者工资水平一般都低于正职员工，并且大多数国家的被派遣劳动者都不享有正职员工所享有的养老、医疗保险和带薪休假等福利。例如在日本，2010年正式员工与非正式员工两者基本工资比为1.6倍，全年工资（含奖金）的差距为1.81倍[①]。在德国和法国允许一定合理的薪酬差异

① 日本厚生劳动省．賃金構造基本統計調查．2011年2月22公布。详见报告后附注材料。

化，并在实际应用中有对“合理理由”判断惯例[①]，这些国家中，尤其是日本，一直在研究如何减少正式工与非正式工的薪酬差距，以适应工资制度的多样化和复杂化。相比而言，我国的同工不同酬现象有着不同的历史背景，并且同岗位不同劳动关系薪酬差距在2～3倍，甚至更高。在很多体制内单位，身份管理一直占据着主导地位，处处凸显我国改革和转型时期的阵痛。同时，既得利益者的自私观念问题也一直牵绊着改革的力度和进度。

当前既存在法律缺少具体执行标准的问题，也存在监管和保障不到位的问题。很多专家认为用工方式多样化是落实同工同酬的最大挑战。其中，最突出的问题是劳务派遣大量被滥用。2012年，全国人大财政经济委员会对《人力资源社会保障部关于落实全国人大常委会劳动合同法执法检查报告及审议意见的报告》提出的审议意见提出，要从巩固党的执政基础的高度严格规范劳务派遣用工。劳务派遣是一种需要严格限定和严格监管的补充用工形式。劳务派遣用工无限扩大，不利于巩固和扩大党的执政基础，对企业的长远发展也不利。综观国际上一些习惯做法，在同工同酬原则写进法律的同时，劳务派遣相关制度也在不断规范和完善中。而我国同工同酬没有与时俱进的法律解释及具体的操作标准，同时很多企业超越规范劳务派遣的“临时性”用工范围，大量使用劳务派遣工。待遇的差异造成了“正式职工不干活，派遣职工无信心”的现状，严重影响了构建和谐劳动关系的发展，从长远看也影响到整个企业的效率和核心竞争力，不利于企业的可持续发展。

此外，实现同工同酬在宏观层面具备其价值导引功能，而在微观层面关键是科学合理地衡量与评估工作业绩。即“同工同酬”不能绝对化，而是相对的。在我国以公有制为基础的市场经济条件下，按劳分配原则是工资分配的核心原则，我国劳动法的基本工资制度就是依据这一原则建立的。但是，薪酬体系中，按劳分配原则承认劳动者在劳动能力、个人素质、劳动熟练程度和劳动技术等方面的差别，并力求将上述

---

① 日本经济产业研究所水町勇一郎. 同工同酬是幻想吗——为纠正正式员工与非正式员工之间差距的法律原则，2011（4）. 11－J－059详见报告后附注材料。

差别在劳动报酬上给予充分反映，奉行多劳多得的分配原则。因此，如何科学制定合理的薪酬体制及绩效考核体系是解决同工不同酬问题的根本所在。

为此，解决三个问题并实现真正意义上的同工同酬，应充分借鉴和学习国外经验，结合我国国情的实际特点，在摒弃历史落后观点的基础上，探索和寻求具有中国特色的科学的同工同酬制度。

一要坚持改革体制、创新机制的原则。从宏观层面积极推动户籍、人事、就业体制改革；从微观层面要不断创新建立配套的薪酬分配制度。

二要坚持按劳分配、岗薪匹配的原则。改革历史遗留的身份管理体制，逐步以全面的岗薪制代替身份等级制，实行按岗定酬，岗变薪变，按劳分配。

三要坚持科学管理、公平合理的原则。建立与岗位职责、工作业绩、实际贡献紧密联系的岗位绩效激励机制和公平公正公开的岗位薪酬评价机制。

五、实现同工同酬的政策建议

合理的收入分配制度是社会公正的体现。完善收入分配制度不但要规范收入分配秩序，还必须建立起一套科学合理、公平公正的社会收入分配体系。而充分体现同工同酬的劳动分配原则，则应当是构建这个体系的重要内容，否则就谈不上科学合理，更不足以体现公平正义。为此，应从立法修正或明确、监督监管、体制改革、倡导宣传方面着手出台政策或措施，从而逐步步入同工同酬实现路径。

（一）从立法层次上明晰同工和同酬的概念

同工同酬不仅仅是经济问题，更是社会问题，要构建社会、保持和促进社会生产力的发展，必须在理论上对“同工同酬”作出恰当的解释。过去的有关解释已经不再适宜当前市场经济条件下复杂化、多元化发展的人力资源市场现状。

“同工”在1995年被解释为“从事相同工作、付出等量劳动且取得相同劳动业绩”，而新《劳动合同法》第六十三条规定：“劳务派遣工享有与用工单位的劳动者同工同酬的权利，用工单位无同类岗位劳动者的，参照用工单位所在地相同或者相近岗位劳动者的劳动报酬确定。”该条款从过去的条文解释“相同”扩大范围到“相同或者相近”岗位。参考国际上惯用的“相同、类似、相同价值”的范围，从我国目前实际情况出发，“同工”的界定至少包括“相同”或“相似”两层含义。

“同酬”指的是“相同劳动报酬”。劳动法中的“劳动报酬”是指劳动者从用人单位得到的全部工资收入。一般而言，“同酬”的范畴应当包含的是工资、加班工资、补贴、奖金、年金及其他福利待遇（含非经济性报酬）。

从激励机制角度看，工作业绩和报酬之间有联动机制作用，所以，同工同酬可简单拆成“相同或类似岗位适用相同的岗位薪酬标准”“相同的工作绩效适用相同的绩效薪酬标准”。此外，劳动者受工龄、学历、职称、技术等级等因素影响适用于同样的规则。

综上所述，“同工同酬”从我国目前实际看，建议定义为“劳动者在同一用人单位，从事相同岗位工作，提供相同业绩和相同工作量，应获得相同的劳动报酬，本单位无相同岗位，参考所在地相同或类似岗位的报酬。具体解释为：同一用人单位从事相同岗位或同种工作，须采用同一种工资分配制度，岗位薪酬应相同，而因劳动者受工龄、学历、职称、技术等级、能力等客观、合理因素影响，劳动报酬可不同适用于同样的规则”。

以上定义及具体解释建议在出台《工资支付保障条例》《反就业歧视法》或者《同工同酬法》条款中明确界定。另外，“相同或类似岗位”以及“合理、客观理由”的价值评估需由相关部门在实施细则中进一步明确评估因素和评估方法，提高可操作性。

（二）进一步明确同工同酬义务和责任主体，提高强制性

2012年12月通过的《劳动合同法》修正案中指出：“劳务派遣单

位、用工单位违反本法有关劳务派遣规定的，由劳动行政部门责令限期改正；逾期不改正的，以每人五千元以上一万元以下的标准处以罚款，对劳务派遣单位，吊销其劳务派遣业务经营许可证。用工单位给被派遣劳动者造成损害的，劳务派遣单位与用工单位承担连带赔偿责任。”这一条款中的罚则隐含了“即使情节严重，只要及时纠正就不会受到处罚”的可能性。为了切实保证被派遣劳动者“同工同酬权”的实现，立法应该明确规定派遣单位和用工单位各自的法定义务及违反法定义务所需承担的责任，并突出强调在程序上明确被派遣劳动者劳动报酬的支付主体及程序。除了立法对两者权利义务直接规定以外，主要还应通过对劳务派遣协议内容的强制性调整来实现。建议规定派遣机构与用工单位签订劳务派遣协议时，应明确约定被派遣劳动者的劳动报酬内容及标准，并规定各项劳动报酬（包括基本工资、加班工资、奖金、津贴和补贴等项目）。建议派遣机构和用工单位双方都要有明确责任人，并建立定期的沟通机制，可在协议中约定各项事情的义务和责任，派遣机构根据协议中约定的报酬额按时支付给劳动者，承担最终风险。此外，应在完善法律体制的基础上，加大监管和惩治力度，建议加大处罚力度，增加违法成本，适当引入刑事责任和行政责任，提高法律有效性、针对性和强制性。

（三）出台劳务派遣规范政策，进一步明晰“三性”岗位具体标准

劳务派遣是因“劳动弹性化”概念所发展出来的，在我国可以说是一个新兴起的劳动事业形态，由于就业模式朝多元化发展的趋势以及企业面对竞争压力下成本考量等因素，有越来越多的机构看好其发展空间。从欧美和日本这些发达国家关于劳务派遣的先进立法经验来看，劳务派遣是逐步发展但又有一定规制的转变，尤其是欧美国家，是由禁止到允许但有一定限制的发展。对劳务派遣作为非典型雇佣关系补充形式的放松规制，是以把劳务派遣限定为典型劳动合同关系的补充形式为前提的。数据表明，国外劳务派遣劳动者占全体就业人员的比例大多数维

持在1%～2%，甚至更低，即劳务派遣在雇佣关系和就业形式上处于非主流地位。而目前我国的劳务派遣有关政策的缺失，造成了劳务派遣用工方式滥用，派遣劳动者收入、待遇相对而言不能保证合理的现象。因此，借鉴国外的历史经验，加之国内的就业形势压力，我国劳务派遣的发展应逐步给予空间，并放宽政策，但需一定的限制和规制来循序渐进地规范与发展。

尽管《劳动合同法》修正案增加了三性的解释，但是有关“辅助性”概念还是比较模糊，“替代性”工作岗位也没有进行全面列举，替代时间没有加以限制。建议研究和规范劳务派遣适用范围和期限，防止用工单位随意将劳务派遣范围扩展到核心、主业、长期性岗位，而导致派遣工的工资、奖金等各种福利待遇与同类岗位的正式员工差别迥异。国际上一般只针对“临时性”用工岗位进行劳务派遣，并对行业限制有一定的说明。我国可借鉴国外的经验采取正面列举或者反面禁止的方法予以规定。

此外，应设立和完善劳务派遣机构准入制度、劳务派遣合同制度、派遣单位与用人单位权责分明制度，也可引入国外“不稳定补偿金”①制度，既要发挥劳务派遣促进就业的积极作用，又要限制其对现有劳动关系稳定性的负面影响。

(四) 推进企、事业单位薪酬制度改革，科学设立岗位薪酬制度

同工同酬是社会发展的必然趋势，也是和谐社会的表现之一。但现阶段我们不能机械地理解这一原则，将其绝对化。作为一个框架性的概念，在逐步过渡和完善的过程中，单位的工资收入分配制度至少需要遵循这一原则。

---

① 法国一般法所规定的工资制度之外，还对劳务派遣制定了“不稳定补偿金”制度，即要派机构需要向派遣劳动者支付不稳定补偿金，旨在对由于派遣劳动的不稳定状态而对被派遣劳动者造成的不利作出补偿，并且各国都是比照典型劳动合同关系中劳动者所享有的社会保险和工资待遇规定劳动者的相关权益，并且在立法中确立了对于被派遣劳动者的“非歧视”原则。黄昆. 合理选择劳务派遣规制事项 [J]. 中国劳动，2006 (3).

近十几年来，国有企业一直在不断深化改革薪酬体制，推动科学、有效的薪酬制度发展。与此同时，近年来事业单位绩效工资在逐步扩大实施范围。在改革的进程中，需从技术层面变身份管理为岗位管理，推动岗位评价，以岗定薪，岗变薪变，提高职工的工作主动性和积极性。同时，应按绩论酬，从一定程度上要打破“平均主义”“论资排辈”的分配制度。

作为一项复杂的系统性改革，同工同酬改革之路非常艰难。因为长期以来的固有观念以及既得利益的驱使，这种改革和转变将是长期的、持续的，不可能一蹴而就。今后，仍需继续深化企业、事业单位薪酬制度改革，制定积极稳妥的措施和分步实施办法，循序渐进推动改革，稳定过渡，以科学的工作分析为基础，完善的绩效管理制度为工具，建立有效的薪酬激励约束机制，彻底消除因职工身份、用工形式而造成的“同工不同酬”现象。

（五）打破户籍制度壁垒，建立统一、协调的就业与社保服务体系

正确处理城乡经济统筹发展与扩大就业的关系，促进农村富余劳动力的转移。实现城乡经济的统一、协调发展是我国经济发展的基本方略。建议逐步由中小城市作为示范，通过户籍制度改革，打破城乡分割，建立统一、开放、竞争、有序的劳动力市场，为农村劳动力进城务工经商提供宽松的社会环境，逐步实现城乡劳动力统筹就业，城乡经济协调发展。要把劳务输出作为扩大城乡就业和农民致富增收的新兴产业来抓，积极实施“走出去”的开放战略。党的十七届三中全会指出，必须改善进城务工人员劳动条件，加强进城务工人员权益保护，逐步实现进城务工人员劳动报酬与城镇居民享有同等待遇。目前全国各地农民工社会保险制度呈多种类型并存的局面，大部分模式都独立于城镇职工社会保险制度之外，短期内有其特殊性与合理性，但是从长远而言，使得我国城市社会内部社会保障制度形成了新的制度分割。因此，要想使社会保障制度像为城镇职工提供基本生活保障那样，也能为农民工提供最

基本的生活保障，就必须在农民工的社会保障问题上与城镇职工统一政策、统一制度设计、统一待遇标准，既是使农民工获得与城镇职工平等的社会保障权利，同时也是实现城乡统筹最现实的途径。当然，农民工与城镇职工的同工同酬会遭遇劳动力市场供大于求的现实压力，但很多研究认为这种供求关系状况不具有长久性，人口红利的逐步衰竭以及新生代农民工不同的特征将造就供求关系的转变。因此，我们需从宏观层面发挥政府职责，设立好统一、协调的就业与社会保障体系目标，加强推进、统筹改进，逐步去除因户籍壁垒造成的收入分配不公。

（六）破除体制内外二元格局，促进人事、用工制度改革

我国劳动人事及用工制度的改革实际上是基于原有的计划经济体制上的改革。劳动关系调整的对象主要是国有和集体企业员工，也就是所谓的体制内的员工。随着市场经济体制改革的不断深化，大量的体制外员工出现了，甚至有“编制外”员工数量超过“编制内”员工的现象，同时，存在着体制内、外员工不能一视同仁的制度性歧视现象，这既是市场机制在发挥作用，也是劳动人事及用工制度改革不到位造成的。正是由于这些制度的存在，造成了部分社会成员的不平等、不平衡感，从而挫伤了他们的竞争动力，也影响了人才的流动。劳动用工体制内外的存在，更制约了全国统一的劳动力市场的建立，制约了劳动力资源的合理配置，限制了劳动力的合理竞争。从提高劳动力资源的利用率看，“体制”内外有别无疑是有害的。

此外，在事业单位的人事制度一直沿用党政机关的管理模式，人事管理方式行政化，用人机制不灵活，滞后的人员编制管理带来了事业单位工作人员新的身份歧视。建议改变传统编制管理方式，建立动态化的人员编制管理机制①，综合科学地确定人员编制需求总量，并建立常态化的动态调节机制，适时调整和优化事业单位人力资源分布，使人员编制管理有利于而不是阻碍事业单位人事制度改革，促进社会公共事业

① 刘霞. 加快推进事业单位人员编制管理改革［J］. 人民论坛，2010 年 1 月下半期.

发展。

综上所述，应尽快打破体制的藩篱，同时改革人才选拔和使用制度，使之朝着有利于增强社会流动性的方向发展，建立和完善适应当前经济发展要求的人事、用工制度。

（七）增强工会力量，大力倡导维权意识

工会是职工合法权益的代表，一直以来，工会在协调劳资关系、保护劳动者合法权益方面发挥着非常重要的作用。强化职工的集体谈判和协商权，是解决同工不同酬问题的一个重要方式。建议吸收劳务派遣工或编外人员加入工会，并且工会对正式职工与劳务派遣工或编外人员要一视同仁。企业工会应从普法、依法办事、薪酬协商、劳动争议仲裁等方面入手，真正成为包括劳务派遣工在内的全体企业员工的主心骨和利益诉求代言人。同时，劳动监察部门可在办理典型案件的同时，大力宣传和倡导同工同酬维权理念，引导改革和创新的观念。

（八）加大监督力度，维护劳动者合法权益

虽然法律存在针对性不够的缺陷，但是也存在政府有关部门执法不力的现象。《劳动保障监察条例》第十一条规定，劳动保障行政部门对“用人单位支付劳动者工资和执行最低工资标准的情况”实施劳动保障监察；《劳动合同法》第七十四条也规定劳动行政部门可依法实施劳动合同制度方面的监督检查。建议扩大上述两个法律法规中所述具体劳动监察范围，增加对同工不同酬现象的监管说明。如果同工不同酬的现象诉诸执法部门却得不到有效解决，违法单位得不到及时纠正，那么同工不同酬的状况就很难得到改善。在监察过程中，劳动部门可加大同工同酬案件受理力度，展开专项监察，可处理一批典型案件，起到宣传和警示作用，同时，不断开拓和畅通维权渠道，及时维护劳动者的同酬权利。

附录　国际上同工同酬的经验及相关法律规定

“消除工作中的歧视”是任何减贫和可持续发展战略中的一个必不可少的组成部分，处于国际劳工组织（ILO）授权的“体面劳动”概念的核心地位①，而消除工作中歧视的任何努力的一个重要检验是它如何处理报酬不平等。ILO一直致力于倡导、促进、实施、监督同工同酬原则，各国也在建议下不断出台各项政策、法律并持续完善。

（一）国际组织对同工同酬的规定和界定

“同工同酬”概念最初是由国际上提出有关性别平等的概念引申而来的。在1919年的《国际劳工组织章程》中已有同工同酬的概念。30年后，1951年《同酬公约》（第100号）通过对“同工同酬”的保证引进了一个激进的创新概念（已在《国际劳工组织章程》中予以确认），允许人们对劳动力市场结构中的性别偏见加以审议。近10年来，基于年龄、残疾、艾滋病、社会体制、国籍等其他理由的歧视已引起了类似的关注。ILO报告指出，由于更广泛的政治、经济和文化进程而引起的劳动力市场结构和动力方面的变化导致了社会分层和社会动力模式的重新界定。它们导致了新的表现形式，进而产生了新的不平等。

1. “同工”到“同值”的概念演变

同工同酬的概念已包含在1919年的《国际劳工组织章程》中，30年后，第100号公约确认了男女之间在包括基本工资和产生于工人就业的任何额外现金或非现金报酬或津贴在内的报酬平等的重要性。该公约的一个前卫特征就是保证“同等价值工作”同等报酬，而不仅是“同样或类似的工作”需要同等报酬②。在欧盟，最初《欧共体条约》第119条规定了“相同的工作（same job）应获得同样的薪酬”，而“相同价

① 国际劳工组织2003年局长报告《工作中平等的时代》。

② 这一原则以后在1975年《欧共体同酬指令》和1979年《联合国消除对妇女一切形式歧视公约》中予以采纳。

值的工作（equal value）”概念最终引入了《阿姆斯特丹条约》，这是同工同酬原则在法律层面上的进步和发展。1975 年《欧盟同工同酬指令》将“同工同酬”定义为“对于相同的工作或者具有相同的价值的工作，禁止一切基于性别的各种薪酬条件的歧视”[①]。美国《平等工资法》以“从事对技能、责任和艰苦程度的要求相等，并且工作条件相似”来界定“同工（同值）”。此外，国外其他国家以及我国香港、台湾地区等均有类似规定。加拿大《两性工资平等法》在“同值”界定中明确规定，工作价值通过工作评估机制决定，工作评估机制包括技能、工作要求的责任大小、工作难易程度、工作环境，上述几方面加起来所获得的总分就代表了工作价值。

2. “同酬”的界定

国际劳工组织《同酬公约》第 1 条规定：“报酬”一词指普通的基本的或最低限度的工资或薪金以及任何其他因工人的工作而由雇主直接地或间接地以现金或实物支付给工人的酬金。《阿姆斯特丹条约》第 141 条规定：“报酬”是指劳动者直接或间接地从其雇主那里获得的基本或最低工资或薪水或其他报酬，不论是现金还是实物。此外，欧洲法院（ECJ）很多法案中指出，薪酬应包含劳动者从其雇主处因就业获得的直接或间接的、即期或远期的报酬，在后期案件中，该法院将薪酬范围明确至包括但不限于病假工资、退休金、冗员酬金、解雇赔偿、福利、奖金及其津贴。

（二）部分国家或地区对同工同酬的相关法律规定

国际劳工大会 1944 年通过的《费城宣言》提及“全人类部分种族、信仰或性别都有权在自由和尊严、经济保障和机会均等的条件下谋求其物质福利和精神发展”，而后 1951 年《同酬公约》（第 100 号）和 1958

① 金铮. 中国欧洲学会欧洲法律研究会 2008 年年会论文集. 欧盟劳动性别平等法律的适用及发展.

年《（就业和职业）歧视公约》[①]（第111号）也成为获得批准最多的国际劳工组织公约。近几十年来，各国采取主动积极措施，通过法律消除工作中的不平等待遇。美国在1963年颁布了《同酬法》，而后，欧盟、日本以及我国台湾等国家和地区都提出类似的规定。同时，国际劳工组织也一直提倡同工同酬公约，近年来也有一些国家和地区不断设立和修正、完善法律，将同工同酬这一概念进一步规范化和法制化。

1. 关于消除男女同工不同酬的有关法律

关于基于性别同工同酬的原则，国际劳工组织一直引领在前锋位置。除公约外，国际劳工大会通过其他文件的方式促进性别平等，如1975年国际劳工大会通过的《国际劳工组织女工机会和待遇平等宣言》。

1981年，国际劳工大会通过了《有家庭责任的男女工人享有同等机会和同等待遇公约》（第156号公约），公约涉及有家庭责任工人，特别是妇女在劳动力市场面临的问题。该公约反映了国际劳工组织对进一步促进工作中和其他领域性别平等的决心。实际上，对于不平等分担家庭责任可能对妇女的社会地位产生负面影响的关注，在此之前已经反映在1979年《联合国消除对妇女一切形式歧视公约》之中。

附表1—1中归纳了近20多年以来各国禁止男女同工不同酬的法律。

附表1—1　　各国有关禁止男女同工不同酬的法律

国家	法律	年份及修订时间
范围：基于男女同工不同酬的一般禁令		
澳大利亚	《人权与平等机会委员会法》	1986年
保加利亚	《反歧视保护法》	2003年9月24日
加拿大	《人权法》	1996年6月20日修订

① 第111号公约保护所有工人不受"基于种族、肤色、性别、宗教信仰、政治见解、民族血统、社会出身"的歧视。这种保护适用于公共和私营单位，并扩展到同工同酬、获得职业指导和培训、获得安置服务、家庭工人组织和雇主组织、职业晋升、雇佣期保障、集体谈判、社保、福利和津贴以及其他工作条件，包括职业安全与卫生、工时、休息期和节假日。

续表

国家	法律	年份及修订时间
厄瓜多尔	《政治宪法》	1998年6月（第23条）
斐济	《宪法修正案》	1997年第13号
韩国	《国家人权委员会法》	2001年5月第6481号
新西兰	《人权法案》	1993年第82号
适用范围：在就业方面禁止男女同工不同酬的法律		
克罗地亚	《劳动法》	1995年，在2003年修订
丹麦	《劳动力市场反对歧视法令》	2004年756号法令
芬兰	《反歧视法》	2004年第21号
以色列	《就业平等法》	1988年
匈牙利	《平等待遇和促进机会均等法》	2003年12月22日第CXXV号
立陶宛	《劳动法》	2002年6月4日IX—926号
马耳他	《平等待遇就业条例》	2004年
挪威	《工作环境法》	2005年6月第62号
斯洛伐克	《反歧视法》	2004年第365号
斯洛文尼亚	《就业关系法》	2002年4月24日
南非	《就业平等法》	1998年第55号，在2006年修订
瑞典	《反工作歧视法》	2005年第479号，修订1999年的第133号法
英国	《就业平等条例》	2003年第1661号

2. 关于扩大同工同酬保护范围的法律

近年来，很多国家或地区将同工同酬法律保护的范围扩大至ILO第111号公约中定义的“保护所有工人不受基于种族、肤色、性别、宗教信仰、政治见解、民族血统、社会出身的歧视”范围，例如2007年，比利时《反歧视法》就将平等就业和报酬范围扩大到公约中所提的所有类型工人（详见附表1—2）。

附表 1—2　　各国有关同工同酬及就业平等的法律

国家或地区	法律	法律涉及范围	年份及修订时间
比利时	《反歧视法》	保护所有工人不受“基于种族、肤色、性别、宗教信仰、政治见解、民族血统、社会出身”的歧视。这种保护适用于公共和私营单位，并扩展到同工同酬、获得职业指导和培训、获得安置服务、家庭工人组织和雇主组织、职业晋升、雇佣期保障、集体谈判、社保、福利和津贴以及其他工作条件，包括职业安全与卫生、工时、休息期和节假日	2007 年
中国澳门	《劳动法》	工人享受平等权利及义务，反对基于“性别、年龄、公民身份、语言、协会团体会籍、教育或经济条件”的歧视	2008 年
黑山共和国	《劳动法》	工人享受平等权利及义务，反对基于“语言、年龄、怀孕、健康状况、婚姻状态、家庭责任，以及性别”的歧视	2008 年修订
韩国	《禁止年龄歧视及促进就业法》	禁止雇主在员工薪水、福利、不公正解聘、晋职和培训方面采取年龄歧视 如果雇主一旦违反该法，最高罚款可达 1 亿韩元（约合 11 万美元）	2008 年
阿尔巴尼亚	《反歧视保护法》	工人享受平等权利及义务，反对基于怀孕、家庭或婚姻状态等 24 种类型的歧视。赋予雇主保护工人平等原则及禁止各类歧视行为的责任	2010 年
瑞典	《反歧视法》	保护工人不受基于“性别、民族、信仰、残疾、性别或年龄”的歧视	2008 年

3. 针对弱势群体进行保护的法律措施

ILO 2007 年报告中提到，肯定或积极的措施并不意味着受益者有问题或者需要改变，而代表着劳动力市场机构去寻求或创造更公平的机会。20 世纪后期以来，国际社会不断寻求民主、平等化的发展，采取一系列针对某一特定或一些弱势群体进行保护的法律措施（详见附表1—3）。

附表 1—3　　选定国家针对特殊群体有关同工同酬及就业平等的法律及法令

	美国	加拿大	印度	马来西亚	德国	南非	英国（北爱尔兰）
法律	1965 年《公平就业机会法令》	1995 年《就业平等法》	1979 年《邦之间流动的农民工（就业规定和服务条件）法案》	1970 年《新经济政策法案》	1972 年《雇员转让法》	1998 年《平等就业法》	1998 年《公平就业及措施法令（北爱尔兰）》
针对群体	不同种族、少数民族、女性群体	女性群体、种族、残疾人群体	农民工群体	马来西亚少数民族、残疾人群体	外界雇员（劳务派遣人员）群体	其他种族及印度后裔、女性、残疾人群体	天主教信仰群体
范围	公共及私营部门	公共及私营部门	公共及私营部门	公共及私营部门	公共及私营部门	公共及私营部门	公共及私营部门
原因	薪酬歧视	薪酬歧视	保证同工同酬	薪酬不公平	保证同工同酬	避免就业歧视	避免就业歧视

（三）国际上同工同酬法律及措施发展趋势

1. 各国出台相关法律时，有一个共同的趋势是从禁止歧视的法律转向规定防止歧视并促进平等的责任的法律

瑞典的《机会平等法》、加拿大的《就业平等法》、意大利第 125 号法等均要求雇主制订年度工作场所平等计划，其中包括工资问题以及纠正不平等的行动。新西兰政府为加强公平就业，2011 年提出十大优先

解决问题，其中一个很重要的目标是促进就业和薪酬平等。劳工部门为劳动力市场制定就业及薪酬平等战略，在《平等就业法》中增加同工同酬的规定。此外，《欧洲平等法》包括同等报酬、社会保障、职业年金计划、生育保护、产假和非全日制工作等，与成员国的平等法律直接相关，并逐步扩大到相关判例法。欧盟2008年通过的《临时机构工作指令》，规定派遣员工在用人单位工作期间的基本工作条件和劳动条件应至少与该单位直接雇员的相同①。

2. 为使反歧视法律行之有效，需要有效的实施、监督和促进制度

很多国家正在通过加强补救措施和惩处、精简程序性规定以使劳动监察更为有效。例如，建立处理歧视和促进工作中的平等的专门机构。英国曾建立了机会均等委员会专门负责监督《同工同酬法》的实施；塞浦路斯2002年的新《同酬法》赋予了劳动监察部门在同酬监察方面的明确作用，并建立了技术委员会对投诉案例进行同等价值的评定。在巴西，也设立了国家一级专门从事歧视监察的监察员队伍。

① “基本工作条件和劳动条件”是指由现行法律、法规、行政规定、集体协议或用人单位的约束性通用规则所规定的工作时间、加班、调休、休息时间、夜班、法定节假日，以及报酬。在报酬方面，如果派遣员工与派遣企业签订了无固定期限劳动合同，并在无派遣任务期间继续获得工资，那么各国政府可以在与社会伙伴机构协商后，规定对这部分员工不适用同工同酬的原则。

附录　工资收入分配差距网络大众问卷调查结果[①]

您认为当前我国工资收入分配差距整体状况：

序号	选项	比例（%）	票数
1	很小	0.9	139
2	较小	0.4	64
3	适中	1.5	234
4	较大	3.6	579
5	很大	13.2	2 098
6	极大	80.5	12 825

您认为最高工资收入行业（金融业）与最低工资收入行业（农、林、牧、渔业）合理的薪酬差距倍数关系为（现在为4.48倍）：

序号	选项	比例（%）	票数
1	2倍（含）以下	30.9	4 912
2	2～3倍（含）	29.8	4 728
3	3～4倍（含）	14.3	2 266
4	4～5倍（含）	8.1	1 292
5	5倍以上	16.9	2 684

① 课题组委托网易财经开展网上调查，1.5万余人参加。

您认为当前我国不同地区同资历同级别公务员之间薪酬差距（目前是3倍）合理倍数关系为：

序号	选项	比例（%）	票数
1	2倍（含）以下	64.7	10 222
2	2～3倍（含）	21.1	3 336
3	3～4倍（含）	5.6	879
4	4～5倍（含）	2.2	348
5	5倍以上	6.4	1 014

您认为当前我国公务员与企业相当人员之间薪酬关系应为：

序号	选项	比例（%）	票数
1	完全相同	28.0	4 398
2	公务员高	30.2	4 740
3	企业高	41.8	6 552

您认为当前我国国有企业高管平均薪酬与社会平均工资的合理倍数关系为（现在大约为14倍）：

序号	选项	比例（%）	票数
1	5倍（含）以下	65.8	10 381
2	6～10倍（含）	18.6	2941
3	11～15倍（含）	3.6	570
4	16～20倍（含）	2.0	312
5	20倍以上	9.9	1 568

您认为当前我国国有企业高管最高薪酬与社会平均工资的合理倍数关系为（现在最高为300倍以上）：

序号	选项	比例（%）	票数
1	10倍（含）以下	74.1	11 358
2	11～15倍（含）	9.5	1 450
3	16～20倍（含）	4.5	696
4	20～30倍（含）	3.1	469
5	30倍以上	8.8	1 347

您认为当前我国上市公司高管平均薪酬与社会平均工资的合理倍数

关系为（现在约为10倍多）：

序号	选项	比例（%）	票数
1	7倍（含）以下	60.6	9 321
2	8～12倍（含）	20.4	3 133
3	13～19倍（含）	5.9	911
4	20～30倍（含）	4.3	657
5	30倍以上	8.8	1352

您认为当前我国金融行业高管最高薪酬与社会平均工资的合理倍数比为（现在为500倍左右，不算2007年最高年薪）：

序号	选项	比例（%）	票数
1	15倍（含）以下	79.5	11 932
2	16～20倍（含）	7.8	1 176
3	21～30倍（含）	3.4	505
4	31～40倍（含）	2.2	330
5	40倍以上	7.1	1 071

您认为当前企业高层平均薪酬与一线职工平均工资合理薪酬倍数关系为（注：2010年为13.39倍）：

序号	选项	比例（%）	票数
1	5倍（含）以下	64.1	9 862
2	6～8倍（含）	19.2	2 948
3	9～12倍（含）	6.5	994
4	13～15倍（含）	2.3	356
5	15倍以上	8.0	1 224

您认为当前我国企业中，管理人员、技术人员、生产人员、服务人员平均薪酬的合理比例关系大体应为：

序号	选项	比例（%）	票数
1	1.0∶0.9∶0.7∶0.6	29.7	4 553
2	1.0∶0.95∶0.8∶0.7	18.3	2 806
3	1.0∶1.0∶0.9∶0.8	41.3	6 328
4	其他	10.6	1 620

您认为当前管理人员内部最高薪酬与最低薪酬差距的合理比例是（现在为13倍以上）：

序号	选项	比例（%）	票数
1	5倍（含）以下	81.0	12 097
2	6～8倍（含）	11.3	1 688
3	9～12倍（含）	3.5	522
4	13倍以上	4.2	622

您认为当前技术人员内部最高薪酬与最低薪酬差距的合理比例是（现在大约为10倍以上）：

序号	选项	比例（%）	票数
1	3倍（含）以下	57.7	8 735
2	4～6倍（含）	28.9	4 380
3	7～10倍（含）	7.1	1 073
4	10倍以上	6.3	955

您认为当前生产人员内部最高薪酬与最低薪酬差距的合理比例是（现在大约为7倍以上）：

序号	选项	比例（%）	票数
1	2倍（含）以下	62.6	9 614
2	3～4倍（含）	29.2	4 488
3	5～6倍（含）	5.0	761
4	7倍（含）以上	3.3	501

您目前从事哪种工作？

序号	选项	比例（%）	票数
1	公务员	4.8	747
2	事业单位人员	12.2	1 901
3	农民	1.1	166
4	军人	0.3	44
5	企业普通员工	51.6	8 061
6	企业高管	10.0	1 558
7	自由职业者	8.7	1 353
8	其他	11.4	1 780

您的最高学历是?

序号	选项	比例（%）	票数
1	初中及以下	1.9	293
2	高中、中专及职高	12.2	1 894
3	大专	28.4	4 428
4	本科	46.7	7 270
5	硕士及以上	10.9	1 696

您的岗位在单位内是处于?

序号	选项	比例（%）	票数
1	高层	11.4	1 766
2	中层	44.6	6 927
3	低层	44.1	6 848

主要参考文献

1. Adamchik V. A. and A. S. Bedi. Wage Differentials between the Public and Private Sectors: Evidence from an Economy in Transition. Labour Economics. Vol. 7, pp. 203-224. 2000.

2. Anthony, J. C. and J. R. Ezzell and James, A. M., 1995, "Bank CEO Pay-Performance Relations and the Effects of Deregulation", The Journal of Business, Vol. 68, No. 2, pp. 231-256.

3. Barro, J. R. and Barro, R. J., 1990, "Pay, Performance, and Turnover of Bank CEOs", Journal of Labor Economics, 8 (4), 448-481.

4. Bradley R. Braden and Stephanie L. Hyland. Cost of Employee Compensation in Public and Private Sectors. Vol. 116. No. 5. 1993.

5. Elena Glinskaya and Michael Lokshin. Wage Different between the Public and Private Sectors in India. The world bank. 2005.

6. Holmstrom, B. Milgrom, P. 1991, "Multitask Principal-Agent Analyses: Incentive Contracts, Asset Ownership, and Job Design", Journal of Law, Economics & Organization, 7: 24-52.

7. Jensen, M. C., and Murphy, K. J. 1990, "Performance Pay and Top Management Incentives". Journal of Political Economy, 98 (April): 225-264.

8. John, E. Coreand Wayne, R. Guay, 2010, "Is there a case for

regulating executive pay in the financial services industry?”, Working Paper.

9. Krueger, A. B. Are Public sector workers paid more than their alternative wage? Evidence from Longitudinal Data and Job Queues. When Public Sector Workers Unionize. University of Chicago Press. Chicago, IL, pp. 217-242. 1988.

10. Richard Disney. Public-Private Sector Wage Different around the World: Methods and Evidence. University of Nottingham, and Institute for Fiscal Studies. 2007.

11. 阿维纳什·K. 迪克西特. 经济政策的制定：交易成本政治学的视角［M］. 北京：中国人民大学出版社，2009.

12. 本·伯南克. 金融危机对经济学的启示［J］. 比较，2010（5）.

13. ［美］伯切克，弗里德. 无功受禄：审视美国高管薪酬制度［M］. 北京：法律出版社，2009.

14. ［美］本·S. 伯南克. 大萧条［M］. 宋秀芳，寇文红等译. 大连：东北财经大学出版社，2011.

15. 蔡昉，都阳，王美艳. 中国劳动力市场转型与发育［M］. 北京：商务印书馆，2005.

16. 蔡昉，都阳. 我们需要什么样的劳动力市场制度［J］. 吉林大学社会科学学报，2005（5）.

17. 常风林. 中国上市公司的收入分配［M］. 北京：经济管理出版社，2010.

18. 陈郁编. 所有权、控制权与激励——代理经济学文选［M］. 上海：上海三联书店，上海人民出版社，1998.

19. 陈钊编著. 信息与激励经济学［M］. 上海：上海三联书店，上海人民出版社，2005.

20. ［美］道格拉斯·诺斯，罗伯斯·托马斯. 西方世界的兴起［M］. 北京：华夏出版社，2009.

21. 郭新明. 我国商业银行管理者薪酬“激励过度”的制度完善

[J]. 上海金融，2009 (11).

22. 何凤秋. 外国公共部门绩效工资比较与启示 [DB]. 中国人事科学研究院网站，2009-12-13.

23. 胡坤. 事业单位薪酬构成要素分析及分配模式研究 [D]. 南京：河海大学，2006.

24. 胡威. 日、美、英等发达国家公务员制度的变革及借鉴 [J]. 东北亚论坛，2005 (5).

25. 黄仁宇. 资本主义与二十一世纪 [M]. 北京：生活·读书·新知三联书店，2006.

26. 黄新飞，张娜. 国有商业银行激励机制的影响因素分析 [J]. 数量经济技术经济研究，2005 (11).

27. 蒋海，朱滔，李东辉. 监管、多重代理与商业银行治理的最优激励契约设计 [J]. 经济研究，2010 (4).

28. 郎咸平. 公司治理 [M]. 北京：社会科学文献出版社，2004.

29. 李春涛，宋敏. 中国制造业企业的创新活动：所有制和CEO激励的作用 [J]. 经济研究，2010 (5).

30. 李富国，杨智斌. 商业银行：高层经营管理者激励约束机制的动态模型 [J]. 当代经济科学，2004 (4).

31. 李维安，曹廷求. 商业银行公司治理：基于商业银行特殊性的研究 [J]. 南开学报，2005 (1).

32. 李扬，王国刚，王松奇，殷剑峰. 中国金融发展报告 (2011) [M]. 北京：社会科学文献出版社，2011.

33. 梁能主编. 公司治理结构：中国的实践与美国的经验 [M]. 北京：中国人民大学出版社，2000.

34. 刘瑞明，石磊. 上游垄断、非对称竞争与社会福利：兼论大中型国有企业利润的性质 [J]. 经济研究，2011 (12).

35. 刘学民主编. 中国薪酬发展报告 (2011) [M]. 北京：中国劳动社会保障出版社，2011.

36. 刘艳良等. 公务员工资水平平衡比较机制研究. 2005 年部级课

题. 2007.

37. 刘值荣. 美国公务员工资制度探析［DB］. http://news.ifeng.com/opinion/world/200912/1229_6440_1491047.shtml.

38. 陆正飞，王雄元，张鹏. 国有企业支付了更高的职工工资吗?［J］. 经济研究，2012 (3).

39. 吕景海，刘秉泉. 关于机关事业单位调资对企业的影响及对策研究［N］. 调研参考，2001-05-15.

40. 毛飞. 中国公务员工资制度改革研究［M］. 北京：中国社会科学出版社，2008.

41. 孟捷. 劳动与资本在价值创造中的正和关系研究［J］. 经济研究，2011 (4).

42. ［美］米尔顿·弗里德曼，安娜·J. 施瓦茨. 美国货币史：1867-1960［M］. 巴曙松，王劲松等译. 北京：北京大学出版社，2009.

43. 米切尔·C. 詹森，威廉·H. 麦克林. 专门知识、一般知识和组织结构［J］. 见：科斯等. 契约经济学. 李风圣主译. 北京：经济科学出版社，1999.

44. 潘士远. 技术选择、工资不平等与经济发展［M］. 杭州：浙江大学出版社，2009.

45. 钱世明. 公平分配——理论和战略［M］. 上海：上海社会科学院出版社，1993.

46. 钱先航，曹廷求，李维安. 晋升压力、官员任期与城市商业银行的贷款行为［J］. 经济研究，2011 (12).

47. 阕澄宇，王一江. 银行高层激励：美国 20 家银行调查［J］. 经济研究，2005 (3).

48. 让-雅克·拉丰. 规制与发展［M］. 北京：中国人民大学出版社，2009.

49. ［南］扎尔·平乔维奇. 产权经济学：一种关于比较体制的理论［M］. 北京：经济科学出版社，1999.

50. 罗森. 契约与经理市场［J］. 见：科斯等. 契约经济学. 李风圣

主译. 北京：经济科学出版社，1999.

51. 苏海南. 收入分配之我见［M］. 北京：中国财政经济出版社，2011.

52. 苏海南，常风林. 加快构建“橄榄型”分配格局［J］. 时事报告，2010-2011 第 1 期总第 65 期.

53. 苏炜. 当前中国企业工资决定机制研究［D］. 苏州：中共江苏省委党校，2007.

54. 涂点萍. 公平与效率［M］. 北京：中国劳动社会保障出版社，2008.

55. 王铮，薛俊波. 公务员工资的地区差异及其影响因素研究［J］. 经济前沿，2009（4）.

56. 翁文先，李兵. 浅析我国公务员薪酬定价困境［J］. 甘肃社会科学，2003（5）.

57. 吴德贵. 实施绩效工资需要理顺十个关系［DB］. 中国人事科学院网站，2009-12-13.

58. 吴延兵. 国有企业双重效率损失研究［J］. 经济研究，2012（3）.

59. 许娜. 收入差距与城镇各收入阶层消费倾向关系的经验分析［DB］. http://172.16.1.6/n16/n62307/65133.html.

60. 薛欣欣. 国有部门与非国有部门工资差异——对我国劳动力市场竞争性的测度［D］. 北京：中国社会科学院研究生院，2008.

61. 杨宜勇. 我国居民收入分配现状、问题及其对策［J］. 当代世界与社会主义，2003（5）.

62. 尹志超，甘犁. 公共部门和非公共部门工资差异的实证研究［J］. 经济研究，2009（4）.

63. 游宏炳. 中国收入分配差距研究［M］. 北京：中国经济出版社，1998.

64. 张惠民等. 韩国、日本公务员与企业相当人员工资水平调查比较制度考察报告，2008-07-31.

65. 张骏生. 中外公务员制度比较［M］. 北京：中国劳动社会保障出版社，2008.

66. 张本波等. 我国公平分配的制度模式选择［M］. 北京：中国计划出版社，2008.

67. 张维迎. 产权、激励与公司治理［M］. 北京：经济科学出版社，2005.

68. 曾德荣编著. 上市公司经营者激励与风险控制［M］. 北京：化学工业出版社，2008.

69.《国家机关事业单位工作人员工资法》课题组. 论国家机关事业单位工作人员与企业职工相平衡的增资运行机制［J］. 管理世界，1992（3）.

70. 财政部会计司. 中国上市金融企业年度发展报告（2009 卷）［M］. 大连：东北财经大学出版社，2009.

71. 中国银行家调查报告（2009、2010、2011）［M］. 北京：中国金融出版社.

72. 中国人民银行金融稳定分析小组. 中国金融稳定报告（2011）［M］. 北京：中国金融出版社，2001.

73. 北京市政协社会和法制委员会. 关于规范劳务派遣用工促进劳动关系和谐的调研报告，2012.

74. 北京市教育工会课题组. 北京高校劳务派遣用工调研报告，2011.

75. 北京市金融工会. 2011 年北京市金融系统劳务派遣工情况调研报告，2011.

76. 北京市教育工会课题组. 北京高校附属医院劳务派遣用工调研报告，2011.

77. 冯彦君. 同工同酬原则的困惑与反思［J］. 法商研究，2011（2）.

78. 国际劳工组织. 局长报告《工作中平等的时代》，2003.

79. 黄昆. 合理选择劳务派遣规制事项［J］. 中国劳动，2006（3）.

80. 金铮. 欧盟劳动性别平等法律的适用及发展［C］. 中国欧洲学会欧洲法律研究，2008 年年会论文集.

81. 晋利珍. 劳动力市场双重二元分割下工资决定机制研究. 北京：经济科学出版社，2010.

82. 纪荣凯. 论劳务派遣工同工不同酬难题的破解路径［J］. 北京市工会干部学院学报，2012 (4).

83. 刘霞. 加快推进事业单位人员编制管理改革［J］. 人民论坛，2010 (1).

84. 李广瑞. 《劳动合同法》实施后的同工同酬问题［J］. 探索，2009 (8).

85. 刘昌黎. 论日本的工资差距及其特点与控制经验［J］. 现代日本，2011 (4).

86. 彭运朋. 中德劳务派遣法律规制的比较［J］. 山东行政学院学报，2011 (4).

87. 全国总工会. 国内劳务派遣调研报告，2011.

88. 日本厚生劳动省. 賃金構造基本統計調査. 2011-02-22.

89. 人力资源和社会保障部劳动科学研究所. 中国（劳务用工）行业就业指数报告，2011.

90. 人力资源和社会保障部劳动科学研究所. 国外劳务派遣及立法研究报告，2011.

91. 任丽新. 与城镇职工平等的权利：农民工社会保障制度的根本目标［J］. 宁夏社会科学，2010 (5).

92. 舒胜. 略论《劳动合同法》对劳务派遣规制及影响［J］. 南京广播电视大学学报，2009 (3).

93. 日本经济产业研究所水町勇一郎. 同工同酬是幻想吗——为纠正正式员工与非正式员工之间差距的法律原则，2011 (4).

94. 王美艳. 城市劳动力市场上的就业机会与工资差异——外来劳动力就业与报酬研究［J］. 中国社会科学，2005 (5).

95. 新华经参仕邦人力资源指数研究院. 人力资源指数报告，2011

年 6 月.

96. 新华经参仕邦人力资源指数研究院. 中国 15 个城市 4 个重点行业人力资源指数年度报告，2012.

97. 新华网. "关注：工资社保无端被扣　劳务派遣的漏洞该堵了" [EB]. http://news.xinhuanet.com/employment/2009-09/16/content_12060165.htm,2009-9-16.

98. 香港平等机会委员会. 香港同工（同值）同酬指引 [EB]. http://www.eoc.org.hk/EOC/GraphicsFolder/ShowContent.aspx?ItemID=7981&mode=cc 2009 年 1 月.

99. 谢嗣胜，姚先国. 农民工工资歧视的计量分析 [J]. 中国农村经济，2006 (4).

100. 徐丽雯. 我国劳务派遣法律制度的反思和完善 [J]. 北京行政学院学报，2010 (4).

101. 愈玲. 人力资本、歧视与农民工收入 [J]. 特区经济，2012 (4).

102. 周宝妹. 被派遣劳动者的劳动报酬权 [J]. 中国劳动关系学院学报，2010 (6).

103. 张千友. 同工不同酬：现实状况、负面效应与政策建议 [J]. 华南农业大学学报（社会科学版），2011 (3).

104. 中国劳动保障科学研究院. 中央企业劳务派遣用工现状及评估研究报告，2011.

后　　记

为了贯彻落实国民经济和社会发展第十二个五年规划纲要关于“合理调整收入分配关系”的战略部署，回答社会各界特别是广大工薪劳动者对合理调整工资收入分配关系的关切，作为主管中国工资收入分配的人力资源和社会保障部的直属事业单位——中国劳动保障科学研究院，责无旁贷将此列为2012年度的重大科研课题之一，立项“关于深化我国工资收入分配制度改革若干重大问题研究——以合理调整工资收入分配关系为主线”（项目编号：LKY—2012Z—02），采用新的课题组织方式，由享受国务院政府特殊津贴的知名专家总负责，40岁以下青年科研人员具体负责和参与研究①，组织开展重大课题攻关。

2012年年初，课题组在启动本课题研究伊始，就思考如何在已有汗牛充栋的工资收入分配及其改革书籍文章基础上，使本研究的广度、深度有新的拓展，研究依据更为科学可靠，

---

① 该项目由苏海南总负责，胡宗万具体负责，常风林、肖婷婷、贾东岚、钱诚等科研人员参加。

研究结果有新的突破。在为期近一年的研究过程中，课题组始终以此为努力的方向。首先，拓宽研究视野，聚焦重点问题。一方面，课题组高度关注当时社会各界关于全国收入分配改革方案的研讨，从国民收入分配的全局看待和研究其中工资收入分配的地位、作用及其相互关系；从一次分配与二次分配、政府与市场关系以及经济社会体制改革等角度看待和研究工资收入分配管理和改革；打破原有工资收入分配课题主要在劳动工资系统内部“自说自话”的研究方式，广泛邀请财政、税收、宏观经济管理、国有资产管理、经济理论研究等领域的专家学者共同研讨，以广纳百家之言。另一方面，课题组将研究重点集中在工资收入分配关系上，紧紧围绕当前工资收入分配中关注度高的不同行业之间、不同地区公共部门之间、企业高管与普通工薪劳动者之间、劳务派遣与劳动合同制等不同用工形式劳动者之间的薪酬分配关系四方面老大难问题展开研究，细致剖析，以加大探究的深度。其次，多渠道、多手段收集资料和数据，增强论据可信度。一方面，课题组改变原来单一依靠国家统计局有关统计数据的偏颇，通过国际劳工组织北京局、台湾中华劳动与就业关系协会、日本知名大学和相关专家等多种途径收集境外相关国家和地区的工资收入水平及差距等数据，同时通过网易财经开展网上问卷调查的方式，广泛收集网民意见。另一方面，课题组既系统收集整理近期有关工资收入分配及其改革的研究文献资料，作为课题研究参考；同时又多次派出课题组成员，分头赴广东、浙江进行高管薪酬的专题调研，赴重庆、江苏、四川进行农民工工资、“提低”措施等专题调研，充实实证案例。通过这两方面的新措施，以提升研究论据的说服力和可信度。再次，深入探讨，集思广益，力争提出新的政策建议。在近一年的研究过程中，课题组内部召开了10余次研讨会，同期，就若干重要问题与部外知名专家学者个别交换意见，并就课题阶段性研究成果召开了两次大型的专家论证会。在这些讨论中，课题组内部和来自不同系统的专家学者各抒己见，形成观点碰撞，有利于达成正确认识和结论。同时，课题组紧扣“何为合理的工资收入分配关系”“如何实现合理的工资收入分配比例关系”，通过对若干国家和地区相关比例数据和我国相关比例关系历史变动数据的纵横比较，参考问卷调查结果，尝试建立起体现合理工资收入分配关系影响因素的量化比例确定模型，提出了四方面合理的工资收入分配量化比例建议，进而提出了达成这些合理量化比例的实现路径和政策措施建议，使研究成果具有一定创新性。正因为此，2012年年末，本课题经专家评审组审议通过，获得了专家们的肯定。在此基础上，课题组将研究报告整理编辑成呈现在大家眼前的《合理调整工资收入分配关系》这本书。

本书由本课题总负责人苏海南同志提出编写思路和框架，执笔撰写其中重要章节并对全书各章内容进行了统筹、指导和把关，课题组其他成员各负其责，完成了撰写任务。各章编写人员分别是：导论，胡宗万；第一章、第二章、第三章，苏海南；第四章、第五章，苏海南、胡宗万；第六章，胡宗万；第七章，钱诚；第八章，常风林；第九章，肖婷婷；第十章，贾东岚。全书由苏海南审改定稿。

后　记

本课题研究任务能够顺利完成并编辑成书，得益于相关单位和人员的精心指导及大力支持、帮助。人力资源和社会保障部邱小平副部长在百忙之中为本书作序，在课题研究过程中多次过问，并给予具体指导，使我们受益匪浅；人力资源和社会保障部劳动关系司聂生奎司长、茹英杰副司长、李俊处长等给予了我们热情的鼓励和帮助，为我们在政策建议上把关；参加课题研讨会的宋晓梧、陈全生、刘桓、李保民、茹英杰、杨宜勇、林泽炎、董克用、杨河清、张车伟、刘尊涛、杨良初、文宗瑜、孙玉栋、何凤秋等专家学者，他们发表的真知灼见给课题组很大启发；参加课题评审的田小宝、刘燕斌、张新民、郑东亮、刘学民、莫荣、金维刚、褚福灵、方振邦等专家提出了很好的意见和建议；财政部财政科学研究所贾康所长，国际劳工组织李昌徽博士、李相宪博士，首都经贸大学杨河清教授，台湾中华劳动与就业关系协会理事长陈正良等花费心血收集提供了境外有关国家和地区工资收入分配比例关系的数据和资料；参与网易财经网上问卷调查的 1.5 万余名素不相识的网民，对合理工资收入分配比例表达了具体意见；近年来与课题组就工资收入分配方案设计咨询进行合作的相关企业，为课题研究提供了真实鲜活的素材；中国劳动保障科学研究院对本书出版提供了资助，中国劳动社会保障出版社以及黄霞编辑、梁雨聆编辑等为编辑出版本书付出了辛勤的劳动；此外，还有其他很多人员也提供了帮助，我们在此一并表示衷心的感谢。

2013 年，是新一届党中央、国务院施政的开局之年，党的十八大确定了收入分配改革的大政方针，国务院批转了三部委“关于深化收入分配制度改革的若干意见”。在此背景下，我们积极参与其中，以本书抛砖引玉，欢迎广大专家和读者批评指正，并跟进建言献策。让我们共同努力，为理顺工资收入分配关系尽绵薄之力，促进收入分配制度改革的全面推进。

深化工资收入分配制度改革若干重大问题研究课题组

2013年8月10日